TUIKAI TONGHUA GUSHI ZHIMEN

推开童"话"故事之门

幼儿园故事编讲
园本课程设计与实施

陈敏/编著

文汇出版社

本书编委会

主　编：陈　敏
编　委：傅敏敏　缪海燕
　　　　赵　静　郑海燕　沈召瑛　钟　慧　顾筱兵　丁　静

序言

人生充满故事，即使是平凡的人。

人们对故事总是着迷的，尤其是学前儿童。他们是在听故事和讲故事中慢慢长大的，所以，故事几乎成了年幼孩子心灵的陪伴。

既然故事是儿童成长不可或缺的需要，那么，金爵幼儿园以"故事"为核心的《幼儿园故事编讲》的园本课程确立，就成了探寻促进孩子从听故事到讲故事发展奥秘的捷径。

很喜欢这本书的书名，因为几乎可以见一斑而窥全豹。

书名《推开童"话"之门——幼儿园故事编讲园本课程设计与实施》，其中"童'话'"两字，充分体现了金爵幼儿园陈敏园长和全园老师的拳拳爱心——尊重不同孩童的"话语"特征，保护每个孩子的"话语"权利，为教育课题研究以"为了一切的孩子"为基石，做了良好的示范。

为了能"推开"编讲故事的大门，金爵幼儿园以国家纲领性文件的指示和学前儿童编讲故事的心理学、教育学理论为依据，为大量的实践研究丰厚了专业素养、拓展了理性认知。

课题就"如何在幼儿语言发展的敏感期，为语言运用能力的发展创设一个能使他们想说、敢说、喜欢说、有机会说并能得到积极回应的环境"开展了幼儿园特色课程的整体构架；又以"儿童依据图片或故事线索，将已有的知识经验、记忆表象加工重组、复述、改编或创编出新的故事内容的故事编讲活动"开展了融思维、语言发展为一体的创造性活动的精致而落地的细节研究。我们看到，金爵幼儿园以课题为抓手，为培养愿说、能想、会玩的儿童，勤奋务实地进行故事编讲教育实践研究，这些都为更大地促进幼儿语言表达和创造性思维的发展，尽力作为。

同样，书名中的"设计与实施"展现了金爵幼儿园陈敏园长及其团队的课程研究的心路历程——

在前期的专题研究中，金爵幼儿园陈敏园长及其团队在分析当前学前教育阶段幼儿故事编讲活动存在的主要问题的基础上，在实践中探索和研究不同年龄段幼儿故事编讲活动，形成了"参与式故事编讲—半自主式故事编讲—自主式故事编讲"的特色活动系统，积累了3—6岁儿童故事编讲情报资料集、方案集、案例集、教学专著等诸多研究资料。然而金爵幼儿园并没有止步于故事编讲活动已取得的成果，陈敏园长及其团队以国家课程的园本化实施与园本特色建设作为本园课程建设的两个重要抓手，在前期故事编讲研究成果的基础上，从幼儿园系统的课程设计角度进行园本课程开发及其研究实践，构建童"话"故事特色课程。

本书用八个章节展现金爵幼儿园园本课程研究的经验和成果。其一，这项实践研究不是简单机械地学习中外教育家的理论研究与实践成果，而是立足于儿童的终身发展，立足于金爵幼儿园童"话"故事的园本实践，进行深入的理解、消化，进行切合儿童实际与特点的故事编讲课题实践的深入反思，形成了严谨的学前教育三年小、中、大班的儿童故事编讲序列。其二，参与研究的团队成员竭力摸索蕴含其中的规律方法，进而提炼积极有效的策略，努力提高课题实效，促进幼儿的终身发展，推动幼儿园办学及其广大教师教学专业的可持续发展，推动幼儿园的特色课程建设与特色办学品牌创建。其三，实践者们将儿童心智一体的教育有机融合，体现了对儿童全面发展的关注和呵护。

我们在欣喜金爵幼儿园的实践与研究取得了不俗的研究成果的同时，却可以在这本凝聚了一个团队的心血与智慧的编著当中，各取所需地收获——理性的思考和理论的认知、孩子的发展与自我成长的好奇心、富有实操的教学方案、给予启示的教育案例，抑或还有一种思维方式。总之，"前人"之树，何不乐享其"荫"。

总觉得，这本书只是金爵幼儿园行进中的一个"驿站"，因为只是"推开"了"门"。

期待更多姿多彩的童"话。"

前言

有人称幼儿教育为"根的教育",这十分生动形象地描绘出幼儿教育在整个教育体系以及人的终身发展中的地位和意义。

《幼儿园教育指导纲要(试行)》中明确指出,儿童的"语言能力是在运用的过程中发展起来的,发展幼儿语言的关键是创设一个能使他们想说、敢说、喜欢说、有机会说并能得到积极应答的环境"。故事编讲园本课程就是这样一种能带动儿童听、说、画、想、编等各方面发展的活动样式,对儿童的语言表达能力、创造性思维想象能力、审美意识以及社会性的发展是非常重要的。

地处充满生机活力的中国改革开放前沿——上海市浦东新区人口导入区唐镇的金爵幼儿园,其园本特色建设之路从园本特色课程——童"话"故事编讲活动课程起步。经过两轮龙头课题的研究实践,园本特色建设之路越走越宽。从十多年前幼儿园创办之初的单一园区15个班级400多名幼儿的办学规模,发展到了2个园区31个班级800多名幼儿的办学规模,园本特色课程——童"话"故事编讲活动课程的创新实践为一批批幼儿带来了灿烂绚丽的园内生活,也创生丰富了幼儿多彩快乐的家教资源,幼儿茁壮成长,赢得了广大幼儿家庭、社区各界以及区域内外教育同仁的瞩目,获得了一定的社会赞誉。

以"故事编讲课程的设计和实施"为检索词,从万方数字化期刊、中国学术期刊全文数据库中进行检索,同时,查阅国外儿童故事编讲课程的许多相关研究,我们发现,关于儿童故事编讲课程方面的论文或研究明显较少,而在全国范围内,虽然也有一些幼儿园进行了故事编讲的实践,但已有研究主要集中在儿童故事编讲的内容、形式、特点、过程以及儿童故事编讲的影响因素和培养等几个方面,对如何培养儿童的故事编讲课程的设计和实施能力缺少基础实践的深入研究,相关实践研究偏于零碎,出于教师的兴趣爱好或自发行为,而没有从幼儿园

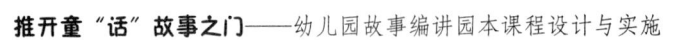

系统的课程设计角度进行系统化的课程开发及研究实践。

为此，金爵幼儿园课题组在综合国内外关于儿童故事编讲课程研究的相关文献及借鉴已有实践经验的基础上，开展幼儿园童"话"故事编讲园本课程设计与实施的研究。该课题研究实践坚持以现代幼儿教育理论为指导，以全人教育为宗旨，以故事编讲办园特色为媒介，努力构建适合幼儿发展的园本课程，即幼儿园儿童在故事编讲活动中，在理解故事主题的基础上，主动积极参与，能够编出符合结构规则的故事、敢于表达并对别人的故事进行评价的能力的课程，从而积极引发、释放和最大限度地挖掘幼儿的潜能，培养富有个性的全面发展的现代儿童。

开展幼儿园童"话"故事编讲课程设计实施的研究，金爵幼儿园具备一定的研究前提和保障。金爵幼儿园创办于2009年9月，通过努力，于2012年成为上海市一级幼儿园。经过前期的区级课题研究，目前积累了3—6岁儿童故事编讲情报资料集、方案集、案例集等相关资料，另有多篇故事编讲研究论文、报道在知名刊物上发表。诸多相关研究资料的汇集积累，为开展故事编讲园本课程打造了坚实的基础。

希望通过开展幼儿园童"话"故事编讲园本课程的研究，能有效地贯彻《幼儿园教育指导纲要（试行）》精神，根据各年龄段幼儿认知发展和故事编讲的特点，制定适宜的课程目标，能更好地促进幼儿全面发展。通过幼儿园童"话"故事编讲课程设计和实施的研究和实践操作，能进一步打造师资队伍，提升教师专业化能力，更好地整合家园社区资源，提升家园互动的有效性，推进幼儿园园本课程的形成和优化，整体提升幼儿园办园品质，有利于金爵幼儿园在区域学前教育领域发挥更好的引领、辐射作用。

目 录

序　言 / 001
前　言 / 001

第一章　童"话"故事编讲伴随幼儿健康成长 / 001

第一节　儿童视角：故事编讲传递童言童趣和童话童心 / 002
　　一、故事教学及童"话"故事编讲是幼儿园课程教学的重要组成部分 / 002
　　二、国外教育科学认知理论对于童"话"故事编讲的有效指导 / 004
　　三、中国近现代儿童教育研究对于童"话"故事编讲的启迪影响 / 007
　　四、当前课改形势之下园本课程建设与童"话"故事编讲的理论探索 / 009

第二节　终身发展：童"话"故事编讲初心及其实践意义 / 015
　　一、童"话"故事编讲实践的社会主义核心价值观导向 / 015
　　二、童"话"故事编讲实践中的培育核心素养崇高追求 / 017
　　三、童"话"故事编讲中的"五育并举"及幼儿德育养成 / 020
　　四、儿童视角童"话"故事编讲的理论价值与实践意义 / 023

第三节　把握规律：童"话"故事编讲契合儿童心智发展 / 028
　　一、依据课程指南和学习理论 / 028
　　二、依据课程理念和培养目标 / 028
　　三、依据幼儿阶段特点和需要 / 029
　　四、家园联动共育儿童乐成长 / 029

☀ 直面问题解析·精彩案例分享 / 031
　　故事编讲案例1：当孩子在讲述过程中缺乏自信时怎么办？ / 031

故事编讲案例2：当幼儿在编讲时，因能力较弱处于被动时怎么办？ / 033

故事编讲案例3：当幼儿觉得故事编讲活动枯燥时怎么办？ / 036

故事编讲案例4：当同伴为扮演同一角色而争执时怎么办？ / 039

第二章 童"话"故事编讲的金爵幼儿园实践 / 043

第一节 课程起点：金爵幼儿园童"话"故事的核心概念 / 044

一、"故事""幼儿故事"与"'童·话'故事" / 044

二、"故事编讲"与"故事编讲教学" / 045

三、"幼儿园课程"与"园本课程" / 047

四、"幼儿园'童·话'故事课程" / 048

第二节 课程布局：聚众之力的幼儿园童"话"故事行动 / 049

一、明确研究目标 / 049

二、健全研究网络 / 049

三、设计研究内容 / 050

四、规划路线策略 / 050

五、制订行动计划 / 050

六、划分研究过程 / 051

第三节 课程目标：金爵幼儿园童"话"故事的课程追求 / 052

一、金爵幼儿园童"话"故事编讲园本课程建设总目标 / 052

二、童"话"故事编讲园本课程不同年龄阶段发展目标 / 052

第四节 两轮实践：童"话"故事编讲植入幼儿园教学文化 / 054

一、第一轮研究——童"话"故事"从无到有" / 054

二、第二轮研究——童"话"故事"对接主题" / 058

☀ 直面问题解析·精彩案例分享 / 061

故事编讲案例5：幼儿故事情节发展没有推进材料怎么办？ / 061

故事编讲案例6：如何在汉字文化的亲近过程中创建故事编讲园本特色？ / 063

故事编讲案例7：童"话"故事编讲仅复述原有情节无编讲怎么办？ / 068

故事编讲案例8：不同时期故事编讲材料如何投放与推进？ / 071

第三章 叩开童"话"故事儿童有效编讲之门 / 075

第一节 幼儿童"话"故事编讲的题材类型 / 076
    一、来自幼儿生活经验 / 076
    二、来自绘本故事元素 / 077
    三、来自社会资讯热点 / 078

第二节 幼儿童"话"故事编讲的结构规范 / 079
    一、故事结构要素 / 079
    二、叙事结构模式 / 080
    三、课程方案编制 / 081

第三节 幼儿童"话"故事编讲的基本原则 / 083
    一、目标定向原则 / 083
    二、环境支持原则 / 084
    三、合作互动原则 / 084
    四、自主选择原则 / 085
    五、特色探索原则 / 085

第四节 幼儿童"话"故事编讲的组织实施 / 087
    一、明晰活动目标——幼儿童"话"故事编讲紧扣教育目标而开展 / 087
    二、培养故事情感——幼儿童"话"故事编讲升腾幼儿的故事情感 / 089
    三、有效协调关系——幼儿童"话"故事编讲聚焦幼儿发展求合力 / 091
    四、教学教研安排——幼儿童"话"故事编讲依托科学实践谋实效 / 094

☀ 直面问题解析·精彩案例分享 / 096
    故事编讲案例9：故事编讲没有"编讲"怎么办？ / 096
    故事编讲案例10：当幼儿合作讲述中出现问题时怎么办？ / 100
    故事编讲案例11：有效的选材对故事编讲开展的重要性有哪些？ / 103
    故事编讲案例12：当幼儿被编讲材料干扰时怎么办？ / 105

第四章　童"话"故事编讲探索儿童创意表达 / 109

第一节　童"话"故事编讲中的表达重点 / 110
　　一、金爵幼儿园小班：以"参与式"为主的童"话"故事编讲 / 110
　　二、金爵幼儿园中班：以"半自主式"为主的童"话"故事编讲 / 117
　　三、金爵幼儿园大班：以"自主式"为主的童"话"故事编讲 / 124

第二节　童"话"故事编讲中的题材引领 / 128
　　一、选择绘本故事内容编讲 / 128
　　二、选择视频动画内容编讲 / 129
　　三、选择周边生活内容编讲 / 131
　　四、选择游戏材料内容编讲 / 132

第三节　童"话"故事编讲中的语言引导 / 136
　　一、不同年龄段童"话"故事语言的努力目标 / 136
　　二、提高表达能力、突破发展瓶颈的主要抓手 / 140
　　三、优化童"话"故事编讲语言的教师引导策略 / 146
　　四、童"话"故事中围绕创意表达的注意事项 / 157

第四节　童"话"故事编讲中的载体呈现 / 162
　　一、建立园本课程系统中的童"话"故事编讲网络 / 162
　　二、设计园本课程系统中的童"话"故事编讲类型实践 / 163
　　三、探索园本课程系统中的童"话"故事编讲个别辅导 / 165
　　四、强化园本课程系统中的童"话"故事编讲元素嵌入 / 169

☀ 直面问题解析·精彩案例分享 / 174
　　故事编讲案例13：当讲述故事变成报流水账时，怎么办？ / 174
　　故事编讲案例14：当幼儿脱离原故事情节时教师该如何引导？ / 176
　　故事编讲案例15：如何帮助大班幼儿丰富编讲中的故事情节？ / 179
　　故事编讲案例16：如何拓展呈现方式，为大班幼儿故事续编服务？ / 181

第五章　拓展童"话"故事编讲园本课程视野 / 183

第一节　幼儿童"话"故事编讲营造课程环境 / 184
　　一、融入故事，创设意、趣、美的故事编讲环境 / 184

二、依托媒介，构建玩、乐、享的故事编讲环境 / 186

　　三、变换方式，营造宽松、自由的故事编讲心境 / 188

第二节　幼儿园童"话"故事编讲材料投放与利用 / 190

　　一、童"话"故事课程材料的投放依据及教学现状 / 190

　　二、幼儿语言区童"话"故事材料投放原则要素 / 192

　　三、幼儿语言区童"话"故事材料投放优化策略 / 194

　　四、幼儿语言区童"话"故事材料投放创新方法 / 196

第三节　搭建幼儿童"话"故事编讲的内容框架 / 202

　　一、金爵幼儿园童"话"故事小班内容序列 / 202

　　二、金爵幼儿园童"话"故事中班内容序列 / 203

　　三、金爵幼儿园童"话"故事大班内容序列 / 203

第四节　幼儿园童"话"故事编讲教师策略优化 / 205

　　一、互助共享策略 / 205

　　二、优势互补策略 / 205

　　三、开放协作策略 / 206

　　四、支持助推策略 / 207

☀ 直面问题解析·精彩案例分享 / 209

　　故事编讲案例17：当孩子对语言区故事板材料没兴趣时怎么办？ / 209

　　故事编讲案例18：当小班幼儿新接触故事材料时，如何灵活运用和
　　　　　　　　　　替代？ / 212

　　故事编讲案例19：故事编讲活动中如何满足中班孩子的表达愿望？ / 215

　　故事编讲案例20：大班故事板活动中当幼儿游戏愿望不能满足时
　　　　　　　　　　怎么办？ / 217

第六章　探索童"话"故事编讲学习评价优化 / 221

第一节　幼儿童"话"故事编讲评价活动定位 / 222

　　一、幼儿童"话"故事编讲评价指导思想与价值认知 / 222

　　二、幼儿童"话"故事编讲评价对于师幼的激励作用 / 224

　　三、幼儿童"话"故事编讲学习评价活动的原则把握 / 225

　　四、幼儿童"话"故事编讲评价活动的多元广角实践 / 228

第二节　幼儿童"话"故事编讲评价扣的而行 / 234

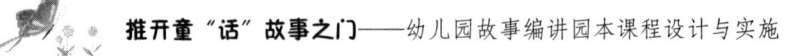

一、集体性活动中的童"话"故事编讲活动学习评价 / 234
　　二、个别化活动中的童"话"故事编讲活动学习评价 / 235
　　三、与游戏相结合的童"话"故事编讲活动学习评价 / 237
　第三节　幼儿童"话"故事编讲试行水平分级 / 238
　　一、夯实每一环节指导，引导幼儿提高故事编讲水平 / 238
　　二、创建金爵幼儿园童"话"故事编讲水平分级标准 / 241
　第四节　幼儿童"话"故事编讲评价方法优化 / 243
　　一、幼儿童"话"故事编讲活动中的教师评价 / 243
　　二、幼儿童"话"故事编讲活动中的自我评价 / 243
　　三、幼儿童"话"故事编讲活动中的幼幼互评 / 244
　　四、幼儿童"话"故事编讲活动中的家长评价 / 244
☼ 直面问题解析·精彩案例分享 / 247
　故事编讲案例21：中班故事板活动中当幼儿没有合作时怎么办？/ 247
　故事编讲案例22：当与故事材料互动时，幼儿能力是如何得到
　　　　　　　　　发展的？/ 249
　故事编讲案例23：如何借助大班幼儿的生活经验来丰富故事
　　　　　　　　　编讲情节？/ 252
　故事编讲案例24：集体活动后，小班幼儿的创编过程有困难
　　　　　　　　　怎么办？/ 254

第七章　童"话"故事编讲引领园本发展蜕变 / 259

　第一节　童"话"故事编讲列入金爵幼儿园教师基本素养 / 260
　　一、幼儿园教师专业成长需关注自我成长核心素养 / 260
　　二、在童"话"故事编讲实践中检验教师核心素养 / 262
　第二节　童"话"故事编讲促进金爵幼儿园幼儿素质养成 / 266
　　一、幼儿故事编讲的兴趣得以激增 / 266
　　二、幼儿想象创新的意识不断激化 / 266
　　三、幼儿语言表达的能力获得提升 / 267
　　四、幼儿协商合作的能力得到发展 / 267
　第三节　童"话"故事编讲提升金爵幼儿园教师专业自觉 / 269
　　一、围绕课题实践，强化了全园教师职业道德教育 / 269

二、围绕课题实践，深化了全园教师分层发展实践 / 270

三、围绕课题实践，搭建了全园教师技能评比平台 / 272

四、围绕课题实践，发展了全园教师专业素养水准 / 272

第四节　童"话"故事编讲实现金爵幼儿园办学品质升华 / 274

一、幼儿园的办园特色获得彰显 / 274

二、幼儿园的文化内涵框架初建 / 274

三、幼儿园的园本研修行为内化 / 275

四、幼儿园的家园共育成效斐然 / 277

☀ 直面问题解析·精彩案例分享 / 279

故事编讲案例25：当开展小班故事编讲活动时，教师如何有效提问？ / 279

故事编讲案例26：当小班幼儿编讲的内容过于单一，且对材料不感兴趣时怎么办？ / 282

故事编讲案例27：当故事表演的材料缺乏趣味性时，怎么帮助幼儿？ / 285

故事编讲案例28：当故事板操作材料与幼儿年龄不符时，教师应如何调整？ / 287

第八章　分级段的童"话"故事编讲活动课例与材料 / 291

第一节　幼儿园小班童"话"故事编讲活动课例与材料 / 292

一、主题名称：小宝宝 / 293

二、主题名称：好朋友 / 298

三、主题名称：苹果和橘子 / 305

四、主题名称：小兔乖乖 / 311

五、主题名称：学本领 / 317

六、主题名称：小花园 / 323

七、主题名称：动物花花衣 / 330

八、主题名称：夏天真热啊 / 336

第二节　幼儿园中班童"话"故事编讲活动课例与材料 / 343

一、主题名称：我爱我家 / 344

二、主题名称：幼儿园里朋友多 / 350

三、主题名称：在秋天里 / 357

四、主题名称：我在马路边 / 364

五、主题名称：在动物园里 / 370

六、主题名称：春天来了 / 378

七、主题名称：周围的人 / 385

八、主题名称：火辣辣的夏天 / 391

第三节　幼儿园大班童"话"故事编讲活动课例与材料 / 398

一、主题名称：我是中国人 / 399

二、主题名称：我们的城市 / 405

三、主题名称：有用的植物 / 411

四、主题名称：有趣的水 / 420

五、主题名称：我自己 / 427

六、主题名称：春夏和秋冬 / 434

七、主题名称：动物大世界 / 441

八、主题名称：我要上小学 / 448

后　记 / 457

第一章
童"话"故事编讲伴随幼儿健康成长

　　在每一个幼儿的成长路上，差不多都会与故事结缘。幼儿在聆听故事的过程中启蒙受益，得到成长；幼儿也是其生活中各类创生故事的当事者、主人公，伴随故事的延续而日渐长大、成熟。

　　在新一轮新课程改革"以学生发展为本"的理念支持下，幼儿园以故事为载体的教育教学活动呈现越来越蓬勃之势。

　　针对当前一般幼儿园在童"话"故事编讲方面的质量、效能都有较大的提升空间的问题实际，金爵幼儿园的做法是，以办园理念"给孩子快乐童年，让孩子终身受益"为宗旨，努力运用故事编讲活动，搭建合适的"脚手架"，鼓励幼儿进行积极意义上的异想天开，培养幼儿的听说能力和良好习惯，提高故事讲述、创编的能力，同时积极探索童"话"故事编讲活动在培养幼儿语言学习的兴趣和语言表达的能力方面的可行性策略，探索适合不同年龄段幼儿开展的故事编讲活动的类型和内容，以促进幼儿有意注意、社会性、创造性思维等方面的发展。

第一节 儿童视角：故事编讲传递童言童趣和童话童心

故事是幼儿人生历程中的第一套教科书，爱故事是幼儿的天性，在故事生动有趣的情节、形象活泼的语言中，幼儿充满了对故事王国美好事物的向往，而开展童"话"故事编讲活动，以讲故事为载体，则为幼儿园积极培养幼儿大胆自信、活泼开朗、敢于表达、善于合作等能力以及促进幼儿身心和谐发展、为幼儿的一生进步奠定了良好的基础。

一、故事教学及童"话"故事编讲是幼儿园课程教学的重要组成部分

语言是思维的工具和交流的手段，幼儿正处在语言学习和发展的重要时期，幼儿语言的发展贯穿于各个领域，而故事教学及童"话"故事编讲则是培养幼儿语言能力的重要载体和路径，幼儿在这一时期通过故事教学及童"话"故事编讲等活动参与而获得语言方面的能力发展，可以极大地推进其多领域能力和素养的提高：幼儿在运用语言进行交流的同时，也在发展着人际交往能力、理解他人和判断交往情境的能力、组织自己思想的能力。通过语言获取信息，幼儿的学习逐步超越个体的直接感知。

诚如《幼儿园教育指导纲要（试行）》中所指出的那样："引导幼儿接触优秀的儿童文学作品，使其感受语言的丰富与优美，并通过多种活动帮助幼儿加深对文学作品的体验和理解。"[1]儿童文学作品包括故事、诗歌、散文、谜语、绕口令等多种形式，在上述诸多儿童文学体裁中，故事最能带给幼儿快乐和想象，引导其学习新知识，并形成良好的品德习惯和行为，期待由故事中的美好寓意来教育和启发儿童。有学者指出，"一个幼儿之所以能展现出该年龄的聪慧与否，主要表现在其是否具有良好的语言表达力和他是否能进行有效的倾听

---

[1] 教育部基础教育司.幼儿园教育指导纲要（试行）解读［M］.南京：江苏教育出版社，2002：32.

和表达。"[1]

《3—6岁儿童学习与发展指南》明确指出:"幼儿的语言能力是在交流和运用的过程中发展起来的。应为幼儿创设自由、宽松的语言交往环境,鼓励和支持幼儿与成人、同伴交流,让幼儿想说、敢说、喜欢说并能得到积极回应。为幼儿提供丰富、适宜的低幼读物,经常和幼儿一起看图书、讲故事,丰富其语言表达能力,培养阅读兴趣和良好的阅读习惯,进一步拓展学习经验。""幼儿的语言学习需要相应的社会经验支持,应通过多种活动扩展幼儿的生活经验,丰富语言的内容,增强理解和表达能力。应在生活情境和阅读活动中引导幼儿自然而然地产生对文字的兴趣,用机械记忆和强化训练的方式让幼儿过早识字不符合其学习特点和接受能力。"

《3—6岁儿童学习与发展指南》在语言领域的"倾听与表达"子领域目标"愿意讲话并能清楚地表达"中具体描述了不同年龄段幼儿的学习要求:3—4岁幼儿应能够做到,"愿意在熟悉的人面前说话,能大方地与人打招呼;基本会说本民族或本地区的语言;愿意表达自己的需要和想法,必要时能配以手势动作;能口齿清楚地说儿歌、童谣或复述简短的故事。"4—5岁幼儿应能够做到,"愿意与他人交谈,喜欢谈论自己感兴趣的话题;会说本民族或本地区的语言,基本会说普通话,少数民族聚居地区幼儿会用普通话进行日常会话;能基本完整地讲述自己的所见所闻和经历的事情;讲述比较连贯。"5—6岁幼儿应能够做到,"愿意与他人讨论问题,敢在众人面前说话;会说本民族或本地区的语言和普通话,发音正确清晰,少数民族聚居地区幼儿基本会说普通话;能有序、连贯、清楚地讲述一件事情;讲述时能使用常见的形容词、同义词等,语言比较生动。"

《3—6岁儿童学习与发展指南》还在语言领域的"阅读与书写准备"子领域目标"具有初步的阅读理解能力"中进一步强调:3—4岁幼儿应能够做到,"能听懂短小的儿歌或故事;会看画面,能根据画面说出图中有什么,发生了什么事等;能理解图书上的文字是和画面对应的,是用来表达画面意义的。"4—5岁幼儿应能够做到,"能大体讲出所听故事的主要内容;根据连续画面提供的信息,大致说出故事的情节;能随着作品的展开产生喜悦、担忧等相应的情绪反应,体会作品所表达的情绪情感。"5—6岁幼儿应能够做到,"能大体讲出所听故事的

---

[1] 黄秀文,沈添钮.不同年龄及不同语文程度学童的叙事表现之研究[J].嘉义大学学报,2003(75):57-81.

主要内容;能说出所阅读的幼儿文学作品的主要内容;能根据故事的部分情节或图书画面的线索猜想故事情节的发展,或续编、创编故事;对看过的图书、听过的故事能说出自己的看法;能初步感受文学语言的美。"

二、国外教育科学认知理论对于童"话"故事编讲的有效指导

课程建设最后的落脚点是学习者,为了使课程建设更加科学,更能促进幼儿的全面和谐发展,金爵幼儿园组织课题组成员及全园教师,认真学习和梳理国外教育科学中学习认知等相关理论,希望能够为课程建设提供一些启示。

学习理论是教育学的一个分支学科,是描述或说明人和动物学习的性质、过程以及影响学习的因素的各种学说。学习理论有很多学说,而皮亚杰的认知发展理论、奥苏伯尔的意义接受学习理论和维果斯基的社会学习理论等与儿童故事编讲密切相关。金爵幼儿园的课题实践证明,学习、应用这些理论原理,可以为童"话"故事编讲课程的建设实践提供丰富稳固的理论基础。

(一)皮亚杰的认知发展理论

皮亚杰(Jean Piaget,1896—1980),瑞士儿童心理学家与哲学家,其一生留给后人60多本专著、500多篇论文。他对儿童认知发展的研究是对儿童认知发展理论开展研究的起源,他的自我中心主义、道德判断、梦、模仿和游戏等理论认知,不仅在西方心理学史上以及哲学史上被视为重要的里程碑,而且对当今的教育教学也产生了深远的影响。

皮亚杰的理论研究揭示了儿童认知发展的阶段性特点。他把个体从出生至青少年时期划分为四个相互衔接出现而又各具特点的认知发展阶段,即,感知运动阶段(出生—2岁左右)、前运算阶段(2—7岁)、具体运算阶段(7—11岁)、形式运算阶段(12—15岁)。他认为,认知发展的不同阶段只是提供了幼儿认知发展的可能性,而社会性经验也就是社会环境中人与人之间的相互作用和社会文化的传递,才会对儿童心理发展产生显而易见的影响。因此,他提出,儿童是主动、受内在动机驱动的学习者。儿童对周围世界有着与生俱来的求知欲和好奇心,他们会积极地探索、建构新的知识,而不是被动地记住听到或看到的事物。新的知识通过儿童内部心理结构与外在周围环境之间的相互作用被吸收,进入儿童的头脑中,因此可以认为新知识的获得依赖幼儿主体的自我建构。

皮亚杰的认知发展理论对于幼儿童"话"故事编讲活动的积极影响与指导意

义在于，故事编讲是幼儿自主建构的过程，需要幼儿将新知识与头脑中的已有经验相互作用、整合，继而形成发挥想象力和创造力的创作活动。教师要根据幼儿的已有水平和年龄特点，选择符合幼儿发展和兴趣需要的内容，创设一定的故事编讲环境，提供适合的编讲路径和方法，开展有效的支持和引导，调动幼儿的主观能动性，激发幼儿积极参与故事编讲的兴趣。

（二）奥苏伯尔的意义接受学习理论

奥苏伯尔（David Ausubel，1918—2008），美国认知教育心理学家。他提出了意义接受学习的认知理论。他认为，幼儿绝大多数的知识都是通过有意义的学习获得的，即新获得的信息与记忆中的已有知识相互联系，从而习得观点、概念和原理。有意义的接受学习与教师所呈现的学习材料、方式、学习者的参与及学习能力密切相关，需要教师和幼儿之间的大量互动。

他还认为，许多情感因素和社会因素都对课堂学习有影响，如动机、个性、群体、社会和教师的特征等，都会影响学生的学习。而在学生学习的过程中，成就动机至关重要，而成就动机主要由"认知驱力""自我—增强驱力""附属驱力"三方面的驱力所组成。成就动机的这三种内驱力成分，在不同年龄、不同性别、不同社会阶层、不同民族和不同人格结构的学生中比重各不相同，也随着这些因素的变化而变化。

运用奥苏伯尔的意义接受学习理论对于幼儿童"话"故事编讲活动的积极影响与指导意义在于，儿童同化新知识不是消极被动地接受教师传授的知识，而是通过自己头脑积极主动的反映来实现的。幼儿园的故事编讲活动需要教师善于创设有意义的学习环境和条件，通过发现和发掘适用于不同幼儿的各种动机因素，有的放矢，充分提高其参加童"话"故事编讲活动的积极性、主动性，激发其成就欲和成就感，并通过多种创编形式的支持、引导、启发幼儿大胆想象，积极主动进行创编，表达自己的故事。

（三）维果斯基的社会学习与"最近发展区"理论

维果斯基（Lev Vygotsky，1896—1934），苏联心理学家。他提出"最近发展区"理论，即儿童实际的发展水平与经过他人的帮助可以达到的水平之间的距离。最近发展区强调他人的支持、引导和启发作用，教师需要了解幼儿的发展水平，在教育教学过程中，引导和支持幼儿达到更高的水平。

维果斯基的社会学习与"最近发展区"等教育理论强调儿童以外的环境因素对儿童获得知识的重要作用，强调了从儿童生活和能力实际，为学生学习设计"跳一跳、够得到"的努力目标。这一理论对于金爵幼儿园童"话"故事编讲活动教学实践的意义在于，幼儿童"话"故事编讲活动需要从幼儿心理与学习发展的"最近发展区"出发，基于其已有的认知、心理、特点，必须重视幼儿的自我建构，不断地引领幼儿向着故事编讲的更高能力水平努力。与此同时，教师、家长要共同为儿童创设环境和条件，促使其故事编讲能力提高，向更高的水平发展。

（四）赞可夫的"一般发展"理论

赞可夫是苏联著名教育学家、心理学家。赞可夫在教育研究实验中的最杰出贡献在于，他对教学与发展的关系做出了科学的解释和确切的论证，并对如何创设最佳的教学体系，如何促进学生的一般发展，做出了精辟的论述。使教学活动能促进学生的"一般发展和学习"，是他整个教学思想的核心。

赞可夫认为，在班级授课制的情况下，学生有好、中、差三种类型。差生之所以差，主要是他们的发展水平低，对学习缺乏兴趣，失去信心，观察力和思维能力薄弱，而教师对待差生的传统办法就是补课，做反复机械的习题操练。为了改变这一状况，教学要面向全体学生，特别是要促进差生的发展，教育者需要在教材、教学过程、教学活动等多方面进行科学设计和正确启发引导，持之以恒的话，所有学生都可以得到一般发展。

赞可夫的发展理论对于幼儿童"话"故事编讲活动的启示在于，幼儿基于童"话"故事编讲活动而发展的诸方面能力都是弥足珍贵的。虽然我们在日常教学实践中，很难孤立地将故事编讲活动开展及其能力培养与学生将来在小学、中学教育中的某一学科学业做知识与能力体系的完整对接，但是，我们不能不承认，幼儿在童"话"故事编讲活动中获得的这些能力发展，势必将影响孩子的终身成长。同时，以赞可夫的一般发展理论有效开展班级内的幼儿童"话"故事编讲活动，我们必须坚持始终面向全体学生，使全体学生得到发展。

（五）加德纳多元智能理论

多元智能理论是由美国哈佛大学教育研究院的心理发展学家霍华德·加德纳（Howard Gardner）于1983年提出的。他认为，语言能力和数理逻辑能力并非人类智能的全部。在日常生活中，不同的人会有不同的智能组合。

加德纳多元智能理论对于幼儿童"话"故事编讲活动的启示在于，幼儿的表达语言是多种多样的，幼儿对故事的理解、想象、迁移也是各不相同的，这就要求教师创设环境，提供多种材料，允许幼儿根据自己的需要、兴趣爱好、个性特点等选择自己喜欢的方式表达自己的想象。正是这一开放性的表现形式，才能为幼儿自由发挥想象提供丰富而广阔的天地。在幼儿童"话"故事编讲活动中，教师倘若能为幼儿提供动物木偶、头饰、绘画材料、动物粘纸、泥塑等材料，幼儿便可以根据自己的需要运用语言畅想、绘画构思、创意表演等方式表达自己富有个性的想象，充分享受自由表达和创造的快乐。

三、中国近现代儿童教育研究对于童"话"故事编讲的启迪影响

（一）康有为的儿童教育思想与憧憬

康有为（1858—1927），广东南海人，清末著名思想家、教育家、资产阶级改良派领袖，后为保皇派领袖。康有为早在1884年写的《礼运注》中，就提出了"人人教养于公产而不恃私产"的儿童公育思想，而在其代表作《大同书》的《去家界为天民》这一部分则是更充分地阐发了上述思想。

在我国学前教育史上，康有为首次提出了一整套儿童公育思想，设想了从胎教到幼教的完整的学前公共教育体系。在今天的中国，托儿所、幼儿园已广泛设立，而且比他设想的还要美好、先进，儿童受益匪浅。由此可见康有为的儿童公育思想具有高明的预见性和实现的可行性，对我国近代儿童公育思想的发展以及公共学前教育机构的产生都起了积极的促进和奠基作用。

康有为的儿童公育思想强调了幼儿教育必须由爱家的教育升华到爱国的教育，这对于幼儿童"话"故事编讲活动的启示在于，必须从大处立意，培养幼儿心中的爱国之情，进而进一步整体思考和落实幼儿童"话"故事编讲活动的育人功能。

（二）陶行知的儿童教育思想与实践

陶行知是20世纪中国伟大的人民教育家，他以生活教育理论为基础，要求教师对幼儿多进行室外活动，到大自然大社会中去获取知识，强调："最好的教育，要想它有效，须是教学做合一；最坏的训练，要想它有效，也是教学做合一。教学做合一，是最有效力的法子。""事怎样做就怎样学，怎样学就怎样做。教的法子要根据学的法子，学的法子要根据做的法子。教与学都以做为中心。在做上教的是先生，在做上学的是学生。"

陶行知还十分推崇教师在教学活动中的表率作用，"凡是儿童自己能够做的，应当让他自己做，凡是儿童自己能够想的，应当让他自己想，要把权利还给我们的孩子"，"要解放孩子的头脑、双手、脚、空间、时间，使他们充分得到自由的生活，从自由的生活中得到真正的教育。"

陶行知教育思想与实践在当时显示出了极大的创造性，在今天仍然具有极强的生命力，能够为当前我国幼教改革提供现实指导，其对于幼儿童"话"故事编讲活动的启示在于，幼儿参与故事编讲活动，是学生"做"的具体标志，是"教学做合一"教学思想的具体落实。而教师必须具有"爱满天下"的教育情怀，以欣赏的眼光鼓励每一个幼儿的发展。此外，还要关注学生在故事编讲过程中的品质养成，学做真人，做好真人。

（三）叶圣陶儿童教育思想与实践

叶圣陶是我国现代语文教育的开拓者之一，他指出："教是为了不教"，"学生是主体"，是"有生机的种子，本身具有萌发生长的机能，只要给予适宜的培育和护理，就能自然而然地长成佳谷、美蔬、好树、好花"；"学习是学生自己的事。不调动他们的积极性，不让他们自己学，是无论如何学不好的。"叶圣陶非常强调教学的目的在于让学生学会自主学习，教师要通过适当的引导和鼓励，给予每一位幼儿练习尝试的机会，激发幼儿探究的兴趣，使幼儿积极参与活动、主动学习，并促进其自主学习，进步成长。

叶圣陶编写的教材非常重视以儿童的视角、从促进儿童的健康成长出发精心选编内容，为编写《开明小学国语课本》，叶圣陶在1932年一整年时间里倾尽心力，他后来回忆说："在儿童文学方面，我还做过了一件比较大的工作：编写了一部《开明小学国语课本》……形式和内容都很庞杂，大约有一半可以说是创作，另外一半是有所依据的再创作，总之没有一篇是现成的，是抄来的。给孩子们编写语文课本，当然要着眼于培养他们的阅读能力和写作能力，因而教材必须符合语文训练的规律和程序。但是这还不够，小学生既是儿童，他们的语文课本就必须是儿童文学，才能引起他们的兴趣，使他们乐于阅读，从而发展他们多方面的智慧。"[1]

叶圣陶在儿童教育领域所做的实践探索，对于童"话"故事编讲活动的启示在于：一方面，要通过幼儿故事编讲活动，发展学生的语言运用能力，促进其沿着在教师、家长指导下学习编讲故事，向幼儿能够自主编讲故事的学习轨迹不断发展；另一方面，教师要从叶圣陶创作儿童文学作品、编著教材的实践中获得启迪，促进金爵幼儿园的童"话"故事编讲活动积极开展，加强课程建设，形成富有校本特色的课程实践。

---

[1] 叶圣陶.我和儿童文学［M］.上海：少年儿童出版社，1980：134.

（四）陈鹤琴的儿童教育思想与实践

陈鹤琴是中国现代幼儿教育的奠基人、民国四大教育家之一。在陈鹤琴一生教育实践中，他围绕儿童教育领域进行了一系列理论发展与学校办学探索实践。他曾经指出，"研究儿童心理是一种最有兴味的事情，也是在儿童教育中算为一种最紧要的事情。不知儿童心理哪里可以教育儿童。"他强调儿童不是成人的缩影，而有其独特的生理、心理特点，对儿童的培养与成人不同，不能给他们成人化的东西，要做到儿童化，儿童化很重要的一点就是要合乎儿童的特点。他在自己倡导开展的"中心单元教学课程实验"中，就"非常重视幼儿故事在培养儿童兴趣、表达情感、发展语言、发挥想象力和性格形成等方面的作用，提倡一周可为幼儿讲10多个故事……"[1]

陈鹤琴对儿童教育目标的思考，启迪着我们，在对儿童教育的过程中，必须把"做人，做中国人，做现代中国人"作为首要目标，童"话"故事编讲是金爵幼儿园儿童教育的重要形式，因此，在教育实践中坚持育人为本，使童"话"故事编讲不偏离育人的大目标。

陈鹤琴先生所倡导的"活教育"理论体系是其一生对我国基础教育特别是儿童教育所做的重要贡献，陈鹤琴对儿童教育过程及其"活教育"方法的研究探索，启迪着我们在金爵幼儿园的童"话"故事编讲实践中，要加强学生的体验实践，让学生在"做中教、做中学、做中求进步"，即通过学生的童"话"故事编讲主体实践，使他们的语言能力得到提升、思维能力得到发展、品德意志得到磨炼，核心素养得以发展。

四、当前课改形势之下园本课程建设与童"话"故事编讲的理论探索

步入21世纪，随着各国对学前教育阶段课程建设的日益重视，世界各国普遍加强了园本课程建设，而我国，在加强园本课程建设的同时，有关童"话"故事编讲的理论研究也在不断丰富、创新。

（一）国外学前教育领域对于幼儿园园本课程建设的研究探索

在国外，地方和学校拥有课程自主权，幼儿园可以根据自己的特点设置课程，促进了幼儿园课程的多样化和乡土化，等同于我国的幼儿园园本课程，但是他们直接称为幼儿园课程。有些幼儿园课程对世界学前教育的发展产生了广泛而

---

[1] 袁增欣.幼师"讲故事"教学研究［D］.石家庄：河北师范大学，2011.

深刻的影响，如海伊斯科普课程、方案教学、蒙台梭利课程、瑞吉欧课程等。

国外研究者从不同角度对幼儿园课程进行研究。Devries等研究者倡导幼儿园课程的发展应该要融入建构主义的思想，在活动的过程中，观察幼儿的思维变化，还提出通过提供乐器，让身体有节奏地运动；让幼儿学习简单的烹饪，并在烹饪前相互讨论；观察水流等七大类活动来锻炼幼儿的思维。[1]Magarct Clements等几位学者的研究重点考察了BMLK数学课程在幼儿园中的实施情况，评估结果表明建立在以幼儿活动为基础的，帮助教师进行适宜幼儿发展教学的特色幼儿园课程对幼儿数学能力的发展具有重要的积极影响。[2]O'Neil和Alison Munson分析了戏剧表演在幼儿园教学中的作用，研究了一套数学情境游戏以使幼儿能通过戏剧表演游戏将数学核心知识联结起来，主动建构对数学知识的理解，解决数学问题。[3]

园本课程的研究成果近些年逐渐丰富，研究的内容也比较全面，涉及资源开发、开发主体、问题策略、意义价值等，但是从整体上看，这些研究大多是从理论层面进行分析，与实践结合不够紧密。国外幼儿园开发了多种多样的幼儿园课程，有一些课程在世界范围内产生了积极的影响。相对国内的研究，国外对幼儿园课程的研究角度更加多样化，与实践联系紧密，往往是基于幼儿园的课程经验进行的课程创新和改革，直接应用性更强，但是很少深入探究幼儿园课程形成的过程。

（二）国内学前教育领域对于幼儿园园本课程建设的研究探索

1. 有关园本课程资源开发的研究

课程资源的开发与利用是园本课程开发的一个非常重要的方面。袁圆在对山西省某镇幼儿园调查的基础上，从人文历史、自然地理、民间文化等多方面挖掘课程资源，对园本课程资源进行分析归类，提出采用主题活动的形式进行开发。[4]李应君研究发现幼儿园园本课程资源利用呈现出目的性不强、结构单一、

---

[1] Devries R, Zan B, Hildebrandt C, et al. Developing Constructivist Early Childhood Curriculum: Practical Principles and Activities. Early Childhood Education Series.[M]. New York: Teachers College Press, 2002.

[2] Presser A L, Clements M, Ginsburg H, et al. Big Math for Little Kids: The Effectiveness of a Preschool and Kindergarten Mathematics Curriculum[J]. Early Education & Development, 2015, 26(3): 399-426.

[3] O'Neill, Alison Munson. Mathe-dramatical play tasks kit: integrating sociodramatic play and mathematical problem solving in the kindergarten curriculum[D].California State University, Northridge, 2012.

[4] 袁圆.农村幼儿园园本课程资源开发与利用［D］.西安：陕西师范大学，2008.

水平较低等问题，他认为应该加强教师培训，重视资源开发中教学所发挥的作用，合理建构和优化园本课程资源的结构，建立资源开发和保障机制。[1]有一些幼儿园因地制宜，充分挖掘当地资源，形成了具有特色的园本课程。如山东德州跃华幼儿园建设种植区、养殖区、探索区和观赏区四大区域生态园，秉承"天人合一"理念，关注幼儿的经验，围绕着季节的变化顺势而生构筑了自然教育课程体系。[2]

2. 有关园本课程开发与教师成长的研究

园本课程的开发与教师参与和教师的成长密切相关。很多学者的研究都提到开发园本课程有助于教师的专业发展，教师在课程开发中对园本课程的认识不清，教师参与园本课程开发的境遇不佳，教师群体之间缺乏合作精神等都会影响园本课程的开发。姜凤华基于园本课程的开发，对教师专业发展进行研究，开发了教师个体的课程开发、领域内小组的课程开发、跨领域的主题课程开发等三种模式。[3]付洪岭研究了教师课程领导力在园本课程开发中的现状，发现教师在课程领导权力分配，自身热情高涨和外部支持不足，理想和现实之间存在各种矛盾。[4]

3. 有关园本课程开发问题与策略的研究

有不少学者关注到园本课程开发过程中存在的问题及策略。于冬青从生活世界观的角度关注儿童的现实生活和现实生活中的儿童，他认为幼儿园的课程开发应该走向生活世界。[5]张铭凯认为现在幼儿园课程开发忽视园本实际，开发具有盲目性，功利性取向明显，误解了开发的初心。[6]沈娟等人的研究发现幼儿园在实际开发过程中，存在对园本课程概念认识不清，幼儿园管理制度缺乏，教师开发能力欠缺，教师参与积极性不高等问题，针对这些问题，李爱华提出一些策略，如以幼儿园为基地，加强多方合作；以教师为主体，吸引多方参与；以实践为依托，强调动态的课程决策等。[7]

---

[1] 李应君.幼儿园园本课程资源开发利用研究［D］.兰州：西北师范大学，2004.
[2] 王冬梅.回归自然育灵性［J］.幼儿园教育.2014（9）.
[3] 姜凤华.基于园本课程开发的幼儿教师专业发展研究［D］.重庆：西南大学，2012.
[4] 付洪岭.园本课程开发中幼儿教师课程领导的个案研究［D］.长春：东北师范大学，2010.
[5] 于冬青.走向生活世界的幼儿园课程设计研究［D］.长春：东北师范大学，2008.
[6] 张铭凯，向凤玲.论园本课程开发的价值迷失与应然转向［J］.早期教育（教师版），2012（9）：4-6.
[7] 李爱华.幼儿园园本课程开发的策略［J］.吉林教育学院学报，2012（11）.

4.有关园本课程开发意义与价值的研究

园本课程与校本课程具有很多相似性,校本课程可以充分挖掘学生的个性潜能,促进学生个性全面和谐发展,有利于特色学校的形成,有利于教师的发展,能够培养多种人才,满足社会对人才的多样化需求,园本课程也具有相似的作用。虞永平教授对园本课程开发的意义和价值进行了比较全面的论述,他认为园本课程开发能够充分调动各种教育资源,突显幼儿园课程的宗旨,使教师得到锻炼和成长,也丰富了幼儿园课程的理论和实践。[1]张承宇总结了近些年的研究,认为园本课程的开发和建设能促进幼儿、教师和家长的发展,有助于提升幼儿园的办园资源。[2]

(三)关于童"话"故事编讲意义价值与内容形式特点的研究探索

以"故事编讲"为检索词,在万方数字化期刊、中国学术期刊全文数据库中进行检索,同时,查阅国外儿童故事编讲课程的许多相关研究,通过信息检索发现,关于儿童故事编讲课程方面的论文或研究明显较少。因此将国内外故事编讲相关文献整合在一起进行阐述。

1.关于故事编讲意义价值研究

幼儿的故事创编,展现出幼儿对生活、生命和内在精神世界的本源探究兴趣。蒋风认为,儿童故事需要适合儿童的生理特点,故事内容要是幼儿最关心、最感兴趣的,又能在深度和广度上考虑到幼儿的接受能力。儿童故事创编源于幼儿对故事的好奇心、求知欲,源于幼儿学习发展的特点,不仅能够积极促进幼儿的创造力、想象力的发展,而且能够发展幼儿对文学的阅读需求和语言的表达能力。[3]幼儿故事创编不仅仅促进幼儿的语言表达能力,而且对于培养幼儿想象力、创造力有着重要意义。[4]

2.故事编讲内容形式特点研究

周兢认为幼儿园童"话"故事编讲活动应贯彻从理解到表达的原则,也要服从语言文学活动的整体要求。[5]楼必生等指出,从幼儿故事编构的内容上看,不管是根据成人提供的图片,还是幼儿自己想象所编的故事,故事的内容大多是幼

---

[1] 虞永平.试论园本课程的建设[J].早期教育,2001(8):4-6.
[2] 张承宇.幼儿园园本课程研究综述——基于期刊网范畴[J].苏州教育学院学报,2013,30(02):102-105.
[3] 蒋风.幼儿文学教程[M].郑州:郑州大学出版社,2008:193.
[4] 季碎妹.培养大班幼儿故事创编能力的路径设计与研究[D].杭州:杭州师范大学,2016.
[5] 周兢.学前儿童语言教育[M].南京:南京师范大学出版社,2001:189-191.

儿的生活经验，有一些是反映现实生活的文学经验。[1]张明红在其著作中提到儿童故事仿编活动，要求幼儿仿照某一个故事框架，调动个人经验进行想象，编出自己的故事。小班仿编重点是在原有基础上更换某一个词汇，中班要求更换某一个词汇而构成句子变化，大班要求儿童变动原有故事的部分结构或引导幼儿自己独立完成文学作品的仿编活动。[2]

幼儿园的故事编讲形式一般以仿编为主，还有绘画编故事、玩偶故事、表演故事等多种形式。小班的幼儿喜欢边玩玩具、玩偶边创编，而中大班的幼儿喜欢表演故事、想象创编、绘画创编等具有挑战性的故事编讲活动。[3]

（四）关于童"话"故事编讲质量因素与实施过程管理的研究探索

1. 故事编讲质量影响因素研究

不同学者对影响童"话"故事编讲的因素提出了自己的观点。耿景萍认为生活经验是影响童"话"故事编讲的一个重要因素，她提到故事编构是培养儿童创造力发展的有效途径，教师在其教学实践中，要从身边的细微处着手，在丰富多彩的教育活动中拓展儿童的生活经验。[4]康长运发现儿童对图画或图画书的观察、理解具有年龄特征，但是因为幼儿的家庭教育背景、知识、经验及智力水平等发展的差异性，因而对图画书的理解同样存在着个体差异。[5]Markman认为故事内容的选择会影响幼儿的故事编构，儿童应当阅读一些组织良好，结构较紧凑的文章，这类文章有着比较简单的逻辑关系和因果关系，便于儿童理解和掌握。[6]Danidle D. Flannery认为阅读结构良好的故事书对培养童"话"故事编讲能力大有裨益，阅读大量图画书，可以激发幼儿的好奇心和兴趣，也可以从图书中找到解决问题的办法。[7]

2. 故事编讲实施过程管理研究

童"话"故事编讲因不同年龄段语言的发展有不同的特点而有所不同。李雪艳的研究表明，小班幼儿受限于语言表达，在故事编讲中需要借助大量的肢体语

---

[1] 屠美如，楼必生.学前儿童艺术综合教育课程研究简介[J].学前教育研究，2001（3）：32-33.
[2] 张明红.学前儿童语言教育[M].上海：华东师范大学出版社，2006：204-205.
[3] 李艳.4—6岁儿童故事编构能力培养的研究[D].上海：华东师范大学，2011.
[4] 耿景萍.从生活中挖掘创编故事的源泉[J].教育导刊·幼儿教育，2005（8）：45-45.
[5] 康长运.幼儿图画故事书阅读过程研究[M].北京：教育科学出版社，2007.
[6] Markman E. M. Comprehension Monitoring: Developmental and Educational Issues[M]. S. F. chipman.
[7] Danidle D.Flannery.Applying Cognitive Learning[M]. Jossey-Bass Publishers San Francisco. Number 59. Fall 1993: 60.

言；中班幼儿更多的是根据已有的生活经验创编故事情节；大班幼儿不仅表达自己的想法，而且能对别人的想法展开评论，创编的内容更加丰富。[1]幼儿随着年龄、语言和认知的发展，故事编讲能力也得到了发展，倾听和理解故事内容已经不能满足大班幼儿的发展的需求，他们热衷于思考、想象，主动创编自己的故事。李艳的研究表示大班幼儿故事创编年龄特点主要表现在：第一，编构意识增强，编构内容更加完整；第二，故事内容依托于经验，处处体现生活痕迹；第三，编构内容更加丰富，更富有想象力。[2]

从学前儿童心理特征角度分析，他们具有想象跟现实分不清的特点，儿童的想象以无意识的想象为主，一般都是由某一事物的触发而引起的对新形象的再造，具有直观性、具体性、想象性的特点，因而故事编讲过程具有随意性。秦丽萍指出幼儿故事编构过程表现出整体性的特点，幼儿在创编的过程中动用全身感官去创编，表达自己的想法和情感，且编构过程是无意识的，主题缺乏稳定性。[3]

综上所述，童"话"故事编讲已有文献较少，已有研究主要集中在儿童故事编讲的内容、形式、特点、过程以及儿童故事编讲的影响因素和培养等几个方面，对如何培养儿童的故事编讲课程的设计和实施能力缺少基础实践的深入研究，相关实践研究偏于零碎、源于教师的兴趣爱好或自发行为，而没有从幼儿园系统的课程设计角度进行系统化的课程开发及研究实践。

---

[1] 李雪艳.3—6岁幼儿故事创编的特点及指导策略［J］.长春教育学院学报，2008（4）：80-81.
[2] 李艳.4—6岁儿童故事编构能力培养的研究［D］.上海：华东师范大学，2011.
[3] 秦丽萍.南京市A幼儿园5—6岁幼儿故事创编特点研究［D］.南京：南京师范大学，2007.

第二节 终身发展：童"话"故事编讲初心及其实践意义

幼儿教育是基础教育中的"基础"，幼儿教育必须从幼儿的终身发展出发，以"全面发展的人"为目标，这是幼儿教育永恒的初心所在。

开展童"话"故事编讲活动，进行童"话"故事编讲园本特色课程建设，金爵幼儿园的园领导组织全园教师认真学习并深入理解践行社会主义核心价值观、培养幼儿发展核心素养、全国教育大会习近平总书记重要讲话以及强化德育和五育并举的幼儿园育人要求，从而赋予了童"话"故事编讲活动以高远的立意、充分的效果。

一、童"话"故事编讲实践的社会主义核心价值观导向

党的十九大报告提出，要培育和践行社会主义核心价值观，要以培养担当民族复兴大任的时代新人为着眼点，强化教育引导、实践养成、制度保障，发挥社会主义核心价值观对国民教育、精神文明创建、精神文化产品创作生产传播的引领作用，把社会主义核心价值观融入社会发展各方面，转化为人们的情感认同和行为习惯。

习近平总书记在北京市海淀区民族小学主持召开座谈会时讲话指出，少年儿童是祖国的未来，是中华民族的希望，各方面要共同努力，让社会主义核心价值观的种子在少年儿童心中生根发芽、真正培育起来。社会主义核心价值观是中华民族文明与梦想的接力棒，也是中华民族伟大文明得以绵延的最持久最深沉的力量，是建构维系中国特色社会主义国家人文秩序和人的心灵秩序最根本的精神力量。他还在中共中央政治局第十三次集体学习时指出，核心价值观要从娃娃抓起、从学校抓起，做到进教材、进课堂、进头脑。要润物细无声，运用各类文化形式，生动具体地表现社会主义核心价值观，用高质量高水平的作品形象地告诉人们什么是真善美，什么是假恶丑，什么是值得肯定和赞扬的，什么是必须反对和否定的。

实践证明，只有将社会主义核心价值观根植于幼儿心田，培育出能认真践行

社会主义核心价值观的合格的社会主义事业建设者和接班人，我们国家的伟大复兴才能具有牢固的智力支撑，才能真正实现中国梦。

故事是每个人成长历程中不可缺少的亲密伙伴，它像阳光雨露，滋润着幼儿的梦想。幼儿园采用聆听和编讲故事的形式，是根据幼儿的年龄特征，以幼儿喜闻乐见形式进行社会主义核心价值观教育的有效之举，通过故事的形式与幼儿的生活世界相联结，能够使社会主义核心价值观的种子悄悄在孩子们心里种下、生根发芽。

为了让广大幼儿树立正确的价值观，更好地学习、理解社会主义核心价值观，近几年来，金爵幼儿园努力结合童"话"故事编讲的课题实践，引导幼儿在聆听故事的过程中汲取正能量，在编讲故事的过程中创造正能量，将故事中的社会主义核心价值观理解与幼儿的行为实践相联系，做到从小事做起，由近到远，把核心价值观放在心上，成为日常的行为准则，进而升华为每个幼儿自觉坚守的价值理念，使每个幼儿都能成为一个充满正能量并对国家和社会有用的人。

在幼儿园教师的指导下，金爵幼儿园大班小朋友编讲了故事《说到就要做到》——

说到就要做到

小兔子艾米家门口的大树上住了一窝麻雀，每天叽叽喳喳的好不热闹。

今天，麻雀窝里特别吵闹。艾米过去一看，原来是麻雀妈妈生宝宝了。

艾米看着五枚小小的蛋静静地躺在敞口的巢里，想着："小宝宝们出生后肯定很脆弱，可是他们的家既不能遮风，也不能挡雨的，不知道小宝宝们能不能受得住呢？"

"麻雀妈妈，我给你们做个小房子吧，等小宝宝们出生后就能住上舒适的新窝啦。"

"那真是谢谢你了，艾米，我很期待哟。"麻雀妈妈高兴地说道。

艾米一回家就兴冲冲地开始选木材，切割打磨，一直忙到晚上妈妈催她睡觉才放下手中的木板。

第二天一早，艾米一起床又开始忙活着钉木板。

"艾米，今天阳光真好，我们出去玩吧。"原来是好朋友玲玲来找她玩了。

"不行不行，我得给小麻雀做房子呢！"艾米拒绝道。

"小麻雀一时半会儿也出不来，不慌嘛，我们先去玩，明天再接着做呀。"艾米觉得玲玲说得有道理，便和她一起出去玩了。

哪知回来后艾米就感冒了。"我好难受，怕是没有力气做房子了。"这一休息又是好几天。

好不容易病好了，妈妈打算带艾米去看表演。

"好耶好耶，我最喜欢看表演了！"艾米兴高采烈地就往外走，已经忘了小房子还没有做完呢。

刚出门，就遇上了麻雀妈妈："艾米，小房子做得怎么样了？我家宝宝这几天就要出壳了呢。""哎呀！"艾米这才记起做房子的事，可是她又好想去看表演，"等我看完表演回来再给你们做好吗？"

妈妈说："艾米，你答应了别人的事情就要做到。你先帮麻雀妈妈做好房子，妈妈再带你去看表演。"艾米羞红了脸，她也觉得这件事是自己不对，于是乖乖回家做小房子去了。

终于，艾米赶在麻雀宝宝出壳前做好了小房子，艾米兑现了自己的承诺。现在艾米可以开开心心地和妈妈一起看表演了。

在与幼儿一起完成这一故事的编讲任务后，教师因势利导，让他们从这一则故事中的小兔艾米"承诺——忘记承诺——实践诺言"的经历中，体会到"言而有信"这一做人道理，在教师的启发下，孩子们说出了"答应别人的事情就一定要做到"的听后心得，对社会主义核心价值观中的"诚信"也有了形象、深切的认识。

二、童"话"故事编讲实践中的培育核心素养崇高追求

尽管核心素养是近几年提出的"新词"，但关于幼儿科学教育与素质养成的问题讨论早已有之。在近代时期，我国著名教育家陶行知先生在其教育理论中就阐释了"怎样培养幼儿"，"培养什么样的幼儿"，其理论就体现了关于幼儿核心素养的教育内容：幼儿核心素养的发展主要指幼儿的知识、情感、态度、社会适应等多方面的综合性评价，其发展过程是阶段性、终身性的。

2016年9月，北京师范大学林崇德教授课题组受教育部委托，发布了《中国学生发展核心素养》研究报告，该报告深刻阐述了我国教育将"培养什么样的人"的问题。自此之后，幼儿核心素养也成为我国多数学者研究的热点问题。

幼儿园教育与中小学教育相衔接，同样承载了培养未来社会高素质人才的重

任。与中小学相比，幼儿园对核心素养的培育关注点更多地体现在对幼儿的养成教育方面。

（一）对"核心素养"的概念定义

"核心素养"一词来源于西方，"Key Competences"是核心素养的英文原文。"Key"在英文中有"关键的""必不可少的"等含义。"Competences"也可以直译为"能力"，但从它的内容上看，译成"素养"更为适合。简言之，"核心素养"也可译为"关键素养"。

当前，联合国教科文组织、欧盟等国际和区域性组织以及世界各先进国家对核心素养的内涵界定不一。从已有研究来看，"核心素养"的概念起源于20世纪90年代，1997年经合组织开展了历时9年的"素养的界定与遴选"，首先于2005年提出，"核心素养"是社会全体人员都应具备的关键的、必要的素养。[1]

我国在2014年，教育部研制发布的《关于全面深化课程改革落实立德树人根本任务的意见》中提出，教育部将组织研究学生在各学段应具备的核心素养体系，明确学生应具备的适应终身发展和社会发展需要的必备品格和关键能力。[2]

（二）核心素养已经成为幼儿终身发展的需要

在国际组织、世界各国教育部和国家政策的引导推动之下，关于学生发展核心素养的研究与学校课程建设实践已经在全球得到高度重视，并成为当前我国中小学深化课程改革的重要标志。

幼儿阶段的教育对幼儿未来的发展至关重要，幼儿发展需要知识和技能的掌握，也需要品质的培养，而这些正是核心素养的内容，可以说，核心素养的培养是幼儿个体发展的内在需求。

2012年，由我国教育部颁布实施的《3—6岁儿童学习与发展指南》鲜明地体现了"育人为本"的理念，倡导要尊重幼儿生活的独特价值，明确幼儿是主动的积极的学习者，有其独特的学习方式和学习特点，他们是在游戏和生活中成长的，他们有着个体发展的差异。《3—6岁儿童学习与发展指南》还提出，幼儿的教育要为其今后的发展奠定基础，也就是说，幼儿核心素养的发展应当着眼于未来，适应社会的不断发展。

《3—6岁儿童学习与发展指南》中的五大领域目标与具体要求涵盖了林崇德

---

[1] 林崇德.21世纪学生发展核心素养研究［M］.北京：北京师范大学出版社，2016：2-13.
[2] 中华人民共和国教育部.关于全面深化课程改革落实立德树人根本任务的意见［S］.教育部，2014.

教授课题组所发布的中国学生发展核心素养的3个方面、6个维度、18个基本点，因而，《3—6岁儿童学习与发展指南》所提出的目标要求也正是核心素养在幼儿阶段的具体体现。

当然，由于幼儿园教育的特殊性，幼儿核心素养不能完全等同于《中国学生发展核心素养》，但从内容上来看，《3—6岁儿童学习与发展指南》是《中国学生发展核心素养》在幼儿阶段的具体体现。为了更好地促进幼儿核心素养的形成与发展，幼儿园教师起着十分重要的作用。

对照《中国学生发展核心素养》的内容，对幼儿核心素养的解析应着重于自主发展和社会参与两大方面。自主发展可以包括幼儿的学习能力、健康生活。社会参与可包括社会适应能力、创新精神和责任感。就社会适应能力来说，幼儿从家庭来到幼儿园这一新的环境，学会与教师、其他幼儿相处，适应集体生活，便是其社会性能力发展的一大难题，对社会的适应能力也是每一位幼儿都要必备的终身发展能力，无论未来从事什么工作都无法避开环境的适应、与人的交往，因此，良好的社会适应能力是幼儿核心素养教育的主要内容之一。幼儿在幼年时期养成了良好的社会适应能力，消除社会交往障碍，也避免了在成年后各种心理障碍的发生。

幼儿园主要以游戏活动为主要的教育形式，相关知识学习融入一日生活活动中，因而，幼儿的核心素养重点在于培养幼儿各方面能力，使幼儿得到全面发展。对幼儿实施核心素养的教育是幼儿终身发展的需要，也是学前教育发展的需要。

在适应幼儿园生活后，幼儿陆续接触和学习其他的科学知识和行为习惯。所以，通过科学知识学习和科学实践探究活动，提高幼儿科技素质，也是培育幼儿核心素养的题中之义。在幼儿园科学教育中，科学观念和科学知识的获得只是幼儿园科学领域目标中的一项教育内容，但更重要的是让幼儿在探索、发现的过程中获得经验知识，培养幼儿大胆尝试、动手操作、积极探索的核心素养。

幼儿核心素养是幼儿园课程活动的根本，指导着幼儿园课程活动的实施，有利于幼儿园课程活动更加完善的发展。童"话"故事编讲课程研究通过总结幼儿园教师视角下的3—6岁幼儿应具备哪些核心素养，从而推动幼儿园对《3—6岁儿童学习与发展指南》的进一步实施。

总之，中国学生发展核心素养的研究实践为当下及未来的幼儿园教育指明了方向，通过幼儿核心素养体系的建构，有利于引领幼儿基于核心素养的学习与发展方向；将培养幼儿核心素养放在幼儿园教育的首要位置，有利于促进幼儿核心素养的形成与发展；从核心素养的角度，进一步强化科学的幼教质量观，有利于幼儿园教育进一步明晰何为高质量、高效益的幼教。

（三）童"话"故事编讲之与培育幼儿核心素养

童"话"故事编讲是幼儿园开展幼儿学习活动的组织形式之一，开展这一活动的目的显然并非仅仅在于满足幼儿的故事探求和表达欲望，也并非仅仅在于发挥幼儿的想象空间，它与幼儿发展核心素养的培育息息相关。

幼儿故事是幼儿道德教育的重要手段。陈鹤琴先生曾说："故事是儿童的一种重要的精神食粮。"生动有趣、积极健康的故事，不仅积极发展了幼儿的思维能力和语言表达能力，而且能使幼儿受到良好的思想品德教育。幼儿故事能细腻深刻地反映人物的内心世界，当幼儿被这些艺术形象吸引时，他们会下意识地产生移情心态，就会站在各种不同的角色形象立场来评判事物及是非标准、处理人与人的关系，体验各种道德情感，并对故事中的情节有所共鸣，做出道德判断。幼儿在欣赏故事时所产生的道德认识、道德情感和道德判断会对他们的伦理道德观念和行为产生潜移默化的影响，幼儿故事所折射的价值观亦会悄然深入儿童心灵，对于其今后漫长人生旅途中科学正确价值观的形成具有深远影响。

以传统故事为题材的童"话"故事往往保留了民族文化中的大量精华，能够从知识、品德、生活、技能、审美等各方面给幼儿以教育。

在当下时代，童"话"故事渗透着科学和生态环境伦理道德。如，结合保护环境这一个主题的童"话"故事将人类面临环境和生态危机的状况巧妙地传递给幼儿，使他们从小懂得保护我们生存的环境，保护生态，保护地球上的生命；有的童"话"故事抓住人类应该和自然和平相处，爱护大自然中的一切生命，和谐共生、共同发展的主题创编了各种故事。

总之，幼儿园借童"话"故事编讲对幼儿从小就进行更为广泛的道德教育，将来对社会做出更多的贡献。

三、童"话"故事编讲中的"五育并举"及幼儿德育养成

当下，幼儿园教育不仅要抓好幼儿智育，更要重视德育，按照习近平总书记在全国教育工大会精神上的重要讲话精神，构建全面培养的教育体系，必须把德、智、体、美、劳作为一个整体进行考虑，揭示五育之间的内在联系与相互融合、相互促进的发展规律，幼儿园教育必须坚持全员育人、全过程育人、全方

位育人的"三全育人"原则,在微观、中观、宏观层面强化幼儿德育的实践性内容。

幼儿园时期是幼儿智力开发、能力发展的重要时期,同时也是其良好品德形成的关键期。俗话说:"三岁看大,七岁看老。"幼儿心灵纯净,各种思想观点尚未形成,无论是正面和积极的教育引导及环境影响,还是负面和消极的教育及环境影响,它们都会在幼儿心灵上留下深深的烙印,正所谓"少成若天性,习惯如自然",优秀的品格,只有从幼儿时期开始陶冶。

童"话"故事编讲活动创造了幼儿良好品德教育养成的重要契机,是落实幼儿德育、进行幼儿品行引导的良好载体。无论是以品德教育为主题的德育题材故事,还是以习惯养成教育为主题的生活题材故事,它们都具有强烈的育人育德功能,良好的幼儿德育犹如春风春雨,"随风潜入夜,润物细无声"。以童"话"故事编讲为载体,对幼儿进行积极的德育引导与习惯养成训练,进而帮助他们形成良好的品德意志和习惯,这不仅是幼儿身心健康成长的需要,也是当今社会的需要。

所以,有效的童"话"故事编讲活动,能在幼儿心灵中、心田上播下道德的种子。

一方面,在童"话"故事编讲活动中有机渗透德育引导,提高故事教育的针对性和及时性。

幼儿当下虽然对人生懵懵懂懂,但他们在学习和成长,他们是我们国家未来的建设者、生力军,所以,幼儿园故事编讲必须着眼于未来,从培养现代人才的整体目标出发,全面贯彻党的教育方针赋予幼儿园教育的神圣使命,绝不能把德育视为可有可无的软任务。因此,我们既可以在每周的品德教育课上融入故事元素,让幼儿由故事悟道理,根据幼儿园品德教育课的主题有计划、有针对性地穿插德育故事,又可以在日常的幼儿故事中有机渗透德育元素。比如,孩子们喜欢新玩具,但常把旧玩具乱扔,我们就引导幼儿编讲故事《乐高考小朋友》;有的幼儿把馒头、菜乱扔,我们就编了《垃圾筐里的哭声》;还有的幼儿缺少礼貌、不尊重友爱同学,我们就引导幼儿编讲故事《小花猫变了》等。

例如下面一则由金爵幼儿园大班小朋友编创的故事《时钟的故事》——

时钟的故事

小兔捡到了一个时钟表,于是,神奇的时钟表的故事发生了。

这只时钟表圆圆的非常可爱,小兔高兴地拿给自己的好朋友小猴看,小猴调皮地来回拨弄着指针，神奇的事情发生了，时间回到过去，小兔和小猴看到了自己小的时候。

小兔和小猴不敢相信自己的眼睛，神奇的小钟表竟然把它们带回到了过去，小兔和小猴非常高兴。

这件事在森林里传开了，所有的动物都来借这个神奇的钟表。熊爷爷记性不好，前几天又把眼镜给丢了，向小兔来借时钟表回到前些天，果然找到了眼镜。时钟表还让羊奶奶看到了去世的羊爷爷。

可是时钟表也有不好的地方，时钟表把那些不想让人知道的事都显现了出来，前些天小猴因为调皮把花瓶弄碎，猴妈妈在时钟表里一下子就看到了，生气地斥责小猴。

大象夫妇本来很要好，结果来看时钟表里的过去，看到了各自的秘密，大吵起来。

小兔决定把神奇的时钟表封锁起来，放在大海的最深处，谁也找不到它，因为小兔觉得世界上的时间都是按顺序在排列的，我们不应该打乱时间，打乱时间也就打乱了自己的生活。

没了时钟表，大森林又恢复了原样，动物们都觉得这样真好。

这是一则关于时钟表的故事，在这个故事中，神奇的时钟表能带大家回到过去、找到丢失的物品、看到想见又永远见不着的亲人、知道过去的秘密，作为故事编讲者，大班小朋友通过故事向大家传递时间的不可逆，隐性地暗示着"不要沉浸在过去，而是要展望未来"；"遵守时间规则，珍惜宝贵时间，让我们的生活变得井井有条、更加美好"，真是小故事蕴含着大道理。

另一方面，幼儿编讲故事与幼儿的日常行为练习、行为改进及习惯养成等紧密结合。

好的幼儿故事来自鲜活的生活，有着浓厚的生活气息，它能提高幼儿的道德认知，培养幼儿良好的道德情感，激发幼儿向善向上创优的愿望。但人的道德品质首先表现在行为之中，因此，教师在开展故事编讲活动时，并不能仅仅停留在让幼儿编、听故事这些环节上，而要以故事为起点，让孩子们在有所知、有所感、有所悟的基础上，进行联系自己的反思和道德行为优化实践，使幼儿在知中有行、行中有知，做到知行并重，并逐步内化，形成良好的道德行为习惯，只有这样，才能真正发挥童"话"故事编讲所能产生的最优化教育效果。

例如，在道德行为的练习中，教师要避免空洞的说教，既可以通过表演型的故事编讲活动，让幼儿扮演故事角色，再现故事场景，由此引导幼儿在情境体验中获得道德认知深化，也可以通过多种有趣的故事性游戏进行游戏角色的心理揣摩，通过游戏中的问题假想与解决，获得道德认知深化及幼儿优良品行内化。比如，轻拿轻放玩具、爱护课桌和座椅，教师便可以开展《乐高考小朋友》等故事性游戏活动，教师出示新旧乐高小玩具，让幼儿挑选，并说出名称。不少小朋友都选旧玩具，说要把新的、好的玩具让给别人。

当然，幼儿编讲故事的素材并非局限于幼儿成长过程中存在的问题，教师还可以引导幼儿从自己或同伴成长过程中的那些闪光点生成故事，并及时加以鼓励、赞扬，这也是从积极方面教育孩子的有效方法。例如，天冷了，有的孩子怕冷到园迟到，但有的很勇敢，天天准时到园，教师就编讲《不怕冷的孩子》；吃餐点时，点心有大有小，为了表扬那些克己让人的小朋友，编了故事《吃餐点的时候》。这些将幼儿小朋友成长中可圈可点可赞的细节生成的小故事，其优点就在于突出了故事教育的及时性和针对性。

而借助《小花猫变了》的表演性故事编讲，幼儿小朋友进一步懂得了要团结友爱，玩具要大家一起玩。

金爵幼儿园的实践证明，只有在故事编讲活动中努力培养幼儿良好的道德品质，教孩子学会生活、学习、做人的能力，才能更好地传给他们一辈子享之不尽的财富。因此，教师既从培养现代人才的整体目标出发，又从各个层级和每个幼儿的实际出发，精心设计幼儿故事编讲的内容主题及故事的呈现方法载体，从而有目的、有计划地培养幼儿的良好行为习惯和道德修养，使祖国的新一代在良好的氛围中茁壮地成长。

四、儿童视角童"话"故事编讲的理论价值与实践意义

从儿童视角、儿童立场出发，积极开展童"话"故事编讲活动，金爵幼儿园有效地探索了以科学教育理论指导幼儿园教育教学工作的创新之路，课题组成员和全园教师不仅深化了科学教育理论的认识，而且丰富了幼儿园课程建设的实践技能，丰富了幼儿园的课程资源，促进了全园幼儿的全面健康发展。

（一）理论价值

（1）开展幼儿园童"话"故事编讲园本课程的研究，为金爵幼儿园有效落实教育部《幼儿园教育指导纲要（试行）》基本精神提供了有力的抓手

1981年由教育部颁发的《幼儿园教育纲要》（试行草案）[1]关于"语言教育"的目标中规定了不同年龄段幼儿应该知道多少个故事，随后的幼儿园语言教育基本上也是围绕着如何讲述故事，如何创编故事结尾等展开。2001年由教育部颁发的《幼儿园教育指导纲要（试行）》[2]（以下简称《纲要》）将"语言领域"目标之一概括为：喜欢听故事，看图书。语言领域的具体教育要求则包括：引导幼儿接触优秀的儿童文学作品，使幼儿感受语言的丰富和优美。从这些纲领性文件可以看出，故事一直是幼儿语言发展的一个媒介，故事编讲活动也能大大促进儿童语言能力的提高。

（2）开展幼儿园童"话"故事编讲园本课程的研究，为金爵幼儿园围绕优化学前教育幼儿语言发展和思维拓展、加强教师理论积淀，提供了成长平台

在幼儿园课程改革实践中，教师的教育理论学习及素养积淀非常重要。开展幼儿园童"话"故事编讲园本课程的研究，催动着金爵幼儿园的课题组成员、全园教师加强学习，努力用科学的教育理论，助力教师解决课题实践以及教育教学实践中出现的新问题、新困难。在当下的幼儿园教学实践中，除游戏活动外，故事教学可以说是幼儿最喜欢的教学方式。然而，由于多方面原因，目前幼儿园纯粹的故事编构活动比较少，许多幼儿的编构能力偏弱，一件事情只能表达一句或半句，这对幼儿发展产生不利影响，很多研究机构和专家学者通过调查也证实了这一点。儿童故事编讲课程的研究，为广大教师提供了加强理论学习、丰富教师理论素养的有利契机，从而通过教师素养的提升，进一步帮助和促进金爵幼儿园儿童不断提升创造性思维能力和言语表达能力，提高儿童积极探索周围环境的欲望，增强其学习的兴趣。

（二）实践意义

（1）开展幼儿园童"话"故事编讲课程的研究实践，响应了上海市浦东唐镇地区幼儿家长群体对子女培养的殷切期待

金爵幼儿园地处上海浦东城乡接合部的唐镇，是人口导入区，幼儿家长既有本土居民，也集聚了来自全国各地的知识精英及务工人员，幼儿家长大多思想新、有文化、讲进取、重教育，幼儿能够用来彼此分享的文化内容非常丰富。这为本研究的开展奠定了良好的资源基础。

---

[1] 中华人民共和国教育部.幼儿园教育纲要（试行草案）[Z].1981年.
[2] 中华人民共和国教育部.幼儿园教育指导纲要（试行）[M].北京：北京师范大学出版社，2001.

（2）开展幼儿园童"话"故事编讲课程的研究实践，启动了上海市金爵幼儿园特色课程建设和内涵发展强园兴师战略

幼儿园发展的核心竞争力在于课程的建设水平，国家课程的园本化实施与园本特色建设是金爵幼儿园课程建设的两个重要抓手。开展幼儿园童"话"故事编讲课程的研究，近年来已经上升到金爵幼儿园可持续发展的战略高度而加以认识与实践。

金爵幼儿园基于多年来的课改实践，开展幼儿园童"话"故事编讲课程设计与实施的研究。幼儿园自2009年9月创办以来，通过努力，于2012年成为上海市一级幼儿园。围绕幼儿园故事编讲、语言能力提升等一系列市、区级课题研究，目前积累了3—6岁儿童故事编讲情报资料集、方案集、案例集等相关资料，另有多篇故事编讲研究论文、报道在知名刊物上发表。诸多相关研究资料的汇集积累，为金爵幼儿园特色课程开展打造了坚实的基础。

（3）开展幼儿园童"话"故事编讲课程的研究实践，坚定了上海市金爵幼儿园培养具有智慧、发展、创新素质幼儿的办学目标追求

开展幼儿园童"话"故事编讲园本课程的研究，为金爵幼儿园全面提高幼儿育德能力提供了载体平台。通过童"话"故事编讲，金爵幼儿园较好地将社会主义核心价值观教育、培育幼儿发展核心素养、幼儿良好品德与行为习惯教育及五育并举等教育实践有机地整合在一起，提高了幼儿德育实践的针对性、实效性。

传统的童"话"故事教学主要侧重于培养儿童对故事的理解和复述能力，忽视了对儿童的故事编讲能力的培养。《幼儿园教育指导纲要（试行）》[1]明确指出：儿童的"语言能力是在运用的过程中发展起来的，发展幼儿语言的关键是创设一个能使他们想说、敢说、喜欢说、有机会说并能得到积极应答的环境"。金爵幼儿园基于对此纲要中幼儿语言能力要求的理解，近年来一直坚持在课程改革和教学改进中积极开展故事编讲课程的研究实践，以童"话"故事编讲为突破口，将此作为有效带动儿童听、说、读、画、编等各方面能力发展的有效教学路径和范式，将培养智慧、发展、创新素质的幼儿作为本幼儿园一直坚持、始终不变的方略。而开展本轮课题实践研究，则有利于进一步扎实、高效地推动金爵幼儿园向着这一目标持续迈进。

（4）开展童"话"故事编讲课程的研究实践，有效促进了金爵幼儿园不同年龄段幼儿语言表达能力、逻辑思维能力等多方面能力的发展

---

[1] 中华人民共和国教育部.幼儿园教育指导纲要（试行）[M].北京：北京师范大学出版社，2001.

故事教学活动是语言教学活动的重要分支，幼儿园童"话"故事编讲课程在金爵幼儿园的建设，有效促进了幼儿语言表达能力、逻辑思维能力等多方面能力的发展。

童"话"故事教学活动有效提高了幼儿的语言表达的能力。幼儿园语言教育主要是通过故事这一形式来组织的，幼儿通过讲述故事、回答教师的提问和追问、同伴间的相互讨论等多种途径促进语言发展。在童"话"故事教学活动中，无论是教师示范讲述故事，还是幼儿自编自创故事，它们都为幼儿的学习成长创设适宜的语言发展环境，幼儿通过清楚、连贯地复述和创作故事内容，理解故事主题，语言表达能力得到发展。

童"话"故事教学活动有效提高了幼儿的创造想象能力。幼儿需要凭借想象力投入到故事中去揣摩故事角色的内心活动、体验故事情感，进而创编故事内容。开展童"话"故事创编活动，借助复述、续编、创编等活动形式，鼓励幼儿通过语言、表情和动作等多种形式创造新故事，金爵幼儿园有效地促进了幼儿想象力和创造力的发展。

童"话"故事教学活动有效地培养和提高了的幼儿的表现能力。在模仿、表演以及复述、编讲故事过程中，幼儿学习幼儿园教师以丰富的面部表情、神似的动作表演、声音的起伏变化来讲述故事，语言表达等方面的表现能力有了很大提升。

（5）开展童"话"故事编讲课程的研究实践，有效促进了金爵幼儿园不同年龄段幼儿的审美水平提高、正确价值观等核心素养的形成发展

童"话"故事教学活动具有审美价值。这种审美价值表现在幼儿的思维特点等方面，童"话"故事中质朴、纯真的美符合幼儿的天性特点，引领着幼儿认识和判断什么是真的、善的、美的，什么是假的、丑的、恶的。童"话"故事还能激发幼儿对真的、善的、美的事物的向往与追求。

童"话"故事教学活动有效提高了幼儿与人交往的能力。在模仿、表演以及复述、编讲故事的过程中，讲述者需要观察听众的反应，这会促进他们从专注自我、以自我为中心的格局中走出来，他们心中的天地会更加广阔。特别是在一些合作表演故事的活动中，幼儿通过合作学习，共处的能力也会得到提升。

童"话"故事教学活动能有效地促进幼儿正确道德观的形成。童"话"故事是日常生活的真实再现，利用故事中的角色引导幼儿感受和体验，故事角色的行为能够有效引导幼儿了解生活中的基本规则。幼儿对故事角色感兴趣，能感受和体验到故事角色所表现出的情感，感受故事角色所演绎的情感，这将影响幼儿道德观的形成。外国学者Engels曾经形象地概括：我们听过的故事，我们所说的故

事，将塑造我们成为什么样的人。[1]故事教学有利于幼儿形成正确的人生观、价值观和世界观，能提高幼儿的道德修养。

综上所述，开展故事编讲课程的研究和实施，有效地助力金爵幼儿园认真贯彻《幼儿园教育指导纲要（试行）》精神，根据各年龄段幼儿认知发展（故事编讲）的特点，制定适宜的课程目标，更好地促进幼儿全面发展。通过故事编讲课程设计和实施的研究和实践操作，金爵幼儿园进一步打造师资队伍，提升教师专业化能力，更好地整合家园社区资源，提升家园互动的有效性，推进幼儿园特色的形成，整体提升幼儿园办园品质，推动了金爵幼儿园在区域学前教育领域发挥更好的引领、辐射作用。

---

[1] Engels. The stories children tell: making sense of the narratives of childhood [M]. New York: W. H. Freeman and Company. 1995: 244.

第三节 把握规律：童"话"故事编讲契合儿童心智发展

在《上海市学前教育课程指南》等文件规范的引领下，金爵幼儿园的童"话"故事编讲活动基于幼儿教育科学规律的指导开展活动，使这一教学实践有效契合儿童心智发展，促进了幼儿的健康成长。

一、依据课程指南和学习理论

《上海市学前教育课程指南》（以下简称"《课程指南》"）以国家的教育方针为指导，以学习者为主体建构课程。上海市学前教育课程的目标之一是积极地尝试运用语言及其他非语言方式表达和表现生活，具有一定的想象力和创造性。学习活动的课程内容8和9分别是：学说普通话，大胆用语言与人交流，注意倾听，理解日常用语，爱看图书，对经常出现的文字感兴趣；接触各种富有情趣的作品，大胆想象，用自己喜欢的方式表达感受和体验，理解他人的表达方式。其中包含倾听、图书、讲述、表达等内容。

金爵幼儿园基于对学习理论的梳理，发现皮亚杰的认知发展理论、奥苏伯尔的意义接受学习理论和维果斯基的社会学习理论等学习理论与儿童故事编讲密切相关。这些学习理论强调学习需要与学习者内部已有经验建立联系，与教师所呈现的学习材料、方式和学习者的参与及学习能力密切相关。因而在内容的设置上不能脱离幼儿的兴趣和需要，以及幼儿的已有经验，在活动的组织和实施中，教师需要关注提供的材料和幼儿的生长点，及时与幼儿互动，为幼儿成长提供支架。

二、依据课程理念和培养目标

金爵幼儿园的发展历程有幸与新一轮课程改革同步，在新课改理念的引领下，多年来，幼儿园遵循《纲要》《课程指南》和《童"话"故事编讲园本课程总目标》，在此基础上强调基础性、整合性和体验性，重视全脑开发与多元智能发展，激发幼儿参与故事编讲活动的兴趣，促进人格完善。以"给孩子快乐童年，让孩子终身受益"为办园理念，营造"快乐园、生活园、健康园、智慧园"，培养"健康快乐、习惯良好、愿说、能想、会玩"的现代儿童，培养"会爱、会支持、会成全"的幼儿园教师。

以上海市浦东新区重点课题"幼儿园故事编讲课程设计与实施的研究"为抓手，近年来，金爵幼儿园更是努力借助绘本图片或教师提供的故事线索，在幼儿将已有的知识经验、记忆表象重新进行加工组合复述、改编或创编出新的故事内容的创作活动中，促进幼儿语言表达能力、想象力、创造力的发展。

三、依据幼儿阶段特点和需要

幼儿的语言和认知发展是一个持续、渐进的过程，同时也表现出一定的年龄阶段特点。相关研究表明，童"话"故事编讲的水平会随着年龄、语言、认知能力的发展而有不同的特点——这些特点反映在情节的丰富性、语言的流畅度、表达的生动性等方面，此外不同年龄段的幼儿有不同的故事爱好倾向。

童"话"故事编讲源于幼儿对儿童故事的求知欲、好奇心，源于幼儿身心特点，对幼儿的想象力、创造力有极大的促进和提升作用，同时也极大地刺激了幼儿对文学阅读、倾听及表达的需求。故事内容与儿童的生活经验具有关联性，比如生活故事和动物故事，最能让幼儿感到亲切，他们目睹过，接触过，创编时有话可说。

课程内容的设置需基于幼儿的年龄特点、发展规律，投其所好，选择和设置适宜的课程内容。

四、家园联动共育儿童乐成长

金爵幼儿园近年来的办学实践证明，幼儿园童"话"故事编讲活动已成为密切家校联系的重要纽带，在开展幼儿园童"话"故事编讲活动的全过程实践中，金爵幼儿园积累了家园联动以推动幼儿快乐成长的有效经验。

以童"话"故事编讲活动为载体，尝试引导家长参与幼儿园教育活动。在幼儿园的精心组织下，家长积极参与班集体的一日生活、教育教学、游戏活动，在亲子互动的过程中，家长增进了对幼儿学习特点的了解，也对童"话"故事编讲活动的学习目标、内容特点等有了具体的认识，有利于家长建立与形成正确有效

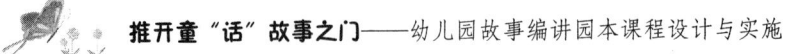

的教育理念，教师通过幼儿在园学习情况，有针对性地给予孩子发展方面的家庭指引，同时为其后面围绕童"话"故事编讲开展的亲子活动奠定了基础。

建立童"话"故事编讲活动家长群，传递科学的教育理念。金爵幼儿园利用新媒体，如微信公众号，分享生动传神的音视频及图文并茂的文字资源，以简单易懂的方式向家长即时传递童"话"故事编讲活动所秉承的教育理念，通过亲子互动，丰富活动的内容形式，也以家长影响家长，调动更多幼儿家长参与童"话"故事编讲的积极性，提高活动的质量。

鼓励家长在家为幼儿诵读优秀的童"话"故事作品，达到影响亲子的目的。在幼儿园教师的指导下，幼儿家长巧妙通过多种版本，如童"话"故事的纸质版、电子版等，在家长诵读、亲子互动的过程中，建立密切的亲子关系，引导幼儿了解到更多的童"话"故事，有效地培养幼儿的故事编讲能力。

鼓励家长参与创编和指导幼儿修改童"话"故事作品，形成家园合力。一方面，家长的创编可以丰富童"话"故事作品的来源，为幼儿编讲故事提供示范；另一方面，教师通过家长指导幼儿修改童"话"故事作品，可以从更全面的角度了解幼儿的心理，为有针对性地开展家庭教育活动、促进幼儿的个性化发展提供引导。

直面问题解析 · 精彩案例分享

故事编讲案例 1

当孩子在讲述过程中缺乏自信时怎么办？

📍 案例背景

随着故事板活动的不断开展，孩子们好像对这个活动形式越来越喜欢，每次开展个别化活动时，都喜欢来到语言区。本月我们开展了"在动物园里"主题活动，在这个主题中有一个故事孩子们非常愿意讲述，那就是《小马噔噔》，因此我就把这个故事设计成了故事板，让幼儿在活动中和同伴一起操作、讲述。在原本的故事中，动物和动物之间是没有对话的，但是在上集体教学活动的时候，我增加了动物之间的对话，为后面幼儿操作的时候做铺垫。

📍 情景回放

只见李丞恩和萌萌商量好了角色，把各种道具摆弄好以后，他们两个拿着各自的角色开始讲故事了。李丞恩扮演小马噔噔和负责念旁白，他摆放好场景开始讲故事。"前面走来了一只小马……猫妈妈你好呀。"故事就这样开始了，但是萌萌在一边只是自己摆弄角色图片。李丞恩急了："萌萌，你现在是猫妈妈，该轮到你说了。"萌萌还是继续摆弄各种角色。于是，李丞恩转过头来和我说："老师，她不和我一起讲故事。""那你先问问萌萌，为什么不和你讲呢？""萌萌，你为什么不讲故事呢？"萌萌说："我不知道该怎么讲。"我对萌萌说："萌萌，没关系的，可以和原来的故事不一样的，你们试试吧。"萌萌点点头。我对李丞恩说："如果萌萌不清楚的话，你可以先把这个故事给萌萌讲一遍，让萌萌先熟悉一下故事内容。也可以把对话告诉她,让她学着说故事。"李丞恩点点头,开始讲述故事,萌萌听得很认真。

第二天,我和孩子们又一起看了一遍故事,一起讨论了小马噔噔的鞋子还可以做什么,在宽松的环境下孩子们的思路被打开后编讲了许多内容,一些语言能力较弱的幼儿也跟着大家一起说说笑笑,参与度非常高。对于故事板我们也进行了调整,增加了背景,放了一些实物的树、小河、栅栏等,增加了一定的情境性,也使故事板看上去更加立体。我们还提供了故事以外的两只动物,让幼儿根据故事内容进行编讲。

材料调整后,嘟嘟和晨晨来到了语言区,一到语言区她们两个就自己分配好了角色,一看怎么多了两只动物,晨晨就问嘟嘟:"嘟嘟,这两只动物是干什么用的?"嘟嘟回答她说:"有可能也是需要帮助的动物吧。"我看着嘟嘟,对她点点头,表示认可。只见她们两个开始商量了起来。

她们的故事开始了。嘟嘟说:"小马噔噔告别了母鸡妈妈,继续往前走,这时它遇到了长颈鹿,看见长颈鹿很伤心,小马噔噔就问长颈鹿'你怎么了?'"长颈鹿(晨晨)说:"我想带点树叶回去给我的孩子们吃,可是我拿不了那么多。"小马噔噔(嘟嘟)说:"没有关系,我可以帮助你,你看我的鞋子可以当作篮子,把树叶放到篮子里去吧,这样你就可以拿很多回家了。"……

案例反思

对于中班幼儿来说,故事板操作的要求比较高,首先要求幼儿会讲会说,能够完整地讲述整个故事,而在这基础上再要求幼儿对一些情节内容进行创编,当幼儿对故事不熟悉时,就会出现活动无法进行的问题;而中班幼儿的认知经验较少,也会对之后的故事创编造成一些困扰。所以教师在活动中保证幼儿能够完整讲述故事的同时,也要努力增加他们的认知经验。

一、根据幼儿能力不同,尝试不同形式的故事板操作

幼儿语言能力、想象能力以及认知水平都各不相同,根据幼儿能力的不同,教师在观察中寻找到他们的优缺点,为他们寻找到不同的操作形式,当能力较强的幼儿操作时,教师可以放手让幼儿自主进行开放式操作;而幼儿能力较弱时,教师可以运用各种方式提示幼儿,帮助其讲述故事。本次活动中,我鼓励能力较强的幼儿讲述,能力较弱的幼儿倾听,发挥了前者的长处,也使后者能更熟悉故事了。

二、根据操作中的问题，开展适时的、有针对性的具体指导

幼儿在故事编讲活动开始时，认知、经验不足或是对故事不熟悉等原因，对他们复述故事以及后面的编讲故事造成了许多阻碍。教师应冷静地观察幼儿，找到问题之所在，并制定有针对性的措施。开始时幼儿不熟悉故事，教师可以在活动后组织幼儿一起听听故事，甚至以一些提示的录音和故事卡片，帮助幼儿回忆故事情节；当幼儿已经有了一定的故事经验，开始编讲故事时，幼儿可能因为经验认知缺乏，限制了他们的想象力，活动后教师可以组织幼儿集体讨论，幼儿在互动中接收到一些新的信息，完善他们的认知经验，亦有助于他们的故事创编。而在整个过程中，教师可以在适当的时候有目的地引导、鼓励幼儿继续编讲故事。

记录者：胡宇

故事编讲案例 2

当幼儿在编讲时，因能力较弱处于被动时怎么办？

案例背景

墨墨和辰辰来到了图书角，两人先是各自随意地拿起了一本书翻看了一会

儿，墨墨就被书柜上的故事板"拔萝卜"吸引住了，她马上放下手中的小图书想去玩这个新投放的材料，辰辰在旁看到了墨墨的行动之后，也慢悠悠地凑上前去，想看看是什么。

情景回放

墨墨一拿到故事板，看到封面，就开心地用小手指着说："是个大萝卜，我要讲个拔萝卜的故事了。"辰辰只是在旁笑呵呵地看着墨墨。

说话间，只见墨墨已经打开了故事板，一下拿了三个故事角色放在了自己的旁边："我是老爷爷，我也是老奶奶……"辰辰一直就只是看着墨墨的动作，什么也没做也没说。于是，我凑上前去："辰辰也去玩玩呀，你看墨墨玩得多开心呀。"辰辰看了看墨墨，还是无动于衷，我摸了摸辰辰的脑袋："看到这个大萝卜，想想这会是个什么故事呢？"辰辰抬头望着我，还是一句话也没有说，我赶紧转过头问了墨墨："墨墨，你来告诉辰辰吧，辰辰也很想玩。"墨墨连忙大声回答我："拔萝卜的故事。""对呀，这个故事前两天我们刚刚讲过，辰辰想起来了吗？"我边说还边做了个双手用力拔的动作，特意把故事板朝辰辰这里挪了一些，但是辰辰似乎还是不太愿意去玩，仍旧坐在原地看着墨墨兴致高涨地讲故事："辰辰，多好玩，还记得故事里讲了什么事情吗？和墨墨一起去试试吧。"在我的一再引导下，辰辰慢慢靠近了墨墨。

接下来，辰辰学着墨墨的样子，小心翼翼地也拿了两个故事角色放在了自己身边，墨墨仍旧沉浸在绘声绘色地讲故事之中，也没有招呼辰辰过来和自己一起玩，还一下子把辰辰手中的角色人物"抢"了过来："你不玩，那就给我玩。"辰辰也就看看不说话，也没有想到去把自己的东西要回来。

辰辰就一直坐在一旁，自己摆弄着手中仅剩的一个小道具，不断地重复着看、摸、放，没有任何话语。过了一两分钟之后，两人之间突然有了第一次交流，墨墨转过身问辰辰："你手上的是什么啊？"辰辰听见后，马上扬起手就给她看了一下，还是没有说话，我低下身和辰辰说："大声地告诉墨墨，我们辰辰也很厉害的哦！"辰辰看了看我，又笑眯眯的什么也没有说，于是我轻轻地和墨墨说："墨墨，辰辰觉得你讲得太好听了，他也想和你一起玩，你愿意把你的大本领教教辰辰吗？"性格开朗的墨墨，马上回答我："愿意，愿意啊。"

这时，墨墨主动和辰辰挨近了一些，把自己手中的角色递给了辰辰："我的是小老鼠、小姐姐，我们一起玩吧。"有了墨墨的主动招呼之后，辰辰一下子积极了许多，在墨墨讲故事的过程中，会主动给墨墨递东西，也会时不时跟着墨墨喃喃自语起来："给你，老爷爷给你。"墨墨也会简单地和辰辰进行互动："你来放这个，快点，我等你。"就这样玩着玩着，我听到了辰辰轻声喃喃自语："有一天，小姐姐要吃萝卜了，她去拔萝卜了，然后老爷爷来了，然后老奶奶来了，然后小老鼠来了……"虽然，在讲故事的时候，还只是听到了辰辰断断续续的只言片语，但两个孩子之间时不时传来的欢声笑语也告诉了我，辰辰这下真的玩得很开心。

案例反思

"拔萝卜"的故事板是在新授完故事两天之后投放于图书角的，在这个阶段投放故事板，是为了让幼儿喜欢操作故事板，愿意用故事板进行摆摆说说，进行简单的故事回忆及讲述。

但从情景回放中，可以看出在摆弄故事板的过程中，墨墨都起主导作用，能力较强，她会第一个先去"瓜分"故事人物，也会在摆弄了一会儿之后，主动去问辰辰，到后来在成人的引导下，还会慢慢地学着用自己的方式来复述故事；而男孩子辰辰天性温和，喜欢追随、模仿，语言方面的发展相较于墨墨还是处于被动地位，从实录中来看，辰辰就是典型的看一步学一步，自己主动摆弄故事宝盒、进行简单复述的主动愿望几乎没有。

其实，在小班幼儿日常编讲活动中，像辰辰这样的案例还是普遍存在的，对于这样的状况，作为教师可以从以下几方面进行引导与调整。

一、了解小班幼儿语言发展的规律，不设编讲的统一标准

小班幼儿的语言发展是从无意识倾听到学习有意识倾听，他们的语言也正是在模仿中学习、成长的。虽然有故事板中的故事背景、人物角色等帮助幼儿回忆故事情节等，但对于能力较弱的幼儿来说，他们往往忽略这些辅助材料。从实录中两位孩子的表现来看，墨墨无需成人的引导就能逐渐边摆弄边进行短句的讲述，但语言中仍以简单句为主，但由于词汇贫乏，表达显得不流畅，常常带有一些多余的口头语，如"然后"的多次出现；辰辰的语言发展目前为止在同龄幼儿中是较为欠缺的，不太愿意和同伴交流、语言表述也多以断句、词语为主，需要成人的一再引导才会有简单回应。对于此类幼儿，在编讲活动中，允许他们可以有不同的编讲能力发展速度，切莫以统一标准要求每一位幼儿。

二、把加强幼儿语言能力培养，渗透到幼儿的一日生活中

对于像辰辰这样在编讲中始终处于被动地位的幼儿来说，利用日常生活各个环节，创设良好的语言环境进行持续的语言能力培养是必不可少的。在幼儿一日生活环节中，教师可以充分利用幼儿在园的时间，进行有针对性的语言教育，运用不同类型的语言积极应答幼儿，发展他们的语言水平。如来园环节，教师应注重与幼儿的个体交流，多运用引导性语言和激发性语言，激发幼儿表达兴趣；盥洗和喝水环节，教师可运用儿歌渗透文学语言，使幼儿丰富生活经验；在集体学习活动时间，有意识地多鼓励此部分的幼儿进行发言回答；餐前故事环节，对于此部分的幼儿给予更多的自信与肯定等等，帮助他们树立自信。

三、增加语言区故事板材料的投放，促进幼儿编讲的兴趣

小班幼儿的随意性较明显，有时占有欲也较强，像案例中的墨墨就会去"抢夺"同伴的道具，这会造成能力较弱的幼儿始终处于被动地位，因此，在语言区投放故事板材料时，同样的故事板材料可以先复制几个，让不同能力水平的幼儿都有个体操作机会，先回忆故事人物、角色、情节等，再慢慢减少相同故事板材料的数量，让幼儿逐渐适应同伴之间初步合作操作故事板的意识，也可以带动编讲能力较弱的幼儿进行活动。

另外，可在语言区结合故事板材料再投放一个平板，在进行故事板操作时，可以同步播放故事画面，帮助这部分能力较弱的幼儿先回忆故事，熟悉故事，学着简单复述，这样在活动时，也能和能力较强的孩子一样，能说、愿说、喜欢说。

记录者：丁静

故事编讲案例 3

当幼儿觉得故事编讲活动枯燥时怎么办？

案例背景

《三只蝴蝶》的故事是我们主题下的编讲游戏材料，通过共同欣赏图画、角色扮演等形式，了解故事内容，学习讲述故事中反复出现的对话和短语，在故事

中体会好朋友之间相互关心的美好情感，让孩子们明白了朋友要互相关心，互相爱护的道理。小朋友喜欢美丽的蝴蝶，更喜欢蝴蝶美丽的翅膀翩翩起舞的动作，幼儿学了故事后，对表演兴致高涨，意犹未尽。为了迎合幼儿的学习兴趣，老师抓住契机，在语言区提供了《三只蝴蝶》故事编讲材料，创设了一个小花园的场景，另外还提供了一些辅助的游戏材料，希望幼儿能在创编故事内容中感受到这些品格。

情景回放

游戏时间已经过半了，可是阅读区里一个人也没有，那里冷冷清清的。看到潘攀在犹豫着，我走上前去："潘攀，今天想玩什么游戏呢？"

"我也不知道，我不知道要去哪里玩。"

"潘攀，你有没有发现我们的语言区可以表演《三只蝴蝶》？你愿意去吗？"

"那里有人吗？我去试试吧。"潘攀缓缓地朝语言区走去。

他好不容易把人凑齐了，孩子们开始表演《三只蝴蝶》。

表演快结束时，扮演小花的孩子小声地嘀咕着："每次都是一样的，太没劲了。"

"噢？为什么你会觉得没劲呢？"今天我特地在旁边当小观众，这一问，原本沉闷的语言区马上就活跃起来了。

"因为每次我们都表演一样的东西。"

"我觉得，小蝴蝶见到每朵花都说一样的话，每次都是一样的。"

"还有小蝴蝶的动作，也是一样的。"

"三朵花也是，开始和结尾的话都是一样的，我妈妈给我讲的故事里面是不一样的话。"

"每次都一样。太没意思了。"

我觉得这正是一次很好的拓展故事的机会，就坐下来和孩子们讨论起来了："你们觉得怎么样能让我们的故事有意思呢？"孩子们一下子都安静下来了。显然他们也没有找到突破口。我说："小蝴蝶还能躲在哪里呢？会不会躲在其他的地方会更有趣呢？蝴蝶和花朵之间还能有什么对话？"

"小蝴蝶可以躲在小树下面呀。"潘攀说。

"好主意，小蝴蝶会怎么对小树说呢？"我立刻肯定了潘攀的想法，鼓励他说下去。

"小树、小树，我们可以在你的树叶下避雨吗？"孩子们一下提起了兴趣，异

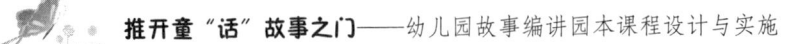

口同声地说。

我假装小树的口吻说："小蝴蝶和我一样，可以进来，中蝴蝶、大蝴蝶别进来。"

孩子们的兴趣完全被提起来了，大家开始想象编讲，"我们还可以去小鸟家避雨""下次我们去小猫家避雨好不好"……

我们还一起讨论了如何使用工具材料制作新的场景，当孩子们表演到改编的内容时，尤其兴奋，情绪高涨，整个编讲活动愉悦而有趣。

案例反思

中班幼儿相比起小班幼儿，复述故事的能力有了很大的提高，他们还能将旁白、各个角色区分得很清楚，但是很少有幼儿能将创编故事的能力运用到故事编讲游戏中，这与教师设计的故事编讲材料有着密切的关系：好的故事编讲材料能够调动幼儿乐意编讲故事的兴趣，同时也能提高童"话"故事编讲的能力，使他们能从单一的复述故事发展到创编故事。

一、仿真的材料能激发幼儿参与活动的兴趣

教师应该提供适宜幼儿游戏的材料，比如精美的蝴蝶翅膀道具，尤其是女生因为想要戴蝴蝶翅膀而参与到活动中来。这些都能够大大提高幼儿开展故事板活动的兴趣。

二、故事板活动需要增加创编内容的材料以提高幼儿的编讲能力

中班幼儿的故事编讲能力比较弱，教师定位幼儿的故事编讲能力应该是完整清楚地复述故事内容，并通过增添创编内容的材料提供，来引导并提高幼儿的故事编讲能力，从复述转变成创编；这是一个质的转变，教师可以结合故事内容、幼儿特点，调整故事板材料，这样幼儿的能力才能够得到提高。

三、故事板活动中教师需要时时关注幼儿，了解幼儿需求

当幼儿对故事编讲活动缺乏了解时，教师就应该从各个角度发现和关注幼儿的需求，只有关注幼儿，了解幼儿的真实需求，才能提供满足童"话"故事编讲的材料，从而推进故事编讲活动的开展。

记录者：奚晓珠

故事编讲案例 4

当同伴为扮演同一角色而争执时怎么办？

📍 案例背景

《桃树下的小白兔》这个故事主要讲述的是小白兔把桃花瓣作为信寄给好朋友，朋友们把桃花瓣变为许多有用的物品，通过巧妙的衔接，层层深入地把幼儿带入到美丽的童话里。故事富有童趣，意境优美，语言具有感染力。结合故事内容，还可以给孩子许多故事外的延伸想象；更重要的是，故事中还包含了情感体验——分享的快乐。所以我选择这个故事作为编讲材料，让幼儿在活动中进行复述和创编。

📍 情景回放

尼嘎和点点一起来到小书吧，翻出这个《桃树下的小白兔》游戏材料，点点在尼嘎耳边轻轻说了些什么，两人便开始游戏了。

点点的小嘴巴不停地说着："我要扮演小白兔，尼嘎，你来扮演其他小动物吧。"尼嘎默默不出声，就算答应下来了，当他们俩正准备开始故事的时候，清清和小可来了，清清说："我们也要来玩。"尼嘎和点点爽快地答应了，点点已经确定了自己就是小白兔，还剩三个孩子，他们各自商量起自己的角色来了。尼嘎要扮演小猫，清清要扮演小蚂蚁，这个时候，小可好像有些不高兴了，说道："我不要扮演山羊公公。"故事还没开始讲，这四个人就停住了。清清不耐烦地说："可是只有山羊公公了呀。"点点说："大家都不想扮演山羊公公，那我们想一个新的小动物出来吧。"小可不好意思地说："我想扮演小鸟和小蝴蝶。"点点追问道："那你准备收到花瓣后干什么用？"小可想了想，看样子是没想出来，她有点为难地看着点点，四个人默不作声。时间慢慢过去，大家看着游戏材料，都很想继续玩。我忍不住走过去："怎么了？商量了这么久还没准备好开始吗？"点点说："谁也不想扮演山羊公公，小可她想扮演其他小动物。""能想到扮演其他小动物，很不错的主意哦，那为什么不继续呢？"清清说道："小可不会讲。"我看着她们说道:"那你们想一想,你们其他几个小伙伴有没有自己想扮演的角色呢?那这样不就可以把自己现在的角色让给小可了吗?"四个人你看我我看你都不出声。等了一会儿,点点还是忍不住了,说:"算了,小可,我把小白兔让给你吧,我来扮演新的小动物。"清清好奇地问:"点点,你想到扮演谁了?"点点笑笑说:"我要扮演小松鼠。"小可问:"小松鼠,那花瓣能做什么呀?"点点得意地说:"当扇子呀!天气那么热。"尼嘎小声地开口了:"小松鼠的尾巴就是扇子,为什么还要拿花瓣?"点点小眼睛转了转:"这是一只尾巴受伤的小松鼠。"说完,点点已经跑去一边画了一个只松鼠当作新的游戏材料。四个人开开心心讲起了故事。

点点扮演的小松鼠:"原来是一片花瓣呀,我的尾巴正好受伤了不能扇风了,这个花瓣正好可以给我当扇子用。"小手还假装晃了几下,"真凉快啊!"……

案例反思

在这个片段中,起初还是进行得比较顺利的,随着加入游戏的人数增加,大家开始对扮演什么角色起了争执,虽然过程中小可已经想到了用增添新的动物成员来代替谁也不想扮演的"山羊公公",但最终因为小可不知道该怎么让这个新"朋友"融入到故事中而陷入了僵持的局面。最终由教师介入,给出了建议:鼓励其他幼儿也可以扮演自己想扮演的新角色。这样一来,原本故事中的角色就会空出来给小可了。最终接受建议的是点点。因此,通过这一个小小的举动,我们也不难看出点点对自己语言表达能力还是比较有自信的,同时,尤为重要的是她有想象力。当同伴质疑她"小松鼠的尾巴就是扇子,你为什么还要拿花瓣当扇子"时,她马上可以"化险为夷",居然想到了"尾巴受伤"这一说辞。因此我认为想象力是故事编讲的关键,当出现这样的情况时,小可由于缺乏想象力,虽然有了想扮演的角色,但是她却不知道该拿这个角色怎么办,而点点凭着丰富的想象力,游戏中出现的问题她都能迎刃而解了,所以在平时的活动中,我们要做到以下两点。

一、适时介入,鼓励幼儿大胆想象

在游戏过程中教师的引导必不可少,教师对于游戏的介入过程是一个连续观察、适时干预和引导的过程。当游戏进入了僵持局面,教师介入并给予建议,帮助或提醒解决问题之策,使得游戏能继续下去。另外,想象力是编故事的前提,有了丰富的想象力,才能创编出有趣的故事内容和情节,幼儿需要想象,有了想象力才能天马行空。因此，我们要抓住每一个机会，使其多观察，多欣赏，通过各种形式，帮助其积累想象的素材，鼓励幼儿大胆想象。

二、关注日常，丰富幼儿生活经验

除了丰富的想象力，生活经验也是非常重要的，看图说话也好，靠想象来创编故事也好，很多情节的内容都是需要建立在生活经验的基础之上的，比如我们会拿比我们大的物体来遮风挡雨，如果我们说我们拿一片柳树叶子来挡雨，那就有点缺乏生活经验了，柳叶那么小，我们那么大，完全不符合生活常理。因此，平时也要教幼儿关注日常，丰富幼儿的生活经验。

记录者：陈燕

第二章
童"话"故事编讲的金爵幼儿园实践

《幼儿园教育指导纲要(试行)》中明确指出:儿童的"语言能力是在运用的过程中发展起来的,发展幼儿语言的关键是创设一个能使他们想说、敢说、喜欢说、有机会说并能得到积极应答的环境"。

童"话"故事编讲活动适应了时代发展对人才素质的需求,紧扣了幼儿语言发展的内在性规律,童"话"故事编讲活动契合了幼儿心理健康化发展的需要,推动了幼儿园的规范建设特色发展。基于对童"话"故事编讲的科学认识,金爵幼儿园开展了童"话"故事编讲的系统实践。

第一节 课程起点：金爵幼儿园童"话"故事的核心概念

金爵幼儿园童"话"故事编讲活动遵照《幼儿园教育指导纲要（试行）》对幼儿园课程建设的要求，从"故事"的基本属性研究起步，逐步丰富其内涵，进而形成和完善了富有金爵幼儿园园本特色的童"话"故事课程体系，通过童"话"这样一种能带动儿童听、说、画、想、编等各方面发展的活动样式，发展儿童的言语表达能力、创造性思维想象能力、审美意识以及社会性发展。

一、"故事""幼儿故事"与"'童·话'故事"

在英语中，"故事"（Story）一词的意义极为广泛：① 过去的事情、历史、经历、阅历；② 表示事情，想象的和真实的；③ 小说、戏剧等的情节等；主要的意思是"过去的事"。

《辞海》从文学理论视角对"故事"内涵做了定义：故事是叙事性文学作品中一系列表现人物形象和体现主题内容的有因果联系的生活事件，由于它环环相扣，层层递进，成为有吸引力的情节，故又称为故事情节。[1]它是文学体裁的一种，注重故事内容的内在联系以及故事情节对读者的吸引力，侧重于描述事件的发生、发展和结果。

《现代汉语词典》对故事的解释是"真实的或虚构的用作讲述对象的事情，有连贯性，富吸引力，能感染人""文艺作品中用来体现主题的情节"。

《中国小学教学百科全书·语文卷》解释"故事"的定义是：一种叙述发生过的或正在发生的、真实的或编造的有关故事角色和故事情节的文学作品。

从日常生活和已有的研究来看，故事的含义有广义和狭义之分。广义的故事泛指带有故事性质的文学作品，包含童话、寓言和小说等众多的形式和体裁。狭义的故事则主要是指区别于童话、寓言以及小说等其他文学体裁的一种特有的文学形式。在幼儿园及亲子交流中提及的故事，指的是广义上的含义。

---

[1] 辞海（修订稿）（文学分册）[M].上海：上海辞书出版社，1979：12.

幼儿故事具有一般故事的诸多共性特点，同时又具有不同于一般故事的若干特别之处：主题鲜明，内容偏重于实际，幼儿熟悉，利用简单的故事引导幼儿认知和理解；结构紧凑，篇幅短小精悍，情节生动；语言儿童化，简单而富有童趣。

童"话"故事是金爵幼儿园着力于幼儿语言能力、思维能力、思想品质培养而进行的童"话"故事编讲学习创意活动。这里的童"话"故事并不完全等同于文学体裁里的"童话"，它除了具有儿童喜欢、符合儿童心理的故事这一特点外，它还兼有故事创作主体是儿童这一属性。所谓童"话"故事是指在教师的指导引领下，以符合幼儿思维、心理、生活特点的故事成为其有效的学习载体，师幼互动、幼幼互动，在故事编讲活动中，幼儿园较好地实现了培养和发展幼儿核心素养的教学目标。

也就是说，童"话"故事有两类来源，一是幼儿（儿童）为创作、编讲的主体，所写的具有儿童特点的各类故事；一是由教师或家长等非儿童对象创作、但为儿童喜闻乐见且符合儿童心理特点、贴近儿童生活、利于促进儿童发展的各类故事。前者是幼儿（儿童）所写的"话"（故事）；后者是由成人创作但为幼儿（儿童）创作与阅读的"话"（故事）。

二、"故事编讲"与"故事编讲教学"

有关故事编讲（编构）的概念，学者们的界定比较相似，如，秦丽萍认为故事编讲是幼儿在不凭借任何语义和提示，只依靠独立想象和联想构思，在没有教师干预的情况下，尝试运用语言编出符合结构规则的故事。[1]周兢认为儿童学习编构就是尝试运用语言编出符合结构规则的故事。[2]

将故事编讲融入幼儿园的教学活动之中，这是近年来幼儿园课程改革的一项积极实践。研究者从不同角度指出了故事编讲的教学意义：叶生华从提高幼儿运用语言表达能力的角度指出，故事编讲教学是以故事为中心，以说和点评故事为主要策略的活动；[3]霍仙丽和李静纯则从儿童道德教育的角度概括故事教学，是运用讲述故事和创编故事等多种形式对儿童进行道德教育的方法和途径，在理解

---

[1] 秦丽萍.南京市A幼儿园5—6岁幼儿故事创编特点研究[D].南京：南京师范大学，2007.
[2] 周兢.学前儿童语言教育[M].南京：南京师范大学出版社，2001：189.
[3] 叶生华.故事教学与素质教育[J].中国科技信息，2006（24）.

故事内容和主题的基础上引导幼儿发挥想象力进行创编。[1]孙文娟则从促进幼儿倾听和表达表现能力的视角指出，幼儿园故事教学是指根据故事内容开展倾听故事、讲述故事、表演故事、创编故事等多种形式的活动，以突破教学重难点，完成教学目标的策略和途径。[2]

沈敏将故事教学定义为一种教学方法，她认为，故事教学的核心特点是围绕故事开展教学活动，突破教学重难点，从而实现教育目标，促进幼儿多领域发展。[3]

国内学前教育同行有不少将故事教学法作为一种积极有效的教学方法加以应用，如李永会指出，故事教学法是指在教学活动中，通过故事教学来实现教学目标，完成教学内容的一种教学指导策略。[4]杨柳郁提出，故事教学法是指教师在活动中根据所讲内容的需要，在教学活动中运用适宜的故事辅助教学，通过对故事的讲解，引导幼儿理解活动的重点内容，教师可以用故事解释其中某一部分的教学内容，也可以将活动的教学目标融入到故事中来，多让幼儿接触有意义的故事内容，在理解故事内容的过程中，掌握活动的核心内容，通过游戏、讨论、表演和评价等互动活动创设一个富有趣味性的学习环境。故事教学法充分运用了故事对幼儿的吸引力，调动幼儿的学习兴趣，引发幼儿大胆猜测与想象，引导幼儿主动探索学习新知识新技能，从而完成教学内容。同时，引导幼儿在活动中能体会到同伴间的相互合作、与同伴分享以及注重时间观念的重要性，增强幼儿主动探索知识的意识以及创新思维的能力。[5]

金爵幼儿园结合开展的故事编讲课程的特点，如此界定：故事编讲是指儿童依托图画故事作品或情境主题，充分利用自身的想象和联想构思，尝试运用语言来编出符合结构规则的讲述活动。

金爵幼儿园的童"话"故事强调了教师对幼儿故事的开发与教学应突出以幼儿的兴趣为出发点，同时还要考虑幼儿的语言发展水平的因素。首先，应考虑幼儿的兴趣点：选择幼儿能够理解和感兴趣的话题作为故事的内容。其次，由

---

[1] 霍仙丽.儿童道德教育中的故事法探析［D］.广州：华南师范大学，2007；李静纯.小学英语故事教学［M］.北京：外语教学与研究出版社，2013.
[2] 孙文娟.运用手偶的故事教学活动对幼儿学习品质的影响分析［D］.金华：浙江师范大学，2014.
[3] 沈敏.运用故事教学提升大班幼儿社会观点采择能力的实验研究［D］.北京：首都师范大学，2013.
[4] 李永会.故事教学法实施构想［J］.教育评论，2003（3）.
[5] 杨柳郁.电子交互白板在故事教学法中的应用研究［D］.长春：吉林大学，2014.

于幼儿的理解能力弱于成人，因此，幼儿故事的情节相比较而言会简单，故事里使用的词汇应根据幼儿的水平来决定，故事内容能够便于幼儿的认知和理解，故事里的人物关系、语言和情节要简单易懂。再则，为保证幼儿较为流畅地编讲故事，且能够让听故事的幼儿全神贯注，不妨对小、中、大班幼儿编讲故事的时间做出一定的限制。第四，无论是教师示范编讲还是幼儿练习编讲，都要巧妙借助肢体语言，使童"话"故事编讲时做到绘色绘声绘形。第五，幼儿故事应具有一定的认知和能力的挑战感、知识与思维的拓展性，特别是由教师示范编讲的幼儿故事，教师应让幼儿掌握新的语言知识，充实幼儿的知识面，开阔幼儿的眼界和思路；要巧妙引导幼儿猜测、推理故事情节的发展，促进幼儿逻辑思维能力的发展。

除上述要求外，金爵幼儿园从培养和发展幼儿语言能力出发，还对童"话"故事提出了其他若干符合儿童特点的创作要求，例如在教师示范创作的故事里应反复出现某些语言结构，帮助幼儿记忆和理解，以便在日后的语言表达中能熟练使用；如果故事相对简单，幼儿就会缺乏挑战感，如果故事相对困难，幼儿就会轻易放弃，完成不了教学目标，达不到理想的教学效果。

三、"幼儿园课程"与"园本课程"

全美幼教协会认为，幼儿园课程是一种组织架构，描述了儿童学习的内容、儿童达到规定课程目标的过程和为帮助儿童达到这一目标教师所需承担的责任，以及教与学所发生的环境。[1]冯晓霞认为幼儿园课程是实现幼儿园教育目标的手段，是帮助幼儿获得有益的学习经验，促进幼儿身心全面和谐发展的各种活动的总和。[2]刘焱则认为幼儿园课程是根据幼儿园教育目标为幼儿设计、组织的，有益于他们身心健康和谐发展的全部学习经验。[3]

幼儿园课程需要尊重广泛意义上的幼儿成长规律，从幼儿的特点、成长需要出发精心设计，更需要从不同幼儿园及其幼儿构成的特点与实际出发，进而开发出富有个性、接地气的课程，园本课程的概念由此而提出。

园本课程源于校本课程，校本课程是指学校根据自己的教育理念，在对学生

---

[1] 李云淑.关于园本课程、课程园本化、园本课程开发等概念的辨析［J］.上海教育科研，2008（11）：80-82.
[2] 冯晓霞.幼儿园课程［M］.北京：北京师范大学出版社，2001：14.
[3] 刘焱.幼儿园游戏教学论［M］.北京：中国社会科学出版社，2000.

需求进行系统评估的基础上，充分利用当地社区和学校的课程资源，通过自行研讨、设计、和专业研究人员或其他力量合作等方式，编制出的多样性、可供选择的课程。[1]以李季媚为代表的一些学者认为，我国课程实行的是国家、地方和学校三级管理制度，幼儿园在课程建设过程中，应根据《幼儿园教育指导纲要（试行）》的精神，结合地方教育行政部门的指导意见，自主决定幼儿园的具体课程内容和组织实施的方法策略。即，以具体的幼儿园及其幼儿发展为本位的课程，才是真正的园本课程。为优化园本课程建设，不少学者强调，园本课程必须是在幼儿园现实的根基上生长起来的，与幼儿园的资源、师资等条件相一致的课程[2]；必须是以幼儿园为基础，以本园幼儿的发展状态、现实需要、生长环境为核心，整合幼儿园、社区的各种资源而设计的课程。[3]

四、"幼儿园'童·话'故事课程"

金爵幼儿园自本世纪初建园以来，特别是自开展"幼儿园童'话'故事编讲园本课程设计与实施的研究"课题研究实践以来，积极借助绘本或故事线索，通过课程实施，以促进幼儿已有经验的扩展、提升，从而较好地满足了幼儿兴趣和发展需求。

在课题研究中，金爵幼儿园坚持建设以幼儿园之"本"为基础的课程，这一课程是在幼儿园现实的根基上生长起来的与幼儿园的资源、师资等条件相一致的课程，据其特点，课题组成员及全园教师努力以现代幼儿教育理论为指导，以全人教育为宗旨，以办园特色为媒介，科学构建适合幼儿发展的园本课程，积极引发、释放和最大限度地挖掘幼儿的潜能，培养富有个性的全面发展的新一代的课程。

在课题实践的过程中，金爵幼儿园童"话"故事编讲课程的建设思路日益清晰，学校的课程建设指向是——在幼儿园儿童故事编讲活动中，在理解故事主题基础上，幼儿主动积极参与，能够编出符合结构规则的故事、敢于表达，并生长出对别人的故事进行评价的能力的课程。

---

[1] 刘旭东.校本课程的理念与实施［M］.北京：首都师范大学出版社，2003：13-14.
[2] 虞永平.试论园本课程的建设［J］.早期教育，2001（8）：4-6.
[3] 夏子.对园本课程的理论认识［J］.教育导刊（下半月），2003（7）：9-11.

第二节 课程布局：聚众之力的幼儿园童"话"故事行动

　　幼儿园课程建设是当前幼儿园建设与发展的重要使命和内容。课程建设的质量，直接影响着幼儿园发展的核心竞争力与发展速度、进程，开展"幼儿园故事编讲园本课程的研究"这一课题实践，其核心任务之一在于构建富有金爵幼儿园园本特色的童"话"故事编讲课程体系，因此，从金爵幼儿园园本课程整体布局的高度出发，开展幼儿园故事编讲的课题实践，既是课题实践研究的题中之义，更是金爵幼儿园谋求长远发展的要求。

一、明确研究目标

　　（一）明确实践目标

　　通过园本课程设计与实施的研究，重点提升幼儿的想象和联想的水平，促进幼儿在故事编讲兴趣、方法、能力等方面的和谐发展。同时，带动教师专业成长，打造金爵幼儿园研究型的教师团队。

　　（二）明确理论目标

　　通过研究实践，对童"话"故事编讲园本课程的理论背景、目标体系、内容、结构及评价进行整体设计，形成较为完善的园本学材及幼儿学具，同时探索幼儿园童"话"故事编讲园本课程实施的一般规律和方法。

二、健全研究网络

　　金爵幼儿园在实践研究中组建课题研究队伍，健全研究组织，形成研究网络。

　　（一）园长室是课题研究的领导，负责课题研究计划的制订。

　　（二）课题组是实践研究的组织者、指导者，承担课题研究的操作实施。

　　（三）教研组协助课题组，组织课题研究的操作实施。

　　（四）各项目组根据课题组的指导，带领教师具体进行课题研究的操作实施，承担培养童"话"故事编讲能力的任务。

三、设计研究内容

依据童"话"故事编讲活动的目标，在第一轮已有的故事编讲活动设计的基础上进行筛选、补充和优化，形成一套基于不同实施途径的故事编讲课程内容：

（一）以集体教学形式开展的故事编讲活动的内容。
（二）以个别化活动形式开展的故事编讲活动的内容。
（三）以亲子活动形式开展的故事编讲活动的内容。
（四）渗透在日常生活中的故事编讲活动的内容。
（五）渗透在游戏活动中的故事编讲活动的内容。

四、规划路线策略

通过采用行动研究方法，同时结合测验法、文献法、案例分析法等方法，课题实践研究有序推进：一是制定童"话"故事编讲活动的培养目标：小班阶段重在培养兴趣，中班阶段重在掌握要领，大班阶段重在学会连贯；二是系统设计了童"话"故事编讲活动的实践研究内容，具体包括"绘本故事、视频动画、周边生活、游戏材料"四个板块的故事编讲内容；三是童"话"故事编讲活动的实践研究途径，通过专门的童"话"故事编讲活动和渗透的童"话"故事编讲活动确立了开展常态化童"话"故事编讲活动的两条路径。

在实践中设计了童"话"故事编讲能力培养的有效途径与策略，诸如，兴趣导入策略、情境诱发策略、角色联想策略、提问支持策略、问题渲染策略、游戏体验策略及自编自演策略……多维度的支持性策略，使得各个年龄段的幼儿在多彩的故事编织梦中遨游畅想，表达自我，收获积极的情感体验；也获得幼儿家长认可并积极支持童"话"故事编讲活动的开展。

五、制订行动计划

（一）酝酿与计划

研究过程中，先拟订第一步行动计划方案，包括童"话"故事编讲的背景分析、目标定位、内容构建、形式确定、策略制定、动力机制创设、评价方法选择等，然后依据计划方案，分别选取小中大班幼儿作为研究对象，开展实践研究。

（二）实施与调整

在实施的过程中跟踪考察，将有关情况和问题"记录在案"，予以积极反馈。

（三）反馈与跟进

最后对反馈信息进行整理思考，找出问题并分析问题存在的原因，修改完善实施计划，调整幼儿园、家庭参与童"话"故事编讲活动的目标、内容、形式、策略和动力机制，进入第二循环的跟进优化行动。

六、划分研究过程

（一）准备阶段——文献资料研究（2015年1月—2015年3月）

申报研究课题、建立课题组，研究人员分工、收集"故事编讲""课程实施"的有关文献资料，开展文献资料的研究。

（二）实施阶段——实践研究（2015年3月—2019年10月）

（1）调查研究

主要通过设计、开展问卷调查，形成问卷调查分析报告。具体时间安排：2015年3月—2015年6月。

（2）实践研究

围绕课题研究目标、研究内容等，开展具体的课题实践。

第一阶段（2015年5月—2015年8月）：研究制定特色园本课程的框架体系，明确小、中、大班课程教育教学目标。

第二阶段（2015年9月—2018年8月）：第一轮实践。

第三阶段（2018年9月—2019年10月）：有重点的专题跟进与优化实践。

在具体的实践阶段，及时汇总形成幼儿园故事编讲园本课程实施的方案选集、案例选集以及重点幼儿观察对象的个案成长实录。

（三）总结阶段——汇总、结题工作（2019年10月—2019年12月）

（1）形成系统化的"幼儿园故事编讲"教材：课例集（教育活动教案集）、幼儿操作包。

（2）调整完善"幼儿园故事编讲园本课程实施方案"。

（3）撰写结题报告。

第三节 课程目标：金爵幼儿园童"话"故事的课程追求

根据《上海市学前教育课程指南》要求，课程实施要促进幼儿包括情感、态度、认知能力、技能等各方面的和谐、全面、整合发展，金爵幼儿园设置了故事编讲园本课程总目标和各个年龄的阶段目标。

一、金爵幼儿园童"话"故事编讲园本课程建设总目标

（一）幼儿培养目标

（1）通过编构故事活动，培养幼儿的想象力与创造力，发展创造性。

（2）了解故事的基本框架（开头、高潮、结尾），会续编、仿编、改编故事并能努力增强故事情节和角色的复杂性。

（3）培养幼儿的听、说能力和良好习惯，不断提高对语言的理解力及创造性运用语言的能力。

（二）教师发展目标

通过故事编讲课程实施，促进教师专业化水平的提高。在提升教师故事编讲方面的素养的同时，教师通过组织相关教学活动及幼儿园的大教研、组内教研等方式的实践、学习，增加自身的活动开展能力，也提高教师发现问题和解决问题的能力，把问题上升为课题，更好地促进专业化水平的提高。

（三）幼儿园发展目标

促进金爵幼儿园园本课程与教材的形成与优化。通过本课程的实施，形成有金爵幼儿园特色、符合金爵幼儿园园情的教材，为金爵幼儿园的可持续发展提供必备的校园文化。

二、童"话"故事编讲园本课程不同年龄阶段发展目标

（一）小班——培养兴趣

（1）有参加故事编讲活动的兴趣，感受参加故事编讲活动的快乐。

（2）初步学习故事编讲的方法与技能，有简单表达故事的语言兴趣。

（二）中班——掌握要领

（1）愉快地参加故事编讲活动，掌握阅读的方法与技能，体验故事编讲活动中的趣味性。

（2）留意和感受生活中的故事编讲内容，初步尝试运用多种形式表达表现自己对故事内容的理解。

（三）大班——学会连贯

（1）接触不同形式的故事编讲题材，能想象、会创编，运用完整连贯的语言生动自然地表达自己对故事内容的理解。

（2）喜欢进行故事编讲活动，能自主地选择各种材料、运用不同的表现形式，创造性地表达自己对故事内容的感受和认识。

第四节 两轮实践：童"话"故事编讲植入幼儿园教学文化

自2015年以来，金爵幼儿园一直致力于童"话"故事编讲的幼儿园课程与教学创新实践，以先后两次立项的上海市浦东新区教科研课题、金爵幼儿园的重点和龙头课题"幼儿园故事编讲活动的实践研究"（2011年立项）、"幼儿园故事编讲园本课程设计与实施的研究"（2015年立项）为标志，金爵幼儿园的领导、教师走过了一段不寻常的教育科研实践研究之路。

这一过程是艰巨辛苦劳累的，但是，围绕故事编讲而取得的累累硕果，又激励着全体金爵人不断抖擞精神，再出发，再实践，再探索，这一过程又充满着收获的喜悦，登顶的快乐。

一、第一轮研究——童"话"故事"从无到有"

（一）故事编讲素材的挖掘梳理

在开发特色课程活动以前，故事编讲内容散落于集体教学活动、个别化学习活动、游戏中，依托区重点课题的研究，金爵幼儿园教师尝试挖掘和积累故事编讲素材，随着研究的深入，金爵幼儿园结合幼儿的兴趣需要，从绘本故事、视频动画、周边生活、游戏材料等中，挖掘故事编讲内容，实现了课程内容"从无到有"。

表2-1 小班童"话"故事编讲活动内容主题及编讲要求

项　　目	活动举例	编　讲　要　求
绘本故事中的故事编讲内容	半个蛋壳 小熊醒来了 胖熊吹气球 小黄鸡和小黑鸡 想长脚的小石头 不怕冷的大衣	（一）能认真倾听故事。 （二）仔细观察绘本画面，创编角色对话，讲述声音响亮。 （三）能用肢体动作简单表现角色行为。
视频动画中的故事编讲内容	好饿的小蛇 小猪的野餐	（一）在模仿角色语言及动作的基础上，创编角色语言，丰富角色动作。

（续表）

项　　目	活动举例	编　讲　要　求
视频动画中的故事编讲内容	懒羊羊与灰太狼 小熊醒来吧	（二）在模仿角色语言及动作的基础上，创编角色语言，丰富角色动作。
周边生活中的故事编讲内容	摘果子 卷爆竹 做客去 在公园里	（一）能认真倾听同伴的讲述。 （二）能为故事添加不同的角色语言，丰富情节。
游戏材料中的故事编讲内容	河马肚子大 谁来了 小乌龟看爷爷 小雪花 新年树	根据材料编构情节，并简单讲述角色对话语言。

表2-2　中班童"话"故事编讲活动内容主题及编讲要求

项　　目	活动举例	编　讲　要　求
绘本故事中的故事编讲内容	猜猜我有多爱你 青蛙奶奶的快乐围巾 桃树下的小白兔 兔子先生去散步 机器兵 小乌龟去旅行	（一）能想象故事情境，创编角色对话，讲述声音响亮。 （二）能用肢体动作大胆表现故事情节。
视频动画中的故事编讲内容	两只山羊 三颗星星 好忙的蜘蛛 蛛网商店 蜘蛛织网	创编角色的语言及动作，并大胆联想创编故事内容。
周边生活中的故事编讲内容	新年甜甜话 三只蝴蝶 公共汽车到站了 警车开来了	（一）能认真倾听同伴的讲述。 （二）能为故事添加不同的情节或结尾。
游戏材料中的故事编讲内容	小老鼠的旅行 小土坑 去郊游 小红与小蓝 彩色牛奶	根据游戏材料设计故事某一情节并完整讲述。

表2-3 大班童"话"故事编讲活动内容主题及编讲要求

项　目	活动举例	编　讲　要　求
绘本故事中的故事编讲内容	树真好 笨狼进城 花婆婆 大恐龙进城 母鸡萝丝去散步 螃蟹小裁缝 不是我的错	（一）能仔细观察绘本故事的细节部分，进行大胆合理的情节创编。 （二）能与同伴分工合作表演故事内容。 （三）能对同伴的编讲及表演进行评价。
视频动画中的故事编讲内容	月亮船 海洋音乐会 搬过来搬过去 猪八戒学本领 捉迷藏	（一）创编角色的语言及动作，并大胆联想创编故事内容。 （二）能与同伴分工合作，编讲角色对白，表演故事情节。
周边生活中的故事编讲内容	名字的故事 上学的早晨 点点给多咪的信 国庆真热闹 书包里的故事	（一）能认真倾听同伴的讲述，并做出评价。 （二）能为故事添加合乎逻辑的不同情节或结尾。
游戏材料中的故事编讲内容	云彩和风 谁能得冠军 小房子 猫医生过河 螃蟹的奇遇	（一）根据游戏材料设计有趣的故事情节并完整讲述。 （二）能与同伴分工合作，表演故事的完整情节。

（二）故事编讲方法的摸索积累

在第一轮的童"话"故事实践中，通过尝试和摸索，金爵幼儿园总结了一些童"话"故事编讲教学的组织方法：

（1）游戏激趣法

游戏激趣法是根据幼儿的年龄特点，在听赏故事作品之前或之后，以游戏活动的形式激发幼儿对故事作品进行情节拓展延伸的兴趣，培养幼儿创编局部故事并进行讲述的教学方法。它能通过游戏或扮演角色，帮助幼儿理解故事基本的内容，拓展想象，发展创造性。

如在小班故事编讲活动《小猪的野餐》中，教师运用游戏激趣法让幼儿手持食物扮演小猪的好朋友，引导幼儿伴随着背景音乐，编讲角色间的对话，幼儿在轻松、愉快的游戏中，逐渐理解了故事的快乐基调，还体验了合作游戏的快乐。

（2）情境探索法

情境探索法是让幼儿投身于故事作品或创设的多媒体、童话故事情境中，探索、体验作品所表现的基本情感特点的教学方法。

如在大班故事编讲活动《点点给多咪的信》中，教师巧妙地以"一封信"作为情节展开导入源头，创造了一个有趣的讲述情境，引导幼儿充当"寄信人"，幼儿用绘画和情节编讲结合的方式表现自己的方法后，教师提炼出相应的情节，将幼儿的编讲内容贯穿在活动中进行完整讲述，这不仅增添了幼儿对故事情节的理解乐趣，更满足了幼儿发现、表现自身知识的欲望，让幼儿享受着愉快表现故事情节的乐趣。

（3）启发联想法

这一方法主要是教师促使幼儿结合实际生活中的事物和情感去联想故事作品所表现的内容，以此来拓展想象故事的局部情节或者开始与结尾部分，让幼儿在欣赏和表现的过程中进行情感体验和联想。

如在大班故事编讲活动《螃蟹小裁缝》中，教师引导幼儿结合不同境况下小螃蟹做衣服的故事情节，同伴间合作表现创编的情节内容，幼儿在教具情境的启发下，能更加直观、生动地表现自己的创意，体验故事编讲活动的乐趣所在。

（三）故事编讲策略的研究获得

活动环节的设计是实现目标的载体，合理的活动设计能有效激发幼儿思维、推动幼儿向前发展，是教师的教和幼儿的学之间的一座桥梁。

对于一个童"话"故事编讲集体教学活动来说，实施的策略很重要，在第一轮研究中我们积累了一些策略：

（1）环节架构详略得当、重点突出

故事编讲教学活动的设计就像写文章一样，需要构思结构、详略与重点。小班15～20分钟，中班25～30分钟，大班以30分钟为宜，在时间限定的情况下，活动过程的设计应围绕目标，考虑环节架构的有效性。如果每个环节都是重点，也就没有了重点，整个活动过程就可能变得拖沓。

（2）环节衔接自然流畅、过渡无痕

当设计好每一个故事编讲的活动环节后，就应当考虑各个环节之间是否衔接自然流畅、节奏紧凑。如实践活动《彩色牛奶》中，四个环节设计从导题让幼儿编讲，到幼儿探索尝试，跟着教师一起积累动物图像，再到把积累的经验用语言表现出来，最后再分享交流，环节转化自然流畅，幼儿也在情境中自然地参与、投入，产生愉快的情绪体验，构建新经验。

（3）环节实施的有趣策略

童"话"故事编讲教学方法应注意年龄适宜，关注细节。一般常用的方法有：

★ 创设情境，以故事的形式开展活动；
★ 观察比较，让幼儿在寻找相同和不同中获得感性经验；
★ 交流讨论，在同伴分享中获得经验提升；
★ 收集讨论，拓展幼儿思考空间；
★ 环境推动，展现每个幼儿在活动中的所思所想；
★ 分享交流，发挥幼儿自己的所能等。

大环节设计好后，小环节的细节设计也不能忽视。细节往往在那些我们认为"应该"与"正常"而忽视和漠视的地方。如无论幼儿回答问题是否正确，我们都应该以鼓励为主进行回应，日积月累中，就增加了幼儿回答问题的主动性和积极性；反之，幼儿主动性和积极性就会日渐消失。

二、第二轮研究——童"话"故事"对接主题"

（一）在问题查找中实现"主题内容渗透"

二期课改《学习活动》中主题内容的设置依据了不同年龄段幼儿的认知水平与心理发展特点，又与幼儿的日常生活经验紧密联系。编制过程注重寻求"领域"和"主题"的联系和结合，追求课程目标的适宜性、主题规划的生活化、教育活动的趣味性以及高低结构的内容搭配，注重激发幼儿的自主学习和体验。

但在教材使用过程中，我们也发现了一些应当弥补的缺憾：

第一，有的教学内容只呈现了素材故事，却没有对应的教学活动设计，这对于部分入职3年以内的新教师而言，会有教材使用的盲区。

第二，部分素材提供了教学活动范例，但活动设计与我园故事编讲这一研究重点之间存在落差，教师在活动实施中，有语言领域的目标追求，但对课程创生帮助不大。

第三，主题实施有一定的时间跨度，但我园所需要的部分主题，却涉及较少，供教师选择的余地不够。

第四，低结构材料设置只给予了名称或提示，具体呈现缺乏直观性，新手型教师设计故事编讲活动的难度较大。

为了更好地将基础教材与园本课程进行融合，我们对不同年龄段故事编讲活动内容和编讲元素进行了充实与完善。

(二)在筛选完善中契合"主题核心经验"

童"话"故事的第二轮研究注重与二期课改主题教材融合,注重把握主题内容与要求。

(1)以小班主题为例

小班《好朋友》的主题内容与要求是"喜欢自己的朋友,体验与老师、同伴一起活动的快乐"。核心经验分别是:情感——喜欢和朋友在一起;认知——比较对应(找关联)。

在内容选择上,我们结合童"话"故事编讲的培养目标,选择了两个素材进行了活动设计,一则是《胖熊吹气球》,一则是《小猪的野餐》,目的在于结合小班幼儿的生活经验,借助他们喜闻乐见的动物形象,利用编编、讲讲、演演的表现方式,帮助小班幼儿感受和同伴、朋友分享的快乐,从而为主题的实施和推进服务。

教师采用四种教法:一是整体性观赏,重在引导小班幼儿观察发现单幅画面中的重点部分;二是局部性想象,重在激发小班幼儿编讲局部故事内容的兴趣;三是预设性提问,重在以教师提问激活幼儿思维,帮助其理解讲述;四是多样性讲述,重在故事讲述的形式多样。

(2)以中班主题为例

中班《火辣辣的夏天》的主题内容与要求包括两点:"(一)观察夏季的各种自然现象,体验夏季是炎热的季节。(二)了解动植物怎样适应季节的变化,以及人们怎样用各种方法度过夏季。"核心经验分别是:认知与能力——观察现象(雷电、彩虹等天气现象及动植物的变化)、了解方法(防暑降温的方法);情感与态度——适应环境(调整活动方式)、体验乐趣(嬉水、捉蜻蜓等)。

在内容选择上,我们从夏季多雷雨、幼儿能够自主自发地在生活中发现水面倒影这一有趣现象出发,将原来放置在"水真有用"这一主题中的故事《小土坑》调整到本主题中,从而助推幼儿观察与发现夏季的一些有趣现象,积累一些粗浅的科学知识,更好地体现幼儿的学习主体作用。同时,我们将主题中原有的教学实例《绿太阳》,结合故事编讲的培养要求加以调整和补充,以凸显教学实例的园本化教育作用。

教师采用三种教法:一是重视"观察与发现",加强对幼儿在夏季雨后现象观察的引导,使之自发观察与发现,引发他们的好奇心和求知欲;二是借助"思考与想象",帮助幼儿在经验分享和同伴认知碰撞中,了解夏天的季节特征,以及夏季动植物们的度夏方法,助推其对故事情节编构和讲述的兴趣;三是关注"个别与集体",借助趣味化的材料提供或营造情境,提升不同认知层面幼儿的能力发展。

(3)以大班主题为例

大班《动物大世界》的主题内容与要求主要有三点:"(一)了解常见动物不同的特点及其与周围环境的关系,有进一步探索动物生活习性的愿望。(二)对动物奇特的现象和特殊本领感到好奇,体验探索动物奇特现象的乐趣。(三)了解人类可以从动物的一些特征中获得启发,进行发明创造;知道动物是人类的朋友,我们应该保护它们。"核心经验包括:情感与态度——爱护动物、喜爱探究;认知与能力——动物习性(特征与环境、生长与变化等)、奇特现象(动物趣事、奇特动物、特殊本领等)、依存关系(动物与动物、动物与人的关系);表达与表现——动物制作与模仿等。

在内容选择上,为了更好地围绕主题核心经验,并整合金爵幼儿园故事编讲特色教育的培养要求,让幼儿在与环境、材料的交互作用中,通过自身经验,自主提出问题、解决问题,从而对动物奇特的现象和特殊本领感到好奇,体验探索动物奇特现象的乐趣,促进幼儿实践操作能力、创造能力和想象能力的发展,我们选用了两则新故事《神奇糖果店》和《捉迷藏》,以此激发幼儿与教师、与同伴、与其他媒介间的积极互动,不断充实和完善主题内容。

教师采用三种教法:一是借助"问题讨论法",围绕幼儿的兴趣经验组织提问设计,在幼儿知识分享中帮助他们体验探索动物奇特现象的乐趣,继而帮助幼儿学习自我评价和互相评价,实现更好的相互了解。二是利用"情境营造法",通过材料及环境的创设,引发幼儿对动物奇特现象的探究欲望,在分组合作的表达、创编和表演中助推幼儿能力发展,从而做到既符合幼儿的现实需要,又有利于其长远发展。三是设置"任务驱动法",发挥幼儿收集动物信息的热情,提供更多幼儿与同伴主动合作探索的机会,在充分调动幼儿积极性的基础上,推动大班幼儿自主学习。

直面问题解析 · 精彩案例分享

故事编讲案例 5

幼儿故事情节发展没有推进材料怎么办?

案例背景

《三只蝴蝶》这个故事画面简单、情感积极、角色形象鲜明生动,充满童趣,符合中班幼儿的认知经验。故事中三只蝴蝶相亲相爱,面对艰难的环境不愿分离,这样的情节很能获得中班幼儿的喜欢。而角色之间的对话充满想象空间,能激发中班幼儿的编构兴趣和讲述表演的欲望。孩子欣赏了故事后,愿意和老师一起表演故事中的一些片段。但是要完整讲述故事内容,对于能力较弱的孩子来说还是有一定的难度,他们有的会讲开始和结尾,有的只是知道大概情节。所以我打算制作一份推进材料,希望孩子们可以通过材料的操作和摆弄,回忆故事内容,在讲述中培养孩子对故事板活动的兴趣,感受参加故事板活动的快乐。

情景回放

实录一:刘昀衡很热情地向大家介绍她的好朋友:"这是我的好朋友黄齐胧。"然后刘昀衡有礼貌地和黄齐胧商量:"黄齐胧,我来当蝴蝶好吗"黄齐胧很有礼貌并且面带微笑地回应刘昀衡:"好的,我来当小花。"两个好朋友就这样有商有量地开始了他们的故事旅程。

刘昀衡说:"花园里有三只美丽的蝴蝶,一只是红的,一只是黄的,还有一只是白的。"说着就拿出了三种颜色的蝴蝶道具,她接着说,"它们天天在花园里一块儿跳舞、游戏,非常快乐。有一天,它们正在草地上玩,突然下起大雨来。

它们一同飞到红花那里,齐声向红花请求说:'红花姐姐,红花姐姐,大雨把我们的翅膀淋湿了,让我们到你的叶子下避避雨吧!'"刘昀衡一边说一边摆弄着蝴蝶来到了黄齐胧这里。

这时候黄齐胧拿出了道具,有模有样地说:"红蝴蝶的颜色像我,请进来!黄蝴蝶、白蝴蝶,别进来!"黄齐胧边说边把红蝴蝶留下了。

刘昀衡接着说:"我们三个好朋友,相亲相爱不分手,要来一块儿来,要走一块儿走。"然后蝴蝶飞到了黄花这里说:"黄花姐姐,黄花姐姐,大雨把我们的翅膀淋湿了,大雨把我们淋得发冷了,让我们到你的叶子下避避雨吧!"这时黄齐胧马上接着说:"黄蝴蝶的颜色像我,请进来!红蝴蝶、白蝴蝶,别进来!"刘昀衡很无奈地说:"那好吧。"于是刘昀衡有模有样地将蝴蝶带到了白花这里,向白花请求说:"白花姐姐,白花姐姐,大雨把我们的翅膀淋湿了,大雨把我们淋得发冷了,让我们到你的叶子下避避雨吧!"黄齐胧拿着白花说:"白蝴蝶的颜色像我,请进来!黄蝴蝶、红蝴蝶,别进来!"边说边把黄蝴蝶和红蝴蝶推走。刘昀衡说:"太阳公公出来了,叫雨别再下了。三只蝴蝶迎着太阳,又一块儿在花园里快乐地跳舞、游戏。"

随着故事的结束,刘昀衡和黄齐胧两个朋友开始重新摆放道具。

实录二:这次龙龙一个人操作故事编讲材料,而我在道具中去除了故事中有的材料,放进了与故事中相近的角色:小花、小草、大树等。

我看到龙龙拿起三只蝴蝶,愣了一下,接着开口说道:"花园里有三只美丽的蝴蝶,一只是红的,一只是黄的,还有一只是白的。"每说到一个颜色的蝴蝶他就拿出来展示一下。

这时,他又看到了一旁的小草,他觉得很新鲜,抬头问我:"姚老师,这是干什么的?"

我回答他:"除了故事中的这些角色还可以加一点别的角色吗?"

"我可以随便说吗?"

我点头:"当然可以呀!"

于是,龙龙没有根据故事中的内容进行讲述,而是拿起小草:"蝴蝶蝴蝶,我们一起来玩吧。"

接下来,他拿出了大树和各种颜色的小花:"大家一起来玩,我们来玩捉迷藏的游戏吧。"

讲到这里,龙龙突然停了下来:"不对,要下雨了,我重新说。"

他再次拿起蝴蝶和小草、大树:"它们正在草地上玩,突然下起大雨来。它们一同飞到红花那里,问:'红花姐姐,红花姐姐,大雨把我们的翅膀淋湿了,我们能来你这里躲雨吗？'"

案例反思

一、根据幼儿的年龄特点投放材料，体现材料的情趣性

中班幼儿活泼好动、喜欢挑战，常常是在游戏、摆弄、观察活动中去尝试发现并突发奇想。我为《三只蝴蝶》制作了游戏情境，让材料体现出情趣性，吸引幼儿的注意力，让幼儿在愉快的游戏中获得能力提高，让幼儿自由自在地获得学习能力的提升。

二、根据幼儿的发展目标投放材料，体现材料的挑战性

故事编讲材料的投放要根据幼儿的年龄特点和发展水平，有目的、有层次地提供，并体现出材料的挑战性，提升幼儿的最近发展区。我班大部分幼儿表达和创编能力较强，之后为故事添加故事角色，然后和孩子们一起说说、演演，能帮助他们积累更多的创编经验，让孩子们体验创编故事的乐趣，进一步提高孩子们的语言能力。

三、根据幼儿个性的需求提供材料，体现材料的层次性

每一个幼儿的语言发展速度是不同的，因此有时在同一个活动中所需要的材料也不同，对活动材料的提供要按照有层次、多样化和半开放性的特点，让幼儿能够有选择地进行自主学习。

记录者：姚丽

故事编讲案例 6

如何在汉字文化的亲近过程中创建故事编讲园本特色？

案例背景

在幼儿学前阶段，是不是可以有汉字的出现，一直是一个比较敏感的话

题，甚至提升到会否踩红线的高度。学前儿童对图符的认知确实比成人要敏感。在"我是中国人"主题开展过程中，通过家园共育的宣传，大部分家长都会带着孩子去上海历史博物馆，在潜移默化中，孩子对汉字也有了一次初接触。大班阶段，在家庭教育下，部分幼儿确实已经开始识字并且有了一定的识字量。

在图符与汉字之间，是不是可以有媒介把两者串联起来呢？既可以做到不踩红线，又可以是一个汉字文化很好的启蒙教育，与此同时还可以作为"我是中国人"主题活动的一个扩充。我们想到了甲骨文，对于少部分已经识字的大班孩子来说，就好像认识汉字"小时候"的样子，是一种进阶文化的浸染。对于大部分无识字经验的大班孩子来说，通过图符启蒙汉字，构建汉字知识，也不违背幼儿发展规律。

鉴于此，我们找了很多素材，有《汉字树》《汉字之美》《记事情》等，还找到了绘本《三十六个字》，值得一提的是，《三十六个字》是先有动画片，此片于1986年获南斯拉夫第七届萨格勒布国际动画电影节教育片奖，本就是精华。我们取精华中的精华，制作了视频，以古筝配乐，汉意浓浓。视频的字符素材来源于绘本《三十六个字》，色彩明艳；视频的内容情节简单、有趣，适合幼儿编讲故事，符合教学需要。于是，就有了"字里藏故事"这个既有意思又有意义的集体教学活动。

情景回放

活动的第一个环节，和孩子们一起回忆了"记事情"的绘本故事。
提问："在很久很久以前，没有纸也没有笔，人们把事情记在哪里呢？"
然然说："把事情记在山洞里。"
嘟嘟说："把事情记在杯子上。"
心心说："把事情记在龟壳上。"
我故作疑惑状，将绘本停留在龟甲这一页，提出疑惑："很久以前，人们把故事记在龟壳上，这件事情是真的吗？"
孩子们异口同声地大声回答："真的。"
我不紧不慢地打开课件，定格在小朋友从博物馆里拍来的龟壳照片上，回应："那么，这上面一个一个的是什么呢？"一边问一边用手圈出这一个一个的甲骨文。

珊珊说:"我知道,是符号。"

球球说:"是字吧。"

知识储备比较丰富并且已经有识字经验的小哲说:"俞老师,这个是甲骨文呀,是古时候的人发明的字。"

小哲的回答正是我想要的,我回应道:"是呀,你真聪明,这个是古时候的人发明的文字,我们的祖先真的了不起!"这个回应旨在进行"我是中国人"的情感提升。

接着,我故作神秘地说:"我从龟甲上选了三个字,我们一起来猜一猜好吗?"

"好!"孩子们兴致很高。

在选择字的时候,我有心选择了比较有代表性的三个字,象、牛、泪。"象"是画了一整头象,是整体的,"牛"是画了牛头,是局部的。而"泪"是一只眼睛,三滴眼泪,是由两个图符组成的。孩子们很快猜出了象、牛,当"泪"字出现的时候,孩子们忍不住说:"哭。"我赶紧回应:"是呀,这个人哭了,所以流……""泪。"孩子们马上补上,我接着说道:"对呀,这个是'泪'。"小哲又补充道:"对的,俞老师,这个是泪,三点水一个目。"

第一个环节,就好像在和孩子们进行头脑风暴,在一问一答中,孩子们来到了汉字的世界,并且趣味盎然。

活动进行到第二个环节,我话锋一转说:"孩子们,告诉你们哦,这些像图画一样的字宝宝里面还藏着许多故事呢!我们大家一起来看一看吧。"孩子们全神贯注地观看"字里藏故事"的动画视频,播放完一遍以后,我问道:"在刚才的动画片里面,你们找到了哪些像图画一样的文字?"

源源说:"船。"

我回应道:"是呀,古时候人们也把小船叫作舟,所以这是舟。"

丁丁说:"河。"

我回应道:"对对,但是河里面流的是什么?"

丁丁及其他幼儿:"水。"

我:"是呀,这个是水哦。"

潘潘说:"我找到了木。"

我除了出示了"木",也出示了"林""森"。"孩子们,你们看,一棵树是木,那两个木是——?三个木就是——?"

"林、森。"部分有识字经验的孩子马上看出奥妙,大声猜测道。

……

当孩子猜出字符的时候，我将字符一一摆出，摆的时候要有画面感，并且将视频截成了九幅图，对孩子们看图编故事进行铺垫和辅助。当孩子们将所有字符都找出来后，我继续提问："藏在故事里的字我们已经找到了，藏在字里的故事你们找到了吗？谁愿意来说一说？"

乔乔自信地举起手，说："一个早晨，太阳公公起床了，小鸟在森林里唱歌，大象来到河边喝水，有一个农夫出门去砍柴，他骑着马儿来到了森林，砍了很多柴火，天不早了，农夫最后坐着船儿回家了。"

我选择了故事编讲能力较强的乔乔进行编讲故事，旨在对下一个环节，全体孩子合作编讲故事起一个示范引领，体现幼幼互动及幼幼促进。

到了活动的第三个环节，可以从孩子们的表情中解读到孩子们对这些字符的兴趣进一步提高，我问道："你们想不想也用这些字符去编一编有趣的故事呢？"孩子们大声地说："好。"孩子们都表示非常乐意尝试。我接着提出要求："待会儿，三个人为一组，大家合作编讲一个有趣的故事，等到音乐停止了，就回到座位上，每一组选出一名代表来讲述你们的故事哦。"

孩子们三个人一组进行故事编讲，最后进行分享故事的时候，孩子们编讲的故事都是比较完整并且富有童趣的。在整个编讲过程中，孩子们的兴趣度是高涨的，表情是投入的，故事是好玩的。

"孩子们，其实还有很多像图画一样的汉字宝宝，下次我们再和它们一起做游戏，编故事，好吗？"最后，我告诉孩子们图画文字并非只限于活动中所认识的，还有很多，希望能够在他们心里埋下一颗汉字文化的种子，相信总有一天种子会生根发芽的。

案例反思

一、对活动缘起的思考

在活动前,正值大班开展主题活动《我是中国人》,我一直在思索,汉字作为中国文化的精华,能否体现在集体活动中?如何体现?带着这样的思索,我想到了甲骨文,一种图画文字。对于图画文字,幼儿易接受,感兴趣。为此,我找了很多素材,《汉字树》《汉字之美》《记事情》《三十六个字》,最后,选择了《记事情》作为幼儿前期经验铺垫,以《三十六个字》为活动设计蓝本,这两本书都为绘本,更贴近幼儿,符合教学需要。

二、对活动设计的探索

在活动中,三个环节由浅入深、层层递进、循环往复。环节一,重温已有绘本故事,猜出有代表意义的三个图画文字,象、牛、泪,并且了解这三个文字的演变。环节二,通过观看视频猜测更多的图画文字,个别幼儿尝试大胆讲述视频里的故事。环节三,幼儿自由分组,自主选取图画文字,合作组合画面,编讲故事。这对幼儿来说是一次挑战,从故事到图符,从图符到字符,从字符到故事。在图符、字符、故事之间思维构建、往复循环。在编讲环节中,幼儿通过操作发现,把一样的字符放在不同的位置,可以编出不同的故事情节,体验到了汉字和编讲之趣。

三、对活动后续的展望

在活动后,幼儿表示想认识更多的图画文字,编讲出更多不同的故事。从幼儿的情绪上,可以感受出他们的快乐和自豪。

"字里藏故事"是一次尝试,肯定有很多不足之处。如,幼儿没有猜出个别字符的正确意思,是做规避处理还是回应纠正?有待研究。

记录者:俞皖黎

故事编讲案例 7

童"话"故事编讲仅复述原有情节无编讲怎么办？

案例背景

春天的秘密很多，孩子可以在外出游玩时发现春天的很多秘密，如天气变热了，光秃秃的枝头上长出了嫩叶芽，枯黄的草地变绿了，蝴蝶、蜜蜂、各种各样的虫子飞来了。《响亮的大鼓》也是春天的一个小秘密。在故事中将春雷比喻成大鼓的声音，叫醒冬眠的动物，内容生动有趣，能够充分激发幼儿的兴趣，从而进一步关注春天的季节变化。因而我选了《响亮的大鼓》这一内容，来丰富孩子们对春雷的认识，以此激发幼儿对进一步发现春天的季节特征的兴趣。

情景回放

个别化活动中，轩轩和依依选择了语言区的《响亮的大鼓》材料进行游戏。轩轩说："我来做小青蛙吧！"依依点点头："好的，那我做其他小动物吧！"轩轩："那谁来读旁白呢？"依依："我来吧！"

轩轩拿着小青蛙的立体图片："青蛙在洞里睡大觉，他已经睡了一个冬天了。"依依："突然，外面响起了轰隆隆，轰隆隆的声音把他吵醒了，他伸伸懒腰问。"

轩轩："是谁在洞外敲大鼓呀？"

依依："洞外没有声音，青蛙只好爬出洞，看见一只螃蟹。"

依依拿着螃蟹的图片放在小青蛙的对面。

轩轩问道："是你在敲大鼓吗？"

依依说："没有呀！"

轩轩把蜗牛的图片给了依依，依依说："谢谢！"

依依继续说："青蛙看见一只蜗牛就问：'是你在敲大鼓吗？'蜗牛说：'不是呀！'"

老师看见两个孩子能与角色互动，但自始至终都是在复述故事，没有将自己更多的感受想象表达出来，需要采用一些引导方法介入。

老师说："青蛙还可能遇见谁啊？哪个动物也会冬眠呢？大胆编一编。"

依依在一大堆动物图片中找来找去，轩轩看见一条小花蛇的图片，高兴地拿给依依："依依，依依，小蛇也是冬眠的，它春天里也醒了。"

依依接过小蛇说："青蛙看见一条美丽的小花蛇就问：'是你在敲大鼓吗？'小蛇说：'不是呀！我没有手敲不了鼓。'"

依依又找来一条鲸鱼的图片，放在小青蛙旁边说："青蛙来到海边，看到游着的一条鲸鱼，问：'是你在敲大鼓吗？'鲸鱼说：'不是，不是，是雷公公在敲大鼓告诉大家春天来了，天气暖和了。'"

轩轩说："青蛙听了，高兴得唱起歌来：'呱呱呱，春天来了，天气暖和啦，出洞来玩吧！'"

案例反思

一、故事编讲前的情绪渲染

教师充分利用语言、背景故事，创设情境，调动幼儿的精神状态，使幼儿更好地关注故事编讲活动。只有创设一种与故事情境相和谐的环境、气氛，以情动情，才能使幼儿很快地进入故事中，并用各种丰富的语言将自己的感受和想象表达出来。在故事编讲活动的准备阶段，引导幼儿能很快地"移情"，能和故事内容互动、与角色互动、与情境互动，需要采用一些引导方法。

（一）情境创设，情感激发

每个故事编讲活动实施之前，教师会把预先准备的绘本故事或者自制故事大图书放在教室的"图书角"醒目处，这本图书可以设计成磁性板的，也可以设计成粘贴式的，还可以是抽屉式的，其中一些角色和情景在图书里有了初步的呈现和勾勒。随着幼儿对图书的摆弄、对角色的操作，对这一故事的情节已经有了想全部探究和知晓的兴趣。

如故事《响亮的大鼓》，我制作了抽屉式的活动材料，给孩子创造故事情景时我用鲜艳、有趣的图片做背景，有树林、湖泊等。抽屉内有许多和故事相关的立体动物图片，也有许多是故事以外的动物图片，这一方法的采用，对故事编讲集体教学活动的后续开展起到了有效的渲染作用。

（二）问题渲染，情感传递

这一方法的实践，需要教师把握幼儿的"问题动向"，在很多问题的提出中实施故事编讲教育活动。故事编讲集体教学活动中的"问题呈现墙"是这一方法使用中的有效推手。

教师在选择和确立了一个故事编讲素材以后，会挖掘出一些和故事内容相关的问题，制作教师自己的"想知道的问题"，在集体讨论中，教师引导幼儿将和故事内容有契合点的问题画出来贴在"问题呈现墙"上，同伴之间也可以互相解答这一些问题。

如故事《响亮的大鼓》，故事中都是关于冬眠的动物的，于是在集体活动的讨论中，教师引导幼儿将更多的冬眠动物找出来贴在"问题呈现墙"上，便于孩子编讲更多的内容。随着问题呈现的减少或者解答内容的增多，某个故事编讲教学活动的实施时机也就成熟了。

二、故事编讲活动中的游戏体验

指在故事编讲集体教学中为幼儿创造故事情境，引导幼儿在游戏中主动了解故事内容，对核心的故事角色进行自主选择，并运用已有知识、操作各种材料来激发幼儿对故事编讲相关内容的兴趣。

中班幼儿对周围的事物充满了兴趣与好奇，当教师提供的故事材料可以满足他们认知发展的需要时，就会不断推动幼儿产生了解故事的欲望、探究故事情节的兴趣和编讲不同情节的兴奋点。

在游戏中幼儿可以进行各种各样的探索、操作活动，可以根据自己的兴趣与想象来模仿和表现故事中的人与事物，大家在嬉笑中体验着故事角色的开心与难过。而在游戏体验中，幼儿可以充分展示他们的口语表达能力、思维想象能力和同伴合作能力，通过生动具体的游戏行为，感知和建构对故事内容的初步认知与理解。

此次活动中，教师制作的故事板材料，使孩子们的思维在整个活动过程中都处在积极、兴奋的状态，对理解能力、思辨能力、语言表达能力等提出挑战。

记录者：严丽

故事编讲案例 8

不同时期故事编讲材料如何投放与推进？

案例背景

故事《熊猫百货商店》是一个关于店主与客人之间买卖商品的故事，材料投放的前期我们制作了货架，同时用彩泥制作了大小、颜色不同的各种货物，形成了一个立体式的故事板。材料投放一段时间后，幼儿对故事熟悉了，我们又增加了梯子、尺、纸、扭扭棒等辅助性的材料，帮助幼儿丰富故事情境，提升编讲质量。

情景回放

活动开始，青青和若水将故事编讲材料拿了出来，青青说道："若水你想扮演什么呀？"若水想了想说："你想扮演什么？""我想扮演熊猫伯伯。"青青回答。"那我就扮演动物吧。"

青青拿着熊猫伯伯放到了商店里。若水拿出了长颈鹿，说："熊猫伯伯，我想要买一条长长的围巾。可以吗？"青青说："可以。"说完她就拿着熊猫手偶来到货架前准备去拿围巾。

这时，若水在材料箱里发现了一根尺子，她拿起尺子说："尺子还没量就给我啦？"

青青连忙放下围巾说："哦哦哦，忘记了。我先要量一量你的脖子。"青青从材料箱里拿出了梯子和尺子，拿着熊猫一步步地上了梯子，然后让熊猫站在梯子上，拿尺子量了长颈鹿脖子的长度。然后青青拿着熊猫去货架上拿了一条最长的粉色围巾给若水。

若水拿着长颈鹿接过围巾说："谢谢！"若水拿着长颈鹿和粉色围巾一步步地走出商店放进了材料箱里。

接着若水又从材料箱里拿出了河马放到了商店里，说："熊猫伯伯，我想要一个口罩。可以吗?"

青青想了想说:"可以,但是我要先把你的嘴巴量一量。"说着她拿出了尺子。这时若水看见商店里没放掉的梯子说:"你不用爬梯子啦!"

青青听了,把梯子放到一边说:"我不用爬梯子啦!"说完青青拿着尺子量了量河马的嘴巴大小,拿着熊猫去货架上拿了个最大的蓝色口罩,给熊猫,说:"给你。"

若水拿着河马接过口罩,说:"谢谢!"说完若水拿着河马和口罩一步步走出了商店。

若水想从材料箱里拿出大象,这时青青说:"可以不一样的嘛。"若水听了放下了大象,把小蛇放进了商店。

青青问:"小蛇,你想买什么?"

若水说:"我想买一双鞋子。"

青青说:"好的,但是我要把你的脚量一量。"青青看了看,发现蛇没有脚,于是量了量小蛇尾巴的宽度。量完青青就拿着熊猫去货架上拿了一双不大不小的绿色的鞋给若水。

若水想把蛇的尾巴穿进鞋子里,塞了几下硬把蛇的尾巴卡在了鞋子里,然后把穿了鞋的蛇放进了材料箱里。

经过几次这样的摆弄操作,青青和若水把《熊猫百货商店》的故事讲完了,经过几天的观察,在活动中孩子们已经非常熟悉《熊猫百货商店》的故事,同时对于新增的辅助材料也很有兴趣去摆弄。在过程中他们也利用了新增材料丰富故事情节。但在整个过程中两人都只是根据所提的材料编讲内容,反复地进行量一量,使得故事内容只是不断重复,略显单调。如何让幼儿的编讲内容更丰富呢?

老师组织一场讨论,"在百货店会有些什么呢?你们平时是怎么买东西的?"孩子们说会有收银台、试衣间……买东西的时候会有打折等等。"那在你们身上发生的事情,在熊猫百货商店里会不会发生呢?""老师,但是熊猫百货商店没有你说的收银台、凳子啊!"有孩子说。"我在材料箱里提供了一些材料,你们可以去看看,它们是不是能够帮助到你们。"

再一次故事编讲时,孩子们在材料箱里发现了盒子、扭扭棒、纸等一些辅助材料,只见他们把盒子当成了柜台,用纸折了几下变出了一间试衣间,并且又在百货商店里新增了一名收银员等,每一次孩子们创设的情景各有不同,故事内容不再只是简单的量一量、找适合动物尺寸的物品了,而是出现了打折、试穿等和

他们常见的买卖相仿的生活情景。

案例反思

故事编讲材料在幼儿编讲过程中起着至关重要的作用，在材料投放的过程中如何运用材料帮助幼儿丰富故事的内容及情境，推进幼儿的故事编讲？在故事编讲开展的不同阶段，应该选择提供不同层次结构的材料。通过不同阶段所提供的材料推进幼儿的故事编讲内容。

一、故事编讲内容呈现前期，应注重材料的丰富性

故事编讲活动是幼儿在操作摆弄下进行的活动，因此在故事编讲活动投放的前期我们要为幼儿创设一个与故事相关并且丰富有趣的故事环境，让幼儿有兴趣去边操作边编讲故事，从而在过程中熟悉故事内容，为接下来的故事创编做基础。

二、故事编讲内容呈现中期，应注重材料的适宜性

在幼儿熟悉故事后，我们要对故事编讲材料的提供做适当的加法，投放与故事内容相关的材料，帮助幼儿利用这些材料丰富与故事相关的内容和情节，比如案例中投放了尺让幼儿产生为小动物量一量的故事情境，就丰富了编讲的内容。

三、故事编讲内容呈现后期，应注重材料的可变性

在故事编讲的后期，幼儿已经对所提供的材料熟悉了，原来的材料对于幼儿的故事创编助推作用已经不是很大，我们就对材料做减法，我们可以选择一些可变的材料，让幼儿自己进行创作想象与替代，创编与故事相关的情景进行编讲活动，当然在选择投放材料时要注意，所提供的材料是方便幼儿操作，能帮助幼儿的创编活动而不是干扰幼儿活动的。

记录者：季瑛

第三章

叩开童"话"故事儿童
有效编讲之门

开展幼儿童"话"故事编讲活动,培养幼儿编讲故事的浓厚兴趣,提高幼儿编故事的能力,需要教师巧加引领。

幼儿因其特定的年龄阶段而具有独特的性格特点:未定型、情绪化、独立性差、爱模仿、自律性差、随性而为,同时儿童又具有可发展的、易改正的、受教育的极大潜能,因此,幼儿发展具有可塑性、阶段性、潜在的可改变性和敏感的直觉性等特点。

抓住幼儿在心理和学习中的特点,发挥教师示范引领作用,可以有效地帮助幼儿在童"话"故事编讲的题材类型、结构规范、基本原则、组织实施等方面形成正确的概念认知与积极的实践建构能力,进而有效提高幼儿童"话"故事编讲实效,实现活动育人的效果。

第一节　幼儿童"话"故事编讲的题材类型

幼儿童"话"故事编讲的题材来源与幼儿生活的外延相等,通过课题研究实践,金爵幼儿园拓宽了幼儿童"话"故事编讲的题材来源,幼儿园课程建设步入了广阔的题材空间。

一、来自幼儿生活经验

让教育回归真实的生活,让幼儿回归自然的环境,这是《纲要》中所蕴含的新理念。生活是一部真实、丰富的百科全书,蕴藏着巨大的教育财富,它向儿童展示了具体、形象、生动的学习内容,为幼儿获得对世界的感性认识提供了天然的场所。走出幼儿园,让幼儿的生活得到拓展,让幼儿体验不一样的学校教育。

在主题活动中,我们充分利用家长资源开展活动,拓展幼儿的生活经验,帮助幼儿积累编讲素材。我们经常会发放调查问卷让孩子和家长共同完成,其间需要共同收集资料,撰写心得等。

如在大班主题活动《有用的植物》实施时,教师根据主题需要和活动目标,发放了一张"买菜趣事"调查表,主要是让家长以照片、图片加文字的形式记录孩子买菜经过,之后让幼儿来园和同伴交流。买菜时家长需要陪同幼儿一起,可以先让幼儿观察其他顾客买菜的过程,倾听对话,然后幼儿自己拿着10元钱去买菜,家长则在旁边观察幼儿,并帮助幼儿拍照记录,最后把过程和孩子一起记录在纸上。

调查表发放后的第二天,有些家长拿来的是以照片方式记录的孩子买菜过程,并在旁边进行了文字说明,有的虽然只有一张照片,但是却像讲故事一样把这个过程详细讲述了。在交流中发现,因为是孩子们亲身经历过的事情,他们都会较完整地进行讲述,活动不只是老师和几个能力强的孩子间的单独互动,而是整个班级的孩子都在倾听和学习,孩子们表现出的强烈讲述热忱和欲望是从未有过的。他们会把买菜过程中发生的事情较完整地讲述,连平常不太爱表现的孩子也能大胆讲述。

通过实践,教师们发现,在日常教学中开展的故事编讲活动中,能够绘声绘色讲述的孩子原来是因为有丰富的生活经验以及家长的教育和指导，而经常退缩在后面的孩子并不是他不会表达，只是心里没有讲述的内容。孩子编讲自己的故事，素材是很重要的，亲身体验就能积累素材。可见，拓展生活经验对孩子的编讲有着举足轻重的地位。

二、来自绘本故事元素

（一）选择能够激发孩子想象力的绘本

《开车去兜风》是一本深受幼儿喜爱的故事绘本，每一页的画面中有很多的美丽、可爱、温馨的细节。尽管绘本中文字甚少，内容浅易，但作者画出的一道道美丽的风景，可以激发幼儿的观察能力，活跃其思维来进行丰富的想象。所以教师便利用它，组织了一次故事编讲活动。

教师首先与幼儿共同欣赏绘本完整的画面与内容。接着，在组织故事编讲环节中，教师请幼儿带着任务编构情节——"兜风路上发生了什么有趣的事情？"孩子们通过仔细观察，分组合作编构了"后视镜中的发现""车顶上的发现""车厢里的故事""云海后面猜猜猜"等故事情节。有的孩子编构出了这样的故事情节："车厢里有小宝宝睡在妈妈怀里，她是个美丽的小婴儿，听到外面山顶上轻轻吹来的风声，她睡得很香。妈妈叫她了以后，她醒来了，跟着大家到山顶上看美丽的风景，还留下了很美的照片。原来，小婴儿也会兜风呀！"有的孩子则另辟蹊径："后视镜里，看到了盘山路上开来了许许多多的车辆，他们也是开着车子来兜风的。有的车里坐着老人，有的车里坐着爸爸妈妈，还有的车里都是小宝宝。他们最喜欢出来看风景，所以一路上拍下了很多很多的风景照，回家还要和家里人一起分享。"……

借由绘本《开车去兜风》引出的故事编讲活动，激发了孩子们的各种发现和想象，也让他们不断感受着从绘本引出情节编构的乐趣。

（二）循序渐进地演绎绘本故事材料

教师从不同幼儿的认知水平和年龄特点出发，依托循序渐进的助推形式，以不同题材的绘本引发幼儿故事编讲兴趣。如小班教师结合绘本素材设计了故事编讲活动《好饿的小蛇》，教师们集体设计了一些合理的教具：大型的图书可翻可插趣味十足，结合卡通气息浓厚的小蛇和各种食物形状，以生动有趣的边提问边动脑筋的方法将故事讲述完整。活动环节丰富、有趣又层层递进，要求幼儿根据出现的画面场景用语言来表述，编讲角色语言"××样的×× 真好吃"，幼儿兴趣很高。

如中班教师根据绘本故事挖掘的内容是《怎样才能不吃掉我的朋友？》，教学实践中教师挖掘了"小恐龙得了肚子一饿就要吃掉好朋友这一怪毛病"这一奇特现象,利用课件图片引发中班幼儿产生多种联想,从局部故事情节的编构讲述着手,引导幼儿实施故事编讲,在整个教学活动贯穿了开放式提问,如:"小老鼠提莫为什么要帮助小恐龙?哪些动物朋友也很想帮助小恐龙?"唤起幼儿的生活经验和记忆,给幼儿提供了情节添加与合作讲述的机会。

如大班教师挖掘了绘本故事素材点《我也要搭车》,引导幼儿结合动物的不同特征进行文明乘车规则的角色对话编构,其中添加了自己的想法和创意情境,使故事情节在幼儿的添砖加瓦中逐步丰满起来,以故事编讲的方式培养大班幼儿懂得乘车时应遵守文明规范,幼儿在现场"乘车"情境的启发下,更加直观、生动地感受故事编讲的快乐。

三、来自社会资讯热点

孩子每天能够接触到来自电视、电脑上的新闻资讯。这为幼儿提供了一种崭新的学习方式和一个拓展思维空间的机会。而新闻播报是金爵幼儿园渗透性故事编讲活动中提供给幼儿开展讲述的一个载体,对于幼儿来说,新闻播报活动模式和方法有其独特的优势,可以极大地满足幼儿"趋新"的心理需求。幼儿的思维活跃,对新事物表现出极强的好奇心和趋向性,以幼儿为主题自主寻找的新闻素材都来自真实的语言环境,且每天都会有更新,大量的、全新的文化现象、语言现象、行为现象都可以让幼儿眼界大开。在这个过程中,幼儿始终像生活在一个熟悉的国度却每天体验着异域的风情,兴趣十足。

新闻播报的一个重要作用,就是促使幼儿为了更好地完成播报任务,主动地尽其所能搜集所需材料。由于新闻播报完全是幼儿主讲,形式上它给予幼儿极大的主动权和自由度,幼儿可以按照自己的思路表达自己的观点,出于荣誉感,幼儿会尽其所能搜集资料,尽可能完成新闻播报所需材料的收集工作。

在幼儿园的餐前故事中融入新闻播报活动,可以有效发展幼儿在语言上的表达表现能力。在新闻播报中孩子们的表达愿望不但得到激发,而且语言组织和表述的准确性也大大提高,语言表达会越来越明晰和连贯。随着语言能力的提高,他们的自信心也会逐渐增强,交往能力也得到提升,一些以往不善表达、不敢说话、不爱与人交流的孩子,在新闻播报活动中慢慢摆脱了紧张、无助的心理,不再胆怯不自信,而是更乐于与同伴交往,与新朋友交往。

第二节　幼儿童"话"故事编讲的结构规范

为优化幼儿童"话"故事编讲活动，金爵幼儿园对故事编讲的结构规范进行分析，进而指导幼儿流畅地陈述故事，铺陈情节。

一、故事结构要素

国外Stein和Glenn两位学者提出的故事语法分析模式认为每篇故事均有一组规则，这些规则就是故事结构。故事就其结构要素而言，它可以分为背景、开始事件、内在企图、行动、结果等，能帮助读者记忆与理解。学者Bartlett指出："故事有其模式存在。"换句话说，当人们拥有故事文本的经验后，将会逐渐形成故事图式。

还有学者从人的认知角度进行分析，提出故事概念包括故事图式，故事图式又分为开始、展开与结局。为此，Bartlett曾于1932年提出"图式"（schema）的概念，解释人们理解事物的过程中，主动借着既存的知识结构提取旧记忆及同化新信息的过程。图式的形成通常来自个人经验的统整，由普遍或抽象的知识所组成。

对故事结构的研究最早是由20世纪初期的人类学者分析民间传说而来，研究者发现尽管文化与地域不同，人们在述说故事时都遵循某种形态，即故事中多包括：主角，问题或冲突，主角试图解决问题的经过，以及结局，后来这些要素被称为故事结构。

故事结构是一种认知结构，也是叙事的架构，主要是指：每一篇故事都可以用一组能定义故事内在结构的规则述说出来，而这些规则就是故事结构。

"故事结构要素"最早由Rumelhart（1975）提出，主要故事结构要素为"背景""事件"。后来各学者将故事结构要素不断扩充，如Hayward（2003）将故事结构要素定义为背景、开始事件、内在响应、内在计划、内在企图、结果、反应等七项。其中，重点在于强调故事里人物的感受、想法与反应等，而关于故事的背景、事件等，则居于次要位置。

在学术界，众多研究者对故事结构使用理论名称不一样，但是内容与组织的定义与描述都非常接近，具体包含：故事背景（setting）、引发事件（initiating events）、内在感受/反应（internal responses）、行动目标或内在计划（plan）、尝试解决问题或达成某个目标（attempts）、尝试之后的结果（consequences）、响应（reaction）。

二、叙事结构模式

基于故事结构各个要素所做的故事表达，可以呈现不同的叙事结构模式。金爵幼儿园对幼儿童"话"故事编讲活动的叙事结构模式进行了如下提炼、概括——

（一）Mandler和Johnson的叙事结构模式

Mandler和Johnson（1977）指出叙事是由背景和事件所组成，背景是人物、时间、地点和其他相关信息的介绍，事件包括开始（beginning）、发展（development）和结局（ending）三部分。并且，叙事可包含一个以上的事件。

（1）"开始"被定义为引发主角回应，因而形成叙事发展的事情。

（2）"发展"部分又细分为回应、目标、行动、结果。回应意指主角对于开始事件产生内在心理回应，于是设定了目标以求改变现状，主角根据此目标而行动，最后产生结果。

（3）"结局"是用来结束故事，采用的方式通常为陈述先前事件的重要影响或提出这些事件的道德启示，与其"发展"部分的"结果"常有许多重复之处。

（二）Stein和Glenn的叙事结构模式

Stein和Glenn（1979）提出的模式有时也被称为故事文法，是以七个故事文法类目来说明故事的构成要素，分别是：

背景：为主要人物的介绍以及社会、物理和时间等脉络的陈述。

引发事件：叙述改变情境中的状态，并引起主角回应的事情。

内在反应：叙述主角对于起始事件的想法、感情或目标。

内在计划：叙述主角为改变情境而想采取的行动或策略。

内在行动：叙述主角为达到目标所采取的实际行动。

直接结果：叙述实际行动的成功或失败。

回应：叙述主角对于结果的感觉或想法，或主角如何受到结果的影响。

按照上述七个方面的构成要素，如果幼儿在复述、编讲故事过程中能够提及

"引发事件"、含有主角目标之"内在反应"、"尝试"和"结果"等要素，则表示他们已经能够说明故事中各事件之间的因果联系了。

在 Stein 和 Glenn 概括的叙事结构模式中，一个完整的情节至少应包含三个基本要素：起始事件、行动和行动的结果，而故事可包含一个以上的情节，情节之间由四种关系连贯：先后（then）关系、因果（cause）关系、同时（and）关系和嵌入（embedded）关系（指一个情节嵌于另一种情节之中）。

借鉴学者对故事及其过程要素的分析成果，金爵幼儿园对于教师指导幼儿童"话"故事编讲，提出了规范性要求，较好地引领教师按照"背景、起始事件、内在反应、内在计划、内在行动、结果、回应"的七大要素来理解和评价各种来源的编讲素材，指导和帮助幼儿建构故事的内容与情节，这样，对于保证故事编讲的质量发挥了约束和保障作用。至于幼儿，能在编讲过程中涉及七要素中的几个（如背景、事件，或人物、事件，等等）即可。

三、课程方案编制

幼儿童"话"故事编讲活动课程方案编制包括课程概述、课程目标、内容标准（课程内容与要求）、实施建议等四个部分。

（一）课程概述

主要阐述课程性质，基本理念和对课程的设计思路。

课程性质主要叙述本课程在幼儿、教师及幼儿园发展中的地位、作用和功能，与基础课程的关系，以及课程类型等。

课程基本理念主要阐明课程教学应遵循的指导思想和基本原则。重点突出幼儿学习的主体地位，明确教与学两个方面的基本要求。

课程的设计思路应将教学改革基本理念与课程框架设计、内容设定以及课程讲授结合起来，阐述课程总体设计原则、课程设置依据、课程内容结构、理论与实践比例、课时安排说明、内容分配与考核评价方式等内容，充分体现课程标准的内涵。

（二）课程目标

包括总体目标和具体目标。

总体目标是对幼儿兴趣激发和能力培养的综合概括，是幼儿、教师及幼儿园发展目标在本课程的具体体现。

具体目标可从知识、能力与素质等方面进行具体说明，要面向全体幼儿，明确教学应达到的基本要求，并为幼儿通过与环境、材料的互动进行有组织的学习留有一定的空间。

（三）内容标准（课程内容与要求）

主要阐述幼儿在学习领域或目标要素等方面应实现的具体目标，在编写中既要考虑课程各部分内容的相对独立，又要形成课程内容的有机整合。同时，应根据课程内容设计好实践环节，实践环节的内容可在课程中描述，也可编写单独的实践课程标准；对于幼儿的学习结果，应尽可能用清晰的、便于理解及可操作的行为动词进行描述。

对于课程中涉及的项目（案例等），要注意选取题目（案例等）的大小和数量应当适中，不宜过大、过多，项目（案例等）要由易到难，由浅入深，循序渐进，具有真实性、典型性、完整性和覆盖面。根据课程特点，课程标准中可以较为详细地列举个别经典案例的教学活动组织与安排作为示例，其他案例无须详细列出，给教师留有发挥空间。

（四）实施建议

主要阐述课程教学的组织实施、考核方式、教材编写、课程资源开发与利用、实验（实践）设备配置等方面的建议。对以上不能涵盖的内容须做必要的说明，如对课程标准中有关专业术语的解释、课程相关参考资料目录、教学案例等。

幼儿童"话"故事编讲活动园本课程是基础课程以外的特色研究板块，课程编制框架同基础课程一样，其标准是规定故事编讲课程教学的性质、目标、内容框架、考核方式、提出教学建议和评价要求的规范性文件，是组织教学、选用教材教参、评价和考核的基本依据，是加强特色课程建设、实现课程总体培养目标的重要保障。它是对基础课程的扩展和延伸，应按照国家对课程或专业提出的规范要求，结合金爵幼儿园故事编讲研究内容的实际情况，充分体现金爵幼儿园的课程特色。

第三节 幼儿童"话"故事编讲的基本原则

在幼儿童"话"故事编讲活动中，金爵幼儿园通过采用目标定向、整合互补、合作互动、自主选择、特色探索等基本原则，以确保故事内容聚焦主题，符合教师的教育教学预期。

一、目标定向原则

即幼儿园童"话"故事编讲园本课程的实施研究需围绕所有目标开展。课程组织者不能任凭自己的兴趣或喜怒哀乐想怎么做就怎么做，课程组织的所有过程都必须紧紧围绕课程实施目标来进行，选择有利于目标实现的课程组织方式。这是课程设计编制的第一原则。

遵循目标定向原则，首先必须明确故事编讲教育目标及其特点，把握故事编讲培养目标的中心内涵和精神实质。教育目标是分层次的，有总体教育目标，有阶段教育目标，有幼儿、教师和幼儿园目标，有具体的各个活动教育目标。其中，总体教育目标是具有方向性和指导性的，必须牢牢把握清楚；阶段目标是承上启下的目标，相对于总目标而言，它是小目标，但相对于教育活动的具体目标来说，它又具有一定的总体性；每个故事编讲教育活动的具体目标，则是实施总体目标的基本单位。三个层次的教育目标相互制约，共同控制着课程组织的具体过程。

为防止实施过程中额外因素的干扰，课程组织者需要运用科学的实施过程达成目标，具体分为六个步骤：（1）用行为术语说明目标；（2）确定达到目标的方法；（3）阐明其他辅助方法；（4）实施过程；（5）测量成绩；（6）评价结果。以目标的阐明为起始，经过一系列相互关联的活动，以评价目标是否达到而告终。若测量结果表明目标已达到，则所采用的活动和方法可予信赖和保留，反之，则教师应审查所用方法和过程，寻找更适当的方法，必要时需重新考虑或修改目标。

二、环境支持原则

即创设富有变化、支持性的课程实施环境，选择多元化的幼儿园童"话"故事编讲内容，开展多样式的幼儿园童"话"故事编讲活动。

将幼儿园环境建设（包括区角环境建设）纳入幼儿童"话"故事编讲活动的整体设计之中，让幼儿在假想的情况下模拟真实生活，并以该模拟环境建构幼儿童"话"故事编讲的具体场景，这样的设计不仅能丰富幼儿的感知经验和主观体验，发展幼儿的动手能力和建构技能，还能促进幼儿发挥想象，将场景及场景中的故事讲述再现甚至创编。

三、合作互动原则

即在开展童"话"故事活动的过程中，有效加强幼儿园、社区、家庭的故事编讲互动，师生、生生故事编讲互动。

（一）架构合作互动的大教育观

童"话"故事课程是一个持续创造的过程，教师是课程实施的主体，教师的需要、兴趣、价值观、经验和教学能力可以得到发挥；幼儿也是课程实施的主体，幼儿在课程实施的过程中有自己的精神世界、价值观取向、活动范围。课程编制中也包含了课程评价板块。而这板块的实施是针对幼儿园课程的特点和组成部分，由社区、家庭来分析和判断幼儿园课程的价值的过程，即评估由于幼儿园课程的影响所引起的变化的数量与程度。可见，童"话"故事课程的实施，不单单是幼儿园单方面实施的教育行为，而更加需要体现"大教育观"，即由教师、家长和社区三方共同营造童"话"故事的氛围，因此，童"话"故事课程编制会凸显幼儿园、家庭与社区的多方互动。

（二）体现合作互动的愉悦氛围

基于幼儿年龄特点和认知发展的现状，童"话"故事课程需要通过游戏以及角色扮演的方式呈现内容，让不同年龄段幼儿能够在学习过程中寓学于乐，积极互动。童"话"故事课程实施不仅需要注重生生之间的互动，同时更强调师生之间、幼儿与周围人之间的互动，而且互动的范围不仅仅是课堂，更包括其他地方。在话题与内容的选择上都注重与实际的联系，贴近幼儿生活；可以采用多人会话、两人对话以及小组合作的学习方式。让课程实施严格遵循课程标准中的培养目标，也在多种形式的互动中让学习板块丰富多彩。

四、自主选择原则

即在提供教材的同时赋予教师合理进行课程内容选择、重组和拓展的实践自主权。

当前我国幼儿园课程编制大都在寻求"主题"和"领域"的最佳结合，并在其教材体系的构架上追求课程目标的全面适宜性、主题规划的生活化、教育活动的多元化、领域分布的均衡性、高低结构的合理搭配等。在具体的课程实施中，应依据儿童的生活主题来整合各领域内容，以幼儿的发展为本，激发幼儿自主学习和体验，并应鼓励教师进行课程创生，在课程实施中促进自身的专业成长。

金爵幼儿园故事编讲园本课程的编制就是基于以上的目的考量。因为课程的实施不是一个简单模仿的过程，而是一个不断创造的过程。故事编讲园本课程的编制在内容和组织形式等方面给教师留有再选择、再创新和再决策的余地。即教师能够依据班级幼儿的发展以及自身实际情况，发挥主体意识，力求创新，自主决策，从而实现在课程实施中创生课程，在课程创生中实施课程。

作为课程编制的参与者、课程内容的实施者，教师可以依托课程实施活动，而在这过程中，教师的专业素养、园本教研意识和能力也得以不断提升和发展。

五、特色探索原则

即坚持不懈开发金爵幼儿园故事编讲园本课程教育特色。

每一种课程的设置都有其特殊的背景和条件，每个幼儿园都有与众不同的特殊条件，因此，完全照搬某一种课程模式是不科学的，它必须考虑金爵幼儿园的情况，构建适合金爵幼儿园的课程。

基于特色探索的初心和恒心，在童"话"故事课程编制过程中我们需要把握两个核心要素：

（一）厘清基础课程与特色课程之间的关系

基础课程统领幼儿园的课程内容，涵盖了特色课程的各项实施要求。童"话"故事课程属于基础课程的分支，它是金爵幼儿园基础课程的延伸和拓展，融入了更为丰富的教育资源、方法手段，以更加亲切自然的形式渗透到学校的一日活动中，从而更加有利于幼儿的全面发展。

（二）关注幼儿与教师两个方面的发展差异

（1）关注幼儿个体发展差异

加德纳的多元智能理论强调：每个孩子在不同的程度上或多或少拥有8种智力，它们代表了每个人不同的发展潜能，但是这些潜能不一定都能得到发挥，它们只有在适当的情境中才能得到发挥，并且每个孩子发展的速度、角度和时间节点是不同的。所以教师对孩子的发展要永远抱有希望但不刻意强求，要做到充分尊重孩子的个体差异。

（2）关注教师个体发展差异

教师作为人生活在社会群体之中，多元智能的理论也一样具有适切性。童"话"故事课程编制过程中，教师的能力发展和适应性发展尤其需要关注和把握。管理者应当从职业发展的成熟程度来进行分析并引导教师对号入座：

① 对于缺少经验的新手型教师，学校要有计划地指导，帮助他们尽快掌握教育的技巧，要求他们关注课程的发展，理解课程的含义，深入研究课程内容，逐步学会接触课程核心，尝试发展新的课程内容。

② 对于具有几年工作经验的成熟型教师，要给予他们自主创新的机会，使他们能将实践经验尽快上升到理论层面。

③ 对于教育教学经验较为丰富的骨干型教师，要给予他们更大的发展空间和更有挑战性的任务和机遇，鼓励他们大胆创新，成为课程研究和实施的核心力量。

通过对以上两大核心要素的清晰把握，可以厚积薄发，为学校特色课程的编制积蓄发展力量。

第四节　幼儿童"话"故事编讲的组织实施

从幼儿童"话"故事编讲活动高效组织实施的立意出发,金爵幼儿园实施流程如下。

一、明晰活动目标——幼儿童"话"故事编讲紧扣教育目标而开展

幼儿童"话"故事编讲必须紧扣教育目标而开展,这是以有效的学习评价促进教学活动有效开展的"初心"。金爵幼儿园对小班、中班、大班的童"话"故事编讲培养目标做了如下解读——

表3-1　小班童"话"故事编讲培养目标解读

项目	行为习惯	情感态度	能力发展
理解与表达	（一）愿意用普通话表达。 （二）知道讲故事时不要大声喊叫,要保护嗓子。 （三）知道别人说话不能随便插嘴,等别人说完了再讲。	（一）愿意向老师、同伴说出自己想说的话,不胆怯。 （二）在老师的引导下,愿意尝试与别人说得不一样。	（一）能独立地朗读儿歌,复述简短的故事。 （二）能比较清楚地讲述故事内容,简单编构故事开始与结尾。
阅读与欣赏	（一）知道书要一页一页轻轻地翻。 （二）看完图书知道要放回原处。 （三）养成认真看书的习惯,看完一页再看下一页。 （四）能安静地看书、小声说话,不打扰别人。 （五）爱护图书,不乱丢乱放。	（一）喜欢阅读活动,喜欢听成人讲述和朗读图书的内容。 （二）听朗读、看画面,在理解内容中产生积极的情感活动,情绪愉悦。 （三）在游戏表演活动中快乐吟诵、游戏。	（一）能理解图书画面的基本大意,能用口语做简单表达。 （二）能初步理解低幼儿童文学作品的内容意义。 （三）在老师的辅导下,有表情地朗读、表演简单的文学作品。

表3-2 中班童"话"故事编讲培养目标解读

项目	行为习惯	情感态度	能力发展
理解与表达	（一）初步形成用普通话表达的习惯。 （二）表情达意时，学习用适度的语速说话。	（一）愿意在集体中表达自己的想法，展示自己的才能。 （二）对有创意的语言活动感兴趣，大胆尝试诗歌仿编、故事续编等活动。	（一）能用普通话表达，发音清楚。 （二）能用完整的句子较连贯地讲述自己经历的事。 （三）能讲述观察到的事物和现象，进行简单的归纳和判断。 （四）能模仿诗文进行想象创造，仿编诗句、续编故事。
阅读与欣赏	（一）初步形成阅读的习惯，知道按一定规则整理、归放图书。 （二）遵守阅读活动的基本要求，做到安静阅读。 （三）会按照顺序翻阅图书，独立仔细地看图书。	（一）在语言活动情境中，快乐地参与阅读欣赏活动，大胆、自信地表现。 （二）在音乐和动作配合下表演文学作品，体验表演、创作的快乐。	（一）能找到图片的首尾排序，用较完整的语句进行讲述。 （二）在理解幼儿文学作品的基础上，学会初步归纳作品的主题意义。 （三）能根据对作品内容的理解进行表演创造。

表3-3 大班童"话"故事编讲培养目标解读

项目	行为习惯	情感态度	能力发展
理解与表达	（一）能自觉使用普通话、发音正确。 （二）能根据场合地点控制说话的声音、语速，表现文明。	（一）在众人面前表现自信、大方自然、声音响亮。 （二）敢于在讨论中表达与老师、同伴不同的意见。 （三）在语言活动中喜欢独创，获得成功感。	（一）能不离题地参加讨论，提出自己不同的想法。 （二）能用语言连续地讲述认知、操作的过程，然后进行归纳。 （三）会使用较复杂的句式、词汇，理解词意，做到恰当运用。 （四）能用生动的表情、语气编讲故事、朗诵儿歌。 （五）借助题材进行想象创造，会编儿歌、编故事等。

（续表）

项目	行为习惯	情感态度	能力发展
阅读与欣赏	（一）喜欢参与阅读活动，形成良好的阅读习惯。 （二）喜欢去书店、图书馆，并遵守公共秩序规则。	（一）愿意将自己的图书带到班上，与伙伴们分享。 （二）愿意在众人面前大声朗读、表演，展示自己的才能。 （三）积极参与儿童文学欣赏的表演创作活动，从中得到积极的情感体验。	（一）会用绘画制作图书，并能配解说词（教师和家长代写）。 （二）能观察到画面的细致变化，根据画画的内容创编故事。 （三）能理解儿童文学作品的内容和表现手法，在老师的引导下，能用想象、模仿、表演、绘画等方式进行创造表现。

二、培养故事情感——幼儿童"话"故事编讲升腾幼儿的故事情感

幼儿园开展幼儿童"话"故事编讲活动之前，金爵幼儿园努力通过多种形式，创造幼儿接触故事的机会，引领其升腾起对童"话"故事编讲活动无比热爱的情感。

（一）让幼儿在聆听故事过程中，热爱、迷恋故事

由于幼儿故事所具有的特殊教育功能以及得天独厚的优势，幼儿园教师应通过精选故事，对幼儿进行多时点的故事启蒙教学，教师不妨充分利用一日生活中分散的时间，随时提供幼儿故事的语言环境，如在用餐前、午睡前，利用适当的时间讲给幼儿听。让幼儿聆听故事，可以是教师脱稿或自由发挥地讲述故事，也可以是事先备好故事书籍，选择合适故事来诵读；还可以广泛利用丰富的网络资源优势，搜索适合的有声故事，下载播放。这样，既能通过故事安抚孩子们情绪，也能让孩子们去接触更多优美的情节和语汇。在课堂教学中，还可适当利用多媒体技术，激发幼儿的兴趣，使幼儿主动感觉并接受故事中美好的画面和形象，并由此热爱、迷恋故事。

幼儿聆听故事有着其他教学形式所无可替代的效果，这种优势效果在于：幼儿故事为幼儿提供了一个富有想象、自由、美丽的世界——幼儿故事里蕴含着许多的良好品格形成的范例，能够使幼儿充分感受到诚信、勇敢、善良的重要，感受到什么是真善美，什么是假丑恶，为其未来的人格形成打下坚实的基础；幼儿

故事不仅有着外部世界的纯粹"声音"信息,更是负载着与听知主体心灵相通的语言信息,它特别有益于幼儿在饶有兴味地摄取故事内容的同时,帮助幼儿在下意识中感受语言、认识语言和学习语言。

（二）让幼儿在阅读故事过程中,研读品评故事

这里所指的阅读,并非典型意义上的文本阅读,而是借助绘本阅读。从绘本形式看,有纯粹以画面表现故事的绘本,也有穿插文字解说故事的绘本；文字的量也有多有少。从阅读方式看,主要是"伴读",可以在教师指导下,师幼同看绘本书籍,逐页欣赏画面,了解画面内容；还可以让幼儿共同阅读或幼儿自主阅读绘本,了解故事内容。

如何指导幼儿在阅读故事过程中,研读品评故事？一方面,对于画面中有文字的绘本,教师可以依托文字,结合幼儿已有经验体验,如幼儿日常生活及其成长过程中曾经历的事件、幼儿熟悉的动物生活、植物生长知识等,适度联系展开讲述,讲述时随时关注幼儿的眼神、表情,随时听取幼儿的话语回应,以便判断幼儿的理解状况,及时进行语言方式与表达难度的调整。另一方面,教师应抓住时机,及时发现故事中蕴含的教育价值,实现故事阅读的增值。例如,通过指导阅读《小猪变干净了》《懒惰的小熊》等绘本故事,让孩子认识到劳动是最光荣的,自己能做的事情就不要去麻烦别人；通过指导阅读《狼来了》《手捧空花盆的孩子》等绘本故事,教育幼儿从小要诚实、不撒谎；通过指导阅读《漏嘴巴的小弟弟》等绘本故事,教育小班幼儿要学会好好吃饭,不撒饭粒；通过指导阅读《金色的房子》《拔萝卜》等绘本故事教育幼儿要团结友爱,知道集体的力量大；通过指导阅读《龟兔赛跑》等绘本故事教育幼儿不能骄傲,也不要气馁,坚持就是胜利；通过指导阅读《小黄鹂爱唱歌了》《我能行》等绘本故事,鼓励幼儿主动挑战自我,做自己能做的事,逐渐形成自信、坚强的个性。

在指导幼儿故事阅读的过程中,教师宜依据故事情节由简单到复杂、文字穿插由较少到较多的顺序,逐步推进,形成由易到难、由浅及深、拾级而上、循序渐进的阅读过程,让幼儿在不断攀升故事难度的过程中,既品评故事之趣,又丰富自己的言语储备,提高自己的语言理解水平。

（三）让幼儿在沉浸故事过程中,情境情感再现

在幼儿聆听故事、阅读故事的同时,穿插观看故事的活动。

一是通过指导幼儿观看视频故事,调动幼儿多种感官协同参与认知活动,沉浸到幼儿故事情境之中,真正产生身临其境的感受。与聆听有声故事相比,视频故事不仅有真切的声音,还有直观的画面；与阅读绘本故事相比,视频故事不

仅有静态的形象，还有动态的行为举止。所以，教师在开展一日活动和日常教学时指导幼儿观看视频故事，不仅能让幼儿获得愉悦的情绪，而且能在语言与动态场景同步出现的过程中指导幼儿理解语言的语境意义，并逐步发展运用语言的能力。

二是采用幼儿复述、表演再现故事——如幼儿复述故事、表演故事，或复述与表演故事相结合的教学形式。复述故事是一种较为传统的教学方法。幼儿在教师帮助下，通过复述故事掌握情节，学说对话，可以较好地实现初步发展语言表达能力的目的。故事表演则在复述的基础上，融入了幼儿对故事情节的大胆想象和创编。表演或者是分角色创造性地表演故事时，幼儿进一步学习对话和身体动作，兴致盎然，加深他们对故事的热爱。例如，通过复述或表演《猪八戒吃西瓜》中贪吃的猪八戒，以及阿里巴巴、神笔马良、白雪公主和七个小矮人等等，故事里的人物或动物会给孩子留下深刻难忘的印象，从而使他们产生对文学的向往，对文学作品有初步印象，这将间接影响孩子一生。

三是采用"画故事"的教学方法激活幼儿的创造力。所谓"画故事"是指让幼儿对一个故事内容进行绘画创作或者通过绘画的形式来续编故事。采用这一再现故事情境的做法，意在鼓励幼儿创新学习路径，将"绘画"与"故事"这两种形式有效结合，在绘画过程中再现不同的故事情节或意境，并通过有趣的故事情节，让幼儿充分发挥想象力和创造力。为此，有教师在教学实践中曾尝试从不同方面进行"画故事"的指导学习实践：画静物故事——如水果、盆景、乐器、铅笔、茶杯；画动物故事——如金鱼、小狗、蝴蝶、蚂蚁、猫咪；画景物故事——如花草树木、房屋、汽车、商场；画环境动景故事——如下雨、下雪、日出……；画人物静景故事：如老师同学、父母长辈、兄弟姐妹；画人物动景故事——如拔河比赛、游园活动、文艺演出……；画大自然故事——如春游、秋游、放风筝、钓鱼捉蟹……；画想象故事——如未来世界、月亮上的花园、丰收的晚会……；画绘本故事——《好饿的毛毛虫》《下雨了》《蚂蚁和西瓜》。在"画故事"活动展开的过程中，幼儿充分展现自我，大胆创作，表现出了积极的创造性。

三、有效协调关系——幼儿童"话"故事编讲聚焦幼儿发展求合力

开展幼儿童"话"故事编讲活动时，幼儿发展与素养培育始终处于核心位置，为此，教师必须有效处理以下几组关系：目标与幼儿发展，活动中的纪律与幼儿发展，活动过程与幼儿发展，教师与幼儿发展——故事教学才有可能从根本

上促进幼儿的发展。

（一）处理好童"话"故事编讲活动目标达成与幼儿能力发展现状、发展基础之间的关系

在童"话"故事编讲活动中，幼儿的主动发展是永恒的学习目标，也是贯穿活动始终不变的准绳，科学合理的教学目标是故事教学成功的前提和基础。一方面，在故事教学中，教师要以幼儿应有的发展水平为依据，既适合幼儿现有的理解、接受能力，又略高于现有水平，制定最适当的教学目标。另一方面，目标的实施是一个动态的过程，教师要善于观察活动中幼儿的实际情况，根据幼儿的真实表现，随时调整教学目标，或适时生成新的教学目标。新的教学目标应该随着教育活动的开展而自由调节，在寻求平衡过程中不断生成，而非僵化不变。

（二）处理好童"话"故事编讲活动教师指导与活动中的幼儿主动和自主学习之间的关系

教学活动是教师和幼儿的双边活动。在童"话"故事编讲活动中，教师的指导与幼儿的主动和自主学习缺一不可。一方面，在故事教学中，教师作为教学活动的引导者、组织者、合作者，要充分尊重幼儿的主体地位，善于激发幼儿的兴趣，不愤不启，不悱不发，引导幼儿感受到故事教学的魅力，特别是，要通过教师的适时和有效指导，如示范引领等，使童"话"故事编讲活动始终在高效、优质的状态下运行——教师要充分发挥自己的素养技巧，力求做到情节扣人心弦，讲述生动形象，神采绘声绘色，态度亲切感人，表情丰富自然，动作大方得体。要使编讲活动充分激起幼儿的兴趣，扩展幼儿的思维，促进幼儿的想象。讲述过程中应伴随不时的交谈和提问，与幼儿沟通心灵，分享情感。故事讲述，应使幼儿在认知、情感、个性等方面都有收获和发展。

另一方面，幼儿是教学活动的主体，始终处于活动的核心位置，其主动和自主学习非常重要，要通过强化它，促进幼儿深入体验童"话"故事编讲活动的趣味与微妙、轻松和愉快，使每个幼儿都真正积极主动地融入活动，并成为活动的主体、学习的主人。

处理好教师指导、幼儿主动和自主学习的关系，教师要围绕有利于幼儿发展的主旨去设计、去实施故事教学的每一个环节，各个环节要相互衔接，动静搭配，合理安排；要鼓励幼儿畅谈自己对故事的理解和感受，要给幼儿提供自由思考、自由想象的时间，让幼儿积极地参与教学活动。在教学过程中，教师要用心去关注活动中幼儿的行为取向，耐心倾听幼儿提出的每一个问题，鼓励幼儿在听的过程中，积极展开思维和想象的翅膀自由飞翔。幼儿只有在学习过程中始终感

到有趣事要听，有趣闻要想，有自己的趣话要说，才能真正融入故事编讲的学习活动之中，教师才是真正将学习主体的地位还给幼儿，使之享受到故事的乐趣，体会到学习的快乐，成为自我发展的主体。

（三）处理好童"话"故事编讲活动幼儿语言发展与活动中的幼儿综合能力发展之间的关系

语言训练与语言能力发展是童"话"故事编讲活动的主要教学目标之一，通过故事编讲活动，我们不仅可以有效地培养幼儿的语言表达能力，而且对于促进幼儿理解能力、记忆能力、思维能力、想象能力以及言语沟通能力的发展也是大有益处的。

童"话"的教学功能是非常丰富的。在复述、编讲故事特别是在扮演角色的过程中，幼儿可以获得极大程度的相对自由，他们自由地说话、自由地活动、戴上自己喜欢的头饰，尽兴地张扬自己的个性，尽情地满足表现的欲望。他们语言、身体、个性等方方面面的潜能都将因此而激活，从而促进幼儿身心全面、和谐的发展。

（四）处理好童"话"故事编讲活动中的故事表演与幼儿游戏等其他学习形式之间的关系

故事表演是指幼儿在童"话"故事编讲活动中通过扮演某一故事中的角色，运用一定的表演技能（语言、动作、手势、表情），再现故事内容（或某一片段）的一种学习形式。童"话"故事编讲活动以幼儿在表演角色的活动中获得满足、追求表演的快乐为目的，而童"话"故事编讲活动的内容来自语言丰富、优美的作品，因此，这一学习形式有其独特的功能：幼儿在表演时，能接触大量文学语言，并在特定的情境中，学习运用语言、动作、表情等去表现作品，所以能极大地丰富幼儿的词汇，发展幼儿的语言表达能力。但是，对童"话"故事编讲活动的学习方式进行解析，故事表演同时也是创造性游戏的一种，它可以充分发挥幼儿的积极性、主动性、创造性。因此，我们不能将故事表演与幼儿游戏等其他学习形式刻意对立，而应找出其中的联系，使之成为发展幼儿综合素养的有效学习载体。

（五）处理好童"话"故事编讲活动幼儿体验表达与活动中的幼儿互动合作学习之间的关系

在童"话"故事编讲活动中，幼儿的编讲、演绎是教学活动的重要环节。一方面，教师要善于调动每一位幼儿的积极性，鼓励其主动、踊跃表达。在故事编讲过程中，每一位幼儿对故事中的动物、人物、事件应有自己的深入理解，根据自己的理解与记忆，发挥自己的思维与想象，使用自己的语言去复述、评价、改编故事。另一方面，在强化幼儿主动和自主学习的同时，还要积极鼓励幼儿开展小组和班级范围内的合作学习活动，共同讨论故事情节、分析解释角色心理、合作扮演角色。

四、教学教研安排——幼儿童"话"故事编讲依托科学实践谋实效

围绕幼儿童"话"故事编讲的课程建设，金爵幼儿园在教学内容设置、教研活动组织开展等方面整体设计，统筹开展教学、教研活动。

（一）教学内容设置

金爵幼儿园明确规定——

1. 设置比例

童"话"故事课程在幼儿园的课程设置中占有5%的比例。

表3-4　不同年龄段特色活动课程内容设置

年龄段	内　容　设　置		时间（分）
小班	每月两次	故事编讲集体教学活动	20
	每周三次	餐前故事编讲活动	10～15
	每年一次	童话节巡演活动	30
中班	每月两次	故事编讲集体教学活动	25
	每周三次	餐前故事编讲活动	15
	每年一次	童话节巡演活动	30
大班	每月两次	故事编讲集体教学活动	30
	每周三次	餐前故事编讲活动	20
	每月一次	欢乐星期五活动	30
	每年一次	童话节巡演活动	贯穿一月中

2. 活动实施方式

每一个月进行两次，由语言组教师选择相关的故事编讲内容，设置于教学活

动之中，在周日计划中呈现出来。

3.内容取材于历年研究资料

（二）教研组织开展

1.项目组实践研究

伴随着两轮园本龙头课题研究实践的全过程，近年来，金爵幼儿园努力以项目组为单位开展童"话"故事编讲集体教学活动的实践研究，从绘本故事、视频动画、周边生活、游戏材料四个方面寻找故事编讲素材，不断更新、替换原有的故事编讲活动内容，进一步提升童"话"故事编讲集体活动的课例质量。

项目组活动与园本教研并轨进行，项目组及时分解项目活动任务到各个教研组、备课组，并会同教研组、备课组在每学期开展8次研究活动（含4次跟进式研究），可以从主题中继续挖掘编讲活动的素材，也可以寻找适合的素材开展实践，一学期四个阶段的研究须呈现1~2个新的、有特色且有一定质量的故事编讲活动课例，涵盖故事素材、课件或大小图书等元素。学期末每个项目组展示一个童"话"故事编讲活动实践成果。

2.各班级常规活动

在一日常规活动中融入童"话"故事编讲活动的基础上，金爵幼儿园还在班级活动中突出了每周班级一展示、一互评、一小结活动。配合全园活动开展，各班级还认真组织每月故事编讲材料参赛设计，选派幼儿参加园级赛事，为班级争光彩。

3.全园性活动

以每天、周次、月度、学期、学年为单位，金爵幼儿园组织开展了不同类别的全园性童"话"故事编讲实践内容，具体包括餐前故事、"欢乐星期五"活动、童话节巡演等活动，各班级幼儿参加园本活动的覆盖面成为重要的考核依据，激励各班级面向全体幼儿，关注全体幼儿的发展，为幼儿快乐编讲童"话"故事、幸福健康成长营造环境氛围，搭建展示互动平台。

直面问题解析·精彩案例分享

故事编讲案例 9

故事编讲没有"编讲"怎么办?

📍 案例背景

《桃树下的小白兔》是主题《幼儿园里的朋友》下的一个故事,故事中的小白兔将美丽的花瓣与自己的朋友分享,正应了本主题的目标:关注同伴,乐于与同伴友好交往,体验与老师、同伴共处的快乐。《桃树下的小白兔》故事脉络清晰,且故事主要人物都是幼儿所熟悉的动物,喜欢的人物加上简单的故事情节,便于幼儿进行仿编。

故事板《桃树下的小白兔》投放进语言区后,幼儿就对其产生浓厚的兴趣,于是,每天都有不同的孩子在板前驻足,但仅限于看一看,拿着小动物随意地摆弄,没有具体的故事情节产生。在教学这个故事后,幼儿开始复述内容,却迟迟没有"编讲"。

📍 情景回放

今天,黄齐胧、刘昀衡、小米来到故事板前,三个孩子把树摆好,黄齐胧把花瓣撒在草地上,刘昀衡拿出小兔子、小鸡和小蚂蚁说:"我来当小兔、小鸡和小蚂蚁。"小米看了看,选择了小花猫和山羊爷爷。黄齐胧撒好花瓣,拿起金龟子和小松鼠,三个人开始讲故事了。

刘昀衡拿起小白兔:"大家好,我是小白兔。我住在河边的一棵老桃树下。今天的天气真好呀!"说着,她把小白兔在草地上上上下下地摆弄,表示小白兔在跳。"哇！桃树上的桃花开了！真美啊！我要把这些花瓣寄给我的朋友。"刘昀衡又自言自语道："于是，小白兔回到屋里拿出好几个信封，出门把地上的花瓣一片一片都装进信封里。然后它把信封往天上一撒，小白兔说：'飞吧，飞吧，快飞到朋友们的身边去！'小白兔的信飞到了山羊爷爷的身边。该你了小米。"刘昀衡边讲故事边提醒小米。

小米拿出山羊爷爷："啊，这是一张书签呀。我翻开书，就能看见这张漂亮的书签，有多好呀！"

说完，小米拿出小猫："小猫正在看着天空，它在想：'明天是我的生日了，我要打扮得漂漂亮亮的，要是有只好看的发夹该有多好呀。'这时，小白兔的信来了，小猫拆开信一看，'哇！原来是一个粉色的发夹，真好看！谢谢小兔！'"

小米讲完，故事突然断掉了，大家你看看我，我看看你，刘昀衡出声道："是谁呀？该轮到谁了？"

小米说："是小松鼠。"

黄齐胧恍然大悟："哎呀，我忘了。"她赶紧拿起小松鼠："小松鼠正在树上听妈妈讲故事，看到小白兔的信，开心地说：'这是一把小扇子，真好！夏天我就用它扇风，真舒服。'"

刘昀衡拿出小鸡："叽叽叽，我收到了小白兔寄给我的帽子，真好看。"

黄齐胧这次没忘，她拿起金龟子："这是我宝宝的摇篮，睡吧我的小宝贝。"

刘昀衡拿着小蚂蚁："到小蚂蚁了。小蚂蚁把花瓣当成小船：'这是一只小船呀，我正好撑着它到水塘对岸搬粮食去。'"

黄齐胧接道："有一天早晨，小动物们带着小白兔送给它们的花瓣，一起到小白兔的家，它们对小白兔说：'谢谢你，小白兔！谢谢你送我们这么漂亮的花瓣。'"

就这样你一言我一语，三个孩子把故事讲完了，接下来几天她们都结伴一起来讲《桃树下的小白兔》的故事，但是几天下来，她们除了角色对换了下，故事内容还是那一个，于是她们开始觉得无聊。黄齐胧说："今天不讲《桃树下的小白兔》了，我们玩别的吧。"于是，她们又开始看书。就这样，《桃树下的小白兔》沉寂了下来，我便放了几个新的故事人物，但是一直没有人发现。

这天，小谨在讲《桃树下的小白兔》，她仍讲旧的故事情节。我便拿着长颈鹿说："这是谁呢？它和小白兔发生了什么故事呢？"

小谨听了想了想："赵老师，我可以讲不一样的故事吗？"我回答她："当然可以啦！"于是，她开始讲另一个《桃树下的小白兔》的故事。

"小白兔住在桃树下，它每天在桃树下跳呀跳呀，这时，来了一只长颈鹿，小白兔对长颈鹿说：'我们一起跳吧。'长颈鹿说：'好呀。'于是，小白兔和长颈鹿一起在草地上跳呀跳，跳得累了，它们就在草地上睡觉。睡醒了，它们又在草地上跳。天黑了，小白兔和长颈鹿就回家睡觉了。"

小谨的故事很短，讲完后刘昀衡就发现小谨用的是不同的动物，于是她对小谨说："我能和你一起讲故事吗？"小谨爽快地答应了。

刘昀衡："我们讲一个小白兔和它们比赛的故事吧。"

小谨点点头："好的。"

刘昀衡："有一天，长颈鹿在草地上玩，发现了一棵桃树，桃树由绿色慢慢出现了粉色，原来，是桃花开了。长颈鹿叫来了大象、小猫、山羊爷爷、小鸡，山羊爷爷还叫来了远方的朋友，这个远方的朋友就是小白兔。"刘昀衡一边说一边拿出了几个小动物，当然，她并没有把所有的小动物都用上。

刘昀衡："大家一起欣赏桃树上美丽的花朵，突然小白兔跑回了家，又跑了回来，它叫大家都到它的家去，大家都来到了小白兔的家，看到小白兔家也种了一棵桃树的苗苗，而且种子已经发芽了。'哇！桃树已经发芽了呢。'小白兔听了大家的话很高兴，就提议：'我们都种一棵桃树吧，然后我们比一比谁家的桃树长得最高。'"

小谨拿着大象:"好的,那就听你的,我们一起种桃树。"

刘昀衡:"过了几天,小白兔和大家都来到了山羊爷爷家,又一起来到了长颈鹿的家,就这样一家又一家,最后还是小白兔家的桃树最高,大家都为小白兔庆祝:'祝贺你赢了!你家的桃树最高!'"

案例反思

一、新增材料的投放能促进幼儿生成"编讲"

从案例中可以看到,起初,三个孩子对材料和故事都非常感兴趣,于是她们天天来讲故事,今天你扮演这两个角色,明天她扮演这两个角色,她们能想办法用角色轮换的方式使得讲故事不那么枯燥,但是同样的角色、同样的场景,三个孩子最终还是厌倦了。不过,在新增了人物后,幼儿重新对这个故事产生了兴趣,并且有了不同的故事内容出现。可见,"故事编讲"没有"编讲"不可怕,新增材料的投放能开拓幼儿思路,促进幼儿生成"编讲"。

二、教师的适时点拨能打开幼儿"编讲"的大门

有时,幼儿一直在"编讲"的门外徘徊,此时就需要教师至关重要的一个点拨。就如案例实录中,即使发现了新增材料,小谨依然根据旧的情节来讲故事,不过,经过教师的一句提问:"这是谁呢?它会和小白兔发生什么故事呢?"小谨的思路突然被拓展开,进而编讲了全新的《桃树下的小白兔》。虽然故事内容的架构能力还需提高,但是能在教师的提示下创编新的故事内容,这就是进步。可见,教师的适时点拨能打开幼儿"编讲"的大门。

三、不同能力幼儿的组合能推进"编讲"内容的发展

从小谨的个别操作中可以看出小谨的故事架构能力较弱,故事内容较单薄,而刘昀衡的能力显然较强,她加入后,故事情节更加丰满了,人物语言更加丰富了。因此,不同能力幼儿的组合能推进"编讲"内容的发展。我们作为教师,有时要帮助幼儿调配搭档,让幼幼互相帮助、互相提高。

记录者:赵静

故事编讲案例 10

当幼儿合作讲述中出现问题时怎么办?

案例背景

开展故事板活动已经第二个学期了,经过一学期的实践、研讨和学习,我逐渐了解故事板的组织形式,掌握了故事板实施的要点,孩子们也开始熟悉这种游戏方法,在活动中语言能力和表达能力逐步提高。《熊和兔子的故事》是主题《有用的植物》中的一个故事。故事的情节生动有趣,三段内容从形式上看似重复,但是对话却各异,对于角色表情的描述较细致,孩子们集体听了一遍故事以后都非常感兴趣,也能够和同伴一起说说故事中的对话。根据故事板活动设计的要求和幼儿发展的需要,我设计投放了此故事板内容,采取先阅读的组织形式("先阅读"故事板活动是指幼儿在集体活动中已经欣赏过故事,并且基本掌握了角色之间的对话和一些心理变化,在这基础上再和同伴一起复述故事、编讲对话),让幼儿在游戏中和同伴一起边摆弄材料边编讲故事,并尝试改编故事中的一些对话、创编故事的结尾,从而提高幼儿的语言能力。

情景回放

诺诺和小宇是一对好朋友,平常几乎形影不离,今天他们一起来到语言区,诺诺拿出了故事板材料,先把大熊和兔子一家拿了出来,接着把所有的蔬菜、花草等都搬了出来,最后又把乐高积木全部拿了出来。她对小宇说:"我们来讲这个故事吧。这是兔子一家,放在这里吧。"边说边把兔子搬到了一边,然后她又拿起大熊,说:"大熊就在这里吧。"接着他们把各种蔬菜全部放好,又把树和花全部放好。

诺诺说:"这样不行的,兔子在哪里种田呢?"于是两个人又把这些蔬菜的位置重新搬了一下。小宇看着一堆乐高积木问诺诺:"这个要弄什么呢?""做个围墙吧。"于是小宇只好帮着她一起弄,诺诺说:"再做条小路吧。"于是小宇就开始帮助她搭小路。

诺诺:"现在开始讲故事吧。很久很久以前有一只大熊和一只兔子。大熊虽然有钱可是却很懒惰,兔子一家虽然很勤劳却没有土地种田。他们就想了一个办法问大熊去借土地。"她一边说一边把大熊移到了旁边,然后对着小宇说:"你是兔子。现在轮到你说了。"小宇拿着兔子问:"我要说什么?"诺诺:"你说'大熊,你能借我一点土地吗?'"

小宇照着诺诺的话说了一遍,诺诺接着说:"为什么我要借给你呢?"说完诺诺看了看小宇,小宇却一脸茫然,不停地摆弄着兔子。诺诺有点生气了:"你说呀,快点说呀!"小宇看了看我,又看了看诺诺,红着脸低下头不说话了。诺诺说:"这么简单的话,你怎么记不住呢?"我连忙说:"没关系的,我们先听诺诺把故事讲完吧,小宇你帮诺诺拿道具找蔬菜吧。"于是诺诺开始一个人讲故事:"我出力你出地,你要上面的一半还是下面的一半?大熊说:我要上面的一半……"

从活动中看,这份故事板材料还是比较适合大班幼儿讲述的,他们不仅仅喜欢这个故事的内容,还喜欢其中的一些道具和辅助物,他们和同伴一起一边摆弄材料一边讲述,分工合作,玩得不亦乐乎。在游戏中,不仅能够较完整地复述故事,也能够模仿角色的声音和表情,能力强的孩子还能创编对话内容。不过从今天的活动看,两个能力不同的孩子在一起合作编讲故事,还是会影响故事的讲述和孩子的情绪,哪怕是一对好朋友也不例外。如何让材料适合每一个孩子,这是我在活动后思考的,我觉得在材料以及组织形式上需要进一步调整。

首先,我把故事的主要内容制作成小册子,作为提示卡投放在此材料盒中,帮助能力弱的孩子更好地回忆故事内容,同时在图片上画上云记号,启发幼儿思考人物间的对话,也鼓励创编对话。其次,我调整游戏的组织形式,提醒幼儿合

作玩游戏时可以适当分工，会讲故事的孩子先讲述，对故事不太熟悉的幼儿一边听故事一边帮助提供道具，布置场景，也可以一边翻看小册子一边跟着对话，然后再交换。此外，我提供了录音本，当幼儿单独游戏时，也可以边听故事边讲述。

经过了这些调整，我发现喜欢这份材料的孩子更多了，有些之前因为记不住故事而不敢尝试的孩子，也纷纷加入了游戏。

这一天，诺诺和小宇又来到了语言区，他们发现材料盒里有一本小册子，诺诺打开小册子说："这是故事的图片，老师做成了小小的故事书，你也可以看着图片讲故事。我先讲还是我们一起讲呢？"小宇翻了翻册子说："那你先讲吧，我可以听你讲，然后交换吧。"

诺诺说："大熊虽然有钱可是却很懒惰，兔子一家虽然很勤劳却没有土地种田。他们就想了一个办法问大熊去借土地。然后兔爸爸就去找大熊：'大熊，你能借我一点土地吗？'大熊说：'为什么我要借给你土地呢？'"

小宇问："然后呢？兔子爸爸怎么说？"边问边仔细地看着册子里的图片。诺诺说："我出力你出地，你要上面的一半还是下面的一半？大熊说：'我要上面的一半。'兔子爸爸说：'好的。'于是他们开始种地了。"

小宇问："它们种什么呢？"诺诺拿出了萝卜说："它们准备种萝卜。"

案例反思

同样的材料，不同能力的孩子操作和讲述的过程完全是不一样的，有些孩子在熟悉故事的基础上已经能够创编对话和故事结尾了，有的孩子却连对话也记不住，更谈不上合作，这样的状态反而会影响孩子对故事板活动的兴趣。因此，教师在活动中除了要认真倾听和观察外，还应针对个别差异并给予适当的语言、动作等提示，更要考虑材料的适应性、层次性，这样才能让每一个孩子都得到发展。

一、在故事板活动中教师要学会关注、倾听和适时介入

故事板活动虽然是一种开放式的游戏，但是教师在活动中一定要学会关注孩子的操作，倾听孩子的语言，记录孩子的行为，随时调整材料，这样才能更好地推动活动的开展，提高孩子的语言能力，否则再好的材料也只是一种摆设。同时在幼儿合作编讲时，教师更要关注能力较弱的孩子，并适时介入给予隐形指导，帮助幼儿更好地复述和创编，使每一个孩子在原有的基础上得到发展。

二、"先阅读"故事板材料的投放要注重层次性、多元性

由于幼儿语言能力有差异，在故事板活动中也会表现出不一样的状态，有些

孩子对故事熟悉度不够，造成了无法合作。所以教师要注意材料投放的层次性、多元性，便于幼儿根据自己的能力自主选择材料进行讲述，满足其讲述的欲望，提高活动中的自信心。

记录者：顾筱兵

故事编讲案例 11

有效的选材对故事编讲开展的重要性有哪些？

案例背景

现如今儿童绘本阅读成为大家追捧的热点，大部分的绘本教学活动都从阅读理解的教学角度去演绎，以理解故事、体验情感为主，却忽略了原有故事中的一些空白点、转折点的价值。我园抓住这一契机，尝试将绘本中的空白点、转折点作为故事编讲的契机，借助绘本阅读开展童"话"故事编讲活动，不但凸显了绘本原有的情感、认知价值，也促进了童"话"故事编讲能力和语言素养的提高，把古诗阅读与故事编讲完美结合，既体现了故事编讲活动的教学价值，又突出了故事教学的趣味性，两者相辅相成，有机结合。

情景回放

活动一开始，董思璐和李铭初两人就开始忙碌着把白云夹在故事板上，接着他们俩找到一张黄色的剪成圆形的手工纸，董思璐说："这个是月亮吧？也可以当成太阳的吧？"一旁的李铭初点头表示同意，于是董思璐就把"太阳"夹到云朵旁边。

接下来他们开始找故事人物，而李铭初开始讲故事了："有一天，太阳出来了。"一旁的董思璐却找不到故事主人公："蒲公英呢？小蒲公英在哪里呀？蒲公英呢？"看来，他们准备讲《月亮船》的故事。

这时，董思璐找到了一座山："哎，我看到最高的山了。"于是他转身准备把山放到故事板上，结果看到李铭初的手摸着太阳，董思璐马上露出不开心的表情，并把李铭初的手从太阳上拿了下来："你别乱弄。"李铭初也不高兴起来："为什么要听你的呢？"董思璐一边把桌子放好，一边回答："你会讲吗？"李铭初默不作声。董思璐继续找材料，找到一棵树，但是他没有选择这棵小树。此时，李铭初发现了一棵大树，他准备把大树作为背景放在故事板上，但是董思璐马上指着他说："不要，怎么拿这么大的树，为什么不拿小点儿的。"李铭初边笑边把树插在故事板上，他先把树放在右侧："好大呀！"显然大树把太阳给挡住了，于是他又把树移到左边："哎——这样可以。"不过董思璐似乎不太满意，就着李铭初的手把树放到了正中间。李铭初似乎不反对，任由董思璐把树放在故事板上，他自己移动到故事板后面，但是发现大树又把云朵挡住了："云朵都被挡住了。"于是他把云朵移动到了两边："云朵应该在旁边，董思璐你看！"可是董思璐此时却把大树放回了材料筐里。

　　云朵、大树搞定了，他们却发现故事板上还有一个空着的夹子，李铭初说："怎么还有一个夹子？董思璐，你看还有一个夹子，还要放一个东西上去。"但是董思璐没有回答李铭初的问题，他径直坐下，对李铭初说："好了，来吧。"

　　董思璐手指上套着指偶："有一天，小蒲公英被风吹到很远——的地方。"董思璐把"远"字拖得很长，还把手上的蒲公英旋转再旋转，一旁的李铭初看得大笑。董思璐继续："它到了一个……一个……一个……地方。"三个"一个"后，董思璐还是没想好用什么词来形容蒲公英被吹到的地方。接着，他到材料筐里找出山："啊，这是哪里呀？陌生的山。"这时，李铭初拿出蓝色的小河，董思璐一把拿过插在故事板上。李铭初接着说："陌生的小溪。"董思璐拿出小树："陌生的树、陌生的大海。它哭了起来。"接着他又一边寻找一边说："蟋蟀先生起床啦！蟋蟀先生起床啦！"李铭初从材料筐里找出蟋蟀准备放到故事板上，可是他发现太小了。其实，这个蟋蟀是为上一个故事板设计的材料，显然，不适合这个故事板。于是两人作罢，董思璐又拿出小兔子："一个小白兔过来了，'小蒲公英你怎么了？''我要回家。'"这时李铭初拿起蒲公英，可是被董思璐拿了去。李铭初抱怨道："你看你，为什么都要你来放。"他又拿起董思璐刚放下的小兔子："小兔子来了。"董思璐看到小兔子到了李铭初手中，又伸手去拿，可是李铭初不肯，这回董思璐没有坚持，又拿出一只猴子："小猴子说：'小蒲公英你怎么了？''我找不到家了，我要回家。'"董思璐又把手伸向云朵："接着，云朵下班了。"他把云朵从夹子上拿了下来。李铭初把另一朵云朵从夹子上拿下来："然后呢？然后月亮出来了。小蒲公英非常非常害怕，它听到了咚咚咚咚的声音。"说着，李铭初把大象拿了出来。这时，董思璐对李铭初说："你来吧，你来讲，随便你编。"

李铭初一手拿着蒲公英，一手拿着大象："它听到咚咚咚咚的声音，感觉像狮子的声音，马上逃走了。逃走了以后大象说：'我是大象呀！'蒲公英没有听到大象的声音，那时候蒲公英已经不见了。"

董思璐马上接上："小蒲公英啊，看到了一条船，马上上去飞走了。它看到了最高的山、最高的云，小蒲公英到家了。好了。"

这时李铭初提醒道："你都没有讲完，你看还有那么多材料，还可以讲很多。"于是两人把东西撤下，准备用那些没用过的道具和人物继续编新故事。

案例反思

有效的故事编讲活动从选材到活动设计再到演绎，都要遵循以幼儿为主的原则，从幼儿的角度去观察和思考，抓住故事编讲的点，积极营造探索、提问的阅读氛围，让孩子能与绘本有更有效的互动，激发幼儿对故事编讲的兴趣，从而促进故事编讲能力的提升。借助绘本开展故事编讲活动，不但把孩子带入美好故事情节，让情感受到陶冶，艺术审美能力得到发展，更重要的是使他们能在故事编讲中提升语言组织能力、故事创造能力。

记录者：张艳

故事编讲案例 12

当幼儿被编讲材料干扰时怎么办？

案例背景

《小黄鸡和小黑鸡》是小班的一个绘本教学活动。小班幼儿适应集体生活需要一个过程。教师有意识地帮助其学习与人交往，学习和同伴友好相处是非常重要的。《小黄鸡和小黑鸡》就是一个讲述同伴间相互友爱的故事，该故事画面生动形象，图片表现力强，有利于幼儿观察画面，积累阅读经验，提高阅读能力，非常适合小班幼儿阅读。

于是，我们提供了故事板，在塑封纸上贴上不同天气的标识，代表不同的天气，让孩子们自由地翻，通过改变天气，进行故事的回忆、讲述与编讲。我们还制作了许多草贴在积木上，丰富场景；还加上一棵树，与故事中的"在树下捉迷藏"呼应。

情景回放

程想和Apple一人拿起一只小鸡，Apple选择了小黄鸡，程想选择了小黑鸡，故事开始啦。

程想和Apple拿起小鸡一起说道："叽叽叽，叽叽叽，我们一起捉小虫。"然后各拿起了一条小虫放到小鸡的嘴巴里"啊呜啊呜"开始吃了起来。

Apple："真好吃。"程想："真好吃。吃饱啦。"Apple："我吃好了。"

两人放下了虫子，这时程想拿着小黑鸡对Apple说："我们一起捉迷藏吧，小黄鸡。"

Apple："好的，叽叽叽，你不要找到我。"说着，Apple用小草把小黄鸡包围了起来，意思是小黄鸡藏起来了，想不让小黑鸡发现。

程想："叽叽叽，找到你啦。"程想拿着小黑鸡马上就找到了躲起来的小黄鸡，开心地说。

程想继续说："哎呀，哗啦啦，下雨啦。"随后想把背景往后翻，露出下雨天的背景。但是手刚放到背景上，又放了下来，没有翻到下雨天的背景。

Apple对程想说："哎呀，我们一起去躲雨吧。哗啦啦哗啦啦。"

程想说："好。"这时才想起来去把背景往后翻，露出了下雨天的背景。

程想翻着晴天的背景说："这边有躲雨的地方，对吧。"

Apple催促着程想："快点，我们一起躲雨吧。"

程想连忙拿着小黑鸡和小黄鸡躲到了一起。

"轰隆隆，轰隆隆。"两个孩子一起为打雷配音呢。程想指着背景板说："你看，这里在打雷呢。"

"打雷啦，打雷啦，小黄鸡吓得哭了起来。呜呜呜呜呜呜。"Apple边给自己配着旁白一边哭着。

程想:"别怕别怕,我们来帮助你。"程想看着Apple害怕的样子,把背景板又重新翻到了晴天的样子:"哟,太阳又出来啦。"

Apple开心地拿起了小黄鸡说:"小黄鸡晒得到太阳啦。又可以捉虫吃啦。啊呜啊呜啊呜啊呜。"

程想说:"真好吃,我们再来捉迷藏吧。"说着,两个人又开始开心地玩起了捉迷藏。故事结束了。

之前我一直觉得故事中缺少了一些什么,通过孩子们的操作,我发现少了一棵树,没有树,故事的推进有些阻碍。然而由于投放的小草、毛毛虫太多,两个孩子在讲故事时常常会被这些不必要的材料吸引目光。于是,我把干扰幼儿的小草、毛毛虫这些装饰拿掉,改放进去一棵树。有一天,又有两个孩子去操作更改后的故事板了。

豆豆拿着小黑鸡,齐珑拿着小黄鸡,两只小鸡在草地上走来走去。

两只小鸡在草地上啄着虫子,两个孩子的嘴巴里发出开心的咿咿呀呀声。豆豆还会把"小虫"拿起来送到小黑鸡的嘴巴里,齐珑则用小黄鸡的尖尖嘴啄虫。由于材料"小虫"和"小草"减少了,两个孩子就没有在这个环节有过多的停顿,故事又继续了下去。

齐珑把小黄鸡藏到大树后:"吃饱啦!我们一起捉迷藏。"豆豆赶紧拿起大树,把大树挪到小黑鸡前面:"我藏,你看。"说着,她还用大树把小黄鸡往旁边赶了赶。"我藏在大树底下。"齐珑不退让:"我才藏到大树底下。"

我以为两个小家伙会互不退让而闹矛盾,结果,豆豆带着小黑鸡离开了大树:"我走喽。"一边说,一边让小黑鸡围着大树转了一圈:"我找呀找,找呀找,找到你啦!"这时,小黄鸡配合地走到大树前面来,不当心,碰倒了大树,不过齐珑马上把大树扶起来，接着说："嘻嘻，真的啊！"走出来的小黄鸡和小黑鸡在草地上散了一会儿步，大树倒了又倒，两个孩子像没事人一样扶起来继续自己的故事。豆豆："接下来是狂风大雨了！"说着，她把太阳的背景往后翻，露出了雨天的背景。"狂风大雨来啦！轰隆隆！轰隆隆！打雷啦！"

齐珑配合地将小黄鸡藏到了大树下。

故事还在继续，两只小鸡就这样轮流你躲我藏，两个孩子继续编讲着她们的故事。

案例反思

故事板的制作常常是基于老师的经验以及设想，就和教学活动一样，没有尝试，就不会知道哪一环节会有问题。因此，故事编讲素材，即故事板的制作、完善，是在孩子的实践和教师的观察、改进中完善的。

一、投入合适的编讲材料才能使活动更具操作性

在第一次操作中，两个孩子配合良好，完整地把故事演绎了下来。但是故事板中缺少一棵树，在缺少树的状态下，孩子们玩捉迷藏和躲雨就显得有些奇怪。只是通过假想的状态在继续故事，很大程度上牵制了孩子们的注意力，影响了编讲。另外，花草、毛毛虫等配件太多，也吸引了孩子们的注意力，让孩子们更多地关注了故事以外的材料，应当减少。

二、提供合适的编讲材料可以提高幼儿编讲的连贯性

两个人合作创编对于小班幼儿有一定的难度，两个人之间肯定会遇到困难、出现争执。当教师提供了足够并合适的操作材料，只要没有出现故事进行不下去的情况，教师不宜介入，否则容易打断幼儿思路。活动中，两个孩子会使用"第二天"这样的连接词来连接前后故事，使故事自然地过渡和发展，在没有商量的前提下，能配合着一起讲述故事内容，可以看出两个孩子的自我学习能力较强。由此可以看出，当教师提供了合适的编讲材料，可以更好地提高幼儿编讲的连贯性。

记录者：黄斯薇

第四章

童"话"故事编讲探索儿童创意表达

编讲幼儿童"话"故事，要求幼儿对既有的故事情节、内容等进行思维内化和思路梳理，进行符合自我语言能力的言语转换和表述，即幼儿要对童"话"故事原有的素材内容进行加工、整理，而这就需要创意。

虽然，幼儿童"话"故事编讲中的创意表达对于幼儿园孩子来说似乎是一个要求很高的学习行为，"创意"通常被理解成"别人没有想到的点子"，它是个很悬乎的东西，但是，我们对幼儿的创意表达不必那么苛求，在幼儿编讲故事的过程中，只要触发了幼儿思维中的某些灵感，其行为带来了幼儿对学习的思考，并实现了学习中的新构，我们不妨都可以将这些行为列为幼儿童"话"故事编讲"创意表达"的范畴。

第一节 童"话"故事编讲中的表达重点

在课题"幼儿园故事编讲课程设计与实施的研究"立项后不久,金爵幼儿园便成立了故事编讲项目组,引导教师们立足园本课题研究重点,展开实践活动研讨,让教师对故事编讲的活动设计和展开方法有更深的感悟。

在分析当前学前教育阶段的关于童"话"故事编讲活动主要存在的问题、结合理论研究的基础上,金爵幼儿园的领导、教师围绕主题背景下的童"话"故事编讲活动,在小中大三个年龄段展开了一课多研的实践尝试,从素材的内容选择、活动目标的制定、教师教学策略的选择、教学细节把握等多角度研讨,探寻开展幼儿园童"话"故事编讲活动的组织形式和实践方法。

两轮龙头课题的实践催生金爵幼儿园从园本实际出发,制定各年龄段童"话"故事编讲活动的教育目标,整合课程中适宜的童"话"故事编讲教育内容,挖掘生活中各类与童"话"故事编讲活动相适应的教育素材,探索出了一条以形成金爵幼儿园幼儿故事"参与式故事编讲——半自主式故事编讲——自主式故事编讲"的特色活动系统。

一、金爵幼儿园小班:以"参与式"为主的童"话"故事编讲

小班幼儿喜欢模仿,注意力不稳定,通常以直觉行动思维为主。于是教师们依据小班幼儿需求和经验水平选择并创设故事情境,幼儿在道具、语言、图片的辅助下,通过故事角色演绎、角色对话补充等,初步与教师一起共同完成故事编讲的活动。

金爵幼儿园将这一故事编讲形式定义为"参与式"为主的童"话"故事编讲活动。所谓参与式故事编讲,是指教师依据幼儿需求和经验水平选择并创设故事情境,幼儿在道具、语言、图片的辅助下,通过故事角色演绎、角色对话补充等初步与教师一起共同完成故事编讲的活动,通常适用于小班。

例如,小班项目组结合幼儿生活经验中的动画内容《喜羊羊和灰太狼》,设计了编讲活动《羊村的一天》,教师们集体设计了一些合理的教具:动态的课件,

卡通气息浓厚的喜羊羊、美羊羊和懒羊羊,以生动有趣的边提问边动脑筋的方法将故事讲述完整。活动环节丰富、有趣又层层递进,幼儿根据出现的画面场景用语言来表述,编讲礼貌的对话,幼儿兴趣很高,而活动实施中,跟进式的研究形式让教师的引导技能和回应水平也获得提升。

又如,小班项目组结合幼儿生活经验中的绘本内容《三只老鼠请客》,设计了小班故事编讲活动《云朵棉花糖》,教师们集体设计了一些合理的教具:幼儿可以随意自制的各色棉花糖、卡通气息浓厚的老鼠三兄弟、充满趣味性的故事场景,以生动有趣的边提问边动脑筋的方法将故事讲述完整。活动环节丰富、有趣又层层递进,要求幼儿根据出现的画面场景用语言来表述,编讲三只老鼠的不同设计构思和礼貌对话,幼儿参与欲望强烈,模仿之余,部分小班幼儿编构完整的语句有了一定的创造性。

而小班故事编讲活动《小黄鸡和小黑鸡》,教师则设计了一些合理的教具:动态的课件、卡通气息浓厚的小黄鸡和小黑鸡,以生动有趣的边提问边动脑筋的方法将故事讲述完整。活动环节丰富、有趣又层层递进,要求幼儿根据出现的画面场景用语言来表述,编讲礼貌的对话,幼儿兴趣很高。

下面是一组金爵幼儿园小班小朋友"参与式"故事编讲案例——

变色猫

故事编讲者:韩充(小班幼儿)

从前有一位老爷爷,他养了一只猫。这是一只白猫,猫的眼睛一只是红色的,一只是绿色的。老爷爷很喜欢这只猫,每天都把它洗得干干净净的。老爷爷喜欢抱着这只干干净净的猫。

可是有一天,老爷爷却不愿意抱这只猫了,而且还把它赶走。这是怎么回事呢?原来,小猫太淘气了,它跑到门口的颜料盆里玩水,结果身上都沾满了颜料,白猫变成了黄猫。小猫还把颜料溅到了盆的外面,地面都弄脏了。老爷爷很不高兴,气得脸都红了。小猫知道自己错了,赶紧去洗了澡,小黄猫又变回干干净净的小白猫了,老爷爷也笑了!

亮点欣赏:

一只白色的猫,长着两只不同颜色的眼睛,老爷爷非常喜欢它,每天洗得干干净净。可是有一天老爷爷却不喜欢它了,这是为什么呢?原来呀小白猫太淘气了,变成一只不爱干净的小黄猫了。简短的文字,却藏着一个生动而又充满爱的

故事。

　　故事编讲者能根据画面信息，细致地描述角色的表情和动作等，语句完整、用词正确、条理清晰，把一只顽皮可爱的小猫刻画得栩栩如生，仿佛是生活日常情景的写照，同时也体现出编讲者对小动物的喜爱之情。（金爵幼儿园教师顾筱兵　置评）

寒冷的下雪天

故事编讲者：刘昀衡（小班幼儿）

　　有一天，下了很大很大的雪，雪把路都盖住了，到处都是白茫茫的。
　　小松鼠松果出来玩，摔倒在雪地里；小猪妮妮出来玩，摔倒在雪地里；小熊蜂蜜出来玩，摔倒在雪地里；小狗汪汪出来玩，也摔倒在雪地里。
　　小猪妮妮说："我不喜欢白色，因为走在白色的雪上会摔跤。"
　　小松鼠松果说："我也不喜欢白色，白色的雪太滑了。大家都会摔跤的。"
　　小熊蜂蜜说："下雪天好冷啊，也吃不到蜂蜜。"
　　小狗汪汪说："我喜欢下雪天，但我不喜欢摔跤。"
　　四个小伙伴趴在雪地上发牢骚。
　　这时小松鼠松果说："我们还是想想办法吧！"
　　小熊蜂蜜说："我们一起来扫雪吧！"
　　小猪妮妮说："这个主意真好。"
　　于是大家一起来扫雪。
　　小熊蜂蜜用双手扫雪，小猪妮妮用鼻子扫雪，小狗汪汪用双脚扫雪，小松鼠松果用毛茸茸的尾巴扫雪。

很快，他们就扫出来一条路，他们都非常开心，这下大家出来玩，都不会再摔跤了。

寒冷的下雪天变得有趣多了。

亮点欣赏：

这是一个关于小动物们在下雪天从各种发牢骚到一起扫雪并快乐游戏的故事。整个故事情节跌宕起伏，小动物们的语言生动有趣，富有童趣。

整个故事采用了排比重复的语言描述，完整简单，符合小班孩子的年龄特点。故事的后半部分，小动物们用自己身体的各个部位扫雪，整个画面温馨有爱，故事结尾欢快愉悦，字里行间充满了童稚。整个故事完整详细，富有画面感，有起承转合，富有吸引力。（金爵幼儿园教师郑海燕　置评）

小老鼠的新家

故事编讲者：梁镜晴（小班幼儿）

有一天，小老鼠妈妈得到一颗南瓜种子，她把南瓜种子埋在土里，每天给它浇水。很快就长出了小苗，再过了些时候，长出了一个小南瓜。咯吱咯吱，啃出一扇窗。小老鼠住进了南瓜房。

妈妈继续给南瓜浇水，南瓜房越长越大。小老鼠一个人住太孤单了。

她邀请了好朋友小白兔、小松鼠一起来住。

咯吱咯吱，啃出一扇门；咯吱咯吱，啃出两扇窗；咯吱咯吱，啃出楼梯一级级。

小白兔、小松鼠拉着小老鼠在南瓜房里玩起了捉迷藏的游戏，真开心呀。

亮点欣赏：

这是一则从小老鼠视角引发的有关"南瓜屋新房子"的编讲故事，从"种下小种子——长出小苗苗——结出小南瓜——变成大南瓜"，故事的情节叙述巧妙结合了植物的生长过程，具有逻辑推进；二是故事讲述者会将自己的生活经验迁移到故事情境中，并配合生动的肢体动作；三是故事讲述非常具有表述的感染力，加上"咯吱咯吱"的象声词，小老鼠可爱的人物形象栩栩如生地展现在伙伴们面前。整个故事情节生动、有趣，尤其是小作者充满童稚的语言，让听众感受到浓浓的母爱之情以及与好朋友在一起的美好情感。（金爵幼儿园教师陈敏置评）

狗妹妹的粉红色梦

故事编讲者：董子谦（小班幼儿）

雨过天晴，三个狗妹妹来到山脚下的草地上玩。她们一会儿唱歌，一会儿跳舞，一会儿做游戏。她们愉快地玩耍着，连鸟儿也跟着她们一起快乐。

她们玩累了，就躺在草地上，看着蓝天白云，这时两座山之间挂起了一道彩虹。不一会儿，三个狗妹妹都睡着了。穿红裤子的妹妹，梦到了自己枕着白云做的枕头，盖着蓝色的被子，躺在彩虹床上，甜甜地睡着了。戴帽子的妹妹，梦见自己手拿五彩气球，飘到了彩虹上，又从彩虹上滑下来，像滑滑梯一样。最小的穿蓝裙子的狗妹妹，梦见自己来到了彩虹的世界里，到处都是亮闪闪的星星，她在这里欢快地跳舞。

醒来后，三个狗妹妹各自分享了自己的梦，她们开心极了。

亮点欣赏：

这一故事记述了三个狗妹妹在一起玩耍以及累了以后梦的所见，故事编讲者一是对故事的时间顺序把握很好，"玩耍——睡梦所见——醒来分享"，故事的情节叙述条理清楚，情节推进合乎情理，符合事理逻辑；二是故事讲述者对诸多色彩的生动表述；三是故事的动态感很强，故事中的人物栩栩如生。整个故事既显示了幼儿思维的多样性、逻辑的合理性，又通过调用幼儿已有经验，发挥其对多种色彩的丰富想象，体现了故事情节的生动性、形象性。

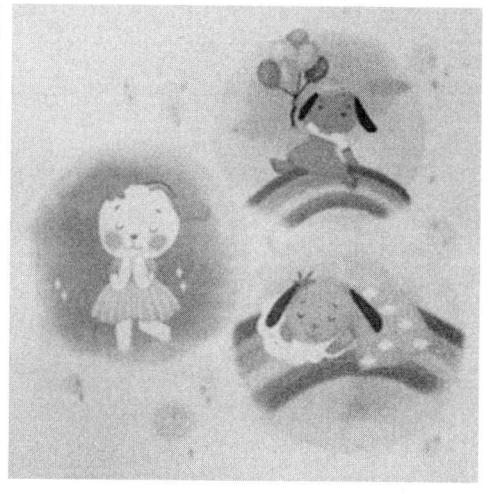

红皮鞋不见了

故事编讲者：万宸萱（小班幼儿）

妹妹准备出门了，在门口换鞋子。咦，她最喜欢的红皮鞋在哪里？

妹妹问："妈妈，你看到我的红皮鞋了吗？"

妈妈："没有呀。会不会在鞋柜里呢？"

妹妹："鞋柜里到处找了，都没有呢。"

妈妈："那我们一起找一找吧，可能是放在其他房间了呢！"

妈妈和妹妹在屋子里到处找呀找呀找，她们每一个房间都找了，都没有。真奇怪，红皮鞋会到哪里去了呢？

吱吱吱——一个细细的声音响起来。

妹妹："妈妈，你听这是什么声音呀？"

妈妈："我也不知道，我们去找找看吧。"

妹妹和妈妈循着这个声音找呀找，终于在厨房的米缸后面找到了，原来是小老鼠呀。

哈，快看，小老鼠们正待在妹妹的红皮鞋里呢！原来，妹妹的红皮鞋被小老鼠们拿来当床了呀，它们也非常喜欢妹妹的红皮鞋呀。

亮点欣赏：

这是一则关于妹妹寻找红皮鞋，却发现自己的红皮鞋被小老鼠拿去当床的故事。故事讲述中，编讲者一是能完整编讲故事情节，虽然情节简单，但是故事内容完整、逻辑性强；二是采用了大量的对话表示妹妹和妈妈之间的互动，让故事内容更加生动、鲜活；三是使用了象声词，如"吱吱吱"，使得故事变得灵动、活泼。整个故事情节完整、简单，符合小班幼儿认知水平，便于同伴欣赏和理解，受聆听者的喜爱。（金爵幼儿园教师赵静　置评）

鼹鼠和松鼠

故事编讲者：叶昊彤（小班幼儿）

大森林里住着各种各样的小动物，小鼹鼠妹妹家的房子在一条小河边，在河对岸住着小松鼠哥哥。

有一天,鼹鼠妹妹想邀请松鼠哥哥来她家一起野餐,松鼠哥哥很高兴地就答应了,可是它们想了想,松鼠哥哥不会游泳,它要怎么过河呢?

它们想了好久还是没想出好办法。

这时,乌龟叔叔正好在河里游了过来,松鼠哥哥立即有了主意。

它让鼹鼠妹妹回家搬来一个大木盆,放到河里,再请乌龟叔叔帮忙把木盆运到自己身边,这样松鼠哥哥带着一篮子松果坐到木盆里,乌龟叔叔再把木盆带回河对岸,大功告成!

松鼠哥哥和鼹鼠妹妹谢过了乌龟叔叔,就开始享受它们美味、开心的野餐了。

亮点欣赏:

故事讲述了鼹鼠在朋友的帮助下解决问题,和松鼠一起快乐野餐的事情。幼儿能够对画面进行全面观察,并运用动作描述勾勒情节,将画面中的细枝末节这些看到的内容加以描述,虽然小班幼儿的故事编构中生动性、趣味性不足,却也和小班幼儿的语言发展能力相符。(金爵幼儿园教师 缪海燕 置评)

二、金爵幼儿园中班:以"半自主式"为主的童"话"故事编讲

中班幼儿的有意注意较之小班有一定提升,语言讲述日趋体现完整性。于是教师依据幼儿需求和经验水平选择并创设故事情境,幼儿在道具、语言、图片的辅助下,充分想象故事片段情节,愿意大胆表达并与教师合作完成故事的局部情

节编构。

金爵幼儿园将这一故事编讲形式定义为"半自主式"为主的童"话"故事编讲活动。所谓"半自主式故事编讲",是教师依据幼儿需求和经验水平选择并创设故事情境,幼儿在道具、语言、图片的辅助下,充分想象故事片段情节,愿意大胆表达并与教师合作完成故事的活动。

例如,中班教师根据幼儿的生活经验挖掘的内容是《彩色的牛奶》,挖掘了"牛奶变色"这一奇特现象,利用故事板引发幼儿产生多种联想,从局部故事情节的编构、讲述着手,引导幼儿实施故事编讲,在整个教学活动中贯穿了开放式提问,如:"牛奶怎么变成彩色的了?你从哪里看出来的?猜猜小动物会怎么介绍自己的彩色牛奶呢?"唤起幼儿的生活经验和记忆,给幼儿增加了情节、添加了合作讲述的机会,也为中班童"话"故事编讲活动的实施积累了优质素材。

下面是一组金爵幼儿园中班小朋友"半自主式"故事编讲案例——

南瓜爷爷找朋友

故事编讲者:薛熙腾(中班幼儿)

今天是个阳光明媚的日子,南瓜爷爷打了个哈欠,伸伸懒腰,准备起床了。南瓜爷爷特别开心,因为今天是它的生日。

洗漱完毕后,南瓜爷爷出门了,它要去找朋友们一起参加它的生日PARTY。它走到小白兔家,敲敲门,没人应。它又走到小鸭子家,敲敲门,还是没人应。

南瓜爷爷又继续走啊走,胡萝卜家,生菜家,莲藕家,都没有人。南瓜爷爷可伤心了!它一边低头走着一边难过地说道:"今天是我的生日,可是我的好朋友们都不在家。"

就在这时,路边响起了生日快乐的旋律:"祝你生日快乐,祝你生日快乐!"南瓜爷爷抬头一看,原来是它的好朋友们,真是个大大的惊喜啊!

它们都准备了漂亮的生日礼物送给南瓜爷爷呢!南瓜爷爷抱着它们开心地说道:"这是我过过的最好的生日!"

第四章 童"话"故事编讲探索儿童创意表达

亮点欣赏：

这一则故事讲述了南瓜爷爷和它的好朋友们一起庆祝生日时所发生的故事。故事编讲者一是能有效解读画面内容，故事情节编讲有序，故事内容讲述完整；二是故事编讲者能结合故事情节的推进，运用叙述、转折等方式表述故事内容的反转情节，生动且富有变化；三是故事讲述者能有效运用自身已有"过生日"的生活经验，借助"唱生日歌""送礼物"等情节彰显南瓜爷爷和朋友们一起过生日时的欢乐场面。

整个故事生动形象地还原了朋友过生日的美好时刻，故事讲述贴近幼儿生活，容易被幼儿们理解。（金爵幼儿园教师丁静　置评）

小猪看牙病

故事编讲者：中三班幼儿

哎哟哟，哎哟哟，小猪的脸肿了起来。不得了不得了，小猪急得哇哇哭，猪妈妈心疼得直掉眼泪，赶快把小猪送到了牛医生的医院。

牛医生让小猪张大嘴巴，仔细瞧了瞧，里面都是黑黑的牙齿，还有好多蛀虫。

牛医生说："小猪，你是不是爱吃零食，而且还不刷牙？"小猪点了点头。猪妈妈一想，是的呀，小猪晚上躲在被子里，吃巧克力、吃饼干，却从来不刷牙，让小猪去刷牙，小猪还总不肯。

牛医生："小猪，这可不行啊！你现在嘴巴里都是蛀牙，这样下去都要拔光了。"

小猪边哭边说："哇哇哇，呜呜呜，我以后再也不会了，一定记得刷牙。"

牛医生还告诉小猪正确的刷牙方式呢，从此小猪再也没去过牛医生的医院，牙齿都好好的。

亮点欣赏：

这则故事讲述了小猪因为牙痛难忍被迫看牙病的经历。小编讲者一是通过观察画面中人物的动作、神态和表情，根据画面的线索来猜测小猪和牛医生之

间的角色对话，并对故事的发展进行合理猜测和讲述；二是故事讲述者对两个角色的对话和表述进行了语气语调上的艺术加工；三是讲述者动作表情比较夸张，把小猪因为牙痛所表现出来的着急、紧张和难受，以及牛医生治疗过程中沉着、询问和劝诫等情节表现得比较到位，尤其是"哎哟哟，哎哟哟""哇哇哇，呜呜呜"等语气词的有效运用，使整个讲述更具有形象性、生动性和教育意义。（金爵幼儿园教师陈敏　置评）

屋顶上的故事

故事编讲者：朱灵均（中班幼儿）

山坡上有棵大树，大树下的茅草屋里住着山羊爷爷和山羊奶奶。有一天，大树生病了，叶子哗哗哗地往下落。山羊爷爷和山羊奶奶很担心，唉，怎样才能把大树的病医治好呢？正当他们发愁的时候，外面叽叽喳喳好热闹，一看，原来是小鸟一家！

小鸟一家看见山羊爷爷和山羊奶奶，连忙打招呼："你们好！这树上有好多毛毛虫！"说着，小鸟爸爸就啄了一条肥肥的毛毛虫吃下了肚子，小鸟宝宝也学着爸爸的样子吃了一条毛毛虫。

山羊爷爷和山羊奶奶连声道谢："谢谢你们！欢迎你们搬来和我们做邻居！"在山羊爷爷的邀请下，小鸟一家搬到了大树上。毛毛虫被吃光了，大树的病也就好了。

亮点欣赏：

这是一个关于小鸟、山羊和大树之间的温暖故事，大树生病了，它身体上出现了许多毛毛虫，小鸟一家热心帮忙捉虫，终于治好了大树，最后它们相亲相爱生活在了一起。整个故事富有想象力，情节完整，语言简洁明了，通俗易懂。

首先，故事中使用具体形象的对话，让情节更加明了易懂；其次，故事中使用了一些准确的动作描写，让小鸟一家捉虫的画面更加鲜活生动；最后，故事结尾美好，大树和小动物们生活在了一起，给人留下了温馨有爱的印象，通篇

故事结构完整,逻辑清晰,符合中班幼儿的认知特点。(金爵幼儿园教师郑海燕置评)

怕冷的大恐龙

故事编讲者:金梦琳(中班幼儿)

冬天到了,一只大恐龙来到了金爵幼儿园。"冬天真冷呀!"大恐龙冻得不停地发抖。

小朋友们看见了冻得发抖的大恐龙,都想帮助它。

有的小朋友喊:"大恐龙,房子里有空调,快进来吧!"恐龙伸长了脖子把脑袋探进去,可身子却在外面,恐龙还是觉得冷。

又有小朋友说:"大恐龙,你穿上我们的衣服吧,这样就不会觉得冷了。"

于是大家给大恐龙戴上了手套,围上了围巾,还有的小朋友脱下了棉衣,给恐龙盖上,可是大恐龙太大了,只能盖住了它的一只脚。

这时,中三班的小朋友去户外活动了,看见大恐龙直发抖,大家忙喊:"来,我们一起来运动吧。"于是,大恐龙跟小朋友一起拍皮球,一起捉迷藏,玩得可开心了,最后大恐龙还出汗了。

亮点欣赏:

故事讲述了大恐龙在小朋友的帮助下,从怕冷到不怕冷的转变经历。故事中的小朋友们不仅不害怕大恐龙,还想尽各种办法帮助大恐龙,体现了幼儿的单纯和善良。故事编讲者一是使用了拟人的手法,形象、生动地描述了一只与众不同的怕冷的大恐龙,让原本印象中可怕凶狠的大恐龙变得和我们如此亲近,展现了编讲者独特的视角;二是能将生活经验融进故事情节中,向大家介绍了各种冬天里让自己暖和的方法:穿上厚棉衣、戴上手套、围上围巾,用厚实的服装保护自己,等等;三是通过故事向同伴传递正能量:运动能让我们变得暖和、变得不怕寒冷。整个故事情节完整、视角独特、富有童趣,将编讲者的生活经验与故事情节有机结合,能在故事编讲方式和内容选择上给予其他幼儿以启迪。(金爵幼儿

园教师赵静　置评）

小牛和小象赛跑
故事编讲者：徐亦可（中班幼儿）

星期天，小动物们都在草地上玩耍，正玩得高兴的时候。

小牛对小象说："小象，我们来比赛跑吧。"

小象大声地回答："好啊，比就比。"

小老鼠、小鸡、小兔子还有小松鼠在旁边大喊："比赛喽！比赛喽！大家快来看啊！"

比赛开始了，小象一马当先，冲在了第一个。可是小牛好像没吃早饭一样，跑也跑不动，不一会儿，就满头大汗了。

小动物们都在旁边高喊："加油！加油！"

小象越跑越快，小牛却越跑越慢。

最终，小象第一个到达了终点，赢得了比赛，大家都来祝贺小象。

只有小牛不服气地说："哼，下次我一定赢你。"

小象说："好啊，等你下次吃饱了再来比。"

说完，大家都哈哈大笑。

亮点欣赏：

这个故事记述了动物之间赛跑的故事，小牛因为没有吃饱最后输给了小象，最后两个伙伴又发起了挑战。故事虽然简单，但是情节却不枯燥，可以看出编讲者对于故事讲述的一些要素掌握得比较清楚："时间——星期天"，"地点——草地"，"人物——小动物们、小牛、小象"，"对话——小牛和小象两次对话"，最后还不忘加上故事结尾。与此同时，编讲者还能对单页单幅图片信息进行充分观察与理解，把小牛和小象比赛时的动作以及形态加以生动描述，使整个故事人物形象生动，情节推进鲜活，逻辑架构清晰，表述内容完整。（金爵幼儿园教师顾筱兵　置评）

冬天里的冰激凌

故事编讲者：董子谦（中班幼儿）

小老虎开了家餐饮店，夏天，还在店里卖上了冰激凌，生意十分火爆。

最近虎妈妈病了，小老虎要照顾妈妈，还要照顾餐饮店，实在是忙不过来。于是，他把餐饮店改成了冰激凌店。

秋天到了，生意没以前好了。他很着急，妈妈说："天气越来越冷了，不能再卖冰激凌了，你可以去学做糕点。"小老虎觉得妈妈的话有道理。于是，他把冰激凌店关闭了，白天去学习本领，晚上回来为糕点设计图案。

很快，秋天过去了。在白雪飘飘的早上，小老虎的冰激凌店重新开张了！小兔子和小松鼠来到店里，一看全都是冰激凌转身就要走。小老虎说："你们别走呀！这里有免费试吃的，不好吃可以不买。"他们很好奇，过去一尝，原来不是冰激凌，是冰激凌模样的蛋糕。

这下轰动了整个森林，大家都来看小老虎的新店。他们一到店里，就好像进入了冰激凌世界，各种各样、五颜六色的"冰激凌"都在他们的眼前，各种口味的"冰激凌"，让小动物们吃得不亦乐乎！

原来，他把所有的糕点都设计成冰激凌的样子，生意比夏天还要好。所有的小动物，都夸小老虎聪明又能干！

亮点欣赏：

这一故事讲述了小老虎这个餐饮店老板，根据夏天和冬天的不同季节特点，在"冰激凌"和"冰激凌蛋糕"的巧妙切换中解决问题的前因后果，既有生活经验的体现，又有合理想象的创编。幼儿在情节讲述中能够通过对图片画面线索的观察，扩散出丰富的联想，使故事的主要线索更凸显，让画面内容在幼儿的讲述中变得生动、有趣又独特，又避免了面面俱到或烦琐冗长等问题的出现。（金爵幼儿园教师缪海燕　置评）

穿红背心的小青蛙

故事编讲者：高蔡诚（中班幼儿）

春天来了，音乐会开始了，青蛙妈妈要带着小青蛙们去河边表演大合唱，到了演出场地，发现少了一只小青蛙，到处找都找不到。演出的时间到了，不能再等了，青蛙妈妈指挥着其他小青蛙开始唱歌。

这时，那只迟到的小青蛙跑到大家的前面，也加入了合唱。原来它是睡过头了。起床后它急急忙忙穿好衣服就跑去了河边。因为着急，它把参加表演的背心穿错了。其他小青蛙都是穿绿色的小背心，只有它穿着红色的小背心。不过没关系，穿错衣服不影响唱歌。最后，小青蛙们的合唱表演圆满成功。

亮点欣赏：

这一则故事描述了一只粗心且不失可爱的小青蛙形象。故事编讲者一是用不失可爱的语言表达了自己对画面的理解，故事情节的叙述条理清晰、情节发展合乎情理；二是故事编讲者能结合画面情境，生动刻画了这只粗心的小青蛙急急忙忙、粗心马虎的神态、表情等，使角色鲜活灵动，符合画面所传递的主旨。

整个故事编讲既体现了幼儿对故事画面理解与表达的完整性，又显示了幼儿对于画面细节想象的合理性，故事情节诙谐生动，充满趣味性。（金爵幼儿园教师丁静　置评）

三、金爵幼儿园大班：以"自主式"为主的童"话"故事编讲

大班幼儿爱学好问，有极强的求知欲望，而且随着生活经验的积累，抽象逻辑思维逐步显现。随着大班孩子连贯性口头语言表达能力的不断提高，教师将故事编讲的"钥匙"交给他们。教师提供与幼儿生活经验相关的词汇、具体实物、故事图片等线索，激发幼儿独立地对线索进行整合、加工，并用连贯的语言有条理地复述、改编、创编故事。

金爵幼儿园将这一故事编讲形式定义为"自主式"为主的童"话"故事编讲活动。所谓"自主式"故事编讲，是指教师提供与幼儿生活经验相关的词汇、具体实物、故事图片等线索，幼儿独立对线索进行整合、加工，并用连贯语言有条理地复述、改编、创编故事的活动，通常适用于大班。

例如，大班项目组教师们挖掘了绘本故事素材点《点点给多咪的信》，引导幼儿结合一封信的画面内容进行情节编构。其中添加了自己的想法和创意情境，使故事情节在幼儿的添砖加瓦中逐步丰满起来，以故事编讲的方式培养大班幼儿同伴间互相关爱的情感，幼儿在生活情境的启发下，更加直观、生动地感受故事编讲的快乐。而作为活动设计者和执行者的教师，则感受到了灵活运用教育方法实施故事编讲研究活动的乐趣。

教师设计的大班活动《我爸爸》，通过引导幼儿结合"给自己的爸爸画一幅肖像画"及"写一封信"这两种方式，引发幼儿对故事内容进行情节的编构，其中添加了自己对爸爸的想法和希望，使故事情节在幼儿的添砖加瓦中，"爸爸"这一形象逐步丰满起来，以故事编讲的方式培养大班幼儿爱爸爸的情感。幼儿在生活情境的启发下，更加直观、生动地感受故事编讲的乐趣。

而依据绘本故事素材点《猪八戒学本领》，教师引导幼儿结合《西游记》的故事内容进行情节的编构，其中添加了自己的想法和创意情境，使故事情节在幼儿的添砖加瓦中逐步丰满起来，以故事编讲的方式培养大班幼儿同伴间互相关爱的情感。幼儿在生活情境的启发下，更加直观、生动地感受故事编讲的快乐。

在组织大班幼儿故事编讲活动时，教师还可以灵活地运用集体创编、分组创编及结合多种现代教育手段开展故事编讲活动，实现教育形式的多样化。

下面是一组金爵幼儿园大班小朋友"自主式"故事编讲案例——

花格子大象艾玛

故事编讲者：大班幼儿

有那么一群大象，他们有年轻的，有年老的，有高的，有矮的，有胖的，有瘦的，他们各有不同，但是都生活得很快乐，他们全都是一种颜色，除了艾玛。艾玛颜色和他们不一样，他是花格子的，艾玛身上有黄色、橙色、粉红色、紫色、蓝色、绿色、黑色和白色，总之他和其他大象是不一样的颜色。艾玛是大家的开心果，有时候是大家逗他玩，有时候是他逗大家玩，每次哪怕只有一点点笑声，也都是艾玛引起来的。有一天晚上，艾玛翻来覆去地睡不着，他在想心事，就是不想再跟大家不一样，"哪儿听说过花格子的大象？"他想，"怪不得大家笑话我了。"早晨他趁大家还没醒，悄悄地溜走了。艾玛穿过森林，一路上遇到了好多别的动物，他们看到艾玛都说："早啊，艾玛。"

艾玛也总是笑着回答："早啊。"

走了快大半天，艾玛终于找到了他要找的东西——一棵大果树。果树上结满了果子，果子的颜色正是大象们该有的颜色，艾玛用鼻子抓住这果树摇啊摇，果子都掉到了地上。满地都是果子，艾玛就躺在果子上打滚，滚过来滚过去，滚过去滚过来。然后他又抓起一把把果子满身擦，直到身上都是果汁，再也看不到他身上原有的颜色，等到完工了，艾玛就和其他大象没什么两样了。然后在回来的路上，艾玛又遇到了那些动物，这会儿个个都对他说："早啊，大象。"

艾玛也回答说："早啊。"他心里高兴极了，大家都没认出他。

艾玛回到象群，大家都静悄悄地站着，他钻到他们当中，谁也没注意到他。过了一会儿，艾玛觉得有什么不对劲的地方。是怎么回事呢？他朝四面八方看去：森林还是原来的森林，晴朗天空还是原来的晴朗天空，不时飘过的雨云还是原来的雨云，那些大象也还是原来的大象。艾玛看着他们。那些大象真的是站着一动不动，艾玛从没见过他们那么严肃。

越看他们，艾玛越是想笑，最后他实在忍不住了，举起了长鼻子叫了起来，哈哈哈哈哈哈！

亮点欣赏：

这个故事记述了花格子大象艾玛，因为长得与众不同，总是心事重重，于是就想着如何要和其他大象一样而发生的一些有趣的事情。故事编讲者对于故事的脉络把握得非常好，能通过观察图书的连续画面以及细节线索讲述故事，条理清晰，词汇丰富，讲述中还加入了一些角色对话和心理描写，具体描述了大象想要变成普通大象的一些动作，非常具有动态感。

整个故事显示了大班幼儿较强的故事编讲能力，能用语言表达自己需要的意思和想法，也能运用常用的形容词以及表示因果、假设等相对较复杂关系的句子，使情节内容诙谐有趣、活泼生动。（金爵幼儿园教师顾筱兵　置评）

小雨点

故事编讲者：大班幼儿

云妈妈下了一场大雨，好多小雨滴诞生了，她们出现在河边的树上，在树枝上玩滑滑梯。

有一个小雨滴看见天上的云妈妈,她好想云妈妈呀!

这时,一条小狗从树下路过,她就咻溜——滑下去,跳到小狗背上说:"小狗,带我去找妈妈吧!"

可是,小狗没听见,它晃晃身体,噢——的一下,小雨滴给甩得老远老远,掉在了青蛙背上。

"青蛙青蛙,带我去找妈妈吧!"青蛙听到了,爽快地答应了。于是,青蛙往上一蹦,把小雨滴抛到半空中。

可是,小雨滴离妈妈还远着哪,而且,它又掉了下来,掉在了小甲虫的背上:"小甲虫,小甲虫,带我去找妈妈吧!"

小甲虫爽快地答应了,开始往上爬。它爬到花朵尖上,够不到云妈妈;又爬到灯芯草顶上,还是够不到云妈妈……

亮点欣赏:

这是一个关于小雨滴想方设法要回到云朵妈妈怀抱里的故事。故事中的小雨滴带着对云朵妈妈的思念,不怕困难,坚持不懈地向小动物们求助,而小动物们也在热心地帮助它,整个故事中流淌着浓浓的爱意。

故事编讲者一是采用了拟人化的手法,形象、生动地描述了小雨滴的语言和动作,非常富有想象力。二是采用了对话的方式,表现了雨滴和小动物们之间的互动,对话中透露出雨滴对妈妈的想念。三是,故事结尾留有想象空间,整个故事的最后小雨滴还是没够到云朵妈妈,这巧妙地给小听讲者留下了思考、续编故事结尾的空间,也让故事充满了无限的可能。(金爵幼儿园教师郑海燕置评)

第二节 童"话"故事编讲中的题材引领

《幼儿园教育指导纲要（试行）》对语言教育活动提出了很高的要求，幼儿不仅要会说，还要在集体面前大胆地说。创编故事是促进幼儿语言发展的一种很好途径，而且幼儿在讲述自己的故事时能透露出自己的期待和心声。为了激发幼儿创编故事的热情，教师要善于引导幼儿发现日常生活中各种适宜编讲故事的有趣素材，激发幼儿创编故事的兴趣。

一、选择绘本故事内容编讲

（一）选择能够激发幼儿想象力的绘本

图片教学法是幼儿园很常用的一种教学方法，所以，我们会选择一些适合孩子们创编故事的绘本来辅助孩子们创编故事，这些绘本图片直观，形象鲜明，色彩鲜艳，深受孩子们的喜欢，而且也很符合幼儿园孩子的思维特点。

但是，并不是所有的绘本都适合孩子们编讲故事，很多绘本适合孩子们反复阅读，但不适合创编故事。不容易激发孩子们的想象力、创造力和解决问题的能力的绘本并不适合孩子创编故事，所以，教师需要自己精读绘本，筛选绘本，选择适宜的给孩子们创编故事。

适宜孩子们创编故事的绘本应该是能够给孩子们留有想象空间的，应该是能够激发孩子们创造力和想象力的。如以绘本《送大乌龟回家》引出的小班故事编讲活动，教师巧妙地以"翻身的大乌龟"作为情节展开的导入源头，创造了一个有趣的讲述情境，引导小班幼儿充当"帮助大乌龟翻身的爱心使者"，幼儿用角色对话编讲的方式表现自己想到的帮助大乌龟翻身的方法后，教师提炼出相应的情节，将幼儿的编讲内容贯穿在活动中进行完整讲述，这不仅增添了幼儿对故事情节的理解乐趣，更满足了幼儿想象、表现的欲望，享受着愉快表现故事情节的乐趣。

（二）利用能够激发幼儿同理心的故事

随着二孩政策的开放，很多家庭选择生二孩，大班的孩子们已经不再简简单单地是幼儿园里的哥哥姐姐，而是真正成了家里的哥哥姐姐。《我做哥哥了》这则绘本中，生动形象的画面让人一看就难以忘怀，而故事主人公野田的心理变化更是与大班孩子有着惊人的相似。所以教师选择了以这个故事为切入口，通过幼儿观察、创编、操作、再创编等方式，尝试将社会领域和语言领域的内容有机融合，在轻松、愉快的氛围中激发幼儿萌生做好哥哥好姐姐的自豪感。而且，故事中的野田带领着弟弟妹妹外出游玩，经历了重重困难，也尝试着克服了重重困难，这当中有很多可以激发幼儿想象力、创编能力的空间。

教师在设计活动中关注到环节与环节之间的递进，整个活动以孩子的生活经验为导入口，幼儿能够结合生活说说自己是怎么做哥哥姐姐的，然后迁移到同样做哥哥的野田，并逐渐展开野田的故事。在展开野田的故事时也是循序渐进、由易到难的，首先是野田营救不会爬树的弟弟妹妹，然后再过渡到大灰狼来了野田想办法解救弟弟妹妹。

第一次创编是比较简单的，起到铺垫作用，第二次创编，教师提供了四种问题情境，幼儿分组自选困境想各种办法解救弟弟妹妹，同时教师还提供了各种图片材料供孩子们选用。在活动的最后一个环节，教师再次回归幼儿生活，鼓励幼儿说说自己平时是怎么帮助弟弟妹妹的，这样循序渐进的演绎有效实现了绘本和故事创编活动的相得益彰。

（三）挖掘名著故事经典中的编讲素材

孙悟空和猪八戒是两个很有特色的角色，幼儿对于《西游记》中的这两个人物形象已经有了一定的认识，孙悟空神通广大热情正义，深深地吸引着孩子们，猪八戒贪吃嗜睡，呆头呆脑，更给孩子们留下了深刻的印象。

借助这两个人物，教师设计了故事编讲活动《猪八戒学本领》。在教学中，教师设计了三块放大的困难背景图片，投放了不同角色的头饰，同时还提供了讲述旁白可以使用的话筒，这样的呈现可以让幼儿采用三个人合作的方式展开故事编讲。大班幼儿的想象力创造力得到了很大的激发，不同幼儿表演的孙悟空和猪八戒尽显角色特点，幼儿还采用互相点评的方式给同伴提出意见和建议。经过这样的活动，幼儿对孙悟空和猪八戒的形象有了更深入的了解，对《西游记》也萌生了更多的兴趣；而且，通过编讲角色对话让孩子们牢牢记住一个道理：学本领的时候要做到专心、恒心和虚心。

二、选择视频动画内容编讲

动画片是当今世界发展最为迅速、最受儿童欢迎的儿童文学样式之一，动画片中活泼可爱的人物形象、色彩鲜艳的画面以及生动有趣的故事情节，都深深地吸引着孩子们，也助推着孩子们各种能力的发展，我们开始尝试着将动画片运用到童"话"故事编讲活动中。

（一）选择角色鲜明、故事有趣的动画片

要发挥动画片应有的教育功能，顺利开展动画片教学，其前提条件是教师应对动画片进行挑选，选用有教育价值的动画视频。

为了选择适宜的动画片，教师事先必须不厌其烦地反复观看，筛选适宜幼儿编讲故事的动画片素材，详细了解其中的情节内容，人物的对话、动作、表情，把握关键的情节，分析动画所表现的主题思想，考虑如何处理教材，如何组织，做到心中有数，有备无患。教师还可以根据自己的实际需要对动画进行相应的截取或者合成，从而助推教学活动。

如结合动画素材设计的小班故事编讲活动《小猪盖房子》，教师引导小班幼儿结合小猪造好房子遇到大灰狼去联想后续的故事情节，自由地表现创编的情节内容，幼儿在教具情境的启发下，能更加直观、生动地表现自己的创意，体验故事编讲活动的乐趣。而利用大班幼儿对"西游记""宝莲灯""奥特曼""蓝皮鼠和大脸猫""黑猫警长""猫和老鼠"等视频动画十分感兴趣的特点，教师激励大班幼儿分组合作扮演角色开展情节编讲，提高幼儿的创编和语言讲述水平，促进了语言能力的发展。

教师还可选择动作性强、情节结构清晰、主题鲜明、易于幼儿由动作符号转译为语言符号的动画片，如那些人物语言极少的片子，乃至默片。此外，我们应尽量选择适合幼儿欣赏口味的、具有幽默感且情趣十足的动画片，避免选择成人化的、人物对话过多或动作频率过高、视觉冲击力过强的片子。

（二）应用动画视频和iPad助力故事创编

随着科学技术的发展，笔记本电脑、iPad逐渐普及，运用多媒体教学是创新教育的重要手段，也深受幼儿喜爱。结合动画片这样比较特殊的故事创编素材，教师在教学活动中尝试使用iPad符合现代儿童的生活经验，也助推了教学活动的辅助形式多样化。

比如，大班教师选择了《捉迷藏》动画片，这是一个发生在小猴子找各种小动物过程中的有趣故事，整个动画片情节简单，易于孩子们理解。为了让孩子有更自主的观看动画过程，教师将动画中小猴子找四种小动物的片段分成4段，分别储存在四台iPad里面，幼儿分组自由观看动画，观看中幼儿自己开关iPad，自己播放，决定暂停或者重放或者拖动播放。这样的教学手段让故事创编活动变得更自主更有趣，孩子们能够将观察到的细节都编讲成生动的故事。

三、选择周边生活内容编讲

借助餐前时段，利用幼儿身边的时事新闻、生活发现开展故事编讲活动，为幼儿提供了用眼发现、用嘴表现的思维拓展空间。幼儿思维活跃，对新事物表现出极强的好奇心和趋向性，对于幼儿来说，利用周边生活中自己感兴趣的元素开展故事编讲，可以极大地满足幼儿的"趋新"心理需求。

（一）选择生活中幼儿与之接触的编讲元素

早晨上学路上看到的人和事、物和景，是幼儿可以展开故事编讲的题材；对玩具的新发现、新感悟，在楼道里发现的一个动物形象，都可以是故事编讲的题材。因为这些素材都来自真实的语言环境，且每天都会有更新，大量的、全新的现实状态、各种元素都可以让幼儿眼界大开。

如小班故事编讲活动《蛋宝宝》，教师就是利用幼儿生活中经常吃到、见到的各种蛋元素，运用游戏激趣法让幼儿手持可以开合的蛋宝宝，引导幼儿伴随着背景音乐，创编蛋宝宝和朋友们的对话，幼儿在轻松、愉快的游戏中，逐渐理解了故事的快乐基调，还体验了扮演角色、表演游戏的快乐。

（二）利用活动中幼儿与之接触的音乐元素

幼儿对于音高、节奏、力度、音色等的辨别力，对于音乐结构形式的感知，都会帮助幼儿联系到故事的内容。结合孩子们形象思维的特点，如果将有故事的音乐与故事编讲结合，会收到意想不到的好效果。

比如结合音乐《狮王进行曲》，教师引导大班幼儿进行故事编讲，在欢快与低沉的旋律变换导入中，幼儿感受到了清晨森林的欢快与美好，以及暗藏危机的种种可能，孩子们通过对比倾听两段音乐，再结合故事情境，展开充分想象，孩子们开始猜测可能老虎来了，也有的说豹子来了，也有的说是大灰狼来了，种种猜测开始让孩子们走入故事创编的氛围中，孩子们开始想象凶猛的动物来了之后原本欢快的森林会发生一些什么样的事情。

之后，教师引导孩子们合作编讲，伴随着《狮王进行曲》，孩子们创编狮子和各种各样的小动物之间的对话。孩子们模仿狮王，模仿各种小动物，很有创造力，也很有想象力，音乐和动物角色相互有机结合起来了，孩子们的语言表达通过音乐激活了，当音乐低沉的时候，孩子们模仿狮子的神奇威猛，当音乐欢快的时候，主角就变成了一只可爱活泼的小兔子，抑或一只计策多端的狐狸，总之想象有多丰富，故事就有多精彩。

（三）借用生活中幼儿非常喜欢的图书漂流

这是幼儿园实施故事编讲活动中需要家长共同参与的一种形式。教师为幼儿准备好一个故事题材文件袋，每天交给一位幼儿带回家，请这位幼儿和家长一起共同编构情节，然后撰写在资料袋内于第二天交给后一位幼儿带回家，一个一个幼儿用接力的方式把故事内容编构丰富。

《蚂蚁和西瓜》是一本画面紧凑、处处埋伏着细节的绘本故事书，蚂蚁工兵在搬运西瓜的劳作过程中，有的在用力，有的在偷懒，还有的在偷吃，而戴着头盔的蚂蚁队长就是一个带着细节的核心人物。教师就选择这样编讲余地大的故事题材交给幼儿带回家进行故事编讲的接力漂流。故事漂流文件袋每天交给幼儿带回家之后，有些家长会引导幼儿观察蚂蚁队长会是哪一个，蚂蚁队长在蚂蚁工兵们休息的时候做了什么事，蚂蚁队长会对偷懒的蚂蚁工兵说什么，这些问题一一抛出，幼儿会给出自己的理解和讲述，家长一一记录下之后，连贯起来就会是一段又一段有趣的蚂蚁和西瓜的故事了。内容诙谐有趣、编构余地宽泛的故事漂流活动深受幼儿喜欢。

四、选择游戏材料内容编讲

开展故事编讲活动，教师为孩子们投放了多样化的操作材料，调动孩子们学习创编的兴趣，激发他们创编故事的欲望。

（一）故事宝盒

即把故事角色和部分场景立体化，并将这些材料放入同一个纸盒中。这样，幼儿想讲哪一个故事就取出该故事盒，在桌面边讲述边操作角色与背景。结合主题《我上小学》教师制作了"故事宝盒"《笨狼上学》，漂亮的废旧盒子在教师的制作下，变成了一个故事宝盒。盒盖上是动物小学的场景，盒子里放的是各种动物立体模型以及书、铅笔等立体的学习用品图片。孩子们可以通过自己对这个故事的理解，摆弄操作材料；可以和伙伴们边讲边演，也可以根据宝盒里的操作材料进行故事的再次创编等。孩子们在宝盒的帮助下可以获得许多认知经验，能尽情地"玩"，较少有顾虑，有利于开展对故事情节的建构，是培养幼儿想象力的极好材料，它使故事编讲活动变得形象、有趣。

幼儿对宝盒充满了兴趣与好奇，当游戏材料可以满足他们认知发展的需要时，幼儿会产生了解故事的欲望、探究故事情节的兴趣和编讲不同情节的兴奋点。有的教师利用不同的材料为幼儿打造"可以动可以讲可以玩"的故事编讲游戏材料。例如,小班老师结合主题《熊的一家》制作了"故事宝盒"《小熊过生日》,漂亮的月饼盒子被一分为二,盖子上是小熊宝宝粉红色的家,盒子里面放置着立体的小熊、熊妈妈和熊爸爸图片,还有很多粉色的家具。可以让小班幼儿一边操作摆弄材料,一边编故事:"熊宝宝要过生日了,桌子摆出来,椅子摆出来,蛋糕摆出来。熊妈妈和熊爸爸都来为熊宝宝唱生日歌,小熊过生日可真开心。"

(二)故事板

即让一名或多名幼儿面对一块放置有玩偶、场景和道具的木板或盒子盖,作为故事的叙述者和参与者开展具体而开放的故事编讲活动。故事板活动让幼儿在自由、放松的环境下通过操作和游戏来进行故事的倾听、讲述、改编与创编,让幼儿在愉快的游戏中进行有意义的学习,能提升幼儿的倾听意识和倾听能力;能在故事讲述中促进幼儿语言表达更清楚、更完整、更生动,能在单人活动中锻炼幼儿的独白语言,在多人活动中促进幼儿的交往语言,能引导幼儿尝试以陈述、说明、描述、对话、改编、创编等多种形式进行语言表达。

1.故事板的设计思路

教师们在小中大三个年龄段不同的主题开展中,能挖掘不同素材点作为实施故事板设计的切入点,围绕素材进行分析:故事的哪些内容可以设计成故事板,从而作为童"话"故事编讲经验效仿与拓展的地方?故事的什么地方可以在设计中适当隐藏或者留白,从而能让幼儿在故事创编活动中大有作为?在实践中,教师们从故事板设计方案入手,在不同的故事板设计方式中寻找助推幼儿故事编构欲望的契机。故事板设计方案从投入到收尾,经常会根据不同阶段幼儿的兴趣、表现,经历三次以上的调整。

表4-1　金爵幼儿园童"话"故事板设计方案文本内容选摘

投放阶段	活动形式	情境道具	辅助物提供	幼儿经验
第一阶段投放	单人(　) 双人(　) 多人(　)	场地(　) 人物(　) 道具(　)	有(　) 是(　) 无(　) 理由(　)	兴趣热点(　) 语言基础(　) 已有经验(　)
第二阶段投放	单人(　) 双人(　) 多人(　)	场地(　) 人物(　) 道具(　)	有(　) 是(　) 无(　) 理由(　)	兴趣热点(　) 语言基础(　) 已有经验(　)

（续表）

投放阶段	活动形式	情境道具	辅助物提供	幼儿经验
第三阶段投放	单人（　） 双人（　） 多人（　）	场地（　） 人物（　） 道具（　）	有（　） 是（　） 无（　） 理由（　）	兴趣热点（　） 语言基础（　） 已有经验（　）
后续跟进调整	单人（　） 双人（　） 多人（　）	场地（　） 人物（　） 道具（　）	有（　） 是（　） 无（　） 理由（　）	兴趣热点（　） 语言基础（　） 已有经验（　）

2.故事板的设计要素

（1）兴趣捕捉

在投放故事板材料时，教师要善于通过观察来了解幼儿当前语言发展的需求，并依据幼儿的兴趣点来投放材料。

小班孩子非常热衷于过生日，于是，结合小班主题《好朋友》，教师设计了《达达过生日》这份故事板，一间庭院式的小屋，一扇可以开关的小门，配上故事中的角色人物，孩子在房门的开关中，体验着扮演角色一起为达达过生日的快乐，他们不但在语言上潜移默化地获得了发展，也在心理上得到极大的满足。

（2）隐显交替

在故事板材料投放时，教师既要考虑到环境与材料的显性教育价值，也要充分发挥其隐性教育意义。

对于刚入园的小班幼儿来说，故事中角色语言的学说和编构是一件需要反复进行的事情。于是围绕主题，教师在语言区投放了两份故事板材料，一份叫《妈妈不在家》，一份叫《黑脸小白羊》，引发孩子的好奇心和尝试欲望，通过扮演角色，激发孩子们的编讲兴趣。

（3）融合迁移

在语言区故事板材料投放时，教师可以结合主题目标选择贴近幼儿生活经验的内容，也可以根据幼儿的需求将其与其他区域紧密结合在一起。

在大班主题《我要上小学》故事板中，教师投放了一份材料《羊村的一天》，在语言区里使用这份材料，可以借助小羊上小学的故事情境，引发大班孩子展开对参观小学这一生活经验的回忆，围绕着不同时间里小羊们在羊村小学里发生的事情展开情节编构，进行角色对话的创编，不断拓展他们的想象力。而投放在美工区里，这份材料又可以不断增加角色，或者进行场景的变化变迁，让孩子们体验创造性的加工之乐。增加的情境或者人物，又可以为下一次的故事编讲打下基础，这样的一物多用可谓一举多得。

（4）互动合作

在语言区故事板材料投放时，教师要考虑到环境、材料与幼儿之间产生多种形式的互动，为幼儿间的合作交流提供有利条件。

《三只小猪》是孩子们非常熟悉的故事。于是，教师在语言区中投放了一份故事板材料。当录音机里传出音效："孩子们，你们都长大了，要独自生活了……"中班孩子可以一边操作摆弄角色，一边进行角色语言的编构。听到紧张的音乐时，"小猪"立刻躲到了房子后面。当"大灰狼"边说要打开门，边用力撞击门时，有的"小猪"神情紧张，有的蜷缩起身子趴在地上，有的孩子大声讲述角色语言。用音乐、音效渲染和烘托出故事中的情境时，就能引发孩子与角色产生共鸣，促进孩子与故事板材料和同伴之间的互动，并在此基础上用自己的经验、自己的感受、自己的想象来理解故事，表现故事中人物的内心情感。

（三）小图书

环境材料与幼儿始终共在，幼儿既依赖于环境材料，也可以作用于环境材料，幼儿与环境的相处方式直接影响他们成长的质量，创设故事编讲环境材料对幼儿阅读、想象、模仿和创编能力的培养具有举足轻重的作用。教师在语言区中为幼儿提供大量的、有具体意义的、形象的、生动的、有新意的小图书作为故事编讲阅读材料，引导幼儿观察感受书面语言，潜移默化地接受有关书面语言的知识。

有些教师利用不同材料制作了色彩鲜艳、画面精美、格局多样的故事编讲小图书。如有的小班老师利用台历和折纸制作了画面精美、富有立体感的台历小图书"三只蝴蝶"，有的中大班老师制作了"布贴小图书"，这些故事图书无形之中成了幼儿进行故事编讲活动的助推器。借助这些故事编讲材料或小图书，幼儿可以进行各种各样的操作、编讲活动，可以根据自己的兴趣与想象来模仿和表现故事中的人与事物，感知和建构对故事内容的初步认知与理解。

还有的中大班教师则在语言区放上剪刀、旧图书、卡通图案、胶水、双面胶、透明胶、纸、笔等材料，设置了"图书美容中心"，让幼儿根据提供的材料，自己修补弄破的图书，在自主的图书重塑过程中展开新的故事情节编构与演绎，既感受了创造的快乐，又能对图书产生珍惜之感。

第三节　童"话"故事编讲中的语言引导

童"话"故事具有陶冶幼儿心灵、积极的价值观引领功能，也承担着发展幼儿语言表达能力的任务，因此，在童"话"故事编讲过程中，教师必须基于幼儿语言能力基础，针对故事编讲过程中的儿童语言表达特点、主要问题与瓶颈突破等展开有的放矢的策略引导，以使幼儿在故事编讲的过程中，获得语言能力的有效提高。

一、不同年龄段童"话"故事语言的努力目标

（一）小班幼儿语言应克服零散不完整的缺陷

小班幼儿的生活经验尚浅，语言能力比中大班幼儿弱，在日常的语言活动中语言较零散、语句不够完整，能力较强的幼儿思路清晰，但是词汇量不够。

因此，在小班的故事编讲活动中，教师要努力引导幼儿克服零散、不完整的缺陷。

如，在个别化活动"喂小动物"的故事编讲活动中，教师设计的语言目标为：幼儿选择合适的食物送给相应的小动物，并对小动物说一句好听的话。

本班的幼儿小A语言能力较强，她选择了一个"胡萝卜"来到教师自制的小白兔前，对"小白兔"说："小白兔，我请你吃萝卜。"说着，她把"萝卜"放进了"小白兔"的嘴巴里。随后，她来到了自制小狗面前，拿出一根"肉骨头"对"小狗"说："小狗，我请你吃肉骨头。"

老师来到小A身旁，问："小A，你和小狗打过招呼了吗？它愿意吃你的肉骨头吗？"

小A恍然大悟，她重新面对小狗："小狗小狗，你好呀，我请你吃肉骨头。"说完，她就把"肉骨头"放进了"小狗"的嘴巴里。

浩浩也来到了"小狗"前，他拿着"肉骨头"对小狗说："吃。"

老师来到浩浩旁边，对浩浩说："浩浩，你请小狗吃什么呀？"

浩浩回答:"骨头。"

老师又说:"浩浩,那你先和小狗打个招呼,然后再请小狗吃肉骨头,别忘记告诉小狗你请它吃的是什么。"

浩浩听完,转头对小狗说:"小狗,肉骨头,吃。"

从以上实录中可以看出,小班幼儿的语言是只字片语的,能力较强的幼儿能在老师的引导下用较完整的语言进行表达。

(二)中班幼儿语句较为完整、想象力丰富

中班幼儿生活经验慢慢丰富,语句较为完整,且中班幼儿能大胆想象,因此,在故事编讲活动中开始崭露头角。

在一次餐前故事中,北北给大家带来一个故事——《探险去》,虽然一个简短的故事他用了三分钟才讲完,但是他的勇敢尝试值得表扬。"小老鼠一家住在森林的小木屋里,最近睡觉前妈妈都给它们讲关于金字塔的故事,金字塔里面有很多好吃的食物和好看的宝石,于是小老鼠们决定去探险。嗯……天刚亮,好多小动物都还在睡懒觉,小老鼠们就穿上了运动服,带上了水和食物出发啦!它们走啊走,经过了很多小溪和一条大河,然后……然后呢……终于看到金字塔的塔尖了。可是呢,要到达金字塔必须翻过一座高高的大山,又滑又陡,最小的老鼠弟弟爬不上去,老鼠哥哥就想了个办法,捡了树枝给老鼠弟弟们当拐杖,然后爬上山顶扔根绳子下来,弟弟们排队拉着绳子,前面的用力拉,后面的使劲推,一起用力往上爬,终于一起翻过了大山到达了金字塔,发现很多宝藏,他们好开心啊!"

在一次故事板活动中,子谦和衡衡两人合作编讲了《好兄弟》的故事,子谦扮演汤团弟弟的角色,衡衡扮演烧饼哥哥的角色。

子谦:"下午好,烧饼哥哥。"
衡衡:"下午好,汤团弟弟。"
子谦:"我想出去玩,可以吗?"
衡衡:"好呀。你看,是一条小河。"
子谦:"哇!我最喜欢水了,我要跳进去游泳。"
衡衡:"哇!这里有好多被太阳烤得烫烫的石头,让我躺一躺,真舒服。"
子谦拿出大怪物:"哎呀!什么味道,这么香!我的口水都流下来了,让我去瞧一瞧!"

衡衡:"好舒服呀,脚也晒一晒。"

子谦:"原来是烧饼啊!"

子谦从小河里把汤团拿起来,一只手操作汤团,一只手操作大怪物,自言自语地说:"哎呀!好吓人呀!烧饼哥哥!烧饼哥哥!你快醒醒呀!"

衡衡:"怎么了?怎么了?"

子谦:"是个大怪物!快逃呀!"

子谦将手里的汤团靠近衡衡手里的烧饼,让它们两个手拉手。

子谦:"我们把窨井盖打开,让大怪物掉进去。"

衡衡:"好的!"

他们两个人用手在背景板上做了打开窨井盖的动作。

衡衡:"快点躲起来!"

子谦又拿起大怪物:"哎呀!谁来救救我!"

衡衡:"把盖子盖上!"

子谦和衡衡又做了盖窨井盖的动作,表示把窨井盖盖上了,大怪物被关进了下水道。

子谦:"耶!我们去玩吧。"

从以上两个实录来看,中班幼儿不仅能用较为连贯的语句编讲故事,还能两两合作编讲,语言表达能力在小班的基础上有了较大的进步。

(三)大班口语学习连贯、叙述完整及简括

大班幼儿褪去了小班幼儿的稚嫩,走出了中班幼儿处于小班和大班之间的尴尬期,已经能连贯地描述,并能用复杂的词汇连接,能简单地概括故事内容,想象趋于合理化。

这是一个无主题的故事板,底板是一个正方形,上面提供了一个山洞、一个池塘、一个拱门、一棵倒下的树、一只倒在地上的大恐龙、一个圆形的带毛的球、一个星形的盒子里面装了几颗小星星、一个站在山洞里的国王、两个没有性别之分的木偶小人、一只在池塘里的乌龟以及一只章鱼。我们请了两位小朋友对这个故事板进行了故事编讲,他们是诚诚和豆豆。在故事编讲前,老师分别给了孩子们各一分钟的时间熟悉故事板和故事板上的材料,然后告知孩子可以任意使用这些材料,也可以把不需要的材料拿到旁边。

诚诚的故事是这样的:

第四章 童"话"故事编讲探索儿童创意表达

一天,国王出来散步,他散步的时候,遇到了一个路人,这个路人对他说:"你需要什么帮助吗?"

"嗯……我觉得我现在肚子有点饿,你能给我找点食物吃吗?"

"可以。"

然后,路人就给国王去找食物吃。

"我给你找到了一片面包,你可以跟我来一下。这里有一片面包渣,很好吃。"

"我还想再吃一点东西。"

然后,路人又给国王找了一片面包渣给他吃,国王现在终于饱了,他就回去休息了。

又有一天,那个路人又去找了他的一个朋友,朋友的模样和他几乎一样,正巧国王又出来看了一圈,他很好奇:怎么发现有两个与以前见过的一模一样的人?

国王提起以前见过的那个路人曾经帮助过他的事,但两个人都说是自己做过的。

国王说:"哪个是真,哪个是假呢?"

"我们俩都是曾帮助你的。"

"那我该怎么判断,哪一个人才是曾经帮助过我的人呢?"国王的苦恼来了。

豆豆的故事是这样的:

一个晴朗的春天,章鱼在水边跟乌龟嬉戏。

这时,一个国王走下台阶来问乌龟:"乌龟,这边的河好老呀,里边都是脏东西,我来帮你们清理一下吧。"

国王拿来了一个贝壳,把里面的脏东西给剜了出来。

章鱼和乌龟说:"谢谢你。"

国王觉得今天做得很不错,并回到他的小屋睡了一会儿。

第二天早上,小乌龟跟章鱼说:"昨天国王给我们清理的池塘真干净,我们现在不用每天都用脏脏的水来游泳了。"

国王醒了,他来找乌龟,他问乌龟:"今天你们觉得怎么样?"

乌龟和章鱼都觉得它们的水很干净。

国王来到了小精灵的屋子里，看见里边什么人都没有，就看见了小精灵的宝盒，他自己把小精灵的宝盒拿了出来，看见精灵正在草地上睡觉，他叫醒了精灵："精灵，你的宝盒能给我看一看吗？"

精灵说："当然可以，不过，你不能把里面的东西弄坏。"

国王打开了宝盒："哇，真棒！"

这时，一只刚醒来的恐龙大步向前走了过来。它看见国王，并问："国王，我的肚子好饿，有没有点心？"

国王带着恐龙来到他的仓库里，拿出他最宝贝的点心，给恐龙了。

恐龙谢了他，然后呢，回家高高兴兴地吃起了刚得到的点心。

国王觉得，今天天气不错，但他还是想去散散步。他先来到了精灵的家，他问精灵："精灵，今天我觉得不错，你呢？"精灵回答道："我也觉得很棒。"他来到池塘边，找章鱼和乌龟说话，说了一会儿，又回到家里睡觉去了。

虽然诚诚和豆豆不能代表所有大班幼儿的"童话"故事编讲能力，但是从他们两人的故事中我们可以明显感受到大班幼儿完整讲述的语言能力、连贯的语句表达能力，同时，我们也看到大班幼儿所编讲的故事虽有想象和创编，但都是基于合理的想象，并非天马行空不切实际。

二、提高表达能力、突破发展瓶颈的主要抓手

不同年龄段的幼儿有不同的"童话"故事语言特点，这标志着不同年龄段幼儿的语言发展能力。同样，影响不同年龄段幼儿语言发展的瓶颈也是不同的，针对不同的问题也就有不同的解决方式。

（一）基于小班幼儿语言能力现状的瓶颈突破

1.模仿为主，追问引导

小班幼儿缺乏生活经验，词汇量匮乏，因此，小班幼儿的"童话"故事语言以模仿为主，自主编讲的内容不够丰富，于是，我们以参与式故事编讲的形式激发幼儿参与故事编讲的兴趣，并且通过追问和引导来帮助幼儿拓宽思路。

如小班故事编讲活动《好饿的小蛇》中，教师通过不断引导和适当的追问让幼儿能用各种形容词来描述小蛇所吃的食物，最后还能引发幼儿大胆想象并用完整的语句表达。

活动举例：《好饿的小蛇》

师：有一天，小蛇的肚子饿得咕咕叫，它游呀游，发现了一根香蕉，张开嘴巴就把香蕉吞进了肚子。小蛇发现了什么？

幼：香蕉。

师：这根香蕉是什么样的？

幼1：弯弯的。

幼2：黄黄的。

师：香蕉吃在嘴巴里感觉怎么样？

幼：甜甜的。

师：吃了香蕉的小蛇是怎么说的？

幼：真好吃呀！

师：小蛇说："弯弯的、黄黄的、甜甜的香蕉真好吃！"小蛇是怎么说的？

幼1：弯弯的、黄黄的、甜甜的香蕉真好吃！

师：你说得真棒！还有谁能来说说小蛇的话？

幼2：弯弯的、黄黄的、甜甜的香蕉真好吃！

师：你们说得真是太棒了！弯弯的、黄黄的、甜甜的香蕉真好吃！

师：吃了香蕉，小蛇还是肚子饿，这时，又发现了一个有趣的食物，啊呜一口吞了下去。这次小蛇可能吃了什么？

幼1：这次小蛇可能吃了一块三角形的蛋糕。

师：三角形的蛋糕吃起来是怎么样的呢？小蛇吃了三角形的蛋糕会说什么呢？

幼1：三角形的、甜甜的蛋糕真好吃！

师：三角形的还有可能是什么好吃的食物？

幼2：可能是一块三角形的饼干。

师：饼干吃在嘴巴里是什么样的呢？小蛇会怎么说呢？

幼2：三角形的、甜甜的饼干真好吃！

师：小蛇到底吃了什么好吃的食物呢？（出示饭团）

幼：是个饭团！

师：这是一个怎样的饭团？

幼：三角形的，上面还有一片海苔。

师：你们吃过饭团吗？吃在嘴巴里什么感觉？小蛇会说些什么？

从活动的教案中我们看到教师通过对食物的形状、颜色、吃在嘴巴里的感觉进行提问，通过这些提问和追问，引导幼儿多方位思考，从而打开幼儿的思路，帮助幼儿用更加丰富的语言进行表述。

2.运用反复，串联情节

在组织小班幼儿进行故事创编活动时，需要大量运用反复的语句，这样不仅有助于幼儿理解故事的情节，还能给幼儿留下深刻的印象，激发他们的创编兴趣。

如，在组织幼儿开展小班故事编讲活动《谢谢小猴子》的过程中，元元回答三个小动物时的对话都是一样的。"嗯……，我的帽子飞到很高很高的树上去了，拿也拿不到。"长颈鹿和大象的对话、语句结构也大致相同。"我有长长的脖子，我来帮你拿。""我有长长的鼻子，我来帮你拿。"又如，故事《想长脚的石头》里，小石头在向小动物借脚时，重复的都是同样一句话："××，你能把脚借给我吗？"

在组织小班幼儿进行故事创编活动时，教师们发现，大量运用反复的语句，不仅有助于小班孩子理解故事的情节，还能给他们留下深刻的印象，激发孩子们的创编兴趣。

（二）基于中班幼儿语言能力现状的瓶颈突破

1.对话推进，形象表达

中班幼儿的想象力逐渐丰富，但是天马行空，编讲的内容超出合理的范围，缺乏科学性。

如中班故事编讲活动《桃树下的小白兔》中，幼儿对花瓣的作用进行了各种想象和表述，其中不乏有趣的创意，当然也有不切实际的想象。

活动举例：《桃树下的小白兔》

师：小白兔的花瓣还寄给了其他很多小动物，它们会把花瓣当成什么呢？

幼1：小蝴蝶说："真好呀！我可以把花瓣当成我的帽子，为我遮太阳。"

幼2：蜗牛说："真好呀！我可以把花瓣当成我的小船，帮我渡过小河。"

幼3：长颈鹿说："真好呀！我可以把花瓣当成我的饼干，啊呜啊呜真好吃。"

幼4：大象说："真好呀！我可以把这片花瓣当成垫子！"

师："嗯，你说得很好，花瓣可以当成垫子，但是大象的身体很大，一片花瓣够吗？"

幼4："不够。"

师:"那该怎么办?"

幼4:……

师:"需要多少花瓣才能给大象当地垫呢?"

幼4:"好多好多花瓣才够。"

师:"是呀,大象的身体很大,一片花瓣不够,如果很多片花瓣拼在一起的话就能当成大象的垫子了。不过,这正好给了大象一个灵感,制作花瓣地垫的灵感,谢谢你哦!你真有创意!"

从以上实录中可以看到,中班的孩子能大胆想象,不过也会脱离实际,教师可以给予合理的回应,这样不仅鼓励了孩子,也告诉孩子想象需要合理。

2.推理发散,合理回应

如,《逃家小兔》是以"如果你……,我就……"的基本结构和游戏形式,演绎兔妈妈对孩子的爱。在欣赏故事的同时,我们就请幼儿将相应的图片贴在写有"如果你变成……,我就变成……"的大纸上,随后通过完整地讲述故事情节并进一步巩固句式。尔后的环节通过一则"兔妈妈追孩子"的游戏,引导孩子大胆想象,积极创编和表达。这是记录下来的一段中班幼儿的编讲语言:

幼:如果你来追我,我就变成汽车开得远远的,让你追不上我。
师:如果你变成汽车,我就变成红绿灯,让你暂时不能离开。
幼:如果你变成红绿灯,我就变成蜘蛛侠,从马路上飞到楼顶。
师:如果你变成蜘蛛侠,我就变成蜘蛛侠面具,我还是紧紧地包裹着你。……

又如,中班教师根据幼儿的生活经验挖掘的主题背景下的故事编讲内容《帽子床》,教师挖掘了"帽子可以变什么"这一元素,利用角色语言的创编引发幼儿产生多种联想,引导幼儿从模仿性的角色语言几句话式的编讲逐步发展为故事情节小段的编构。在整个教学活动中贯穿了开放式提问,如:"帽子除了像小床,还像什么?它还可以变成什么让小老鼠觉得有趣的东西?"唤起幼儿的生活经验和记忆,给幼儿增加了情节、添加了合作讲述的机会,也为中班童"话"故事编讲素材的挖掘拓宽了思路。

而中班活动《蛛网商店》,教师则挖掘了"蜘蛛织网"这一现象,利用故事情境引发幼儿产生多种联想,从局部故事情节的编构讲述着手引导幼儿实施故事编讲，在整个教学活动中贯穿了开放式提问，如："蜘蛛老板的网可以干什么？猜猜小动物会怎么介绍自己的蜘蛛网呢？"唤起幼儿的生活经验和记忆，给幼儿增加了情节、添加了合作讲述的机会。

（三）基于大班幼儿语言能力现状的瓶颈突破

大班幼儿的思维趋于成熟，想象的内容逐渐合理化，也正因如此，容易陷入思维定势，故事内容的创编就会被局限。此外，大班幼儿能说出较完整的语句，但是形容词、连接词等比较匮乏，多用诸如"然后呢？"进行句与句之间的连接。

那么，怎样能扫除障碍，丰富大班幼儿的"童话"故事内容呢？我相信故事选择和材料道具能帮上大忙。

1. 选择内容，熟悉为最

不论是集体教学活动还是个别化学习活动，甚至是游戏活动，都需要选择幼儿感兴趣的内容，这样才能激发幼儿参与活动的兴趣。内容能吸引孩子、符合幼儿兴趣，就能激发幼儿更大的想象空间。

首先，当前主题下正在进行的故事内容，或者是已经讲过的幼儿熟悉的内容。

对于自己熟悉的内容，幼儿更加愿意去说，如果是不熟悉的故事内容，幼儿通常都会不知所措，个别有勇气的孩子会继续观察并讲述，但是多数幼儿会拘束、排斥。

其次，当前热点。例如迪士尼的话题。

现代信息技术发达，迪士尼是现在最大的热点，人人都知道迪士尼，还有很多孩子已经去过迪士尼乐园，对自己有经验的事物孩子们最有发言权，因此，在当前热点的话题上孩子们会滔滔不绝。

第三，开放式的内容，幼儿根据自己的想象结合人物、道具、背景等自由发挥。

开放式的内容也就是无预定、确定主题的内容，在这样的条件下，幼儿有更大的发挥空间，他们会天马行空地想象出好多故事内容，绝对令人大开眼界。

2. 借用设备，尝试道具

其一，用好"录音书"。

在故事板《树真好》中，录音书起到了非常重要的作用。《树真好》是首比较长的散文诗，虽然是幼儿已经知道的散文诗，幼儿也经常一起朗诵，但是个人讲的时候还是会忘词或者错词，没有录音书时，有的孩子会放弃进行故事板活动，有的孩子会卡住，也有的孩子根本不愿意进语言区，因为太难了。但是当录音书投放进故事板中时，幼儿不仅能通过录音帮助自己记忆，也能通过图片大胆猜测。

同样，在《树真好》中，另外一名幼儿始终抱着录音书，即使自己会的也硬是说不会。于是，录音书成了阻碍，不利于幼儿自主思考。这时，教师就需要及时改变录音书的使用方法，那便是在录音书内录制任务卡，幼儿可根据录音书中的任务进行想象和编讲。

其二，学习自制道具。

在故事《螃蟹的奇遇》中，教师为幼儿提供了"螃蟹""蚯蚓""壁虎"等角色头饰，幼儿找寻同伴一起扮演角色、编讲人物对话，有的说："螃蟹啊！你的大螯怎么会断掉的？是谁伤害了你？不过没关系，我会照顾你的。我会帮助你找寻食物，我想在你有困难的时候帮助你。"有的则扮演角色编讲着这样的对白："没关系的，螃蟹！你有我这个朋友一定会打败更多的敌人！"……

在故事板《树真好》中，幼儿根据"我们全家坐在树下野餐"这句话，在材料筐里翻出了一块自制野餐垫，于是，散文诗就能继续进行下去了。

在故事板《大恐龙进城》中，野餐垫又被利用了起来，在小白兔和大恐龙进城与出城的过程中把野餐垫很好地融合了进去，幼儿创编出了大恐龙和小白兔与森林的伙伴们一起野餐的情景。

通过录音书和自制野餐垫这两样道具和辅助材料，幼儿的思维拓宽了，故事情节也丰富了。因此，材料和道具的使用能在一定程度上帮助幼儿拓宽思路、丰富故事情节。当然，对于大班幼儿来说，故事板投放初期比较适合使用固形替代物，这样可以减少材料准备的时间，便于幼儿将精力更多地放在故事讲述上。而中后期可以投放变形替代物，给予幼儿更开放的空间进行编讲。

《3—6岁儿童学习与发展指南》对小、中、大三个不同年龄段幼儿的语言能力发展提出了相应的目标。这给我们老师和家长都指出了明确的方向，让我们更加清楚该从哪些方面对不同年龄段幼儿的语言应用能力进行培养。

★ 小班：

（一）愿意在熟悉的人面前说话，能大方地与人打招呼，必要时能配以手势动作。

（二）能口齿清楚地说儿歌、童谣或复述简短的故事，说话自然，声音大小适中。

（三）喜欢跟读韵律感强的儿歌、童谣，会看画面，能根据画面说出图中有什么，发生了什么事等。

★ 中班：

（一）愿意与他人交谈，喜欢谈论自己感兴趣的话题。

（二）能基本完整地讲述自己的所见所闻和经历的事情，讲述比较连贯。

（三）喜欢把听过的故事或看过的图书讲给别人听，能大体讲出所听故事的主要内容。

（四）能根据连续画面提供的信息，大致说出故事的情节。

★ 大班：

（一）能有序、连贯、清楚地讲述一件事情。

（二）讲述时能使用常见的形容词、同义词等，语言比较生动。

（三）能根据谈话对象和需要，调整说话的语气。

（四）能根据故事的部分情节或图书画面的线索猜想故事情节的发展，或续编、创编故事。

在充分解读《3—6岁儿童学习与发展指南》的基础上，我们觉得故事编讲活动对幼儿语言应用能力的培养有着重要的作用。所谓"故事编讲活动"，是幼儿通过教师的引导、同伴的影响、自身的体会对教学素材进行初步的感知和理解，在此基础上加入自己的想象和创造，对原有教学素材进行创造性的拓展或改编，进而用表演或是讲述等方式进行演绎，对自己的拓展或改编进行完善和提升。在故事编讲活动中，幼儿获得的是逻辑思维的发展、语言能力的发展、与同伴间互动的社会性能力的发展，甚至是表达表现能力的发展和创造性思维的发展。根据小、中、大三个不同年龄段幼儿的现有能力和发展特点，我们将故事编讲活动分为适合小班的参与式故事编讲活动、切合中班幼儿现有水平的半自主式故事编讲活动、符合大班幼儿发展水平的自主式故事编讲活动。通过实践，我们发现不同发展阶段童"话"故事编讲的语言应用培养策略是不同的。

三、优化童"话"故事编讲语言的教师引导策略

"语言"，是一种符号，是人类所特有的用来表达意思、交流思想的工具。我们生活在一个有声的语言世界中，语言应用能力是每个人一生中极为重要的生存能力。如果我们说话时用语准确，修辞得体，语音优美，那我们从事各项活动会更加游刃有余，人生也会更加丰富多彩。因此，我们要从小培养幼儿的语言应用能力。

第四章 童"话"故事编讲探索儿童创意表达

（一）兴趣内驱策略

即以激发兴趣与提高自信为重点，跟着教师用简单的语言和动作表现故事编讲内容，为小班幼儿开启故事编讲的大门。

小班幼儿对于幼儿园集体教学活动还比较陌生，在活动中的规则意识比较薄弱，有的孩子胆子较小，在集体教学活动中不愿意大胆发表自己的意见，那么他们故事编讲活动的重点和挑战点是什么呢？不是急着激发幼儿创编故事，也不是要求幼儿在创编故事后通过讲或演的方法将其编讲的内容表现出来，而是要激发他们参与集体教学活动的兴趣，同时在活动中提高他们的自信，并且通过故事编讲活动挖掘幼儿的创造力，只有兴趣被激发了才能积极参与故事编讲活动，只有自信心提高了才能大胆地表达，只有创造力被充分挖掘出来了才能让小班幼儿尝到故事编讲的甜头进而开启故事编讲的大门。

那么接下来该如何巩固并展现幼儿编讲的内容呢？对于表达和表现能力还不是很强的小班幼儿来说，他们需要教师的现场示范，因此，能在故事情境中跟着教师一起简单地用动作和语言完整表现故事内容就已经是件又快乐又有意义和价值的事了。

例如活动《西瓜帽》，这个故事讲述了小老鼠在一个炎热的夏天去看望奶奶，路上用吃过的半个西瓜皮作为西瓜帽遮挡太阳，碰到过不去的小河时用西瓜皮作为西瓜船，碰到狡猾的狐狸时用西瓜皮赶跑了狐狸，最后安全到达奶奶家。第一次实践活动时，教师将活动重点落在根据不同的情境创编小老鼠会如何使用大西瓜的情节上。在活动中，教师一味地让幼儿思考、想象并创编，忽略了幼儿的兴趣和自信，因此，活动中的孩子没有激情，不敢大胆表达。由于前面两个故事情节中幼儿的情绪和经验没有充分铺垫，在最后小老鼠面对狐狸这个危险因素时的情节点上幼儿根本没有体现出任何创造力。另外，教师预设的让所有的孩子都能来表演小老鼠和狐狸的故事由于时间限制也无法完成。于是，教师进行了调整。将前面两个情节点用讲述和讨论的方式让幼儿理解故事内容、对活动产生兴趣。同时，在讨论中增强幼儿大胆表达表现的自信。活动的重难点落在故事的第三个情节点上，让幼儿猜猜小老鼠会用什么办法逃过狐狸的抓捕。这样一来，重点更加清晰了，对故事的理解也能为幼儿猜想第三个情节内容打好坚实的基础。最重要的是，此次实践活动教师就提供了一副狐狸的手套和多个小老鼠的头饰，环节最后教师边完整讲述故事内容，边和全体幼儿一起用简单的语言和动作表现孩子们创编的故事情节。就这样，活动在快乐的表演中结束。

经过调整后，幼儿对活动的兴趣提高了，在交流讨论中对表达增强了自信心，而最后一个环节中和教师的共同表演不仅巩固了幼儿编讲的内容，更是为幼儿下一次的故事编讲打好心理和表现的基础。因此，小班童"话"故事编讲活动中对编讲内容的表现一定不是汇报式表演，是以激发兴趣与提高自信为重点，跟着教师用简单的语言和动作表现故事编讲内容，从而为小班幼儿开启故事编讲的大门。

（二）肢体表演表现策略

即以肢体语言为辅助，帮助小班幼儿结合书面语言进行故事创编，提升语言组织能力。

小班幼儿的言语、思维等各方面发展水平还很低，这就决定了他们的创编遵照先理解再表达的顺序，通常都是在对故事较为熟悉后再展开，且这种创编是低水平的。所以理解故事、复述故事是小班幼儿故事创编一个不可缺少的环节。

例如在实施《拔萝卜》的集体创编活动时，全班幼儿基本上都能随着老师的提问来回答问题，但是却发现幼儿总是把人物的出场先后顺序弄颠倒。这是因为故事中人物非常多，这对小班幼儿来说有点难度。而且我们要求活动后他们能够根据故事内容进行创编表演，这更是一个挑战。于是，教师将目标定位在通过肢体语言表现人物形象，训练幼儿发散思维，帮助幼儿进行创编。

情景回放

师：老公公的年纪大了，走起路来是什么样子的？

幼：两脚一瘸一拐的。

幼：两手背在后面弓着腰，一颠一颠地走。

幼：手在前面捋胡须，弓着腰朝前走。

师：老婆婆走路是什么样子的？

幼：也是弓着腰，只是没有胡须。

师：他们是怎样拔萝卜的，他们有劲吗？

幼：嘿哟！嘿哟！

幼：年纪大了，没有劲拔萝卜，所以他俩又叫来小姑娘。

师：老公公、老婆婆拔萝卜是怎样做的？声音是怎样的？

小朋友就把两只手放在肩上，弯着腰做拔萝卜状，"嘿哟嘿哟"，声音低沉，表现出有气无力的样子。

师：谁能学学老鼠走路的样子？

小朋友两眼瞪着,两只手放在嘴上,伸出食指,边走边吱吱地叫。另一个一蹦一蹦地走着,并吱吱地叫着。也有把两只手放在嘴上,做出吃东西的样子,向前走。

在以上实录中,教师引导幼儿通过肢体语言展开创编,即边表演边创编。这种创编方式是比较适合小班幼儿的,因为小班幼儿受言语发展水平限制,想得到但不能表达出来,肢体语言的加入能帮助幼儿更好地表达表现所编讲的故事,进而逐渐提升语言组织能力。

(三)重点撷取策略

即能用较完整的语言表达为重点,用语言和简单的动作表现故事编讲内容,帮助中班幼儿在故事编讲活动中提升语言表达能力。

对于中班幼儿来说,经过小班一年的锻炼,他们的语言能力已经提高,他们逐渐丰富的生活经验也激发了他们更广阔的想象力,那么此时对他们的要求应当是落在"能够用较完整的语言表达"上。在中班童"话"故事编讲活动中,教师要更加注重幼儿用较完整的语言表达,并且给予幼儿更多的机会用较完整或完整的语言进行描述。为什么此时不是非常适用故事表演?因为在有限的集体教学活动时间内,能用较完整的语言表达对中班幼儿已经是个挑战,如果要求他们表演,他们会顾及不暇,想着脑子里的语言就忘了行为上的动作,想着要做的动作就忘了完整的语言,简直就是捡了芝麻丢了西瓜、本末倒置。

例如活动《蜘蛛织网》,故事中讲述了一只埋头苦干坚持一心一意织网的蜘蛛在织网过程中不理会小动物的各种邀请,最终顺利织完网为大家除掉了苍蝇这只害虫。经过思考,教师将活动重点放在蜘蛛与小动物的对话上,最后还要求幼儿经过规定时间准备后将故事编讲的内容用合作表演的形式展现出来。可是在实践活动中问题出现了,由于中班幼儿只适合两人的合作表演而不适合更多人数的合作表演,十二个幼儿分成了六组,且中班幼儿的年龄特征导致有的幼儿只管自己选择角色根本不理会要找搭档,最后有的幼儿搞不清楚自己的合作对象是谁。

由于要给准备和表演这个大环节时间,前面理解故事的环节几乎匆匆而过,幼儿学说对话的机会更少,前期学说语言是给后面表达表现做铺垫的,而前期准备没做好的话,后面的表达表现就会显得苍白无力。果然,在表演环节,幼儿的语言几乎都是千篇一律,小动物们的邀请和动物本身的特质互相脱离，小动物们几乎都是邀请蜘蛛去散步，只有个别能力较强的幼儿根据自己的生活经验邀请蜘蛛去参加生日活动、去吃饭、去游乐场，而蜘蛛的回答都是："不去了，我还要织网，再见。"另外，表演也是有要求的，需要声音响亮、表情和动作丰富、语音语调符合人物特征、面向观众等等，但是活动中孩子们的语言丰富了，表情就僵硬了；说了前半句话做了动作就忘记了后半句话；带着动作上台就突然忘记自己的台词。可见，这样的表演实在是缺乏价值，反而是幼儿表达表现的阻碍。

活动后，教师进行了调整，在故事编讲前选取两个较为常见的动物进行语言的铺垫，在这里，教师如此示范：一是结合情境使用丰富的语言，在语句表述和应用方面的示范；二是教师关于语气、语调的示范，让幼儿感受语气、语调的作用；三是教师使用较连贯、完整的语句进行表述的示范。幼儿有集体和个别的模仿和练习，接下来教师出示三种常见动物，让幼儿以独自思考或者互相讨论的形式对三个小动物可能对蜘蛛说的话进行编讲。此时，教师可以对幼儿进行个别指导，重点是提醒幼儿结合生活实际，合理地想和编讲，讲述时注意语句连贯、完整。给予幼儿充分想象的时间后大家进行分享交流，对于第一种动物，只需要幼儿说说自己编的语言，教师进行完善，其他幼儿学习；对于第二种动物也重点说说自己编的语言，可以选取一到两个幼儿尝试和老师用语言进行对话；第三种动物的表现方式可以提升难度，想要表演的幼儿可以戴上头饰或胸饰表演。经过调整，幼儿在前面两个动物和蜘蛛的对话中了解了动物对蜘蛛的邀请都是根据自己的生活习性来提出的，而蜘蛛的回答是依据自己的特性以及织网一旦开始就不能停下否则会断掉的特殊性来回答的，由此，幼儿知道不同的动物发出的邀请是不同的。

活动现场，有只小猫邀请蜘蛛去钓鱼和吃鱼，蜘蛛回答他自己不爱吃鱼，还是继续织网比较好；有只小猫请蜘蛛帮忙去抓老鼠，蜘蛛回答自己忙着织网，建议小猫请别的小动物帮忙；还有只小猫请蜘蛛一起去边晒太阳边睡觉，蜘蛛回答时谢谢小猫的好意，但是决定留下织网。可见，语言的铺垫非常重要，只有让孩子们先内化才能表达。虽然此次活动中没有汇报式的表演，但是对于孩子们来说却是获益良多，这才是最适合中班孩子的。因此，中班幼儿的故事编讲应当是以能用较完整的语言表达为重点，用语言和简单的动作表现故事编讲内容，帮助中班幼儿在故事编讲活动中提升语言表达能力。

（四）材料辅助策略

即以材料提供的多样性为推手，丰富中班幼儿的词汇量，提高中班幼儿语言应用能力。

故事编讲材料为儿童编故事提供了一个具体而开放的框架。儿童在参加绘本和教学活动之后，再使用故事编讲材料讲故事，这样，儿童讲述时不必依赖短时记忆。比起拘泥于无文字的图画书，儿童在这项活动中更易编造出独特的、有创造性的故事来。

例如在开展《周围的人》主题活动时，幼儿对于马路边的商店和各种各样职业的人都非常感兴趣，尤其是乐于扮演各种各样的角色，于是结合主题内容我们提供了马路、汽车、小人、房子等故事编讲材料，让幼儿可以模拟开放的真实马路场景进行故事编讲。

情景回放

本次故事板讲故事方式是以餐前故事的形式开展的，琪琪要求进行故事讲述，他首先把火车摆放在隧道中间，然后摆了一个标志牌说："我要开始了，有一天一个小火车先到一个站。"他拿起手里的小人看了看，拿出了红绿灯和其他标志摆在马路边，继续在盒子里寻找，但没有找到他需要的标志牌："少了一个东西，好像掉了。房子怎么没有呀？"他把小人摆放进火车里。"有一天一个小火车生意很好很好，接到了许多小客人。"然后摆放了房子。"有一个人下了站台，他们走到了自己的房子里。"拿出警车和平板车。"回到了自己的房子。小火车开回去了。有人报警说家里坏了，所以警察马上拉响警报过来了，警察车过来了之后好像有小偷，小偷抢走了之后警察把他抓到了车子里。"发现脚没有了。"把他抓了之后回到警察局，把小偷关在警察局，关到了监狱里。然后又有一天又有一个人报警，报给了消防员，说他家里着火了，然后消防员马上赶到这里。应该从这里开。"拿起平板车在马路上开。"消防员一到这里就说要警察来。"把消防车开到一边，起初停在警察局门口的警车，开到了小房子前面。"警察来了之后就说是烧饭的时候忘记关火了，所以警察回到了自己的房子里，然后现在……"人物搞错了重新拿。"然后他们就开心地生活在一起，小房子里的人开心地生活在一起。然后又有好多人又坐到了火车上，小火车生意好好好好，每天生意都好好，然后有一天火车挤不下了。"摆放了许多小人在火车车厢里，（教师介入："你的故事结束了吗？"）"哦。好的，然后他们一起坐上小火车出去玩了。故事结束了。"

可以看到这个片段中的幼儿语言表达能力强，表现经验丰富，而且非常乐于在集体面前表现自己。在利用故事材料进行故事编讲时，该名幼儿还会表现出某些表演因素，比如富有表现性的声音和语调，还会把故事讲述中涉及的道具都面向"观众"。但是表达欲望强烈的幼儿往往在讲述中容易出现时间控制不好的问题，故事没有事先构建，故事内容呈现流水账的情况，导致最后教师必须介入。

于是在观察了一段时间之后教师对区域材料进行了调整，教师增加了沙漏、小纸片和记号笔等工具。在材料投放之后的一次活动中，琪琪又来到了故事编讲区域，他发现了我提供的新材料，正在和一旁的浩浩讨论这是什么。琪琪说："这是沙漏。""沙漏是干吗的？"浩浩好奇地问。"就是看时间的，我刷牙的时候爸爸会给我用。"这时候我走到他们身边肯定了他的想法："对的，沙漏可以帮助我们知道时间过去了多久，我们平时讲故事的时候也可以使用沙漏，这样就可以知道故事什么时候应该结束了。""那这个纸头呢？"琪琪问。"上次你不是说故事说得太长是因为没想好吗，那么有什么办法可以让你清楚自己到底想说一个什么样的故事呢？"浩浩抢着说："可以像做书一样把故事画下来。"两个男孩子你一言我一语地道出了材料的用途，于是我决定放手让他们自己去实践。只见琪琪拿着白纸分了一张给浩浩说："我们先画一下，画个小汽车去冒险的故事。"两个男孩子一边说一边画着自己的故事，不一会儿，三四张白纸上已经画满了。两个人摆摆弄弄了小车之后分派了角色进行讲述："今天小汽车决定去冒险，他来到了……""等一下。"浩浩叫了暂停，"沙漏要不要用？""对哦，把它倒过来。"两个男孩摆弄了一会儿沙漏之后又开始讲述他们的故事了……

每一名幼儿的语言表达能力不同，愿意表达的环境也不尽相同，有些幼儿乐于沉浸在自己的世界，以自言自语的形式讲述故事，有些幼儿则有强烈的表现欲望，愿意在集体面前展示自己的故事。但是儿童在讲述故事时，往往都很少能够像成人一样，有一个包含开头、中间和结尾的完整结构，然而从他们描述的或短小或冗长的故事中，却能反映出他们的语言能力。我们可以评价儿童是怎样把连续事件联系在一起的，对曾经提到过的人物、地点或物体，儿童是怎样做进一步的描述，以及怎样保持与所叙述的事件相互吻合的。通过使用故事编讲材料，我们既可以考察儿童对地点、时间和因果关系的表述能力，又可以考察儿童对人物创造、对话和戏剧情节等大家熟知的讲述故事所必须包含的各种成分的运用。所以在提供材料时要尽量丰富，高结构材料和低结构材料结合，现成材料和自制材料交互。尤其是低结构材料的提供要注重多样性，鼓励幼儿自行创造人物、道具。在材料的提供上我们有时会局限于仅仅提供讲述用的材料，而忽略了辅助材料的提供，像上述案例，之后我们为了控制幼儿讲述故事的时间，为幼儿提供了"沙漏"这个小工具，方便幼儿控制讲述时间，避免报流水账的情况出现。

（五）编演并举策略

即以故事编讲为重点，以编讲与表演的完整结合为挑战点，完美表现并提升大班童"话"故事编讲的能力。

相较于小、中班的孩子，大班幼儿的语言应用能力更上一层楼，他们不仅能用完整的语言表达，在表达的语言内容上也是十分丰富的，那么此时的要求也更上一个层次，我们在语言表达的同时可以加上表演，让编讲内容的呈现更加立体化，让表演给予幼儿隐性提示。但是不论是以什么形式呈现编讲内容，教师的点评重点依旧是编讲的内容而不是幼儿的表演。当然，在一个集体教学活动中我们可以尝试允许幼儿用故事讲演的方式来呈现编讲成果，也可以允许幼儿用全体合作表演的方式进行呈现，这样孩子的空间大了，表现的内容就多了，表现形式丰富了，故事编讲活动将更加多元化，当然，对大班幼儿合作能力的挑战及幼儿语言应用能力的挑战就更高了。当然，这还只是设想，因为就现在的实践成果来看，我们仍旧停留在分小组的合作表演上，而不是全体幼儿一起表演，不过，这也已经让孩子们的表现更加出彩了。

例如，幼儿编讲故事《我的幸运一天》，描述了一只小猪阴差阳错地落入狐狸的魔爪，狐狸幸运地轻松得到猎物，正当狐狸沉浸在自己的幸运中时，小猪用它的聪明机智和坚持不懈顺利逃脱狐口，还带着狐狸的饼干回到自己的家，最终变成了小猪的幸运，这反转的结果使得故事有极大的创编空间，也富有情趣。活动中，重点是幼儿猜测小猪和狐狸之间到底发生了什么事使得小猪最后舒服地窝在家里吃饼干，幼儿通过互相合作思考并表演，对他们编讲的内容进行呈现。在描述故事开头时，教师以夸张的动作给予幼儿示范，并由幼儿和教师共同表演，从而幼儿习得表演的经验，知道面对观众、声音响亮、表情丰富、动作夸张能让自己的表演更加出彩。于是在后面的表演中，教师将点评重点落在情节的编讲上，对于表演方面则稍加提醒，孩子们的编讲内容一个比一个出色。有的孩子表演了小猪使用隐形水逃脱狐口；有的孩子表演了第三个小动物来救助小猪脱离狐口；有的孩子表演小猪用自己的大力打败了狐狸，总之，编讲与表演的完整结合完美地展现出了大班幼儿童"话"故事编讲的能力。

值得一提的是，大班幼儿的语言表达能力已经到达一定程度，我们也可以将编讲和表演结合起来，不过编讲和表演相结合的故事编讲的点不宜过多，一到两个就可以了，一个点更加集中，更能考验幼儿的语言应用能力。如果编讲的点太多，幼儿编讲的可比性就降低了，幼儿语言应用能力的激发就薄弱了。

再如，在《猪八戒学本领》的故事编讲活动中，教师设置了三道难题，让幼儿分别选择其中一个难题进行编讲与合作表演。十二个孩子被分成了三大组，根据角色数量的分配，每大组里有两小组，也就是说只有这两小组的人遇到同一难题，他们的编讲内容才值得相互比较，那么在教师做出点评后能有所提升的也就只有一组。从这个角度来说，三个不同的点使得幼儿在故事编讲和表演中的能力提升反而受到了限制。

综上，大班幼儿的故事编讲应当是以故事编讲为重点、编讲与表演的完整结合为挑战点，完美展现大班幼儿童"话"故事编讲的能力，但是，编讲的点不宜过多。

（六）互评互享策略

即以同伴互相评价为支点，引发幼儿与同伴之间经验共享，助推大班幼儿故事续编的能力。

关于大班幼儿的目标《课程指南》中提到：学习评价自己和同伴。评价既要观察理解，更要组织自己的语言进行点评。另外，教师单一的评价只能让幼儿被动地接受，而幼儿的互评却能给予幼儿充分思考的空间，通过互动评价促进幼儿思考，并与教师一同归纳、整理，可见同伴间互相评价既能引发幼儿的思考，又能推动幼儿故事续编的能力发展。

情景回放

《动物大世界》主题已经开展了一段时间，孩子们对故事《小壁虎借尾巴》的兴趣却依旧持续着，但是故事结尾的续编却跳不出"内容雷同"这个坑。又一次的游戏分享时，班上的"小问号"谦谦提出了这样一个问题：

第四章 童"话"故事编讲探索儿童创意表达

"小壁虎难道只能够遇到小动物才去借尾巴？如果遇到其他的大动物，又会发生什么样的故事呢？"借助这个问题，老师请大家分头去找找答案，并且可以将自己的发现续编进故事里，让《小壁虎借尾巴》的故事可以续编得更有意思。

为了更好地支持故事续编，教师发动家长一起搜集关于动物的书籍，提供到语言区里，同时还在iPad里存储了一些动物百科知识的视频，孩子们可以自主播放观看。为了方便大家的发现与记录，教师还提供了自制的"续编故事空白画册"和记号笔。

带着自己提出的问题，谦谦动作迅速地来到了语言区，从《动物百科全书》翻起，认真地想要揭晓这个答案。齐齐是他的好兄弟，自然捧着iPad亦步亦趋地紧紧跟随着。

谦谦很快就被iPad中丰富有趣的动物故事给深深吸引住了，这里面就有一些关于动物尾巴作用的视频，他一边听一边激动地喊了起来："原来动物的尾巴都不一样啊！"

他拿起了《小壁虎借尾巴》的续集故事空白绘本，用记号笔开始了绘画续编故事的游戏，他画了一只小松鼠，画了一根树枝，并在树枝旁边画了一条尾巴，之后他又分别用自己的图符方式记录了另外几个动物尾巴的作用……

捧着自己的故事绘本大作，翻到小松鼠的一页之后，谦谦问齐齐："你来猜猜看，小壁虎问小松鼠借尾巴的时候，小松鼠会怎么说？"齐齐说："嗯，我觉得，小松鼠肯定会说，不借不借，我要用尾巴在树枝上荡秋千，这样的游戏肯定很好玩。"谦谦说："不对，不对，你再猜。"齐齐想了想，又说道："你画了树枝，树枝旁边画了尾巴，到底是什么意思呢？"谦谦说："这个很简单呀，小松鼠会说，我不能把尾巴借给你，因为我要用自己的尾巴来缠住树枝，从一根树枝跳到另一根树枝的时候，就可以保持身体的平衡了。"齐齐听了若有所思，并提出了自己的建议："那你在画的时候可以把尾巴画成缠绕在树枝上的样子，这样就能看出来小松鼠是在使用尾巴保持身体的平衡。"

谦谦听了以后，将小松鼠的尾巴重新改成了绕在树枝上的画面，之后，他似乎有所启发，又将其他的几幅画进行了调整，比如"小壁虎问小鹿借尾巴"的这一页，除了画出小鹿尾巴翘起来的画面，他还在小鹿尾巴旁边画了一个红绿灯，并将红灯涂上了红色；而在"小壁虎问海马借尾巴"的画面这

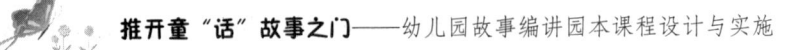

一页，他画上了海马的尾巴紧紧卷住海藻的画面，把海马尾巴的平衡和固定作用清晰地呈现出来。

分享交流时，在谦谦绘声绘色的讲述中，小伙伴们了解到了更多动物尾巴的作用：鹿的尾巴又小又短，然而它却是重要的报警器；鸭嘴兽的尾巴毛茸茸的，当冬季来临时，充满脂肪的粗尾巴可以帮助它们御寒，还能提供营养。

听完以后，教师请伙伴们来评价一下。孩子们纷纷表示，谦谦能够用红灯表示有危险，既合理又有利于大家理解，自己也想去画一画。有的孩子则给谦谦提出了建议，比如"小鹿尾巴翘起来的作用"这个页面，可以在小鹿不远处画一只老虎或者狮子，这样再结合红绿灯，就能更好地表示有危险动物接近，提醒同伴注意。在孩子们热情的分享中，教师自制的"续编故事空白画册"已经填得满满当当。

谦谦的图符记录方式非常好，分享环节中班级幼儿一起观察聆听同伴编讲的故事，并及时给予评价，提出建议，这样大家都能积累一些图符记录的好经验。同时，伙伴的建议对个别幼儿的游戏经验而言，又起到了很好的助推作用。

语言应用能力是我们提高素质、开发潜力的主要途径，是我们驾驭人生、改造生活、追求事业成功的无价之宝，语言应用能力是现代人才必备的基本素质之一，是现代人所应具有的必备能力。语言是交流和思维的工具，幼儿期是语言发展，特别是口语发展的重要时期。幼儿语言的发展贯穿于各个领域，也对其他领域的学习与发展有着重要的影响，幼儿在运用语言进行交流的同时，也在发展着人际交往能力、理解他人和判断交往情境的能力、组织自己思想的能力。通过语言获取信息，幼儿的学习逐步超越个体的直接感知。

由以上小、中、大不同年龄阶段的培养策略不难看出，由于幼儿能力水平存在阶段性差异，语言应用能力培养策略也大不相同，于是故事编讲活动的重点具有本质的区别，故事编讲内容的呈现也是各不相同的，所以单一地选择表演来呈现故事编讲的成果是不合适的，也不利于幼儿语言应用能力的发展。我们应当选择适合不同年龄段幼儿的策略和方法，为幼儿创设自由、宽松的语言交往环境，鼓励和支持幼儿与成人、同伴交流，让幼儿想说、敢说、喜欢说并能得到积极回应，才能让孩子们在故事编讲活动中真正有所得，才能让幼儿语言应用能力得到真正的发展。

第四章 童"话"故事编讲探索儿童创意表达

四、童"话"故事中围绕创意表达的注意事项

当谈到表达的时候，我们往往会将关注点聚焦在幼儿的语言表达和肢体行为上，这是最外显的一面，但深究其中，我们很容易忽略语言表达背后幼儿的思维发展。所谓的创意表达一定是基于幼儿丰富的想象力和创造力以及思维的逻辑能力之上的，只有拥有了丰富的想象力和创造力，才能将内部的信息通过语言或行为的方式输出成为故事内容。所以如何提升幼儿的思维能力，如何激发不同年龄阶段的幼儿积极地富有创意地去表达，让幼儿逐渐养成良好的表达习惯，让其在整个过程中，能够逐渐明了故事框架，理清故事脉络，严谨故事逻辑，从而提升表达能力和水平，为幼儿日后的学习以及生活提供切实有效的辅助性作用，不妨从以下几个注意点出发：

（一）创设宽松环境，提供丰富材料

亚里士多德曾经说过：儿童可以做成人的老师。因为儿童比成人更多地保留着纯洁的天性和可贵的灵性。因此，我们可以说，创意表达是儿童发挥天性的一部分，它反映儿童的思想，用儿童自己的话表达，它应当受到成人的保护和宽容，真正成为儿童生命世界中的一方绿洲。在一个关于"小舞台"的案例中我们可以有所发现。

案例背景

一开始的新鲜劲过去之后，小舞台就很少有小朋友"光顾"了。为了了解孩子们的兴趣，在一次分享交流之后，教师和孩子们聊了一下关于小舞台的创设，孩子们分享了去电影院、剧院看别人演出的经历，他们对于演出者的服装道具都印象深刻，并且还有个别孩子能知道买票检票等工作，于是为了激发孩子们的创意，提供更加自由宽松的表达表现空间，教师对"小舞台"做了改动：小舞台的场地从原来的室内搬到了走廊空场地，增加了两个小柜子摆放话筒、假发、节目卡片、iPad等道具，在小黑板上提供了学过的歌曲的图片卡，以及由两块屏风组成的精灵舞台，用班级小椅子排成的观众席。

情景回放

今天小舞台里的小演员有乖乖和龚宇,在一开时乖乖就拿了话筒对龚宇说:"等会儿我会叫你出来的,你要准备表演的节目。"龚宇在一旁摆弄黑板上的图片卡说:"你知道我表演什么吗?"乖乖看了看黑板说:"你就表演《我们一家人》呀。"两个人说完之后,乖乖就有模有样地拿着话筒站在台中间做起了小主持:"下面是龚宇表演节目《我们一家人》。"这时龚宇慢慢走上台,拿着小沙球,对着小黑板开始唱了起来:"我们家有几口人,你的家有几口人,快来猜一猜,有爷爷,有奶奶,有哥哥,有爸爸,有妈妈,还有我这个小宝宝,快来猜一猜,我的家有几口人!"这时候台下已经熙熙攘攘的,音乐声把许多小客人吸引来了,他们一边拍手一边附和着龚宇,乖乖看了看台下,跑到教室里去搬了几把小椅子,对观众说:"你们坐着看呀!"小观众坐下来对着乖乖说:"我们还没买票呢!"乖乖笑笑说:"今天的表演是免费的。"小观众们都高高兴兴鼓起掌来。

案例描述了一个很多教师都会遇到的问题:在游戏过程中孩子们会对材料有倦怠,游戏会出现瓶颈,那么如何帮助孩子们激发更多的创意呢?教师就通过交流来了解孩子们的想法,然后采取了最直接的措施——改变环境,教师可以通过布置故事表演的背景,准备有关故事人物的头饰、绘画书等,给幼儿提供丰富的物质环境。在幼儿理解故事内容的基础上,用简单的道具布置一个情境,让幼儿戴上头饰扮演故事中的各种角色进行对话练习。通过这种物质环境的创设,让幼儿时时感觉自己处在故事情境中,更有利于激发他们的创意表达。

(二)教师适时点拨,激发创意无限

故事是幼儿十分喜爱的文学体裁,其中生动的人物形象、精彩的情节与对话等都深深地吸引着幼儿。在故事的海洋中,幼儿不仅能吸收知识、丰富情感,还能发展语言和思维能力。但以往的教学活动中常常以单向的灌输或枯燥的重复为主要方式,幼儿成为被动的接受者,禁锢了幼儿创意表达的发展。如何改变故事教学单一的灌输或重复模式,使幼儿在创编故事的学习中发展语言表达能力和想象创造力,需要我们教师不断地思考和探究。教师要根据幼儿的年龄特点对其进行指导,使创编活动更好地促进幼儿创造潜能和创造性人格的发展。

第四章 童"话"故事编讲探索儿童创意表达

案例背景

《桃树下的小白兔》是主题《幼儿园里的朋友》下的一个故事，故事中的小白兔将美丽的花瓣与自己的朋友分享，正应了本主题的目标：关注同伴，乐于与同伴友好交往，体验与老师、同伴共处的快乐。《桃树下的小白兔》故事脉络清晰，且主要人物都是幼儿所熟悉的动物，喜欢的人物加上简单的故事情节，便于幼儿进行仿编。

在故事板《桃树下的小白兔》投放进语言区后，幼儿就对其产生浓厚的兴趣，于是，每天都有不同的孩子在《桃树下的小白兔》前驻足，但仅限于看一看，拿着小动物随意地摆弄，没有具体的故事情节产生。在教学《桃树下的小白兔》后，幼儿开始复述故事内容，却迟迟没有"编讲"。

情景回放

今天，齐齐、昀衡、小米来到故事板《桃树下的小白兔》前，三个孩子把树摆好，齐齐把花瓣撒在草地上，昀衡拿出小兔子、小鸡和小蚂蚁说："我来当小兔、小鸡和小蚂蚁。"小米看了看，选择了小花猫和山羊爷爷，这时，齐齐撒好花瓣了，她拿起金龟子和小松鼠，三个人开始讲故事了。

昀衡拿起小白兔："大家好，我是小白兔。我住在河边的一棵老桃树下。今天的天气真好呀！"说着，她把小白兔在草地上上上下下地摆弄，表示小白兔在跳。"哇——桃树上的桃花开了！真美啊——我要把这些花瓣寄给我的朋友。"昀衡又自言自语道："于是，小白兔回到屋里拿出好几个信封，出门把地上的花瓣一片一片都装进信封里。然后它把信封往天上一撒，小白兔说：'飞吧，飞吧，快飞到朋友们的身边去！'小白兔的信飞到了山羊爷爷的身边。该你了小米。"昀衡边讲故事边提醒小米。

小米拿出山羊爷爷："啊，这是一张书签呀。我一翻开书，就能看见这张漂亮的书签，有多好呀！"

说完，小米又拿出小猫："小猫正在看着天空，它在想：'明天是我的生日了，我要打扮得漂漂亮亮的，要是有只好看的发夹该有多好呀。'这时，小白兔的信来了，小猫拆开信一看，'哇！原来是一个粉色的发夹，真好看！谢谢小兔！'"

小米讲完，故事突然断掉了，大家你看看我，我看看你，昀衡出声道："是谁呀？该轮到谁了？"

小米说："是小松鼠。"

齐齐恍然大悟："哎呀，我忘了。"她赶紧拿起小松鼠："小松鼠正在树上听妈妈讲故事，看到小白兔的信，开心地说：'这是一把小扇子，真好！夏天我就用它扇风，真舒服。'"

昀衡拿出小鸡："叽叽叽，我收到了小白兔寄给我的帽子，真好看。"

齐齐这次没忘，她拿起金龟子："这是我宝宝的摇篮，睡吧，我的小宝贝。"

昀衡拿着小蚂蚁："到小蚂蚁了。小蚂蚁把花瓣当成小船：'这是一只小船呀，我正好撑着它到水塘对岸搬粮食去。'"

齐齐接道："有一天早晨，小动物们带着小白兔送给它们的花瓣，一起到小白兔的家，它们对小白兔说：'谢谢你，小白兔！谢谢你送我们这么漂亮的花瓣。'"

就这样你一言我一语，三个孩子把故事讲完了，接下来几天她们都结伴一起来讲《桃树下的小白兔》的故事，但是几天下来，她们除了角色对换了下，故事内容还是那一个，于是她们开始觉得无聊。齐齐说："今天不讲《桃树下的小白兔》了，我们玩别的吧。"于是，她们又开始看书。就这样，《桃树下的小白兔》沉寂了下来，老师在边上放了几个新的故事人物，但是一直没有人发现。

这天，小谨在讲《桃树下的小白兔》，她仍旧讲旧的故事情节。老师便拿着长颈鹿说："这是谁呢？它和小白兔发生了什么故事呢？"

小谨听了想了想，开始讲另一个《桃树下的小白兔》的故事：

"小白兔住在桃树下，它每天在桃树下跳呀跳呀，这时，来了一只长颈鹿，小白兔对长颈鹿说：'我们一起跳吧。'长颈鹿说：'好呀。'于是，小白兔和长颈鹿一起在草地上跳呀跳，跳得累了，它们就在草地上睡觉。睡醒了，它们又在草地上跳。天黑了，小白兔和长颈鹿就回家睡觉了。"

小谨的故事很短，讲完后昀衡就发现小谨用的是不同的动物，于是她对小谨说："我能和你一起讲故事吗？"小谨爽快地答应了。

昀衡："我们讲一个小白兔和它们比赛的故事吧。"

小谨点点头："好的。"

昀衡："有一天，长颈鹿在草地上玩，发现了一棵桃树，桃树由绿色慢慢出现了粉色,原来,是桃花开了。长颈鹿叫来了大象、小猫、山羊爷爷、小鸡,山羊爷爷还叫来了远方的朋友,这个远方的朋友就是小白兔。"昀衡一边说一边拿出了几个小动物,当然,她并没有把所有的小动物都用上。

昀衡:"大家一起欣赏桃树上美丽的花朵,突然小白兔跑回了家,又跑了回来,它叫大家都到它的家去,大家都来到了小白兔的家,看到小白兔家也种了一棵桃树的苗苗,而且种子已经发芽了。'哇——桃树已经发芽了呢。'小白兔听了大家的话很高兴,就提议:'我们都种一棵桃树吧,然后我们比一比谁家的桃树长得最高。'"

小谨拿着大象:"好的,那就听你的,我们一起种桃树。"

昀衡:"过了几天,小白兔和大家都来到了山羊爷爷家,又一起来到了长颈鹿的家,就这样一家又一家,最后还是小白兔家的桃树最高,大家都为小白兔庆祝:'祝贺你赢了!你家的桃树最高!'"

有时,幼儿一直在"编讲"的门外徘徊,此时就需要教师一个至关重要的点拨。就如前面第96页故事板《桃树下的小白兔》投放进语言区的案例实录中,即使发现了新增材料,小谨依然根据旧的故事情节来讲故事,不过,经过教师的一句提问:"这是谁呢?它会和小白兔发生什么故事呢?"小谨的思路突然被拓展开,进而编讲了一个全新的《桃树下的小白兔》。虽然故事内容的架构能力还需提高,但是能在教师的提示下创编新的故事内容,这就是进步。可见,教师的适时点拨能打开幼儿"编讲"的大门。

最后,还可以采用教师参与角色、录音、录像回放等有趣的形式,为幼儿创造宽松的心理环境。教师以故事中角色的身份出现引导幼儿进行编讲,改变了教师与幼儿之间传统的师幼关系,拉近了教师与幼儿的心理距离。

幼儿的创意表达有时候就像一颗流星一闪而过,教师既是一个观星者也是一个摄影师,帮助孩子们留下精彩的灵光一现,而想要让这颗流星能在天空中闪现出最美的弧度,我们就应给孩子创造像天空一般自由广阔的天地和海纳百川的包容。

第四节　童"话"故事编讲中的载体呈现

童"话"故事编讲活动是一种融思维、语言发展为一体的创造性活动，它依据图片或教师提供的故事线索，是将幼儿已有的知识经验、记忆表象重新进行加工组合，并以复述、改编或创编出新的故事内容的形式进行的幼儿学习创作活动。在童"话"故事编讲活动中，教师必须努力运用创新的教育手段，开发和拓展童"话"故事编讲的广阔空间，引导幼儿多角度地去理解、表现故事内容，鼓励从不同的角度展开想象，并加大发散性思维培养的力度，从而通过开展童"话"故事编讲活动，有效培养和发展幼儿的语言表达能力、想象力、创造力。

一、建立园本课程系统中的童"话"故事编讲网络

童"话"故事编讲是金爵幼儿园富有特色的园本课程，作为基础课程的补充与延伸，经过两轮围绕童"话"故事编讲而开展的学校龙头课题实践，金爵幼儿园建立健全了童"话"故事编讲网络，并在学校一日活动等确立了这一课程的实践载体，为幼儿语言能力提升、良好品德教育拓展了有效的学习空间。

对于园本课程系统中的童"话"故事编讲网络系统的设计，金爵幼儿园主要从以下五个方面巧妙开辟故事编讲空间，嫁接故事编讲元素——

（一）一日活动中故事编讲环境的创设

金爵幼儿园主要在教室、区角、走廊等公共区域营造故事环境，激发幼儿童"话"故事编讲的欲望。同时，在一日班级活动中，加强幼儿基于故事编讲的活动体验。

（二）每周幼儿园才艺表演平台的搭建

金爵幼儿园每周都以举办幼儿园才艺表演展示的形式，鼓励幼儿在幼儿园的公共平台，向全园小朋友展示。

（三）每月亲子大联欢故事编讲的展示

每月的家校共建日，金爵幼儿园都举办亲子大联欢故事编讲的展示活动，在亲子共同编讲、表演故事的过程中，增加幼儿学习、锻炼和展示的机会，提高其

童"话"故事编讲能力。

（四）每学期都举办全园故事编讲赛

为调动各班级幼儿编讲故事的积极性，金爵幼儿园每学期至少举办一次全园性的故事编讲大活动，每学期评选一次"故事编讲之星"，从而激发了更多幼儿编创故事、讲述好故事的积极性。

金爵幼儿园还以多样化故事编讲活动形式的实践，主要是通过集体、小组、个别、故事编讲活动室、亲子故事表演室等活动形式，使故事编讲成功嵌入到幼儿的日常学习与生活之中。

为了保障全园教师对课程内容的实施实现"快速上手""迅速领悟"，金爵幼儿园制定了教材使用操作要求，详见下表——

表4-2 童"话"故事编讲活动教材使用及操作要求

项目名称	教材选用	主要内容	手段与方法	活动要求
故事编讲活动	园本教材： （一）大、中、小年龄段活动方案。 （二）语言区故事编讲材料汇集。	（一）一日活动中故事编讲环境的创设（教室、区角、走廊等公共区域）。 （二）多样化的活动形式（集体、小组、个别、故事编讲活动室、亲子故事表演室等）。	（一）每周以各种形式（高结构或低结构）在一日活动中渗透。 （二）每月亲子形式的故事编讲活动。 （三）每学期至少一次全园性的故事编讲大活动。	（一）小班、中班、大班每个月有一个故事编讲活动；每周开展餐前故事编讲活动。 （二）各班开展亲子故事编讲活动。 （三）每月进行金爵童话节活动。

二、设计园本课程系统中的童"话"故事编讲类型实践

开展童"话"故事编讲活动，金爵幼儿园的领导、教师不断加强理论学习，探索童"话"故事编讲的经验，积极开展活动指导，从而保证了童"话"故事编讲实践较好地形成了园本规范，建构了园本特色。

（一）金爵幼儿园开展的童"话"故事编讲活动主要类型

故事编讲课程是金爵课程的一个重要组成部分，针对故事编讲的特点以及幼

儿的年龄特点，我们按凭借物的特点将故事编讲分为以下几种类型。

第一种类型：故事情景再现复述编讲。主要是幼儿用自己的语言体系重组他们所接触过的成语故事、历史故事、文学经典中的故事、民间故事等内容，它们都可以作为幼儿编讲故事的素材，幼儿只要沿着复述故事的思路，进行故事内容或情节的再现即可。

第二种类型：看图编讲。即，根据图画中的意境，具体描述静态图片中的人物（动物）及其神态举止，并进一步启发幼儿联想和想象与画面场景相关联的事件是什么，画中人物（动物）在做什么，怎样做，心理状态怎样。

第三种类型：实物编讲。即，依据一定的实物展开联想和想象，或者是由该实物的由来回忆曾经发生过的事；或者是置身于实物构建的场景之中，使一定的故事情节借助实物场景而演绎。

第四种类型：情境表演编讲。即，一边是根据一定情节而产生的故事，一边是幼儿根据情节或随着情节推进而做出的表演。情境表演的故事编讲可以是一个人，也可以是幼儿园小朋友合作表演。

第五种类型：创造性编讲。幼儿并不借助任何背景或道具而完全是凭借自己的想象进行故事编讲；也有的是，相关道具或背景只是作为一种条件，或作为一种暗示或提示，接下来的故事完全靠编讲者充分发挥联想和想象，进行创造性的故事编创、讲述。例如：

改编故事——对原有故事的改编，编讲者根据已有的故事的人物角色特点，在保持故事可读性的基础上，通过改变主要故事情节完成故事的改编。

续编故事——分为编结尾、编中段、编中段和结尾三种类型。

利用词汇创编故事——在儿童学习了新的词汇以后，教师可以让儿童试着用故事的形式将这些词汇串联起来。

词语"搭桥"故事创编——教师可以事先写好一些儿童熟悉的词语，然后让儿童抽取几张，将语词"搭桥"后，展开联想，编出关于他抽取到的词的童话故事。

看图编故事——编画面内容发生之前和之后的情节，以及无法在画面上反映出来的内容（原因、动机、心理）。

（二）金爵幼儿园开展的童"话"故事编讲活动素材来源

金爵幼儿园非常重视拓展幼儿编讲故事的素材来源，经过几年的实践摸索，学校建立了故事编讲素材的通道，包括绘本的故事、视频动画中的故事、周边生活中的故事、游戏材料中的故事等。

第四章 童"话"故事编讲探索儿童创意表达

（三）金爵幼儿园开展的童"话"故事编讲活动基本要求

童"话"故事编讲活动的具体操作形式非常灵活多样，但所有故事的要素基本相同，金爵幼儿园提出了大、中、小班幼儿编讲故事的五个要素（时间、地点、人物、情节、结果），同时，故事要有积极的意义，能够借事说理，带给听众以教育和启发的作用。

（四）金爵幼儿园开展的童"话"故事编讲活动推进模式

金爵幼儿园坚持，有效实施专门性的童"话"故事编讲活动重在抓好两个方面的工作：

（1）建立童"话"故事编讲活动课程，组织专门的教学活动

金爵幼儿园设置了幼儿园专门的故事编讲活动教学课程，每周四次，每次25～35分钟并纳入课程安排，这样就保证了故事编讲活动教学时间，同时保证了故事编讲活动任务的完成。

（2）确定专人负责，重视童"话"故事编讲教学的活动质量

作为一门富有特色的校本课程，在课程管理上，金爵幼儿园的故事编讲教学以专职老师承担为主，在专门的教学活动前、中、后，要求教师做到——

一是活动前认真备课，钻研教学要求、教材，阅读参考资料掌握有关信息，对活动目标、规划、难点、重点了如指掌；对幼儿要认真分析，使备课切合实际，有的放矢；并准备好活动所需教具玩具，检查好活动场所；组织教材，进行教法上的精雕细琢。

二是在活动过程中必须明确方向，教材选择组织合理，方法运用得当，过程组织严密，充分调动幼儿参与活动的主动性、积极性、创造性，发挥幼儿的主体作用。

三是活动后教师应注意总结、检查，了解幼儿所学知识及运用能力，了解专门教学活动效果。

三、探索园本课程系统中的童"话"故事编讲个别辅导

为有效开展园本课程系统中的童"话"故事编讲活动，金爵幼儿园采取了集体教学与个别辅导相结合的办法，推动童"话"故事编讲活动取得实效。

开展集体教学中的故事编讲活动，金爵幼儿园要求幼儿按照故事的五个要素——时间、地点、人物、情节、结果进行故事的编创、讲述。同时，教师必须按照故事编讲活动中幼儿年龄情况，由浅入深、循序渐进地展开活动，具体来

说,有"参与式故事编讲""半自主式故事编讲""自主式故事编讲"三种形式。

金爵幼儿园除进行童"话"故事编讲的集中性教学外,还进行了个别化辅导活动。

在班级里,利用专门开辟的语言区进行个别化的故事编讲活动,这是致力于提高幼儿语言能力、实现幼儿科学价值观引领的一个行之有效的好方法。金爵幼儿园个别化辅导活动主要通过以下指导形式进行:

（一）在看图编讲活动中探索个别化辅导活动

图画形象直观,借图来帮助幼儿编故事,可以让幼儿按自己的想法编,不必拘泥于一定的模式。但图画反映现实生活往往只能是平面的、静态的、无声的,要想把图画变"活",就要借助想象演绎画面情节,变平面为立体,静态为动态,无声为有声,才能再现现实生活的丰富性和生命活力。为此,我们采取了由多幅至单幅想象故事的方式,培养学生的看图编讲能力。

首先,从多幅画开始,因为多幅图提供的内容较多,有较完整的故事内容,幼儿在看懂每一幅图意的基础上,一幅幅编下来,并努力加以想象,便能编出一个完整的故事。而当幼儿用多幅图编故事较为熟练之后,就可以试着用单幅图来编故事。单幅图提供的是故事的部分画面,需要幼儿通过想象、联想把单幅图扩展成多幅图,然后再依据想象中的多幅图把故事编出来。

（二）在实物编讲活动中探索个别化辅导活动

图画提供的是一种平面式的固定画面,而玩具提供的是立体的、活动的构图,因此,可以随意移动、随意组合。心理学研究表明,幼儿的思维更多的是与直观材料联系,与动作结合在一起。如今的幼儿有各种各样的玩具,这些玩具有不同的玩法。他们在玩这些玩具的时候,如果用他们的嘴代替玩具"说话",用他们的脑代替玩具"思考",这种自然地发挥想象力,使玩具拟人化的过程,实际上就是编故事的过程。如,教师为孩子准备一个摸物袋（箱）,里面装着玩具,让幼儿摸出一件后,在物件的刺激下,联想到跟这物件有关的种种事情,从而形成故事内容。又如,《小乌龟看爷爷》集体编讲活动结束以后,教师将故事变成了立体"故事盒",提供玩具乌龟和春夏秋冬的立体教具给幼儿操作摆弄编讲故事。幼儿们一旦展开想象的翅膀,就如同八仙过海,各显神通。以下为三位小班幼儿借助四季故事宝盒材料编构的不同版本的《小乌龟看爷爷》故事情节。

案例一：春天版《小乌龟看爷爷》

春天版的《小乌龟看爷爷》这个故事宝盒里,放着小乌龟、桃树,还有故事里的动物朋友小白兔、小鸟、小猫和小狗。乐乐喜欢一树桃花的粉色光景,很快

第四章 童"话"故事编讲探索儿童创意表达

就开始了自己的故事编构。

乐乐一边摆弄着故事宝盒里的小乌龟,一边拿起宝盒里的桃树说:"桃树桃树,我带你去看我爷爷吧!你开了这么多好看的花,爷爷看了也会很高兴的!"小乌龟把桃树绑在背上出发了。路上,一只小白兔看到了,对小乌龟说:"小乌龟小乌龟,你背上的桃花真好看,你要背着桃树去哪里呀?"小乌龟说:"春天来了,桃花开了,我想背着桃树去看我爷爷,爷爷看见这么好看的桃花,一定会很高兴的!"小白兔说:"小乌龟,我和你一起去吧!"小乌龟高兴地说:"好呀好呀!"小乌龟背着桃树,和小白兔一起往前走。走呀走呀,遇到了一只小猫。小猫问:"小乌龟小乌龟,你背上的桃花真好看,你要背着桃树去哪里呀?"小乌龟说:"春天来了,桃花开了,我想背着桃树去看我爷爷,爷爷看见这么好看的桃花,一定会很高兴的!"小猫说:"小乌龟,我和你一起去吧!"小乌龟高兴地说:"好呀好呀!"小乌龟、小白兔和小猫走呀走,遇到了一只小狗。小狗问:"小乌龟小乌龟,你背上的桃花真好看,你要背着桃树去哪里呀?"小乌龟说:"春天来了,桃花开了,我想背着桃树去看我爷爷,爷爷看见这么好看的桃花,一定会很高兴的!"小狗说:"小乌龟,我和你一起去吧!"小乌龟高兴地说:"好呀好呀!"小乌龟、小白兔、小猫和小狗走呀走,很快就来到了小乌龟爷爷家里,爷爷看见了小乌龟和它的朋友们,看见了美丽的桃树,可开心了!

案例二:夏天版《小乌龟看爷爷》

《小乌龟看爷爷》的故事宝盒里,出现了一个大太阳,还有一顶凉帽、一双凉鞋和很多冰激凌冷饮。小乌龟和朋友们又出现了新的故事情节。

天天手拿小乌龟道具说:"今天天气真热呀!我想去看爷爷,看看爷爷是不是也很热。我想给爷爷送一顶凉帽去,这是妈妈给爷爷买的。妈妈还给爷爷买了凉鞋和好多好多的冷饮呢!"小乌龟把凉帽、凉鞋和冷饮装在箱子里,出发啦。路上,一只小白兔看见了,对小乌龟说:"小乌龟小乌龟,天气这么热,你拿着这么多东西要去哪里呀?"小乌龟说:"今天天气真热呀!我想去看爷爷,看看爷爷是不是也很热。我想给爷爷送一顶凉帽去,这是妈妈给爷爷买的。妈妈还给爷爷买了凉鞋和好多好多的冷饮呢!"小白兔说:"我和你一起去吧!"小乌龟高兴地说:"好呀好呀!"小乌龟拿着箱子,和小白兔一起往前走。走呀走呀，遇到了一只小猫。小猫问："小乌龟小乌龟，天气这么热，你拿着这么多东西要去哪里呀？"小乌龟说："今天天气真热呀！我想去看爷爷，看看爷爷是不是也很热。我想给爷爷送一顶凉帽去，这是妈妈给爷爷买的。妈妈还给爷爷买了凉鞋和好多好多的冷饮呢！"小猫说："我和你一起去吧！"小乌龟高兴地说："好呀好呀！"小乌龟、小白兔和小猫走呀走，遇到了一只小狗。小狗问："小乌龟小乌龟，天气这么热，你拿着这么多东西要去哪里呀？"小乌龟说："今天天气真热呀！我想去看爷爷，看看爷爷是不是也很热。我想给爷爷送一顶凉帽去，这是妈妈给爷爷买的。妈妈还给爷爷买了凉鞋和好多好多的冷饮呢！"小狗说："我和你一起去吧！"小乌龟高兴地说："好呀好呀！"小乌龟、小白兔、小猫和小狗走呀走，很快就来到了小乌龟爷爷家里，爷爷看见了小乌龟和它的朋友们，看见了漂亮的凉帽和凉鞋，还有那么多冷饮，可开心了。

案例三：秋天版《小乌龟看爷爷》

秋天的故事宝盒里，出现了各种各样的水果，苹果、橘子、李子、梨，应有尽有。《小乌龟看爷爷》的故事又有了新的版本：

琪琪左手拿着小乌龟，右手拿着水果篮，说："哎呀！秋天来了，水果成熟啦！我想去看爷爷，给爷爷带去好多的水果，让爷爷吃了水果身体长得棒棒的！"小乌龟把水果装进篮子里，出发啦。路上，一只小白兔看见了，对小乌龟说："小乌龟小乌龟，你拎着这么多水果要去哪里呀？"小乌龟说："秋天来了，水果成熟啦！我想去看爷爷，给爷爷带去好多的水果，让爷爷吃了水果身体长得棒棒的！"小白兔说："我和你一起去吧！"小乌龟高兴地说："好呀好呀！"小乌龟拎着水果篮，和小白兔一起往前走。走呀走呀，遇到了一只小猫。小猫问："小乌龟小乌龟，你拎着这么多水果要去哪里呀？"小乌龟说："秋天来了，水果成熟啦！我想去看爷爷，给爷爷带去好多的水果，让爷爷吃了水果身体长得棒棒的！"小猫说："我和你一起去吧！"小乌龟高兴地说："好呀好呀！"小乌龟、小白兔和小猫走呀走，遇到了一只小狗。小狗问："小乌龟小乌龟，你拎着这么多水果要去哪里呀？"小乌龟说："秋天来了，水果成熟啦！我想去看爷爷，给爷爷带去好多的水果，让爷爷吃了水果身体长得棒棒的！"小狗说："我和你一起去吧！"小乌龟高兴地说："好呀好呀！"小乌龟、小白兔、小猫和小狗走呀走，很快就来到了小乌龟爷爷家里，爷爷看见了小乌龟和它的朋友们，看见了这么多好吃的水果，可开心了！

（三）在创造想象活动中探索个别化辅导活动

实现创造性编讲故事活动的前提是联想。联想是客观事物之间不同关系在人脑中构成的"观念联合"，它使想象朝着符合客观现实和规律的方向发展。

一是用词语"搭桥"编故事。就是让幼儿通过联想，从两个或三个看似互不相干的词语中找出它们之间的联系，编成一个故事。这种训练形式，幼儿很感兴趣。如，在教学时，教师给幼儿两个词，"汽车"和"母鸡"，老师引导幼儿思考："汽车"和"母鸡"这两个词所表示的事物之间，有什么联系？会产生什么故事？有一位幼儿编成母鸡妈妈开了一家汽车出租公司，小动物们都可以到它的公司租车。有的编成母鸡妈妈被汽车撞伤了；有的编成汽车被装扮成母鸡的新家，一窝小鸡在汽车里诞生了……两个毫无联系的词语，一展开想象的翅膀，还真能编出许多故事。

二是听音乐编故事。就是幼儿通过感受理解音乐，将之转化成语言的符号，用故事的形式进行讲述，并配上画面组成音乐故事，在发展幼儿语言能力的同时，综合发展幼儿的音乐欣赏、手势动作、形体表演等其他能力。

实践证明，语言区中的多个途径引导幼儿来编故事，可以提高幼儿口语表达能力，使幼儿的观察能力、思维能力、想象能力得到了培养，增强幼儿的自信心，使幼儿的创造力得到充分发挥。

四、强化园本课程系统中的童"话"故事编讲元素嵌入

与专门化的故事编讲活动不同，嵌入式的故事编讲活动，不是教师专门地有计划地安排，而是由幼儿根据自己的兴趣爱好选择阅读材料，并通过与环境材料的相互作用，能动地建构、积累故事编讲的经验。教师则是通过最少的干预，鼓励幼儿自主进行故事编讲活动。主要方法有以下几种：

（一）在一日生活中嵌入编讲元素

幼儿园日常活动是进行嵌入式童"话"故事编讲的重要途径。幼儿园日常活动主要指比较分散的自选活动，这就要求教师见缝插针，有计划、有目的、有步骤地将童"话"故事编讲活动嵌入日常生活中，例如餐前活动、区域活动、游戏活动、自由活动等，引导幼儿自由结伴或个别活动，非常轻松愉快地参加故事编

讲活动，从而提高幼儿参与故事编讲活动的兴趣。

（1）游戏活动——故事表演

游戏活动中，教师创设一个场景，每天提供不同的主人公形象，或者教师提供同一个主人公形象，创设不同的场景，鼓励幼儿发挥想象，每天创编出一个连续的有趣的故事。老师则帮助幼儿一起把故事记录下来，形成一本故事书供幼儿阅读。

（2）区域活动——故事板操作、幼儿画日记、叙画故事

个别化活动中，在语言区内投放故事板编讲材料，引导幼儿以单独、合作等方式开展故事的编编、讲讲和演演，提升幼儿对角色语言、故事情节等编构兴趣。

幼儿画日记、叙画故事其实是幼儿"前书写"能力训练的铺垫和基础。孩子每日的所看、所想、所思以及对后续故事情节的创编，都可以通过"画画、记记、写写"的方式，放飞孩子阅读作品的心情。在一些适宜的区域中，教师提供大量的绘画材料，孩子们可以用五彩蜡笔绘制，也可以用"点彩"方式表达心情。而这些故事作品又可以通过餐前活动一一介绍给大家，幼儿的绘画能力、语言表达能力由此得到了充分的发展。

（3）餐前故事——编讲故事

图书中的画面就是幼儿编讲的素材，单页单幅的、多页多幅的、单页多幅的，不同的图书画面可以激发不同年龄段幼儿的观察兴趣和编构欲望。利用一小段餐前时光，小班幼儿由教师牵头组织，中大班由幼儿自发开展，用故事书漂流的方式引发幼儿编编讲讲，在同伴的倾听、欣赏、合作表演中，让这段编讲时光成为幼儿愉快的餐前"开胃酒"。

有的班级可以由幼儿自发组织开展"故事梦工厂活动"，每天预约3～4位孩子，讲述自己编画的故事或者亲自画的故事；有的班级可以由教师组织幼儿利用周一、周五开展小广播活动，借助时事新闻讲述一段故事；还有的班级开展食品推荐会，为某一种食品编一个有趣的故事，进行"食品促销活动"等。总之，餐前故事活动，为幼儿口头语言表达能力的提高、想象力的提升、编讲兴趣的激发搭建了平台，提供了机会。

（4）自由活动——有趣的话题聊一聊、辩一辩

大班孩子开始有了自己的主见和想法，他们特别想表达，而且是特别想给愿意听的伙伴表达。有趣的话题聊一聊、辩一辩，就给予了孩子一定的展示机会。比如，有一次在讲了《拯救美人鱼》故事情节后，教师提问："如果鱼也像孙悟

空一样会七十二变，你们希望它们变成什么样的鱼去拯救美人鱼呢？"幼儿就充分发挥想象了，有的说："我希望鱼儿变成一条跳舞鱼，跳一种让敌人晕倒的舞。"有的说："变成眼睛会发出镭射光线的鱼，用电击倒怪兽。""会隐身的鱼，这样敌人就不会发现它。"……每个幼儿争先恐后地发表自己的意见，气氛非常活跃，在你一言、我一语的宽松环境里大胆发表自己的见解，即使是辩论得面红耳赤，对孩子也是一种锻炼和磨砺。

（5）"欢乐星期五"

为了让孩子们接触到更多优秀故事内容，让故事带给孩子更多快乐，学校以"故事世界嗨翻天"为主题，在大班阶段开展每月一次的"欢乐星期五"活动，每次可以邀请若干名家长参加，为大班幼儿搭建更多的能力发展和才艺展示平台。活动内容包含7个板块：

- "亲子故事小课堂"：邀请几名家长共同参与亲子故事编讲集体活动。
- "绘本聊天室"：师生共同分享对一些绘本故事的阅读感受。
- "绘本编辑部"：教师提供一些便于幼儿剪贴、制作的材料，师生共同编书、编报、编讲。
- "卡通小剧场"：放映多媒体素材之后，截取片段由幼儿运用道具材料合作编讲及自主表演。
- "故事大王擂台赛"：幼儿进行编讲故事PK赛。
- "亲子绘本馆"：部分家长与幼儿一起进行绘本故事的阅读及编讲活动。
- "词语编故事"：由教师提供若干条词语，引导幼儿分组合作编构故事，进行讲述或表演。

（二）在主题活动中嵌入编讲元素

主题活动为幼儿提供了探索、表达和表现的机会，在主题背景下开展童"话"故事编讲活动，可以将故事编讲内容与主题融合，也可以使故事编讲素材得到进一步联系。如大班开展主题活动《动物大世界》时，通过对故事素材点的挖掘，确定了《海洋音乐会》这一内容，但是平铺直叙式的语言活动难以激发幼儿的故事编讲参与兴趣，为此，教师从音乐角度另辟蹊径，引导幼儿扮演自己喜欢的海洋动物，手执各种乐器模拟动物的歌声，并想象动物们会怎么说，为角色的对白设计开辟了一个新的局面。

（三）在园本环境中嵌入编讲元素

诸多学者都认为，经验是发展创造力、想象力的最佳燃料，尤其是直接经验，可以说是最高级的燃料。对于幼儿来说，这一点尤为重要，因为幼儿创造力的发展必须依靠丰富的表象,因此创设良好的基础环境,拓宽幼儿的知识视野,通过多种途径丰富幼儿的经验、体验是非常重要的。

首先,我们充分挖掘了走廊、大厅等空间,创设了童话故事屋、三只熊故事表演区、亲子编讲区等活动室空间,让每个年龄段的孩子有一块可以互动交流、亲子参与的空间,既促进了幼儿表达能力的发展,又让家长参与并感受幼儿园课程的创建。而在大环境中尤其是楼梯空间利用上,我们以图文、实物、摆设的呈现,使幼儿体验故事中的教育理念,传达人文关怀。

幼儿园的楼梯、过道,呈现着许多卡通明星,例如兔子米菲、大象艾玛、小熊维尼等,幼儿每天经过第一眼看到的就是这些动物形象,并回忆起发生在这些明星动物身上的画面,这些都是大班幼儿自由活动时可以进行故事编讲的话题。幼儿园开展"欢乐星期五"活动,将每个活动室装扮成"故事表演台",幼儿可以自由结伴进行故事编讲和游戏表演,让每个孩子有更多的表现机会,也让更多的幼儿园活动空间为故事编讲园本课程服务。

其次,班级内大量的操作材料,为幼儿的创造和想象积累丰富的直接经验,比如新奇、大胆、富有创造力的墙饰,随手可得的可以用来画、剪、撕、贴、搭建、编织、用来作装饰物、作表演道具的各种操作材料、各种有趣的图书,以及丰富的角色游戏道具等,随着幼儿操作、游戏的日益复杂化,他们创编的故事也丰富了更多的角色和情节。

(四)在家园合作中嵌入编讲元素

"听"——孩子故事听得多了,看得多了,慢慢地就有了编故事的欲望,我们鼓励家长耐心地听孩子讲述他的小故事,并给予肯定,家长讲完故事后,应同孩子交流读后感。同时引导孩子围绕主题开展讨论,从而加深孩子对内容的理解,提高孩子语言表达能力。

"引"——在故事编讲活动中,家长可以根据实际阅读情况引导孩子观察正面背景,展开丰富的想象,推测故事情节,理解故事内容来帮助幼儿掌握基本的阅读技能,养成良好阅读习惯。闲暇时,我们还鼓励家长可以多带孩子到图书馆或书店,创造幼儿喜爱阅读的环境。

"演"——家长在和孩子一起阅读图书、讲述故事、编构情节时,也可问一些作品中的问题,了解孩子对作品的掌握情况以及孩子真实的想法,碰到一些特别有趣、贴近孩子心理的作品,家长可以与孩子一起扮演其中的角色。如一个很经典的故事《猜猜我有多爱你》,家长与孩子分别扮演大小兔子,表演故事的内容,告诉对方自己是多么爱他,这样不仅可以发展孩子的语言表达能力,更加促进家长与孩子之间的亲情联系。幼儿园则建立一个亲子表演的平台,开设"金爵童话节巡演"活动,引发幼儿表现欲望的同时,激发家长的参与积极性。

"写"——除了上述的画日记,我们还尝试了记录日记的另一种形式,即,幼儿说,爸爸妈妈来记录。不言而喻,在孩子说、爸妈记的过程中,少不了父母对幼儿语句的整理和与孩子的交谈,正是这样的过程,孩子语句的个别修正及亲子关系的不断提升使这一种教育形式显得格外有意义。

直面问题解析 · 精彩案例分享

故事编讲案例 13

当讲述故事变成报流水账时，怎么办？

📍 案例背景

故事编讲材料为儿童编故事提供了一个具体而开放的框架。儿童在绘本和教学活动输入之后，再使用故事编讲材料讲故事，由于故事编讲材料的使用，儿童讲述时不必依赖短时记忆，故事编讲材料会提醒儿童发生的事。比起拘泥于无文字的图画书，儿童在这项活动中更易编造出独特的、有创造性的故事来。

在开展《周围的人》主题活动时，班里的幼儿对马路边的商店和各种各样职业的人都非常感兴趣，尤其是乐于扮演各种各样的角色，于是结合主题内容我们提供了马路、汽车、小人、房子等故事编讲材料，让幼儿可以模拟开放的真实马路场景进行故事编讲。

📍 情景回放

具体内容，参见前文《周围的人》案例描述。[1]

---

[1] 详见第151页第四章第三节之"三、优化童'话'故事编讲语言的教师引导策略"中的"（四）材料辅助策略"相关文字。

第四章 童"话"故事编讲探索儿童创意表达

案例反思

一、注重材料提供的多样性

每一名幼儿的语言表达能力不同，愿意表达的环境也不尽相同，有些幼儿乐于沉浸在自己的世界，以自言自语的形式讲述故事，有些幼儿则有强烈的表现欲望，愿意在集体面前展示自己的故事。但是儿童在讲述故事时，往往都很少能够像成人一样，有一个包含开头、中间和结尾的完整结构，然而从他们描述的或短小或较长的故事中，却能反映出他们的语言技能。我们可以评价儿童是怎样把连续事件联系在一起的，对曾经提到过的人物、地点或物体，儿童是怎样做进一步的描述，以及怎样保持与所叙述的事件相互吻合的。

通过使用故事编讲材料，我们既可以考察儿童对地点、时间和因果关系的表述能力，又可以考察儿童对人物创造、对话和戏剧情节等大家熟知的讲述故事所必须包含的各种成分的运用。所以在提供材料时要尽量丰富，高结构材料和低结构材料结合，现成材料和自制材料交互。尤其是低结构材料的提供要注重多样性，鼓励幼儿自行创造人物、道具。

在材料的提供上我们有时会局限于仅仅提供讲述用的材料，而忽略了辅助材料的提供，像上述案例，之后我们为了控制幼儿讲述故事的时间，为幼儿提供了"沙漏"这个小工具，方便幼儿控制讲述时间，避免报流水账的情况出现。

二、尊重幼儿之间的差异性

在《周围的人》案例中我们可以看到，琪琪是一个乐于表达并且表达能力很强的幼儿，但是在班级中这样的幼儿屈指可数，而很大一部分的幼儿往往比较胆小，语言表达能力也不是很强，更有少数幼儿羞于在集体面前表达表现。所以针对不同幼儿的不同情况，教师需要尊重幼儿的个体差异，针对乐于表达并且表现欲望强烈的幼儿可以多鼓励其在餐前故事环节在集体面前讲述，锻炼其讲述能力，增强幼儿的自信心，并且可以及时指出幼儿的不足之处使之改正；针对有表达欲望但是相对比较胆小的幼儿，我们则可以以鼓励为主，让幼儿与同伴一同讲述或者个别化讲述，在讲述熟练的前提下再在集体面前讲述自己的故事；最后针对班级个别非常胆怯的幼儿，我们则需要提供相对安静的角落，鼓励幼儿从尝试单人讲述开始，逐步向同伴合作讲述过渡，最后可以与父母进行沟通，在家中相对具有安全感的环境中练习讲述，一步步地让幼儿树立自信心。

三、培养故事讲述的逻辑性

幼儿讲述故事往往会缺乏一定的逻辑性，满口跑火车开到哪里是哪里，所以会出现超时、没有前后关联、结局草草了事的情况，为了避免出现这样的情况，也为了提高幼儿故事讲述的能力，教师可以尝试提供绘画工具，让幼儿提前把自己的故事构思好，就如同剧本一般，在讲述中循着事先预想好的"剧本"走向，一次次讲述之后故事会更有逻辑性。并且在日常生活中多倾听绘本故事，也是提高幼儿故事架构能力的一种培养方式。

记录者：钟慧

故事编讲案例 14

当幼儿脱离原故事情节时教师该如何引导？

案例背景

小班孩子的思维是具体形象的，日常生活中常见的、熟悉的事物容易引起他们的兴趣，尤其是对贴近他们自身经验的内容，他们会非常乐意参与。《小兔找太阳》这个故事，适合小班幼儿的年龄特点，内容浅显易懂，贴近孩子的生活经验。孩子们对故事中的角色、情节也非常感兴趣，还时不时地与故事中的小白兔"对话"，如："小白兔，这不是太阳。""小白兔，太阳是圆圆的，有的时候是红红的，有的时候是黄黄的，照在身上暖洋洋的。"孩子在不知不觉中学会了故事中的对话。故事虽然简单但包含有较多的知识内容，能对幼儿的思维、想象等能力有拓展和提高的作用。

情景回放

幼儿对《小兔找太阳》的故事兴趣浓厚，为了提高他们的语言组织能力，我先让他们以单人的形式来复述故事，恬恬就来试一试了，但是她的故事版本和我们书上的有点不一样。当她看到山羊公公时觉得很诧异，不知道怎么会出现山羊公公，我就把课件里《小兔找太阳》的故事再次播放，然后恬恬就开始讲故事。

恬恬首先摆弄小兔子，小兔子跑到兔妈妈的面前说："妈妈，妈妈，太阳是什么样的呢？"

接着摆弄兔妈妈："太阳是圆圆的，红红的，亮亮的，照在身上暖暖的。"

"哦，我知道了，我要去找太阳。"

"山羊公公、山羊公公，借我几个太阳，我一会儿再还你。"

"小兔在说什么呀，借太阳真让人不明白。"

"妈妈、妈妈，我找到太阳了。"

"小兔，你搞错了。这是红的萝卜。"

恬恬这时候觉得她忘记灯笼了，就停顿了下来，向我寻求帮助，我对恬恬说："没关系，顺序可以不一样，可以说完萝卜以后再说灯笼，顺序乱没关系的。"

恬恬听了我的话继续复述故事内容："哦，小兔，你搞错了，是红的萝卜。太阳在屋子外面呢。"

"哦，我知道了，太阳在屋子外面呢，我听懂了我听懂了，我要去找太阳。"

"妈妈，妈妈，我又找到太阳了。"

"哦，小兔，你又搞错了，哦，这是红灯笼，太阳在天上呢。"

"妈妈、妈妈，这是太阳吗？"

"哦，小兔，你又搞错了，这是气球。"

"那太阳到底在哪里？"

小兔朝向妈妈手指的方向，终于找到了太阳，太阳是圆圆的，红红的，亮亮的，照在身上暖暖的。小朋友，你找到太阳了吗？

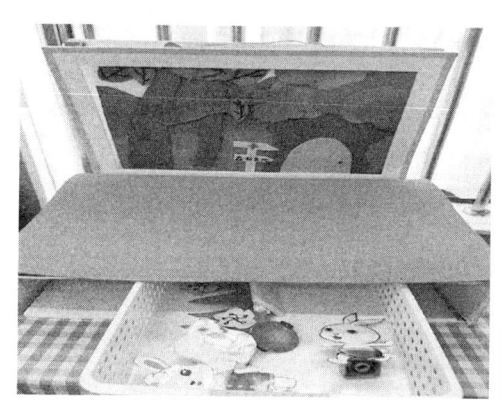

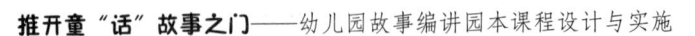

案例反思

恬恬的语言发展较好，她的修辞词运用得较多，比如"红红的，圆圆的，暖暖的，亮亮的"，语气生动，声音响亮。这与她参加故事比赛的经验分不开。故事比赛不可能常常有，但是故事板可以满足这类幼儿爱讲故事爱表演的情感，满足他们内心的一种需求。恬恬在面对顺序错误的时候，还是很纠结，因为觉得和心中的故事有点不一样了，不知怎么改正这样的错误，我就告诉恬恬，顺序不一样了不要紧，主要是要把故事讲完。在恬恬讲完故事后，我告诉恬恬，一些道具的使用，太阳是可以动的，可以升起可以落下，你可以想想太阳要是快落山了，那小兔怎么找太阳呢？我还给她看了辅助物超轻黏土，我说："你看，田野里有三个红红的萝卜，那田野里还会有什么红红的，圆圆的，会让小兔觉得是太阳的呢？"恬恬在我的启发下，说出了："番茄。"我就对恬恬说："是的，番茄。真棒！那你可以自己捏一个番茄。"然后恬恬又进行了一番故事编讲。

一、尊重幼儿的表现，给予一定的暗示

在语言活动中，发现和保护幼儿想象力的火花。幼儿都有着丰富的想象力，会常常有一些不同的想法和意见，而你一定要注意到孩子好奇的眼神，更要在意孩子眼神中闪现的一个个问号，尊重幼儿的表现，给予肯定和鼓励。理解、包容幼儿心中的那个小小的想象世界，并注重培养、发展幼儿的想象力，让他们随机发挥，不过度干预，以提醒为主。但当幼儿脱离主题，编出了不合理的情节时，教师需要及时进行引导，把握故事的合理性。

二、创设有趣的故事场景，增加材料的趣味性

对于小班的孩子们来说，故事场景的具体形象性、立体性、美观性，这些要素能够更好地激发幼儿讲故事的兴趣和热情。创设故事板也是为了满足幼儿的操作摆弄，让孩子在道具和情景的启发下发挥想象，语言能力得到一定的提高。

记录者：杨倩

第四章 童"话"故事编讲探索儿童创意表达

故事编讲案例 15

如何帮助大班幼儿丰富编讲中的故事情节？

案例背景

在我们的周围，到处都是树木，虽然孩子们天天接触，却很少思考，生活中看似平常的东西，其实蕴含着很多教育契机。二期课改新理念的精髓是：倡导回归幼儿生活，从中提炼、挖掘教育内容来拓展幼儿的学习。

尤其是对大班孩子来说，选择既符合他们生活经验，又富有挑战性的教学内容，是激发他们探索兴趣和提高教学活动质量的关键。整个活动预设"小树的秘密、树与自然、树的结构"三个环节。通过活动让幼儿知道树与人类和自然的关系，感受树给人类带来的好处。在活动中我还采用了故事创编的环节，给幼儿充分想象和表达的空间。

在集体活动中，许多孩子对这个故事都表达出了自己的想法。随后，我把它做成故事板投放在我们的语言区里。孩子们可以在游戏活动中约上自己的好朋友一起来玩一玩、讲一讲这个故事。

情景回放

淘淘走进了语言区，只见他坐了下来，并翻开录音书，接着他按下了录音书中的"1"按键，录音书就开始"讲话"了：树真好。小鸟可以在树上筑巢，每天天一亮，小鸟就会叽叽喳喳地叫。淘淘一边看着旁边的书，一边在嘴巴里进行复述：树真好。小鸟可以在树上筑巢，每天天一亮，小鸟就会叽叽喳喳地叫。就这样，淘淘一边跟着录音书一句一句进行复述，一边翻动着书中的图片。

复述完毕后，淘淘将录音书放在一边。这时，诺诺走了过来，说："淘淘，我可以和你一起讲故事吗？"淘淘一边说"好"，一边将材料盒拿了出来。他先将自己想要的材料在故事板前摆放，然后拿出了记号笔和手工纸。诺诺说："树真好，大树可以吸收不好的空气，让我们呼吸到新鲜的空气。"淘淘拿出刚刚画好

的手工纸，只见手工纸上画着一排大树。"树真好，大树可以长出很多的叶子让马路阴凉。""轮到我说啦，树真好，大树会开满鲜花，让我们闻到花香。"淘淘抓了抓额头说："树真好，大树可以消除噪音，让耳朵休息。"诺诺拿出了两只小动物和一个穿有绳子的盒子，他将盒子挂在了树上："树真好，我和小动物们可以在树上荡秋千。"淘淘拿出了用轻质彩泥制作的几个水果："树真好，大树可以为我们遮挡太阳，让我们可以和小朋友们一起野餐。"

只见诺诺抓抓头发，沉默了一会儿，我便走上前去说："诺诺，看看材料里还有些什么？想想我们的家里有什么是大树做成的吗？"只见诺诺拿出了木质小桌子、小椅子等，说："树真好，大树可以被制作成桌子和椅子，让我们可以吃饭和休息。"

案例反思

一、录音书的投放帮助幼儿复述散文诗

淘淘对完整讲述散文诗比较感兴趣，他能耐心地一边听录音书一边翻看图片并复述。录音书中提供了散文诗录音，帮助对散文诗还不熟悉的幼儿回忆、复述，并且对散文诗的句式有了一个了解。

二、替代物材料的投放帮助幼儿创造新情节

在道具不足的情况下，孩子们可以通过不同的替代物，比如手工纸、记号笔、轻质彩泥等做出自己想要的道具来丰富情节。这样有利于故事情节的编讲，使幼儿编讲的故事情节更加丰富，内容更加有趣。

三、教师适当地介入和提问，实现情节的丰富性

当幼儿在编讲过程中遇到了"瓶颈"时，教师可以通过提问的方式激发幼儿

的想象能力,让故事的情节发展得更加丰富。

记录者:奚丹妮

故事编讲案例 16

如何拓展呈现方式,为大班幼儿故事续编服务?

案例背景

《动物大世界》主题活动已经开展了一段时间,孩子们对故事《小壁虎借尾巴》的兴趣却依旧持续着,但是故事结尾的续编却跳不出"内容雷同"这个坑。又一次的游戏分享时,班上的"小问号"谦谦提出了这样一个问题:"小壁虎难道只能够遇到小动物才去借尾巴?如果遇到其他的大动物,又会发生什么样的故事呢?"借助这个问题,老师请大家分头去找找答案,并且可以将自己的发现续编进故事里,让《小壁虎借尾巴》的故事可以续编得更有意思。

为了更好地支持故事续编,教师发动家长一起搜集关于动物的书籍,提供到语言区里,同时还在iPad里存储了一些动物百科知识的视频,孩子们可以自主播放观看。为了方便大家的发现与记录,教师还提供了自制的"续编故事空白画册"和记号笔。

情景回放

具体内容,参见前文《小壁虎借尾巴》案例描述[1]。

案例反思

通过今天的观察,教师得到了以下几点启示:

一、借助多种呈现方式引发幼儿延展情节,为故事续编提供支持

语言区提供的动物书籍、iPad视频和自制绘本书,都能够更好地支持大班孩子续编故事情节,让故事内容更加丰富有趣。

二、实现幼儿互动分享引发幼儿智慧碰撞,为故事续编提供帮助

今天谦谦与齐齐的互动分享,不但实现了经验互补,同时在编讲游戏中还能促进幼儿不断调整优化自制故事绘本。

三、大班同伴评价引发幼儿经验转化,为故事续编助推

今天谦谦的图符记录方式非常好,在分享环节,班级幼儿一起观察聆听同伴编讲的故事,并及时给予评价,提出建议,这样大家都能积累一些图符记录的好经验。同时,伙伴的建议对个别幼儿的游戏经验而言,又起到了很好的助推作用。

记录者:郑海燕

---

[1] 详见第154页第四章第三节之"三、优化童'话'故事编讲语言的教师引导策略"中的"(六)互评互享策略"相关文字。

第五章

拓展童"话"故事编讲园本课程视野

在课程视域下,建构金爵幼儿园童"话"故事编讲活动的课程框架以及课程实施规范,这对于幼儿编讲故事过程中的氛围环境营造、材料(道具)辅助利用、内容框架搭建、指导策略优化等所开展的研究实践,无疑能保证内在质量和品位。

在课程视域下,推进金爵幼儿园童"话"故事编讲活动有效开展,也推动了园本课程的立体化建设,推动了幼儿园的特色发展。

第一节　幼儿童"话"故事编讲营造课程环境

童"话"故事编讲活动，是指一种融思维、语言发展为一体的创造性幼儿学习活动。故事之所以能在幼儿脑海里留下非常深刻的印象，离不开具体的故事场景给幼儿所留下的深刻印象，同时，幼儿置身于一定的场景，该场景也会触发幼儿对曾经留有印象的故事回忆，并在此基础上，进行旧的故事勾连、新的故事创生。所以，幼儿童"话"故事编讲实际上也是儿童依据图片或教师提供的故事线索，将已有的知识经验、记忆表象重新进行加工组合、复述、改编或创编出新的故事内容的创作活动。

围绕故事编讲活动的开展，金爵幼儿园十分重视课程环境的建设，让幼儿在环境的熏陶与感染下，对故事编讲产生浓厚的兴趣，并激发其编讲故事的积极性。

一、融入故事，创设意、趣、美的故事编讲环境

皮亚杰认为：幼儿的发展是在与主客体交互作用过程中获得的。要培养幼儿对故事创编的兴趣，幼儿园本身就应成为一本可供幼儿随时阅读的"大书"，让幼儿与家长拥有随时驻足的心境。因此我们精心挖掘故事编讲的素材，利用一切机会和场所，结合"意""趣""美"三位一体的原则进行环境的创设。

（一）富有"意"的联想

意：环境创设要有教育意义。"米菲、米奇、维尼、大象艾玛"是金爵幼儿园孩子心目中最喜欢的四位卡通明星。作为故事编讲环境创设的媒介之一，四位卡通明星被巧妙地融入幼儿的生活学习情境中，全方位地激发幼儿童"话"故事编讲的热情。幼儿园的四个楼梯分别以米菲、米奇、维尼、大象艾玛命名，在楼梯上的转角处，卡通明星们都会以不同的姿态迎接每个宝贝的到来，并提醒孩子们："一个跟着一个走""高高兴兴上幼儿园"；而我们的孩子则会兴致勃勃地告诉你："走米菲楼梯可是离我们班最近的哦！"在开放式的阅读区中，米菲、米奇、艾玛亦是小、中、大各个年龄班的代言者，所以不论是家长、孩子还是老

师，只要找到了米菲标签，就知道这是适合我们小班宝宝看的书、玩的玩具！

为启发幼儿在生动的故事环境中展开丰富的联想，并张开想象的翅膀，翱翔于童"话"世界的王国，金爵幼儿园还在底楼大厅设计了"故事大王墙"，每个季度我们都会推选出班级中的本季故事大王，让喜欢看书、编讲故事的孩子都能拥有展现自己自信的窗口。而作为流动的更换墙，"故事大王墙"同时又具备另一种教育功能，家长可以以自荐的形式向老师提出申请，由父母事先做好资料搜集，介绍孩子在家中或是园中参与故事编讲活动的小亮点并附上孩子的照片。"故事大王墙"的版面设计使儿童父母更关心幼儿园的特色活动，关心孩子的成长，也使儿童随时能看到自己的进步，使环境创设具有丰富的教育意义。

（二）拥有"趣"的体验

趣：环境的布置符合幼儿的兴趣，包括情境性、操作性、可玩性。

创设的环境注重情境性。金爵幼儿园在创设幼儿园的阅读环境时，充分考虑到幼儿的心理需求，有机地将故事情节融入环境中，让幼儿置身于美妙的童话世界，每时每刻都能"读"故事，"讲"故事。金爵幼儿园创设了"亲子故事吧""童话剧表演天地""三只熊童话剧场""亲子故事图书制作区""故事视听室"等专用活动区域，在走廊、门厅、过道等区域，布置了幼儿喜欢的各种故事画面和真实情境，用视觉语言提醒、暗示幼儿对故事的理解与畅想，打造了一个丰富多彩的童"话"世界。

班级环境创设也可以将故事融入其中，如教师以故事《小熊起床了》为背景，将小班的娃娃家布置成"小熊的家"，教师还提供了一些故事中角色的头饰，幼儿可以戴上头饰扮演角色进行表演和讲述。充满童趣的阅读情境吸引着幼儿到"小熊的家"去做客，去招呼小熊起床、刷牙、洗脸，并和小熊一起创编新的故事情节，一起吃早饭一起游戏等等。这样的阅读环境是幼儿所喜欢的，能激发幼儿讲述、表演故事的兴趣，也有助于幼儿交往意识的培养。

创设的环境注重可操作性。在每个楼层的公共区域，金爵幼儿园都设置了背景故事墙，墙面是蓝天、白云、鲜花、草地等组成的美丽背景，一旁是艾玛大象、依帕河马、逃家小兔等孩子们喜欢的童话角色，幼儿可以随时在背景图上操作摆弄，创作并讲述自己的故事……在美工活动时，教师利用易擦洗的玻璃幕墙设立了故事绘画区。幼儿可以充分展开想象，画熟悉的故事，创编自己的故事。在底楼的南侧通道张贴着由日本作家佐佐木洋子写画的小熊宝宝绘本系列中《你好》《收起来》《午饭》《一个接一个》四个简短、生动、有趣的故事。"见面问好讲礼貌、分享午餐多快乐、整理玩具真能干、排队游戏有秩序"等生活道理在翻一翻、讲一讲这些故事的过程中自然而然地内化为幼儿的行为。

为美化墙饰，金爵幼儿园采取了不同质感的面料，使幼儿可用手触摸感觉厚薄、粗细、软硬，在玩耍的过程中发展了幼儿的感知觉，具有生动的情趣。如设计"搬过来、搬过去"的故事版面时，教师便采用色彩鲜艳的植绒布、木板、玻璃纸等多种材料作为呈现故事内容的材料，使画面具有立体感，同时又具有真实感。

（三）彰显"美"的魅力

美：环境的美化效果。作为教师必须尊重幼儿的审美情趣，满足儿童的审美需要，装饰的墙面不仅要色彩艳丽、明快，还应生动活泼，富有童趣，使幼儿一走进幼儿园就感到愉悦欢快。

开放式的阅读室是金爵幼儿园创设生动形象、富于想象童"话"故事编讲环境的一个亮点：铺上一层色泽柔和的地垫或地毯，浅蓝色、淡绿色均相宜；准备几个干净美丽的抱枕或坐垫，如可爱的动物造型、柔软的爱心抱枕；放上与教室里桌椅不同的可爱的小桌子和小椅子；提供能够充分展现图书封面、与幼儿身高相符的书架或卡通书袋；根据图书的不同性质与种类选择适宜的呈现方式，或悬挂、或平铺、或垒高、或排列等，保持视觉美感。

金爵幼儿园还巧妙利用纸雕创意、剪纸等艺术手法，制作了《米菲在海边》《依帕的生日》《想吃苹果的鼠小弟》等故事长廊；金爵幼儿园充分利用教学楼的转角，创设了《三只熊》《鸟窝里的树》《毛毛虫变蝴蝶》等多个立体化故事情境。在这样的富有艺术感的故事环境中，幼儿随时随处可以驻足阅读，讲述童"话"故事成了一次愉悦的审美旅程。

二、依托媒介，构建玩、乐、享的故事编讲环境

（一）以图为媒，为故事编讲打好基础

心理学研究表明，幼儿的思维以具体形象思维为主，它是一般形象思维和言语形象思维的基础。图画形象直观，借图来帮助幼儿编故事，可以让幼儿按自己的想法编，不必拘泥于一定的模式。图画是现实生活的缩影，但图画反映现实生活往往只能是平面的、静态的、无声的，要想把图画变"活"，就要借助想象演绎画面情节，变平面为立体，静态为动态，无声为有声，才能再现现实生活的丰富性和生命活力。

首先从多幅画开始，因为多幅图提供的内容较多，有较完整的故事内容，只

要一幅幅编下来，尽可能地加以想象，肯定能编出一个完整的故事来。重要的是一定要发挥幼儿的想象力，让幼儿大胆地去幻想，不要拘泥于图画原本，要能够看到画面以外的东西，使情节、故事更加丰富和精彩。在编《蚂蚁和西瓜》时，教师精心选择了几幅细节丰富且情节有起伏的画面，引导幼儿仔细观察：蚂蚁队长会是哪一个？蚂蚁队长在蚂蚁工兵们休息的时候做了什么事？蚂蚁队长会对偷懒的蚂蚁工兵说什么？这些问题一一抛出后，幼儿会给出自己的理解和讲述。我们一一记录下之后，连贯起来就会是一段又一段有趣的蚂蚁和西瓜的故事了。

当幼儿用多幅图编故事较为熟练之后，就可以试着用单幅图来编故事。单幅图提供的是故事的部分画面，需要幼儿通过想象、联想把单幅图扩展成多幅图，然后再依据想象中的多幅图把故事编出来。许多幼儿图书封面、封底大多是单幅画，只要具有故事色彩，有一定的故事性，都可以用来进行编故事的训练。

（二）以玩为乐，为创编情节提供帮助

图画提供的是平面的固定画面，角色和故事场景的转换都有固定的先后顺序。而我们幼儿园制作的故事宝盒提供的是立体的、活动的构图，角色的出现和场景的转换可以根据创编情节的需要随意移动、随意组合。心理学研究表明，幼儿的思维更多的是与直观材料联系，与动作结合在一起的。在操作故事宝盒的时候，幼儿用他们的嘴代替故事角色"说话"，用他们的脑代替故事角色"思考"，这种自然地发挥想象力的过程，实际上就是编故事的过程。如果他们把自己在摆弄故事宝盒的过程中所说的、所想的、所做的编出来，就是一个个很生动的故事。

在一次区域游戏活动中，教师把一只老鼠和一个蛋壳放在宝盒里，让幼儿根据这两样东西编故事。教师启发幼儿根据蛋壳的外形特点和老鼠的性格特点，想象它们之间可能发生的故事：有的幼儿根据老鼠好吃懒做、爱偷东西的性格特点，想象小老鼠到母鸡妈妈那儿偷鸡蛋，结果鸡蛋被老鼠打破了，小老鼠被蛋壳罩住受到了应有的惩罚；有的根据老鼠身手敏捷这一特点，想象老鼠跳上鸡蛋跑得飞快，后来成了马戏团的大明星……幼儿既可以一个人玩，给各种角色配音配戏；也可以和几个小朋友一起玩，每人代表一个角色说话和活动，然后再一起来编成故事。幼儿们一旦展开想象的翅膀，就如同八仙过海，各显神通。这样幼儿就不会觉得无话可说了。

（三）以演为介，为故事编讲搭建平台

班级内设置的小舞台是一个不错的故事编讲交流展现的平台，让班级内一些能力强的幼儿组织同伴一起来合作编讲故事，既能满足幼儿好动、好表现的心理需求，也能带动其他幼儿积极参与。故事中难以理解的词语，通过小舞台的表演，用情景化的手段表现出来，可以帮助幼儿形象地理解词意，解决难点。

在《小老鼠和大鸡蛋》活动实践中，小老鼠想尽办法把鸡蛋运回家去，其中有许多动词，如扛、推、抱、顶、滚……还有很多神情描述，如"奇怪""焦急""抓耳挠腮"等，这些词语对幼儿来说不够具体形象，光靠讲解很难理解，而将这些词语转化为动态的情景表演，不仅可以帮助幼儿正确地理解它们，还可以让孩子成为活动的主体，让课堂洋溢情趣、生趣，并充满活力；让幼儿在轻松、活泼的氛围中学习语言，从而解决活动的难点。在此基础上，特别是到了中班第二个学期，要鼓励幼儿把自己的所见所闻，自编成简单的小故事讲给大家听。为了鼓励幼儿大胆地说话，我们设立了班级广播站，每天在固定时间组织幼儿担当播音员，鼓励幼儿多看、多讲，让幼儿在集体面前播讲新闻，增强幼儿表达的自信心。有的尽管编得很离奇，教师也不批评，而是积极鼓励幼儿进行再创造。还可组织讲故事比赛活动，让幼儿把周围熟悉的人和事编成故事，用生动形象的语言讲给大家听。这样既锻炼了幼儿在集体面前讲话的胆量，又增强了幼儿的口语表达能力。再者，利用一日活动中所能接触的图像信息，鼓励幼儿根据自己的生活经验表达自己的见解。通过创设以上故事编讲的形式来激发幼儿爱"表达"的欲望。

三、变换方式，营造宽松、自由的故事编讲心境

心理的安全和心理的自由可以消除幼儿心理压力，使幼儿进入积极的主动的学习状态。幼儿在被充分尊重、接纳的心理状态下，说的内部动机得以激发，才能愿意说、喜欢说、敢说。因此，宽松和谐充满支持的语言环境是幼儿学习与发展的基本前提。

（一）创设开放的语言交流的场所

心理学家皮亚杰强调："适宜的物质和心理环境，能激发幼儿学习的欲望，增强幼儿主动活动的意识，从而促进幼儿语言的发展。"反之，幼儿在威严的教师面前，在呆板的教育环境中，大脑皮层始终处于抑制状态，师幼之间就会有些"话不投机"。

金爵幼儿园的阅读区都是开放的，幼儿在自由活动时可以随时进入阅读区，放学后也可以到阅读区选择自己喜欢的图书借回家看，还可以到"妈妈故事屋"听妈妈们讲故事。幼儿园的各阅读区，不仅有适合幼儿的各种读物，还有适合家

长的阅读材料。家长可以和幼儿一起到阅读区安静地阅读，幼儿在家长的陪伴和带动下，享受着轻松阅读的乐趣。

金爵幼儿园还专门设置了故事屋。故事屋中布置了故事场景，适合各年龄段的幼儿进行故事表演。对幼儿来说，故事屋的创设不仅具有真实感，也更具挑战性。在这里，幼儿就是故事中的每一个角色，就是舞台上的演员。这时他们的演出积极投入，表情生动传神，内心自由快乐。

（二）创设多样的自我表现的机会

每天的餐前十分钟，小班的孩子们会和老师一起欣赏动听的故事，用角色扮演来演绎故事。中班的孩子们能根据图片和画面的线索，结合自己的生活经验，创编出属于自己的故事。大班的孩子的故事编讲的能力更上一层楼，他们不仅能创编四格故事（将一页纸分成四格，在每个格子上呈现一个故事画面），还能自编自演，进行故事剧本的创编。

同时，幼儿园经常会组织幼儿开展故事小舞台、故事达人秀、故事大王比赛等活动，给予每位幼儿上台展现自己的机会，幼儿非常喜欢这些形式，但也知道故事要能够讲得好、编得妙才会受到同伴们的欢迎。

（三）创设互动式的亲子合作平台

"妈妈故事团"：故事团的义工家长，她们会积极参与每次故事编讲活动的策划，也会为学校的"阅读节"大活动献计献策。编讲题材的选择，家长义工会在研读绘本之后给出建议；故事编讲活动的开展，家长会在参与听课之后说说自己的感觉；爸爸妈妈在集体故事编讲活动中，常常也像孩子那样，举手回答老师的提问，并对孩子们的编讲合理性提出质疑。当然，爸爸妈妈更多的是给予孩子们鼓励和相关生活经验的提示。

"故事漂"：在每个小班的教室门口，都有一个"故事漂"的架子，摆放着本周漂流的编讲故事，每天放学幼儿将漂流故事带回家，请爸爸妈妈共同编构情节，然后撰写在资料袋内，于第二天交给后一位幼儿带回家，一个一个幼儿用接力的方式把故事内容编构丰富。

家长们的积极参与，拓展了金爵幼儿园故事编讲的实践形式，同时也让孩子们与家长更加亲密无间。

第二节　幼儿园童"话"故事编讲材料投放与利用

在幼儿园童"话"故事编讲活动中，幼儿园对学习环境的区角建设、故事编讲辅助材料的投放利用等非常重要，这是因为，区角故事环境的营造、材料的投放利用能够有效地创设情境，触发幼儿的丰富联想与想象，进而促进幼儿设置故事由头线索，厚实故事情节情绪，使故事编讲生动形象、合理有致。

一、童"话"故事课程材料的投放依据及教学现状

（一）童"话"故事课程材料的投放依据

1.童"话"故事课程材料的投放研究符合幼儿语言发展的需要

皮亚杰强调，适宜的物质和心理环境，能激发幼儿学习的欲望，增强幼儿主动活动的意识，从而促进幼儿语言的发展。幼儿在良好的环境氛围中，能开拓思维，激发创新意识。反之，在呆板的教育环境中，大脑皮层就始终处于抑制状态。在本研究中，教师有意识地将看图编讲的内容融入情境化的环境，创设平等和谐的氛围，让幼儿亲自做一做，说一说，演一演，在表演实践的过程中进一步理解作品的情节与主题，从而做出正确的语言表达和行为选择，促进幼儿语言能力的发展。同时，情境化的故事编讲环境为幼儿创设了一个自由宽松的语言交流环境，吸引幼儿积极与同伴、老师交流，使幼儿体验到了语言学习和运用的乐趣。

2.童"话"故事课程材料的投放研究能拓展幼儿园游戏材料的内容和形式

语言区是激发幼儿阅读兴趣，发展幼儿语言、阅读能力，张扬幼儿个性的至关重要的活动场所。当前幼儿语言区普遍存在环境创设构成雷同，内容选择模糊不清，故事编讲材料单一等现象。本研究能够丰富语言区的内容、拓展其形式，着力于改变这样的现状。

3.童"话"故事课程材料的投放研究符合金爵幼儿园教师专业发展的需要

幼儿园现有教师队伍中青年教师占比较大，对于一部分新教师来说怎么样创设语言区的环境、丰富语言区的活动内容还缺乏一定方法和策略。我们希望通过研究能为青年教师积累语言区环境创设的经验搭建"脚手架"，同时让教师不断

地吸收相关理论,在反复实践中总结提升,提高自身的教学应用能力。

(二)童"话"故事课程材料的投放现状

《学前教育指导纲要(试行)》在"语言领域"中特别强调:"幼儿的语言能力是在运用过程中发展起来的,发展幼儿语言的关键是创设一个能使他们想说、敢说、喜欢说、有机会说并能得到积极应答的环境。"幼儿语言区就是这样一个能激发幼儿语言表达兴趣,培养幼儿运用语言进行交往的态度和能力的自由宽松的环境。

然而,现在幼儿语言区童"话"故事材料投放中存在一些问题,主要问题呈现如下:

1.童"话"故事材料投放不能凸显年龄特点

一排书橱、一些图书、一块地垫、几个靠垫,几乎所有年龄段的语言区环境都由这些材料构成。不能体现出小、中、大班幼儿的年龄特点。

2.童"话"故事材料投放沦为摆设比较常见

主要是提供的材料编讲内容选择模糊不清,看似丰富的材料但不能引起幼儿的兴趣。老师们常抱怨语言区域没有幼儿来光顾,但同时不恰当的选择和提供又充沛于区域之中,使材料成为"摆设",降低了幼儿的参与度和语言区功能的实效性。

3.童"话"故事材料较缺乏生长性和可变性

童"话"故事材料本身缺乏生命力。语言区长期摆放的都是一成不变的那几本绘本,有的书已不见了封面,有的书已缺章少页;有的活动材料与近期目标相脱离,有的活动材料已残缺不全,不能引起幼儿看看、玩玩、说说的兴趣。

4.童"话"故事材料投放中教师认知有偏差

教师对童"话"故事材料投放的认知有偏差,且缺乏创设语言区环境的方法。所以我们希望通过将故事编讲内容引入语言区,并探索一系列行之有效的语言区故事编讲环境创设的方法和策略,从而使幼儿语言区内容得以丰富,形式得以拓展,环境得以改善,进一步促使幼儿主动积极地与环境材料互动,语言能力和思维能力得到更好的发展。

(三)童"话"故事材料投放的困扰因素

对现有语言区环境创设中出现的一些现象,我们进行具体分析和思考,觉得影响幼儿语言区环境创设的因素有以下几个方面:

1.教师对语言区作用和价值认识存在片面性

在教育实践中,一些教师将语言区等同于图书区。只关注创设适于幼儿阅读图书的环境,而忽略了语言区所具有的让幼儿在听、读、表演故事的过程中,欣赏、感受、学习、模仿富于情感的声音语调，培养幼儿对语言的审美能力和表现能力；在整理、修补图书活动中，培养幼儿保护爱惜物品的习惯；以及开阔幼儿视野，丰富生活经验，培养其想象能力等功能。

2.教师对幼儿语言发展的特点模糊不清

幼儿语言发展涉及听、说、认、读等四个方面。在实际工作中我们往往会发现教师对幼儿语言发展的特点把握不全面，认识不清晰。因此，在语言区环境创设中只依据某一个或两个方面的特点来选择内容、提供材料，更有甚者在创设语言区环境时常常依样画葫芦，采用拿来主义，照搬照抄，忽略了幼儿当前语言发展的特点和水平。

3.教师忽视语言区环境创设

在工作实践中，我们发现教师对集体教学的重视程度要远远超过个别化学习。无论是外出观摩还是园内研讨，大部分都是集体教学，使得教师在无形之中对集体教学的设计、演绎师幼互动等较为关注，而忽视个别化学习特别是语言区环境创设和材料投放。

二、幼儿语言区童"话"故事材料投放原则要素

（一）幼儿语言区童"话"故事材料投放的学习促进原则

1.趣味性原则

要让幼儿语言区真正"活"起来、"动"起来，激发幼儿的兴趣，吸引幼儿的注意力是关键。兴趣是一个人力求认识某种事物或从事某种活动的心理倾向，是人主动学习的内在动力。对于幼儿来说，他们的兴趣易受到外界的影响而转移。因此，在创设语言区故事编讲环境时，教师应把握幼儿的兴趣点，挖掘幼儿喜欢的、感兴趣的事物，创设富有情趣的语言环境，提供具有趣味性的游戏材料，在满足幼儿操作探索需求的同时，使幼儿一直保持对语言区活动的热情。

同时，幼儿具有强大的学习力，语言表达能力的发展迅速，教师在创设语言区故事编讲环境时，要基于幼儿发展的情势，追随其发展步伐，及时调整环境，增加、组合、替换材料，使语言区永葆生命力，从而不断吸引幼儿主动参与活动。

2.融合性原则

环境如同一片海，材料就是载幼儿去海上远航的一叶小舟。在环境和材料的相互作用下幼儿才能在知识的海洋中徜徉。在语言区故事编讲环境创设的过程中，教师要充分地利用墙面、柜面，使环境和材料呈现的方式多样化，让故事编

讲的一些元素隐含在环境之中。其次，在环境创设和材料投放时可以与主题中的素材点或是幼儿当前的生活经验相融合。从主题中挖掘故事编讲的素材，为语言区提供幼儿熟悉又喜爱的编讲内容。从幼儿的生活经验出发，提供与幼儿生活经验相一致的材料。让幼儿的语言学习、操作摆弄与其自身的生活经验紧密相连，激发幼儿的有效学习行为。

3. 游戏性原则

爱玩是幼儿的天性，游戏是幼儿最喜欢的活动。因此，我们在创设语言区故事编讲环境时不妨将其与游戏结合起来，为幼儿开辟能够进行语言游戏的区域，提供富有游戏性的材料，使环境和材料能与幼儿产生积极互动。如掷骰子游戏。教师投放分别贴有表示时间、地点、人物事件图片的三个骰子，幼儿随意掷骰子，然后根据骰子上的图片来编讲一个故事情节。游戏可以一个人玩，也可以多人参加。

（二）幼儿语言区童"话"故事材料投放的心理环境支持

幼儿语言区童"话"故事材料投放的心理环境支持体现为合理划分区域，为幼儿营造安全自由、充满支持的心理环境。

心理的安全和心理的自由可以消除幼儿心理压力，使幼儿进入积极主动的学习状态。幼儿在充分被尊重、接纳的心理状态下，才愿意说、喜欢说，敢说的内部动机才得以激发。因此，宽松和谐充满支持的语言环境是幼儿学习与发展的基本前提。

一方面，要创设独立的个体语言表达的空间。语言区为幼儿提供安静、舒适以及激发语言表达欲望的环境，但是它所面对的是几十个个性迥异、语言表达能力发展速度各不相同的孩子。因此，在语言区故事编讲环境创设时，要从孩子们的心理需求出发，用小屏风、小栅栏或小操作台将语言区环境进行开放式分割，让不同区域内的孩子互不干扰，营造一个较为独立、安全的个体语言表达空间。例如，将利于个人操作的编讲材料投放在独立的小柜中，并配上单个的坐垫、单人椅或者是单人耳麦。用环境和材料来暗示孩子们这是个需要不被打扰的个体编讲的空间。

另一方面，要创设互动的同伴语言交流的场所。随着孩子们能力水平的不断发展以及心理需求的不断扩大，孩子们不再满足于自言自语，他们更渴望与同伴合作与交流。因此，在创设语言区故事编讲环境时，教师要从多角度出发，既辟有单独的编讲空间又创设出利于孩子们相互交流、相互合作的空间。例如，教师可以将一些故事编讲需要的背景板制作成屏风，这样既能自然而然地将个体编讲区和合作编讲区进行分割,还能为孩子们提供合作编讲所需的情境材料。其次,教师还可以将利于孩子们互动交流的故事编讲材料投放在一些低矮的桌子上、长柜子上,使孩子们在互动交流时都能便利地取放材料或者直面材料。

(三)幼儿语言区童"话"故事材料投放的物质环境支持

幼儿语言区童"话"故事材料投放的物质环境支持体现为有序投放材料,为幼儿提供适宜多元、充满活力的物质环境。

我们知道一成不变的、不符合幼儿认知水平的材料,不仅会使幼儿失去参与活动的兴趣,还会使活动区丧失生命力。因此,教师在投放故事编讲材料时要关注幼儿的学习特点、认知发展规律、兴趣需求以及当前主题的进程,分期、分批有序地投放材料,不断吸引幼儿主动参与编讲活动,使他们的语言表达和故事创编能力在与不断变换的材料互动中循序渐进地得到发展。

其一,把握年龄特点,关注材料的适宜性。不同年龄的幼儿有不同的故事爱好倾向,语言表达能力也不同。所以在选择故事时,就要投其所好,按其所需,选择他们喜欢的、符合孩子理解水平的故事。投放故事编讲材料时也要考虑材料的适宜性,这样更有利于幼儿参与到故事创编活动中来。比如小班幼儿知识经验少,理解水平低,就应选择拟人化的动物题材故事并投放相应的角色材料和音效结合的视频。

其二,把握兴趣需求,关注材料的多样性。幼儿在语言区参与故事编讲活动的过程能持久,能体验故事编讲的乐趣,关键在于材料的吸引力。因此,教师依据幼儿的兴趣和需要,有效开发并投放以图为依据的编讲材料、贴画制书的编讲材料、摆弄玩具道具的编讲材料、音效联想的编讲材料等用于激发童"话"故事编讲的学习资源,以多样性的学习资源,激励儿童发挥联想、丰富想象。

其三,把握能力水平,关注材料的层次性。幼儿的认知水平、经验和能力具有一定的差异性。因此,我们在投放材料时要考虑材料的层次性,为幼儿提供更多选择和发展的空间,使幼儿在活动时能够有更多的机会按照自身语言发展的需要和能力来选择适合的材料,充分发挥材料的优势,让每个幼儿都能在适宜的环境中与材料发生积极互动,从而获得成功,获得发展,产生自信。

三、幼儿语言区童"话"故事材料投放优化策略

(一)兴趣捕捉策略

兴趣捕捉策略是指在创设语言区故事编讲环境及投放材料时,教师要善于通

过观察来了解幼儿当前语言发展的需求，并依据幼儿的兴趣点来投放材料。

小班孩子非常喜欢捉迷藏游戏也很热衷于过生日，于是，小班教师就依据深谙幼儿心理的艾力克·希尔创作的以捉迷藏作为故事发展主线的绘本《小玻过生日》的故事创设了语言区的故事编讲环境。

教师尝试将铺有大大桌布的小方桌，放着漂亮靠垫的小沙发和藤制小书架搬进了语言区，还在区域中间铺上了地毯，摆放了几样长毛绒的玩具和一个自制的生日蛋糕，将语言区创设成一个客厅的模样。于是，经常能看到孩子们一会儿把"小动物"纷纷藏在地毯下、靠垫后，一会儿又去找；一会儿拿着肉骨头对小玻说："小玻，生日快乐！"一会儿又对着蛋糕唱起生日歌。孩子们在藏与找之间似乎体验到了故事中小玻和朋友们捉迷藏、过生日的无穷乐趣，也在生活化的逼真的情境中喃喃自语着，和小玻的朋友们对话着……他们不但在语言上潜移默化地获得了发展，也在心理上得到极大的满足。

（二）隐显交替策略

隐显交替策略主要是指在语言区故事编讲环境创设及材料投放时，教师既要考虑到环境与材料的显性教育价值也要充分发挥其隐性的教育意义。

对于刚入园的小班幼儿来说，幼儿园是一个陌生又充满未知的环境。为了让孩子们喜欢上幼儿园，了解幼儿园的一日生活，教师在语言区投放了一本如小屏风般的立体书《小玻去上学》。书里面的主角就是那只可爱的黄色小狗——小玻！每一页上都是讲述小玻在幼儿园里的生活，书里的小玻虽然是第一天上学，但是来到了学校，他并没有哭；虽然他不会唱歌，但是他都能与幼儿园的小朋友一块儿玩。

孩子们看到色彩鲜艳而又能站立的图书，都纷纷"跳跃进"由幼儿园生活背景图构成的立体书中。只见有的孩子"牵着"小玻玩"滑滑梯"；有的孩子对小玻说"吃奥利奥"；有的孩子"牵着"小玻说"我们去搭积木"……孩子们每进入一个画面都似乎和小玻一起感受着幼儿园的快乐生活。

立体大图书《小玻去上学》在为孩子们提供一个有趣的讲讲说说的素材的同时，也让孩子们很好地了解了幼儿园生活，让孩子们带着快乐的心情迈开走向社会的第一步。

（三）融合迁移策略

融合迁移策略是指在语言区故事编讲环境创设及材料投放时，教师可以结合主题目标选择贴近幼儿生活经验的内容，也可以根据幼儿的需求将其与其他区域紧密结合在一起。

在大班主题活动《我们的城市》中，教师和幼儿一起创设了一个东方书报亭，出售孩子们自己编辑或是和爸爸妈妈一起编辑的报纸、图书。可是在游戏中买报纸的孩子多，看报纸、看图书的孩子寥寥无几。面对这一现象，教师在语言区的一角创设了哈哈电视台的场景，并投放了话筒、录音机等材料。于是，这一个角落在游戏时成了孩子们喜爱的"哈哈故事大擂台""童话剧场"；在餐前准备时就成了"新闻播报台"。"哈哈电视台"的出现不但使语言区故事编讲环境有了新的突破，而且合理运用了其他游戏区的资源，使其发挥出更大的效用。

（四）互动合作策略

互动合作策略是指在语言区故事编讲环境创设及材料投放时，教师要考虑到环境、材料与幼儿之间产生多种形式的互动，并为幼儿的合作交流提供有利条件。

《三只小猪》是孩子们非常熟悉的故事。教师在语言区中投放了配有音效的《三只小猪》故事课件。甜蜜的音乐声响起，"猪妈妈"摸着"小猪"的头笑着说："孩子们，你们都长大了，要独自生活了……"当听到紧张的音乐时，"小猪"立刻躲到了房子后面。当课件中的大灰狼边说要打开门，边用力撞击门时，有的"小猪"神情紧张，有的蜷缩起身子趴在地上，有的握紧拳头大声说："不开不开，就不开！"大灰狼灰溜溜地走了，小猪们从门后面欢呼雀跃地跳了起来，相互击掌。故事的尾声，录音中问道："小猪要重新造新房了，你们有什么要告诉小猪的吗？"孩子们纷纷为课件中的小猪出起了主意。

故事中的人物富有鲜活的生命力，也有对话、心理活动和情感变化。用音乐、音效渲染和烘托出故事中的情境时，就能引发孩子与角色产生共鸣，促进孩子与材料和同伴之间的互动，并在此基础上用自己的经验、自己的感受、自己的想象来理解故事，表达故事中人物的内心情感。

四、幼儿语言区童"话"故事材料投放创新方法

材料是幼儿开展活动的媒介，是区域活动的灵魂。幼儿通过操作材料获得多种感官体验，这种感官体验为幼儿今后进一步学习，积累了相当丰富的经验。因此，材料投放尤为重要。

（一）角色体验法

角色体验法是指教师投放能引发幼儿参与故事扮演，并模仿或创编故事中角色对话的材料，激发幼儿参与故事编讲活动的方法。

《小兔乖乖》是孩子们爱听的一则童话故事，内容浅显易懂，贴近幼儿的生活，易于幼儿接受和理解，符合小班幼儿的年龄特点。孩子们对故事中的"小兔"更是"情有独钟"。鉴于幼儿们对故事非常感兴趣，非常喜欢模仿，教师在区域中投放了兔妈妈的头巾、挎篮；小兔的长耳朵、短尾巴；大灰狼的头饰。由于材料具有角色情境性，孩子们在活动中以角色身份饶有兴趣地反复模仿故事中的对话，他们时而捏着嗓子模仿大灰狼，时而又装成温柔的兔妈妈和可爱的小兔子，体验着讲讲演演带来的快乐。

（二）情境导入法

情境导入法是指教师运用各种形式提供能体现故事情节发展中的所需的人物形象、环境地点、时间特征等材料，引发幼儿与材料互动的兴趣，从而通过自主操作材料来进行故事编讲的方法。

模仿是幼儿的本能，幼儿的世界亦真亦幻，他们常常把想象当成现实，把童话等同于生活。在语言故事编讲区中为幼儿创设故事情境，提供可以虚拟模仿的具有故事情境的材料很符合幼儿的心理特点，更容易唤起幼儿学习的兴趣。如在"好朋友"的主题中，教师根据幼儿熟悉的故事"好朋友"为孩子们提供了一个用月饼盒制作的"达达的生日"故事宝盒。宝盒的盖子内部制作成了天空，宝盒的底部变成了小河、草地，还有一幢立体的房子"达达家"，在宝盒中还有立体的可以随意移动摆放的长长耳朵的兔子、长长鼻子的大象、长长脖子的长颈鹿、长长身体的小蛇。这种将故事情境和人物融于一体的宝盒为孩子的讲讲演演提供了逼真的故事场景，营造了浓郁的故事氛围。孩子们在看一看、摆一摆、说一说、演一演的活动中不但饶有兴趣地学说了各角色间的对话，还亲身体验了与同伴一起活动的快乐，了解了身上长有长长部分的动物朋友，在虚拟的故事情境中，充分体验着主动参与故事编讲带来的乐趣。

（三）拓展延伸法

拓展延伸法是指教师提供部分故事背景的材料与道具，引导幼儿选择材料添加角色，丰富故事角色和情节内容，拓展故事想象空间的方法。

《我的幸运一天》是一个既幽默又充满智慧的绘本故事，是非常适合即将进入小学的大班幼儿的教材。孩子们能从故事中感受到遇到危险不害怕、不慌张，要努力想办法解决的重要性。于是，教师截取了绘本故事前面一部分相关联的三幅图和故事结尾的一幅图片（第一幅大灰狼在家修爪子，第二幅小猪敲错门，第三幅大灰狼夹着小猪往屋里跑，结尾一幅小猪在自己家悠闲地吃着零食看着书）。制作成了一本可插页的小图书。还在小图书的边上配套投放了小猪和大灰狼的头饰以及游戏用的百宝箱。让孩子们在翻看图书时发现故事情节的矛盾点，并结合生活经验来想象创编小猪从大灰狼家逃脱的故事情节。孩子们在想象创编中既可以将想象的情节画出来插到小图书中讲给同伴听，还可以选择和利用百宝箱中的材料将自己创编的情节演出来。

这种材料投放的方式，激发了孩子主动探索的愿望，为孩子拓展了想象的空间，推动了孩子语言表达能力的发展。

（四）搭建阶梯法

搭建阶梯法是指教师在实施故事编讲活动时，挖掘故事素材制成有趣的操作材料或图书，帮助幼儿先理解部分故事内容，再以故事主要角色为编构对象进行自由编构情节的一种方法。

"在秋天里"的主题中，我们结合《好忙的蜘蛛》这个故事，在故事编讲区域里投放了一本故事大图书，教师和孩子们一起给这本书起了个有趣的名字，叫《编编变变故事书》。

这本图书的每一页上都有一张大大的蜘蛛网，图书最后一页的魔法袋里藏有各种昆虫和小动物的图片。故事书中间还有一个留白页面，孩子可以把自己想编的其他动物和对话借用此处编讲出来。

这本故事大图书打破了图书固有的模式。书中有些页面是给幼儿看的，可以帮助幼儿回忆故事的情节和角色对话，唤起幼儿对故事的记忆，而有一些画面是留白的，给孩子们留有自我想象空间，让孩子们动脑想一想，动手贴一贴，来编出属于自己的故事。

由此可见，将主题活动中幼儿学习过的、熟悉的故事内容与语言区故事编讲活动有机融合，在区域内提供各种操作材料和辅助物，可以帮助幼儿感知和理解故事中的角色及情节，为孩子进一步展开故事编讲搭建阶梯。

语言区各种故事编讲材料的提供，为孩子的想象和创造积累了丰富的经验。随着孩子与新奇、大胆、富有创造力的墙饰，可以用来画、剪、撕、贴、用来做装饰物、作表演道具的各种材料，各种有趣的图书以及丰富的角色道具等材料的不断互动，他们创编的故事中的角色和情节也随之不断丰富与多样，创编故事的热情也日益高涨。

材料是幼儿学习活动的灵魂，是幼儿学习内容的载体，是唤醒幼儿主体意识的音符，是架起师幼互动的桥梁。作为环境的缔造者、材料的提供者，我们要学会利用情境和材料说话，为幼儿创设能与材料相融合、互动的情境，使幼儿玩在其中、乐在其中、学在其中，得到最有效的发展。

（五）百花齐放法

百花齐放法是指教师在实施故事编讲活动时，可以尝试多样化的材料设计方式，以满足每位幼儿的语言发展需要。教师在设计研发中对不同的材料可以呈现出各种不同的设计方式：

——"叠加式"设计

这一方式的表现特点是"多"而"全"。选定主题之后，设计材料，老师思考的是给予幼儿更多的场景、道具、辅助物、替代物，每个阶段的材料都很丰富，满足幼儿对故事内容的复述欲望和操作兴趣。

如故事板《小蝌蚪找妈妈》《爱跳舞的小猪》和《小兔乖乖》等操作材料，教师在提供了故事板以后，由于小班幼儿有图片和立体场景可以变换和操作，他们能够一边操作图片，一边模仿和编讲故事中的角色对话，顿时激发了小班幼儿的参与兴趣。

——"递减式"设计

这一方式的特点是"少"而"精"。选定主题之后，设计材料，老师思考的是每个阶段做减法，只留下简单的核心道具，材料提供能精简就不复杂，能拿掉就不出现，尽量让幼儿将注意力放在故事内容本身，或是对角色、对话的编构上。

——"留白式"设计

这一方式的特点是"精"和"简"。选定主题之后，设计材料，老师思考的是将较为明显的、容易引发幼儿编讲的内容酌情留下空白点，增大幼儿创编情节和添加语言的余地。

——"并组式"设计

这一方式的特点是"填"和"补"。选定主题之后，设计材料，老师思考的是如何在现成材料设计的构思上寻找契机，巧妙地将自己的设计思路填完整补齐全，从材料的易操作、易表现上着手，引发孩子感受单人或与同伴共同编构故事情节的乐趣。

——"筛网式"设计

这一方式的特点是"漏"和"守"。选定主题之后，设计材料，老师思考的是根据幼儿的不同水平，将材料分块提供，由易到难"梯度式"呈现，对能力较弱的幼儿用"守"的方法，即让这部分孩子在大块面的复杂材料中进行情节回忆和故事复述；对能力强的幼儿用"漏"的方法，即让这部分孩子在小块面的简单材料中编构故事和拓展表演，让不同能力水平的幼儿在不同层面的材料中获得相应的锻炼和发展。

（六）"反思式"设计

教师们经过第一轮的"从无到有"材料设计，通过各年龄段幼儿与材料的互动发现，语言区故事编讲材料设计，讲求的是为不同年龄段的幼儿创设一个乐于模仿、便于尝试、容易引发趣味性、诱导参与欲望的故事编讲环境，使幼儿在与不同故事编讲材料的互动中感知、体验、实践，从而产生故事编讲的参与意识，培养幼儿开展故事编讲活动的兴趣与欲望。而现实中幼儿的表现林林总总，问题各有不同。于是老师们围绕着挖掘主题素材点进行故事编讲的材料设计展开思考：

——如何设计情境再现式的语言区故事编讲材料，引发幼儿的情感共鸣？

——如何营造童话意境式的语言区故事编讲材料，激起幼儿的尝试乐趣？

——如何挖掘反复体验式的语言区故事编讲材料，驱动幼儿的编讲意愿？

基于问题和思路，我们组织全园教师进行又一轮的实践，开展故事编讲语言区材料的推陈出新与创新设计。全园教师结合小中大三个年龄段在不同的主题开展中，能挖掘不同素材点作为实施故事编讲材料设计的切入点，围绕素材进行分析：故事的哪些内容可以设计成编讲材料，从而作为童"话"故事编讲经验效仿与拓展的地方？故事的什么地方可以在设计中适当隐藏或者留白，从而能让幼儿在故事创编活动中大有作为？在研讨中，设计故事编讲材料的方式有了质的飞跃。

（一）小班材料的设计注重奇巧童趣

结合小班主题《苹果和橘子》，教师设计了旋转式的故事编讲材料《小乌龟看爷爷》，通过单人或双人旋转画面编讲角色语言的方式，引导幼儿在理解故事的基础上，开展情节的拓展与编构。

结合小班主题《好朋友》教师设计了"谁来了"的游戏材料，让小班幼儿通过操作"开门请客人、窗口打招呼、客厅招待吃蛋糕"等行为，从生活经验出发提升故事编讲的参与兴趣。

结合小班主题《动物花花衣》教师设计了"机器狗开戏院"的游戏材料，引导幼儿编讲不同角色语言，同时在四格分类中进一步了解动物皮毛的不同特征。

（二）中班材料的设计凸显生活经验

有的中班教师根据主题《我在马路边》设计的游戏材料"三颗星星"，通过背景画面的替换设计引导幼儿在与材料互动中产生编讲兴趣，提升创编故事情节的能力。

有的中班教师根据主题《我爱我家》设计了以打造居家空间为主的游戏材料"家是什么",激发幼儿在为家庭不同空间点亮照明中编构对家的认识和感悟。

有的中班教师根据主题《火辣辣的夏天》设计了拟人化的游戏材料"荷叶姐姐的伞",引发幼儿根据天气图示和角色符号进行故事内容的复述与创编。

(三)大班材料的设计注重拓展想象

围绕主题《动物大世界》,大班教师设计了"螃蟹的奇遇"这一份游戏材料,在拟人化的情境营造中,激发幼儿与同伴合作共同编讲、表演螃蟹遇到的与再生动物有关的有趣情节。

围绕主题《我是中国人》,大班教师设计了"月亮船"的游戏材料,利用长城的滚轴可移动操作方式,在背景中的不同角度切换中,激发幼儿对故事内容的编构与拓展。

围绕主题《我要上小学》,大班教师设计了"达达上小学"的游戏材料,通过营造可移动可转换的逼真情境,引发幼儿合作表演故事情节,学习用夸张的肢体动作、丰富的语言词汇编讲故事,促进幼儿参与故事编讲活动的主动性和积极性。

全园教师结合理论研究解读故事板活动中不同年龄段幼儿的游戏行为,梳理不同行为的教师支持策略,在推进幼儿游戏进程中提升幼儿的故事编讲水平及想象力、创造力与表现自信度,促进不同水平的幼儿获得发展。

第三节 搭建幼儿童"话"故事编讲的内容框架

在课题实践研究过程中,金爵幼儿园课题组成员及全园教师围绕基础教材的主题核心经验,深入挖掘各类故事编讲素材点,从而不断优化和丰富了与主题相关的故事编讲集体教学活动内容。

一、金爵幼儿园童"话"故事小班内容序列

表5-1 小班故事编讲内容序列

年龄段	主题名称	主题背景下故事编讲活动	编讲元素
小班上	《小宝宝》	1. 分享,快乐 2. 羊羊村的白天与黑夜	初步学用完整语言进行角色语言分享交流。
	《好朋友》	1. 胖熊吹气球 2. 小猪的野餐	学习角色对话,并初步进行角色语言的仿编与创编。
	《苹果和橘子》	1. 好饿的小蛇 2. 贪吃的变色龙	在故事情境中尝试表演角色语言或动作。
	《小兔乖乖》	1. 小兔孵蛋 2. 小兔子散步	模仿小兔子的动作,了解小兔子的特征,乐意编编演演角色的动作与语言。
小班下	《学本领》	1. 想长脚的小石头 2. 送大乌龟回家	了解常见动物的特征,尝试编讲对话并体验表演的乐趣。
	《小花园》	1. 彩虹色的花 2. 春娃娃	能用完整语言表现春天的特征,并与同伴共同表演及仿编。
	《动物花花衣》	1. 报纸上的洞洞 2. 大熊猫看戏	学说故事中的对话,并进行角色对话的仿编。
	《夏天真热啊》	1. 大西瓜 2. 谁的救生圈	愿意与老师和同伴表演故事情节。

二、金爵幼儿园童"话"故事中班内容序列

表5-2　中班故事编讲内容序列

年龄段	主题名称	主题背景下故事编讲活动	编 讲 元 素
中班上	《我爱我家》	1. 帽子床 2. 逃家小兔	学习角色语言，仿编及创编角色对话。
	《幼儿园里朋友多》	1. 大老虎和小老鼠 2. 胡萝卜先生的胡子	初步编构局部故事情节。
	《在秋天里》	1. 蜘蛛织网 2. 秋天的颜色	根据故事内容进行情节创编，并与同伴进行表演。
	《我在马路边》	1. 三颗星星 2. 兔子先生去散步	进行角色语言或局部情节的编讲与表演。
中班下	《在动物园里》	1. 怎么才能不吃掉我的朋友 2. 海浪是我们的朋友	在故事情境中尝试仿编、创编角色语言。
	《春天来了》	1. 空中小屋 2. 鸟窝里的树	尝试编讲故事结尾，用完整的语言大胆表演。
	《周围的人》	1. 公共汽车到站了 2. 小猴超市	尝试根据画面信息联系生活经验编讲局部情节。
	《火辣辣的夏天》	1. 小土坑 2. 绿太阳	根据画面编讲对话或情节。

三、金爵幼儿园童"话"故事大班内容序列

表5-3　大班故事编讲内容序列

年龄段	主题名称	主题背景下故事编讲活动	编 讲 元 素
大班上	《我是中国人》	1. 字里藏故事 2. 猪八戒学本领	与同伴合作编构、表演故事情节。

（续表）

年龄段	主题名称	主题背景下故事编讲活动	编讲元素
大班上	《我们的城市》	1. 我也要搭车 2. 大恐龙进城	用连贯的语言编构情节或故事的不同结局。
	《有用的植物》	1. 爱心树 2. 小种子	编讲角色的心理动态，与同伴合作编构、表演故事情节。
	《有趣的水》	1. 大鲸鱼在海边 2. 美丽的小溪	与同伴合作编构角色语言、表演故事情节。
大班下	《我自己》	1. 谁是蛀牙的朋友 2. 我做哥哥了	了解自己与同伴的异同，能与同伴编讲表演故事情节。
	《春夏和秋冬》	1. 花婆婆 2. 魔法奶奶的电话	能与同伴编构故事情节，并乐意大胆表演。
	《动物大世界》	1. 神奇糖果店 2. 捉迷藏	能根据线索与同伴编构故事情节，并合作表演故事内容。
	《我要上小学》	1. 小阿力的大学校 2. 勇气	根据线索合理想象、编构故事情节，并与同伴合作表演。

第四节　幼儿园童"话"故事编讲教师策略优化

童"话"故事的编讲与课程建设，有效地促进了培养幼儿良好的品德、提高幼儿的语言表达能力、扩大幼儿的知识面，成为幼儿园教育中的一种重要手段。近年来，围绕课题研究实践，金爵幼儿园努力采取科学的策略方法，以不断提高童"话"故事的编讲与课程建设的质量和效率，真正发挥课程育人的作用。

一、互助共享策略

即覆盖全员，通过吸引全员参与，帮助全员得益，促进全员提升，从而保证课程全面实施的质量。

互助共享策略的实施，就是变个体为团队，通过团队内部的多向沟通，提高组织与个人的开放性，从扩大与外界的信息流通面入手，提升组织和个体的自我改造能力，实现与外界多方位的能量交换，变"自我封闭"为"多边交流"，在沟通互动过程中实现资源共享、推陈出新。让能者带弱者，让优势项目带弱势项目，从而在整体上保证课程实施质量的提升。这是针对"互助共享"提出的一个概念。即拒绝故步自封的自我定位，"互助共享策略"是对互助共享过程中运用原则、指导思想、组织体系、操作流程和方法的总称。"互助共享"策略的运用应体现全员参与性。即"互助共享"模式要覆盖全员，通过吸引全员参与，帮助全员得益，促进全员提升，从而保证课程全面实施的质量。

二、优势互补策略

即让具有不同优势的人在不同的项目中担当职责，让更多的人在优势施展的过程中对同伴施加有益影响，扩大个体与外界的信息流通，促进共同提高。

教师着重围绕主题背景下的童"话"故事编讲活动，在小中大三个年龄段项目组中展开了一课多研式的实践研讨，在研究过程中我们采用项目组集体确定活动素材点，制定活动目标，个人制定活动方法的教育手段来尝试把主题背景下的素材点如何设计成为适宜的童"话"故事编讲的集体教育活动。

教师们从素材点的内容选择、活动目标的制定、教师教学策略的选择、教学细节把握等多角度研讨，很好地促进了教师设计活动、观课研课的能力，提高了科研的能力。

如小班项目组结合幼儿生活经验中的动画内容《报纸上的洞洞》，设计了小班故事编讲活动《报纸上的洞洞》，教师提供了一些合理的教具：戳了小洞洞的报纸，以生动有趣的边提问边动脑筋的方法将故事讲述完整。幼儿根据出现的场景，编讲礼貌问候语，兴趣很浓厚，而活动实施中，两次跟进式的研究形式让教师的引导技能和回应水平也获得提升。

而中班教师根据幼儿的生活经验挖掘的内容如《胖胖猪感冒了》，项目组的教师挖掘了"新年舞会"这一幼儿生活经验，利用角色扮演的方式编讲角色对话，引发幼儿产生多种联想，从局部故事情节的编构讲述着手、引导幼儿实施故事编讲，唤起幼儿的生活经验和记忆，"动物怎么根据自己的本领帮助胖胖猪解决困难？"给幼儿增加了情节、添加编讲的机会，也为中班童"话"故事编讲活动的实施积累了一个比较好的素材。

又如大班项目组教师们挖掘了绘本故事素材点《有趣的房子》，引导幼儿结合有趣味性且富有动感的画面内容进行情节的编构，在幼儿的添砖加瓦中情节逐步丰满起来；故事编讲的方式培养了大班幼儿同伴间互相关爱的情感，幼儿在富有童趣的绘本情境下，更加直观地感受到故事编讲的快乐；而作为活动设计者和执行者的教师，则感受到了灵活运用教育方法实施故事编讲研究活动的乐趣。

教学中具有不同优势的教师采用了三种贴合不同年龄段幼儿认知水平的故事编讲引导方式，为全体教师展现了不同的研究理念，有效提高了教师教学设计的能力和课堂实践的质量，提高了幼儿学习活动的效率，促进了教师的专业成长。

三、开放协作策略

即从信息类型、共享渠道、来源渠道等入手，考虑创设各类信息的共享、多种渠道的共享、各人提供信息的共享等平台与机会。

在幼儿园童"话"故事编讲园本课程实施中，教师们从故事板设计方案入手，在不同的故事板设计方式中寻找助推幼儿故事编构欲望的契机。故事板设计方案从投入到收尾，经常会根据不同阶段幼儿的兴趣、表现，经历三次以上调整。

表5-4　金爵幼儿园童"话"故事板设计方案文本内容选摘

投放阶段	活动形式	情境道具	辅助物提供	幼儿经验
第一阶段投放	单人（　） 双人（　） 多人（　）	场地（　） 人物（　） 道具（　）	有（　） 是（　） 无（　） 理由（　）	兴趣热点（　） 语言基础（　） 已有经验（　）
第二阶段投放	单人（　） 双人（　） 多人（　）	场地（　） 人物（　） 道具（　）	有（　） 是（　） 无（　） 理由（　）	兴趣热点（　） 语言基础（　） 已有经验（　）
第三阶段投放	单人（　） 双人（　） 多人（　）	场地（　） 人物（　） 道具（　）	有（　） 是（　） 无（　） 理由（　）	兴趣热点（　） 语言基础（　） 已有经验（　）
后续跟进调整	单人（　） 双人（　） 多人（　）	场地（　） 人物（　） 道具（　）	有（　） 是（　） 无（　） 理由（　）	兴趣热点（　） 语言基础（　） 已有经验（　）

在教师的研讨问答中，收获的除了不同的设计方式外，还有接地气的思考方式，这让不同水平的教师都有了参与研究的行动过程。而这样的一个研究过程，在由精致往极致的推进中，帮助教师理解了什么叫研究，如何才能开展研究，研究该如何进行等等专业领域的问题，逐步提升教师们对课题研究的消化和拓展能力，无形之中也成了老师们提升专业自觉的一个有效途径。

四、支持助推策略

即根据人员研究优势设立"异质"型团队，安排"行家高手"分组带队，从而实现最大限度的"引领""影响"和"助推"。

幼儿园童"话"故事编讲活动项目组立足园本课题的研究重点，通过外请专家、内请骨干展开实践活动的研讨，通过研讨来提高教师的教育教学水平，而且让教师从中明白主题背景下的童"话"故事编讲教育活动应以什么样的形式呈现，理解新教材活动内容给幼儿发展所带来的收获，由此促使项目组的研讨实践活动给参与教师实质性的提高，让教师明白集体教学的内涵。教师对故事编讲的活动设计和方法展开有更深的感悟，对故事编讲活动目标制定与过程落实之间的联系有了更新的认识，更能提高教师的教育教学水平。

借助支持助推策略，通过实施过程项目组的教师们获益匪浅。在研讨的过程中，教师的设计思路更加向幼儿靠拢了，以幼儿的发展为前提制定活动的重点，并能考虑到幼儿的年龄特点，从整个活动过程去落实活动目标，真的是不研究不理解，不尝试没体会：教师在研究中成长，在尝试中提高了专业素质。特别是项目组故事编讲展示交流活动的进行，使各年龄段项目组参与教师的专业素质都获得了提升，教育手段大大丰富。

直面问题解析 · 精彩案例分享

故事编讲案例 17

当孩子对语言区故事板材料没兴趣时怎么办?

案例背景

小班主题《小兔乖乖》开始啦,幼儿都很喜欢小兔子这样可爱的小动物,老师和幼儿们共同探索小兔子的外形特征、饮食习惯等。结合《小兔乖乖》的绘本故事,我们在语言区的桌子上提供了一个故事板背景给孩子们练习讲故事,可是孩子们从一开始的兴趣满满,慢慢地变得进入语言区都不去玩《小兔乖乖》的故事板了。发现这个问题以后,我们又将故事板调整成一个立体的、高度适宜的故事场景贴在了语言区的主题墙上,提供了背后贴有细吸管的大灰狼、兔妈妈以及红眼睛、短尾巴和长耳朵三只兔子的角色图片,还在背景中的房子里面、大树背后、菜园地里粘上粗吸管,让幼儿在讲故事的时候可以把角色跟随着故事变换它的位置,除了这些看得见的材料,我们还在语言区增加了一段《小兔乖乖》的故事录音。

情景回放

自由活动的时间到了,幼儿纷纷拿了自己的玩具开始游戏,只见吕泓煊和邹瑞雨没有带玩具,他们来到了语言区想去看书,就来到了故事板前,两个人坐在桌子旁讲起了故事,讲了一会儿因为忘记了故事的内容就又跑去看起了其他书。接着赵天恒也来到语言区,坐在故事板旁,赵紫晨也跟了过来,两个人不知道怎么玩,我就说你们可以试试讲一讲《小兔乖乖》的故事,两个人也是讲了几句,把小兔子拿来拿去，一会儿就走掉了。我看到这个情况就在想也许故事板的形式跟以往太过雷同，幼儿的兴趣不大，还有故事较长，需要其他辅助材料帮助他们把故事完成。

于是，我在语言区把故事板贴在主题墙上，房子做成透明的，能开门关门，利用插管子的形式让幼儿操作。还提供了录音机，增加了《小兔乖乖》的录音。今天自由活动时吕鸿煊发现了我们布置的这块故事墙，他很好奇地过去看一看，还把大灰狼这个角色卡片拿了出来，接着又把其余的兔子都拿了出来。赵天恒看见了也走了过去："你怎么一个人拿了那么多，给我一个吧。"吕鸿煊想了一想："给你大灰狼吧。"赵天恒就从吕鸿煊的手上拿了一根贴有大灰狼图片的吸管。中间他们还发现了背景墙中房子的门是可以打开的，就不断地把角色放进去，关门，开门把它们拿出来，这个过程持续了有5分钟，最后他们看着我问："龚老师，这个怎么玩的呀？是给我们讲故事的吗？"我说："你们真聪明，《小兔乖乖》的故事还记得吗？"两个人纷纷表示还记得。我继续说："那你们可以试试用这些卡片来讲《小兔乖乖》的故事。"

吕鸿煊拿了几只兔子的卡片放进了小房子，边放边看着这些图片："兔妈妈有三个幼儿。"他拿了一只红眼睛的小兔子卡片看看它："一只叫红眼睛。"又拿了一只耳朵长长的小兔子卡片："一只叫长耳朵。一天……"赵天恒说："你兔妈妈怎么还没放进去？妈妈是在家里的。"吕鸿煊听他一说，把手里的兔妈妈插进了房子里，然后吕鸿煊把小房子的门关关好，他拿着小兔子妈妈卡片看了一看，来到了萝卜地，假假地在采萝卜。然后两个小朋友你看看我，我看看你，我说："赵天恒你的大灰狼好出来了。"赵天恒马上拿着大灰狼来到了小房子前面："大灰狼来了，大灰狼蹲在那里想主意，看到兔妈妈回来了，大灰狼赶紧跑到大树后面躲起来。"他又把大灰狼的图片插在了大树后面，吕鸿煊把兔妈妈拿了回来："兔妈妈敲敲门，门打不开。小兔子乖乖，把门开开，快点开开，我要进来。就开就开我就开，小兔子把门打开了。"他一边唱一边把兔妈妈插进了房子里面的粗吸管中。

然后两个人好像又忘记接下来要做什么了，他们看着我，我说："我们来放录音听听接下来发生了什么事。""兔妈妈要去采蘑菇了，小兔子你们看好家门，如果是别人不能让它进来。"吕鸿煊马上按了"暂停"继续说："门要关关紧，等妈妈回来才可以开。兔妈妈去采蘑菇了。"他拿着兔妈妈又来到了萝卜地："龚老师，没有蘑菇。"我说："嗯嗯，蘑菇我还没做好，下次会放进来的。"吕鸿煊说："那么今天我们就采萝卜吧，明天再吃蘑菇。"接着赵天恒忘记了接下来的故事，我又打开了录音机："大灰狼又来了，躲在了小房子的前面。"赵天恒一听马上把大灰狼从大树后拿出来跟着录音机说："大灰狼又来了，它来到小房子前面。我是你们的妈妈，小兔子乖乖，把门开开，快点开开，我要进来。"吕鸿煊把兔妈妈往萝卜地里一插："小兔子一听，短尾巴和红眼睛要去开门，长耳朵说不是妈妈的声音，是大灰狼。你把尾巴伸进来给我们看看。一看是大尾巴，他们一起把门关起来，关得紧紧的。"赵天恒和吕鸿煊一起把大灰狼的尾巴塞进了门里，把门关得紧紧的。吕鸿煊："兔妈妈回来，放下篮子拿起木棍使劲打他的头，大灰狼扯断尾巴逃走了。"赵天恒拿着大灰狼跑走了。

讲完故事了，吕鸿煊跟我说："龚老师这个很好玩的，我还想再玩一次。"赵天恒也表示还想玩，我说："可以的，你们接下来交换角色试试看好吗？如果忘记了可以打开录音机听一听。"就看见两个人把角色卡片分了一分，吕鸿煊还提醒我："龚老师，你记得再做几个蘑菇，兔妈妈要采蘑菇的。"

案例反思

案例中的故事板根据孩子的兴趣度，中间又进行了调整，通过改变材料，故事板又激发了幼儿的兴趣，这些角色卡片随着故事的发展不断地变换位置，符合小班幼儿需要实物的直观思维方式，在材料的辅助下幼儿激发了语言能力，很有兴趣地去讲述故事。

一、操作材料的趣味性激发小班幼儿喜欢说

一开始语言区的故事板幼儿已经玩到了没兴趣，教师发现以后充分结合语言区的主题墙，自制了立体的故事操作墙，小房子、大树都是立体腾空的，里面粘贴了粗吸管，提供的角色卡片简单、富有童趣，背后粘有细吸管，在讲故事的时候幼儿需要走来走去操作材料，而且高度也适合小班幼儿，材料的调整又再次激发幼儿讲故事的兴趣。

二、操作材料的阶段性引发小班幼儿创造说

在案例的过程和最后幼儿都发现操作材料少了蘑菇，所以幼儿在讲到一半的时候遇到了难题讲不下去，最后还提醒老师记得提供蘑菇。通过这个反馈我就在思考：其实可以分阶段地提供这些材料，一开始提供萝卜和蘑菇，甚至做成可移动采摘的操作模式；随着主题的推进，慢慢可以提供其他的蔬菜水果以及动物图片，帮助幼儿去创编故事内容，培养他们的语言表达能力。

三、多媒体材料的辅助性帮助小班幼儿连贯说

在整个过程中我发现中间有几次幼儿说到一半停了下来，在录音机的帮助下

才把故事进行了下去。对不同发展水平的幼儿而言,录音可以帮助有需要的幼儿完整讲述。刚开始听录音时,播放速度要慢些,语言往往具有重复性,让幼儿边听边说。听的过程中,教师可简单提示幼儿如何做,让幼儿体验录音内容,体会录音中的抑扬顿挫和其中人物语气的不同变化。伴音编讲目的是巩固故事内容,让幼儿有个完整讲述的概念,最后达到放手让幼儿自己编讲。

记录者:龚蓓

故事编讲案例 18

当小班幼儿新接触故事材料时,如何灵活运用和替代?

案例背景

"小猪的野餐"故事是幼儿园小班《好朋友》主题里面的,小班第二学期了,孩子们之间更加亲密了。通过"小猪的野餐"故事,孩子们可以锻炼编讲能力,也学会了交朋友,好朋友就是要互相分享好吃的食物和玩具。

通过学习活动,大家也对故事情节稍微了解了,但是也有的幼儿只记得一些小片段。于是,先给孩子提供与故事相同的材料让孩子们熟悉故事,从复述到编讲,因为只有熟悉老故事才能更好地创编故事。

情景回放

cici和悦悦平时虽然在交流互动方面比较羞涩,但是在自由活动自由交往的时候都是显得很自然的。在前几天宝贝们熟悉了"小猪的野餐"故事,我也初步和大家介绍了这个故事板的基本玩法,宝贝们更加感兴趣了。这次的观察镜头就指向了cici和悦悦,她们两个平时集体活动的时候回答问题比较羞涩,但是遇到自由活动或者角色游戏的时候变得很有主见,也很自然地把自己的情绪流露了出来。

cici和悦悦坐在故事板的前面开始讲了起来，cici扮演小猪，而悦悦选择扮演各种小动物。cici："有一个小猪看看，小猪野餐……"她边说边开始把小猪玩偶套在手上，稍微有点费劲，套完了继续讲了起来："小鸟打招呼，Hello小猪！"悦悦拿起手上的小鸟玩偶戴了起来："小猪，可不可以给我一个面包？"她边说边翻找着盒子里的东西："Hello小鸟，我就给你个大面包。"……

我走了过去，cici看了看我，声音变轻了："小松鼠走来了。小猪？小猪？嗯？……"后来她有点说不下去了，边上的悦悦有点着急，一把拿走了cici手中的面包，另外一只手中拿了苹果："面包，然后小松鼠给它一个苹果，小猪胖胖高高兴兴去野餐，小猴子给它、给它一个饮料，小云来了咋办，给它一个气球。"悦悦帮助cici把故事补充得更加完整了，cici并没有生气，还很可爱地看着悦悦笑了起来。

悦悦说她来当小猪，cici来当小客人。cici很快就答应了。悦悦继续戴着小猪的手套。悦悦眨了眨她的大眼睛，看了看cici手上的小鸟："可是小鸟闻到那个大面包。"然后她停顿了一下继续说了起来："小猪给它一个大面包，小鸟闻到大面包，想吃。"cici看了看边上的我说："老师，没有小松鼠，可是我要小松鼠。"我说："没关系的，那这样我拿橙色的手工纸画两个眼睛代替小松鼠，你拿着它代替小松鼠讲讲看吧。"cici点点头，等了我一小会儿，她举起我制作好的纸头："然后小松鼠跳过来，然后给它一个薯片，然后剩下的零食就给小猪吃掉了。"cici拿起了一个大的黄色雪花片作为薯片。悦悦还是举起自己手上套着的小猪说："小猪高高兴兴去野餐，小猪看一下给鸟一块大面包，小松鼠跳来了，小猪看看给它一个大苹果。白云来了，这么高的！怎么办？有了，给个气球，给个巧克力。小云很高兴，咕滋咕滋吃掉了。"悦悦很连贯地摆弄着材料，还加了拟声词来模仿吃巧克力的声音。她们很愉快也很顺畅，故事的复述在轻松愉快的气氛中结束了。

案例反思

小班孩子编讲故事的前提是要熟悉原本的故事，先要学会复述故事内容。孩子们之间还是有差异的，有的能力强的孩子就非常喜欢用替代物，而且还会给别的小朋友做示范。孩子们因为能够把我们班级摆放的手偶融入到故事板里面去，兴趣更加高涨了，都抢着要玩。真实的材料让孩子们非常兴奋。故事里面的真实的食物，孩子们也非常喜欢。他们可以用雪花片简单地替代别的食物，其实这也是创编的启蒙，这让孩子们觉得很有趣、很好玩，玩得非常开心。

一、小班故事板活动中有趣的题材和情境

在当下，为主题选择适当的题材，为幼儿的全面发展而创设有趣的情境，说起来挺容易但是真的要做到就须不断观察和调整，非常考验教师的预设和生成能力。对于小班，教师的引导其实是最重要的，打好基础，才能给孩子们一个摸索的空间。前期会稍微辛苦一点，但是努力之后将会给孩子带来很大的收获。

二、小班故事板活动中教师的观察和介入

在活动中，教师需要在边上做一个观察者，适当地介入。特别是孩子们刚开始接触故事编讲的题材，对于材料还不是很熟悉。老师可以作为旁观者很自然地出主意，引导孩子们学会使用代替的材料，自由地、大胆地发挥创编能力。

三、小班故事板活动开启幼儿的兴趣之门

根据幼儿的年龄特点，教师提供高结构和低结构的材料，如，小动物的布偶、面包都是高结构材料。孩子们能够根据提供的材料，把故事内容还原、复述好；能力强的孩子能够用彩色的雪花片来替代别的物品，如黄色的雪花片代替薯片。无论是高结构还是低结构材料，投放种类过多，其效果常常适得其反。在区域材料的投放上，低结构材料需要与其他结构材料优化组合，才能激发幼儿更丰富的游戏行为。比如，低高组合、低低组合、低结构材料和非结构材料组合等，以此来推动幼儿游戏水平提升。从区域特点看，创意类活动区域更适合投放低结构材料。从年龄段看，中大班幼儿适合低结构材料多一些，小班幼儿的低结构材料占比则可以少一些。

本案例中，教师选取学习活动中的题材，课件里有动画故事。这样孩子们对熟悉的内容总是有亲近感，可爱的故事人物和内容令孩子们的兴趣增加了许多。再加上可以替换的非常有用的材料，孩子们觉得很有趣，就像创造性的游戏一样，可以自由地表达自己的想法和情绪，这种感觉非常好。

记录者：邓欢

故事编讲案例 19

故事编讲活动中如何满足中班孩子的表达愿望?

案例背景

现在的孩子大多数是独生子女,由于爷爷奶奶的溺爱,孩子一般都以个人为中心,不懂如何关心别人。《三只蝴蝶》这个故事讲述了蝴蝶们坚定不移、团结友爱、相互关心的美好感情,可以陶冶孩子的美好情感。老师利用废旧纸盒做了故事背景,在纸盒上做了红白黄色三只可以移动的插入式蝴蝶,作为故事板材料,投放进了语言区,还增添了三色花供孩子编讲,背景由可粘贴的太阳、乌云和雨滴组成。通过故事板编讲活动,孩子加深了对故事的掌握,体会到好朋友之间相互关心的情感。

情景回放

玥玥和西西是一对形影不离的好朋友,西西性格内向胆小,而玥玥比较活泼有主见。一天午餐过后,西西、龙龙和玥玥来到了语言区,开始摆弄起《三只蝴蝶》的故事板操作材料。

西西移动了一下三只蝴蝶,说道:"花园里有三只美丽的蝴蝶,一只是红的,一只是黄的,还有一只是白的。它们天天在花园里一块儿跳舞、游戏,非常快乐。"看来西西准备充当旁白。我来到他们身边,帮助西西旁白道:"有一天,三只蝴蝶正在草地上玩,突然下起大雨来。它们一同飞到红花那里,说……"

旁白结束后,玥玥和龙龙商量了一会儿,发现故事中有三只蝴蝶,但是两个人该怎么分配角色呢?于是,活泼开朗的玥玥走到我面前,说道:"老师,我们这里缺一只蝴蝶,你愿意跟我们一起讲故事,扮演白蝴蝶吗?"于是,有趣的故事就开始了。

龙龙拿起了红蝴蝶,飞到了红花姐姐身边,说道:"红花姐姐,大雨把我们

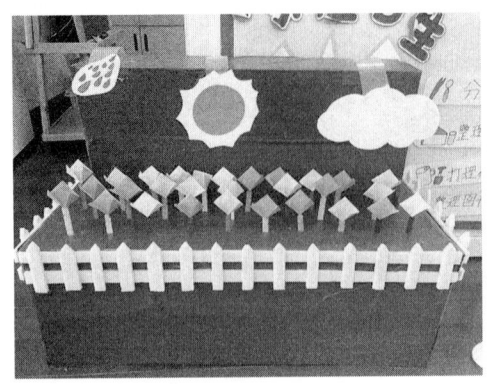

的翅膀淋湿了，大雨把我们淋得发冷了，让我们到你的叶子下避避雨吧！"这时候，大家发现没有人扮演红花姐姐，于是西西当起了红花姐姐，说："红蝴蝶的颜色像我，请进来！黄蝴蝶、白蝴蝶，别进来！"于是，龙龙说道："白蝴蝶、黄蝴蝶，那我们再去找找其他避雨的地方吧。"这时，玥玥拿起了黄蝴蝶，飞到了黄花姐姐的面前，说道："黄花姐姐，大雨把我们的翅膀淋湿了，大雨把我们淋得发冷了，让我们到你的叶子下避避雨吧！"西西说道："黄蝴蝶的颜色像我，请进来！红蝴蝶、白蝴蝶，别进来！"

这时，旁白说："三只蝴蝶又去找其他避雨的地方了。"这时，玥玥拍了拍白蝴蝶，说："白蝴蝶，该你啦！"于是，我拿起了白蝴蝶，飞到白花姐姐身边："白花姐姐，大雨把我们的翅膀淋湿了，大雨把我们淋得发冷了，让我们到你的叶子下避避雨吧！"这时，西西说："白蝴蝶的颜色像我，请进来！黄蝴蝶、红蝴蝶，别进来！"

一向安静内向的西西突然拿起我提供的三色花，说道："我有办法了，三只蝴蝶，你们可以去三色花姐姐那里避雨，三色花不仅有红色也有黄色和白色。"于是在西西的提醒下，玥玥和龙龙拿着蝴蝶飞到了三色花姐姐的身边，一起说道："我们终于找到避雨的地方啦！"

案例反思

在操作故事板材料的过程中，孩子运用和练习语言的机会多，对孩子口语表达能力的发展，也有显著作用。教师把语言知识融于游戏之中，可使孩子在游戏中学习，在游戏中记忆。

一、环境材料是满足孩子表达愿望的物质前提

教师要将孩子看作独立的个体，充分尊重他们的意见；努力为孩子创造一

个自由、宽松的语言交往环境，支持、鼓励、吸引孩子与教师、同伴或其他人交谈，体验语言交流的乐趣。

二、能力差异是拓展孩子表达愿望的关注前提

对那些在语言表达上存在不完整性、缺乏条理的孩子，教师可以按照"谁在什么时候、去了什么地方、在什么情况下、做了什么"的顺序对孩子进行引导，这样训练了中班孩子思维与语言上的逻辑性，使他们初步掌握了有条理地说一段话的技巧。

三、适当介入是推动孩子表达愿望的有效手段

孩子的讨论往往需要教师的组织、引导。此时，教师提供的话题就显得尤为重要，如果提供的话题是孩子熟悉的、感兴趣的，那么孩子就能很快地投入其中，积极主动地参加讨论，乐于表达心中的想法。

记录者：金丽雯

故事编讲案例 20

大班故事板活动中当幼儿游戏愿望不能满足时怎么办？

案例背景

大班主题《动物大世界》正在班里如火如荼地开展着，孩子们带来了很多和动物有关的东西：恐龙玩具、动物园拼图、沙盘考古材料、动物棋，还有各种与动物有关的绘本。他们和老师、同伴一起，不断了解不同动物的习性，交流着常见动物的奇特本领，徜徉在动物世界中，感受着发现和表达的乐趣。为了进一步激发大班孩子的主题探究兴趣，老师根据绘本《母鸡萝丝去散步》，利用植绒布和刺毛搭扣，制作了一副可贴、可换、可自由组合的故事板材料投放进了语言区，主角分别是狐狸和母鸡，群众演员是青蛙、老鼠和山羊，背景则由草堆、栅栏、池塘和养蜂场组成，从角色到道具，都在无声地诉说着不同场合发生的关于傲娇母鸡萝丝和倒霉蛋狐狸的有趣故事。

情景回放

茜茜和安安是两个开朗又有主见的女孩，还是一对形影不离的好朋友。今天坐在植绒布制成的故事板材料《母鸡萝丝去散步》前面，茜茜手里拿着的是狐狸，不过狐狸放在了池塘边的草丛后面，似乎隐藏着的样子。而安安右手拿着母鸡，左手捏着青蛙，看来准备一人分饰两角。

茜茜拿起狐狸贴在故事板上："我是狐狸，今天出门居然碰到了一只母鸡，看它肥肥的身体，一定可以让我美餐一顿！"

安安把母鸡贴在了大树旁："我是母鸡萝丝，今天吃得太撑了，我想出门去散散步，消化消化。"

茜茜移动着狐狸来到草丛里："我躲在草丛里，母鸡一定看不见我，到时候等它走近了，我就可以扑过去一把抓住它，啊呜一口吃进肚子里！"

安安则将母鸡移到了池塘边，顺带着把青蛙放进了池塘里："我是母鸡萝丝，散步真愉快，来到池塘边，池塘里的青蛙在高兴地唱歌。哈哈，青蛙先生说，'母鸡萝丝你好，你要去哪里呀？'母鸡萝丝说：'我吃得太饱了，所以要去散散步！'青蛙先生呱呱呱地大声叫着，好像也想跟着母鸡萝丝一起去散步。可是母鸡散步不想带着青蛙，自己走到了草堆旁边。"

茜茜拿着狐狸放到了草堆上，又拿出了小老鼠的图片按在故事板上："狐狸跟着母鸡来到了草堆旁边，看到母鸡就在自己眼前，真想扑上去吃掉它！可是小老鼠在旁边吱吱叫，狐狸只能躲起来。"

这时，茜茜想把边上的道具——栅栏和养蜂场竖起来，可是，软趴趴的两份材料不给力，她试了几次都没成功。茜茜有点泄气，胡乱地将栅栏和养蜂场贴在了池塘边，嘴里飞快地说着："狐狸跳过了栅栏，又翻过了养蜂场，被蜜蜂蜇得满头包，只好逃走了。"说着，还把旁边的大树、小草等等的图片拿起来贴了一遍，就算完成了任务，站起身来准备离开。

安安本来还想把故事继续编下去，可是听到茜茜这么说、看她这么做，也有样学样起来："母鸡萝丝散步散好了，就回家了。"说完以后，对茜茜说："故事编好了，我们也讲完了。"两个人手拉手离开了。

听着两个孩子虎头蛇尾的编讲内容，老师悄悄看了看时间，发现茜茜这个孩子前期专注在能够摆弄的角色、道具上的时间是12分钟，但是当软软的栅栏竖了几次都没能成功的时候，她的游戏愿望受到了打击，开始变得不耐烦，也影响

第五章 拓展童"话"故事编讲园本课程视野

了同伴的故事编讲欲望。

盯着眼前的故事板材料，看着两个孩子离开的身影，老师有一刹那的无力感，看来，故事板材料的趣味性，很大一部分还要体现在便于顺应孩子游戏中对故事情节的材料操作愿望之上。

连着几天，故事板材料有些受冷落。而老师也不能左右孩子的故事编讲兴趣。

这一天，有个孩子带来了一本立体图书《爱丽丝梦游仙境》，自由活动时受到了大家的追捧，它有着会自由组合的场景、能反转抽取的人物、可以调节远近的画面、夺人眼球的色彩，显示着无处不在的童趣。看着这本立体图书，老师脑海中灵光乍现：《母鸡萝丝去散步》为什么不可以变一变呢？材料有救了！

老师立即组织孩子们展开讨论，我们的这份故事材料可以怎么变一变？

孩子们七嘴八舌地显示着自己的智慧和灵感，有的说："可以挖坑，让狐狸摔进坑里。"有的说："我想有一些东西，可以让我剪一剪贴进去，想到怎么对付狐狸都可以。"还有的说："我想自己插一插，可以变成好玩的跳跳棋。"……

第二天，原先的平面磁铁材料华丽变身，成了一套立体插板式的故事宝盒：主角、配角变身双面的，可站又可插，盒子整个被打造成了故事场景，浅绿色的草地，可开合门窗的独栋立体房屋、栅栏、树木悄然矗立着，池塘则在草地远处，恍若正静静流淌，里面布满插孔，扭扭棒、木块、手工纸、纸芯、剪刀等摆放在周围，方便孩子们根据情节需要将道具随时更换。

茜茜和安安看到了，立刻被吸引住，注视着故事宝盒不走了。为了公平起见，两个孩子用石头剪子布的方式定下了谁扮演狐狸谁扮演母鸡萝丝，可插式的道具在两个人的左右手里牢牢抓着，在欢声笑语中一次又一次地让母鸡显示着会

装糊涂的聪明范儿，一遍又一遍地变着法儿编出馋嘴狐狸的倒霉样儿："狐狸跟着母鸡萝丝来到了养蜂场，蜜蜂蜇得它满头包，狐狸成了肉包子啦！母鸡萝丝假装没看见，继续往前走，经过池塘的时候，青蛙突然跳出来呱呱大叫，狐狸一吓，脚下一滑，跌进了水塘里，成了落汤鸡……这只狐狸太倒霉了呀！"

老师抬手看了一眼时间，25分钟过去了，两个孩子似乎仍意犹未尽，笑个不停的模样让一旁的伙伴们忍不住也想加入。没做任何推介，全班孩子对于"母鸡萝丝和倒霉狐狸"的故事编讲热情一个月了依旧没降。

案例反思

在大班故事板活动中，当幼儿游戏愿望不能满足时，教师应对幼儿的兴趣、情绪、交往、语言、行为（如操作摆弄等）等游戏行为进行深度解读，及时制定教师的支持策略，在推进游戏进程中提升不同层次幼儿的游戏水平及想象力、创造力与表现自信度，促进不同水平的幼儿获得发展。

一、大班故事板活动中需把握情境营设策略

教师应根据幼儿的兴趣、需求创设故事板游戏情境，提供充足的游戏材料和道具，或和幼儿共同进行环境的创设，道具、材料的准备，提升幼儿与故事板材料的互动积极性。

二、大班故事板活动中需把握调整跟进策略

教师应根据幼儿的需求调整幼儿游戏空间的大小布局、情境设置及辅助物增减等，帮助幼儿丰富游戏情节，迎合各种发展水平的大班幼儿在故事编构中的不同需要。

三、大班故事板活动中需把握兴趣维护策略

当幼儿在故事板游戏中出现兴趣不足时，教师应引导幼儿从情境设置、材料提供或角色提供等方面展开讨论，了解大家的游戏需求，消除幼儿的无所事事的心态以帮助幼儿保持游戏兴趣。

记录者：缪海燕

第六章

探索童"话"故事编讲学习评价优化

幼儿园教育活动实践中,开展教、学两个维度的评价,这是指根据教育方针、政策、法规和幼儿园的教育工作目标、要求,运用教育评价的理论、技术和方法,对幼儿园教师的素质、教育活动过程及效果做出价值判断的过程。

要保证和提高幼儿童"话"故事编讲的质量,评价及评价优化的探索脚步就不能停止。

第一节 幼儿童"话"故事编讲评价活动定位

幼儿园围绕教学活动而开展的教师教学与幼儿活动评价是幼儿教育评价的重要内容。基于幼儿童"话"故事编讲教学活动而开展的教学或学习评价,因教育及教学观的不同有不同的方案,评价项目也因此有所不同。

一、幼儿童"话"故事编讲评价指导思想与价值认知

(一)幼儿童"话"故事编讲评价应坚持科学指导思想

活动评价的基本价值取向应该是:活动应促进幼儿认知及情感等多方面的全面、和谐发展;活动应尽可能引发幼儿多感官的参与,体验、尝试和发现等是幼儿重要的学习方式;适宜的目标和内容才能引发真正有效的教和玩;活动应当具有开放的、能激发幼儿探究欲望和思考的环境;产生问题、引发互动是有效活动的重要特征。

活动评价必须突出注重对活动过程的评价,对活动结果的评价要与对活动过程的评价相结合,总结性评价与形成性评价相结合,实现评价重心的转移。在活动评价中,既要注意活动的客观效果如何,又要考察教师是怎样达到这样的效果的,以及幼儿在这一过程中是怎样变化发展的,也就是说,幼儿园应将对活动结果的评价与对活动过程的评价、对幼儿学习与发展的结果与幼儿学习过程结合起来。

(二)幼儿童"话"故事编讲评价应发挥积极促进作用

开展童"话"故事课程评价活动,金爵幼儿园主要坚持和发挥以下方面的教与学促进作用。

1.导向作用

评价可以促进幼儿全面、健康、和谐地发展。2012年10月教育部颁布的《3—6岁儿童学习与发展指南》,对3—6岁幼儿语言学习与发展的目标做了明确的要求,提出了幼儿园阶段幼儿在语言领域必须获得的口头语言和书面语言准备的学习与发展目标。对幼儿语言的培养是一种有目的、有计划的活动。我园

也组织教师在对《3—6岁儿童学习与发展指南》深入解读的基础上，从理解与表达、阅读与欣赏两个维度对不同年龄段童"话"故事编讲的培养目标进行解读。教师在日常生活情境中结合故事编讲的要点观察幼儿的故事编讲情况，与幼儿进行交流等，了解幼儿的真实想法，评估幼儿的发展情况，通过对童"话"故事评价指标体系中各指标的完成情况的判断，我们就可以发现被评价对象与目标之间的差距在哪里以及差距有多大，及时反思和改进课程内容，从而更有效地促进被评价对象靠近教育目标，以促进幼儿全面和谐发展。也就是说，童"话"故事课程评价可以使我们的培养活动始终朝着既定的目标前进，而不是偏离正确的方向。

2. 诊断作用

童"话"故事旨在培养幼儿的听、说能力和良好习惯，提高故事讲述、创编的能力，促进幼儿有意注意、社会性能力、创造性思维等方面的发展，同时提高教师组织和实施故事编讲活动的能力，紧扣幼儿语言发展的内在性规律。而诊断作用是语言发展评价的基本功能。通过评价活动，可以诊断幼儿在童"话"故事活动实施过程中的语言发展状况；可以诊断幼儿在学习语言时，在知识经验和能力技能上的准备程度，已有的语言素养水平，由此来决定童"话"故事的目标和内容；可以诊断童"话"故事活动的实际效果；还可以诊断幼儿在语言方面的兴趣、个性、能力等方面的差异，以便教师因材施教，有的放矢地进行个别指导。

3. 调节作用

评价在童"话"故事课程的整体运行中具有增效作用。若能做到在童"话"故事活动实践的过程中每走一步都做出评价，并以此为基础再走下一步，就可能避免许多"无效劳动"，使教师和幼儿的时间和精力花费在能取得实效的活动上。经常性的评价还可为学期或学年总评价积累素材，进行客观的归纳和总结。

4. 激励作用

评价可以使被评价者看到自己的成就及不足，能够激励被评价者发扬优点，克服不足。评价的激励功能可以体现在多个方面。首先，评价可以反馈并确认教师的教育和幼儿的语言学习是否有效。其次，评价可以通过反馈语言教育活动设计与实施中存在的缺陷和不足，激发教师改进和调整语言教育活动的动机，也可以反馈教育活动中的优秀成果，给教师带来成就感，从而增强教师的信心，激起更大的动机。再次，根据评价结果的信息反馈，可以大大提高教师自我教育评价和改进教育工作的能力。

二、幼儿童"话"故事编讲评价对于师幼的激励作用

科学而有效地评价幼儿园教师教育活动在教育评价理论的完善与幼儿园管理实践中具有现实的意义。

（一）教师教育与幼儿活动评价对于教师行为改进的重要影响与意义

幼儿园教师教育活动评价有助于教师端正教育评价理念，全面认识学前教育评价的多重价值，注重发挥评价的诊断、激励和发展性功能。

在我国义务教育阶段，课程改革提出了一个具体目标，就是"改变课程评价过分强调甄别与选拔功能，发挥评价促进学生发展、教师提高和改进教学实践的功能"。在学前教育阶段，幼儿园教师教育活动评价的方向更应如此。在发展性评价理念的指导下，通过科学有效的评价活动，诊断幼儿在发展中的优势与不足，并在此基础上提出有针对性的指导方案，有效促进幼儿身心全面和谐发展。

（二）教师教育与幼儿活动评价对于幼儿活动改进的重要影响与意义

幼儿童"话"故事编讲评价有助于学前教育目标的实现，促进幼儿的身心和谐发展。

现代学前教育发展的趋势是"以幼儿为中心、以活动为中心"，通过幼儿童"话"故事编讲评价活动可以使幼儿园教育目标进一步转化为促进幼儿在身体、社会、认识、学习策略及情感等的全面、和谐发展的具体要求，关注幼儿在童"话"故事编讲评价活动中多方面的发展过程，体现"以学评教"，从而有利于幼儿园童"话"故事编讲评价活动中的各项目标实施和逐步实现，促进提高教育教学质量，最终促进幼儿的身心和谐发展。

（三）教师教育与幼儿活动评价对于教师队伍建设的重要影响与意义

幼儿童"话"故事编讲评价的对象包括教师和幼儿，评价的主要目的在于优化幼儿在童"话"故事编讲中的学习表现与效果，但是，驱动这一优化实践的作用力量之一来源于教师，因此，围绕幼儿学习优化所开展的评价活动带来的积极影响与意义是老师教育行为的改进，幼儿园活动评价有助于提高教师整体素质，促进教师专业成长。

开展幼儿童"话"故事编讲评价活动，是推动幼儿园教育教学改革，提高幼儿园办园质量的一项重要措施。通过幼儿童"话"故事编讲活动评价，广大教师按照评价原则和标准，在认真进行自我反思的基础上，互相观摩、互相评议，对课程及活动进行有效的"诊断"与"指导"，找出幼儿园课程与活动中存在的

"病灶",从而对症下药,促进幼儿园课程发展和完善,并不断提高幼儿园教育活动的质量,并在此基础上激励教师学习教育理论,更新教育观念,总结教育经验,进行教育科研,促进教师专业成长。

三、幼儿童"话"故事编讲学习评价活动的原则把握

(一)幼儿童"话"故事编讲学习评价活动中的问题

开展幼儿童"话"故事编讲活动,金爵幼儿园发现,教师指导幼儿编创以及幼儿学习编创方面的评价亟须跟上,目前许多幼儿园在对教师教育与幼儿活动开展评价时,主要存在以下一些问题。

1.忽视评价的整体性、全面性

幼儿教育的根本任务是促进幼儿身体、认知、语言、社会性、情感等方面全面和谐地发展,所以,围绕幼儿发展所开展的教育评价必须服从和服务于幼儿全面发展这一幼儿教育的总战略、总目标,所开展的幼儿活动评价应立足整体,从利于幼儿全面、可持续发展的高度出发,对幼儿教育活动的某一方面或某一幼儿的活动做出评估判断。只有将二者有机结合,才能对幼儿教育活动做出全面深入的考察与分析。

2.忽视评价的过程性、发展性

教学目标是教学活动的导向,但是,教学活动的全部结果又都是在教学活动过程中形成的,而且幼儿的心理特点决定其注重活动过程的体验。有些幼儿教师在组织教学活动时,往往比较重视目标与结果评价,却忽视了过程及幼儿成长过程中的发展性评价。这种以目标与结果为主要形式的评价势必降低幼儿对活动的兴趣,直接影响活动的质量。

3.忽视评价的差异性、成长性

在活动评价的过程中,评价者往往忽视每一位幼儿的个体差异,忽视每个幼儿的基础与"个性"所进行的评价往往会使评价变得机械,缺少人性,缺少对幼儿作为生命主体所应得到的关爱与尊重,这也成为幼儿园进行活动评价的不足之一。所以,《纲要》指出,幼儿发展评价应"承认和关注幼儿的个体差异,避免用划一的标准评价不同的幼儿,在幼儿面前慎用横向比较"。纵向评价是一种自身评价,通过与自己的过去比较,关注评价对象的基础与变化,评价其提高或发展的幅度;横向评价是一种与他人进行的比较,通过比较确立自身在群体中的位置。

（二）幼儿童"话"故事编讲学习评价活动中的评价原则

童"话"故事课程的评价原则是在进行童"话"故事实践活动评价时必须遵守的基本要求，无论是谁来进行评价，为了保证充分发挥评价的功能，都应该遵循以下原则。

1. 客观性原则

客观性原则是指实施童"话"故事课程的评价时，必须采取客观公正、实事求是的态度，科学地确定和使用评价标准，尽量减少主观臆断和个人情感因素的影响。这是进行童"话"故事课程评价的最基本原则。

遵循客观性原则，要求教师在组织童"话"故事编讲活动时，认真、细致地观察幼儿的故事编讲表现，从而更真实地了解幼儿语言素养的实际情况。教师对幼儿的观察可以分为结构式观察和自由观察两种。结构式观察需教师事先依据观察目的设计观察量表，并依据观察量表进行观察记录；而自由观察没有观察量表，是教师自由的、全面的观察记录。同时，为提高观察的效果，教师有时还可以通过提问的方式，来补充或验证观察幼儿语言表述的实际情况；教师也可以在自由活动时，通过与幼儿的个别交往和巡视来对幼儿的语言发展情况进行观察；对于在日常生活中不易观察到的情况，教师则可以根据评价指标设计专门的活动，创设相应的条件促使幼儿自然地表现其发展状况。总之，通过观察，可以获得大量的评价信息，可以充分增强评价中的客观性，可以及时了解教育活动的运行状况，并通过观察得来的反馈信息，及时调整活动的内容、方法和组织形式。

运用客观性原则，要求评价者必须根据客观的评价标准来实施评价，评价标准是客观的，是符合目标要求的，标准一旦确定，就不能任意改动。在评价过程中随意增加标准、减少标准、提高或降低标准的做法都是不符合客观性原则的。此外，要求评价标准应适用于每个评价对象，不能以偏概全，否则就不是客观的标准。再次，要求评价者以客观公正的态度对待每个评价对象，不能添加个人感情色彩，更不能因个人好恶而使评价结果出现偏差。

2. 全面性原则

全面性原则是指应该对童"话"故事活动的各个组成部分和各个构成要素进行全面的评价。童"话"故事是一个综合的活动过程，在实施评价时，既要对幼儿语言发展情况进行评价，又要对教师的教育教学进行评价；既要对教育目标进行评价，又要对教育内容和方法进行评价；既要对教具、学具的选择和利用进行评价，又要对教师与幼儿之间的互动情况进行评价；既要对静态的活动要素进行评价，又要对动态的活动要素进行评价；既要对全体幼儿的故事编讲平均水平进行评价，又要对个别幼儿的故事编讲水平差异进行分析……遵循全面性原则，一方面要求评价标准能够全面，另一方面要求在评价过程中要全面、充分地收集信息，不要偏听偏信。只有遵循全面性原则，才能保证评价标准的全面性和在评价过程中收集信息的全面性，才能使评价工作更科学更准确。

基于全面性原则，教师可以将教师评价、幼儿自我评价有机结合起来，可以师幼共评、师生互评，还可以由幼儿完成自我评价及幼幼间的互评。在全面性评价的原则指导下，教师或是幼儿可以将对相关故事编讲活动的意见、反响、判断等自由地表达出来，通过口头语言或文字叙述的形式对教育活动加以评价。这样的评价并不需要采用定量分析，因此不需要专门的测试工具和严格的评价程序。同时，幼儿教师在全面性评价的原则指导下，必须尽可能全面地搜集活动资料，既可以对静态因素（如活动目标、内容、方法、材料、环境等）加以评价，也可以对动态因素（如儿童在活动中的具体表现）进行评价，从而，由全面性入手，更好地反映童"话"故事编讲活动开展的状况。

3.参照性原则

参照性原则是指制定的童"话"故事评价标准要有一定的客观依据。首先，要依据国家有关法规性质的文件，这是确定评价标准的根本依据；其次，要依据幼儿语言发展的基本规律，根据幼儿在每一个年龄阶段应有的语言发展水平做出恰当的规定，不可任意提高或降低评价的标准；再次，要依据故事编讲活动的目标，目标不但是教育活动组织和实施的指南，也是教育活动评价的指南和参照的依据。在评价过程中，那种脱离目标另定标准的做法不可取，也是缺乏科学性的典型表现。

4.发展性原则

发展性原则强调评价的根本目的在于促进幼儿语言的发展以及运用语言能力的提高。语言能力是在运用的过程中不断发展起来的，是一个连续不断的过程，在实施故事编讲活动的评价时，不能仅仅着眼于当前一个时期幼儿语言的状况，更要看到幼儿语言发展的潜力和今后的发展方向。《纲要》明确指出："教育评价是幼儿园教育工作的重要组成部分，是了解教育的适宜性、有效性，调整和改进工作，促进每一个幼儿发展，提高教育质量的必要手段。""以发展的眼光看待幼儿，既要了解现有水平，更要关注其发展的速度、特点和倾向等。"这实际上就明确了教育评价应促进幼儿不断发展的思想，体现了教育评价的发展性原则。

在发展性原则之下，教师在辅导幼儿童"话"故事编讲过程中及时对幼儿进行表扬、鼓励。充分挖掘童"话"故事编讲中成功的要素，给予积极的肯定，让幼儿有继续编讲的愿望，使每位幼儿有成功的体验，给幼儿树立自信心，是幼儿自主学习的驱动力。

四、幼儿童"话"故事编讲评价活动的多元广角实践

围绕课题实践研究，金爵幼儿园积极探索多种角度、多元形式的幼儿活动评价，以此提高幼儿活动的积极性。

对幼儿编讲活动进行评价，需要有一定的方法。评价的方法实际上是收集信息的方法。评价时，可以采用某一方法进行评价，也可以综合运用几种方法，这样可以收集多方面的信息，作为评价的质和量的客观资料，为科学的故事编讲评价提供依据。

另外，评价可以是针对某一次故事编讲活动而做出评价，也可以基于幼儿一段时间学习成果的总结而做出评价。

（一）评语式评价

评语式评价可以是用第二人称的方式，由教师或幼儿同伴对故事编讲者所陈述的故事进行评论，这种点评、评论的方式类似于甲乙双方的对话，提出自己听后的意见或建议；也可以是用第三人称的方式，就所听到的故事向他人做出介绍——既为介绍，那就必须客观公允。

例如，金爵幼儿园小三班幼儿韩充讲述的故事《变色猫》——

从前有一位老爷爷，他养了一只猫。这是一只白猫，猫的眼睛一只是红色的，一只是绿色的。老爷爷很喜欢这只猫，每天都把它洗得干干净净的。老爷爷喜欢抱着这只干干净净的猫。

可是有一天，老爷爷却不愿意抱这只猫了，而且还把它赶走。这是怎么回事呢？原来，小猫太淘气了，它跑到门口的颜料盆里玩水，结果身上都沾满了颜料，白猫变成了黄猫。小猫还把颜料溅到了盆的外面，地面都弄脏了。老爷爷很不高兴，气得脸都红了。小猫知道自己错了，赶紧去洗了澡，小黄猫又变回干干净净的小白猫了，老爷爷也笑了！

由教师拟写的第二人称评语式评价如下——

你编的故事真有意思，小猫很淘气，却也很可爱，打翻了颜料弄脏了自

己，可也是个知错能改的小猫。听了你讲的故事，小伙伴们也知道了知错能改就是好宝宝的道理，真好呢！

再如，金爵幼儿园小三班幼儿董子谦讲述的故事《狗妹妹的粉红色梦》——

雨过天晴，三个狗妹妹来到山脚下的草地上玩。她们一会儿唱歌，一会儿跳舞，一会儿做游戏。她们愉快地玩耍着，连鸟儿也跟着她们一起快乐。

她们玩累了，就躺在草地上，看着蓝天白云，这时两座山之间挂起了一道彩虹。不一会儿，三个狗妹妹都睡着了。穿红裤子的妹妹，梦到了自己枕着白云做的枕头，盖着蓝色的被子，躺在彩虹床上，甜甜地睡着了。戴帽子的妹妹，梦见自己手拿五彩气球，飘到了彩虹上，又从彩虹上滑下来，像滑滑梯一样。最小的穿蓝裙子的狗妹妹，梦见自己来到了彩虹的世界里，到处都是亮闪闪的星星，她在这里欢快地跳舞。

醒来后，三个狗妹妹各自分享了自己的梦，她们开心极了。

围绕这则故事，第三人称的评语式评价如下——

这一故事记述了三个狗妹妹在一起玩耍以及累了以后梦的所见，故事编讲者一是对故事的时间顺序把握得很好，"玩耍——睡梦所见——醒来分享"，故事的情节叙述条理清楚，情节推进合乎情理，符合事理逻辑；二是故事讲述者对诸多色彩的生动表述；三是故事的动态感很强，故事中的人物栩栩如生。整个故事既显示了幼儿思维的多样性、逻辑的合理性，又通过调用幼儿已有经验，发挥其对多种色彩的丰富想象，体现了故事情节的生动性、形象性。

（二）表格式评价

即依据教师制定的表格式评价量表，进行对照表格所述维度的幼儿园故事编讲评价。

这一评价方式也可以结合或参照"综合等级评价法"开展幼儿园故事编讲评价。

（三）综合等级评定法

为了在评价中获得对故事编讲活动的总体印象，还可以使用综合等级评定法。这种方法既可以对语言教育活动的各种因素进行分析评价，又可以对活动的各种状态进行分析评价，能获取更全面的评价信息。

综合等级评定法一般从纵向和横向两个维度确定评价指标。纵向维度包括构成语言教育活动的各种因素，主要有目标、内容、形式、儿童参与活动程度、材料利用情况、师幼互动、幼幼互动、幼环互动等。横向维度包括教育活动各因素在运行过程中的状态及其等级（见下列综合等级评定表）。根据这两个维度制成综合等级评定表，教师在评价时，只需在相应的位置上打钩即可。使用这种方法，可以获取多重评价信息，评价者借助这些信息，既可以对教育活动进行定量分析，又可以进行定性分析，还可以进行因子分析，可谓一举多得。

表6-1 综合等级评定表

	目 标	完全达到	基本达到	未达到
目标达成分析	目标1			
	目标2			
	目标3			
适合程度分析	内 容	完全合适	基本合适	不合适
	形 式			
活动因素分析	参与程度	主动积极	一般参与	未参与
	师幼互动	积极互动	一般配合	消极被动
	幼幼互动	积极互动	一般配合	消极被动
	材料利用	充分利用	一般利用	未利用
效果评价	整体印象	优 秀	良 好	一 般

（四）游戏式评价

游戏是幼儿最喜欢的一种活动方式，教师采用做游戏的形式作为结束课堂教学的一种评价方法，既能充分调动幼儿的积极性，又能使幼儿在活动结束中体验愉悦感。例如，某同学编讲了《小蜜蜂采蜜忙》的故事，教师让孩子们在听完故事后，扮演小蜜蜂到花园里去"采蜜"，从中体会采蜜的辛勤与快乐，使幼儿感受到了其中的乐趣，这样，既表现对编讲故事者的肯定，也让编讲故事者、表演者共同体验了故事编讲的成功感。

（五）展览式评价

教师在幼儿分组编讲、聆听故事的基础上，让幼儿互相聆听所编讲的故事，欣赏故事作品，提高幼儿审美能力和审美情趣。例如，针对某一相同主题、相同元素的故事，教师充分引导幼儿发挥自己的理解，编讲出故事的主要内容情节。在幼儿完成分组交流后，教师委托幼儿家长参与故事编创活动，制作故事编讲的录音或视频文件，充分利用网络平台，组织幼儿编讲故事展，让幼儿既能欣赏到别人的作品，又激起了幼儿对故事编讲的热爱之情。

（六）多彩光谱活动测量评价法

测量法是教育评价中最基础的一种评价手段，是运用量的研究方法，使用测量工具，依据严格制定的评价指标进行的数据度量和分析。

对幼儿语言能力的评价，在西方运用标准化测验（测量法）比较普遍。如20世纪60年代末，美国研究幼儿口语能力发展的专家凯兹顿，在研究了12种儿童早期教育大纲中的促进语言发展的目标后，形成了一份"幼儿园教育的规格明细表：早期语言发展的目标"。凯兹顿等学者又根据这个早期语言发展目标明细表提出了评价幼儿语言发展的一套程序，包括：发音与语音的辨别，基础语法使用精确的语言（描述、讲述解释），应用语言进行交流，应用语言进行认知，操作语言（分析、转换和翻译、评价），情感领域等方面。当然，还有其他一些测量幼儿语言能力的工具，这些工具一般都把语言领域分为语义、音韵、句法、语言应用四个部分，并且通常只是单独测试某一语言成分，如传统的标准化测试韦克斯勒量表中的"学前和初级智力水平测试"（Wechsler，1976）和麦卡锡量表中的"儿童能力水平测"（McCarthy，1972）。

然而，这些传统的测量法总是孤立地考察句子语法，很少在丰富的社会情境中考察语言能力。近来许多从教育角度出发的研究者认为，考察语言水平要在讲述中进行，不要只盯着句子结构，并认为在自然的游戏情境中，在幼儿真实的语言运用中，在幼儿的"自由讲述"中考察语言水平可能更具启迪性。多彩光谱活动测量法即是这样一种测量方法，其并不孤立地评测诸如语法、词汇等语言成分，而是对"谈话"进行评价。如讲述一个故事、揭示某个程序等，在某个特定的、实际的、有意义的任务实践中运用语言工具。故事板活动是多彩光谱活动测量法中最为常用的一种评量方法。金爵幼儿园在开展童"话"故事编讲活动研究中，将故事板作为故事编讲的游戏材料之一进行设计与运用。所谓故事板，就是一块放置有玩偶和场景的木板或盒子。故事板活动中，幼儿自己操作并使用故事板开始游戏，一段时间后教师要求幼儿边游戏边自由编讲一个故事。教师不能打断幼儿的叙述，并对所有叙述内容做录音，事后完整填写在下面的记录表中——

表6-2 故事板活动录音整理表

幼儿姓名	郁兜	日　期	2017.3
年龄段	小班	性　别	男	观察者	郑海燕
录音故事	《小乌龟看爷爷》			转录者	郑海燕
故事长度	304字			转录时间	2017.3

故事：
　　小乌龟想爷爷了，他要去看爷爷，还要背着苹果树去呢。小乌龟把苹果树贴在身上，然后就出发了。
　　蝴蝶也来了，蜜蜂也来了，蝴蝶也来了，蜜蜂也来了。
　　蝴蝶说："小乌龟，你身上背着的是什么呀？"小乌龟说："我身上背的是花呀！"蝴蝶接着说："花好香呀，可以送给我一朵吗？""可以可以呀！"小乌龟说着假装摘了一朵花下来给了小蝴蝶，一边说："那我就送给你一朵吧！"
　　秋天到了，小乌龟终于到了爷爷家。爷爷轻轻地问："小乌龟，你怎么来啦？"小乌龟说："我给你送苹果树来了呀！"然后小乌龟把苹果一个一个摘了下来，爷爷也开始摘苹果，小乌龟说："爷爷你说谢谢呀。"爷爷说："谢谢你，小乌龟，你的苹果真好吃。"小乌龟摇摇头说："不用谢不用谢！"

　　在此基础上，教师再一次依据评价指标对叙述的各要点进行打分（如下图"故事板活动评价图"所示）。

　　故事板活动为幼儿编讲故事提供了一个具体而开放的框架。有了故事板，幼儿不仅仅是叙述者，也是参与者。进行多次故事板活动后，教师便能够从此项活动中观察到幼儿的语言素养。一个有讲故事天赋的幼儿在其故事的形式和连贯性上都表现出超前的发展，显示出处理材料的独特风格和方法。从幼儿短小的故事叙述中，能反映出语言能力、创造性、思维力等各种发展状态。我们可以评价幼儿是如何把连续事件联系在一起，对曾经提到过的人物、地点或物体，幼儿是怎样作进一步的描述，以及怎样保持与所叙的事件相互吻合的。通过故事板测量活

第六章　探索童"话"故事编讲学习评价优化

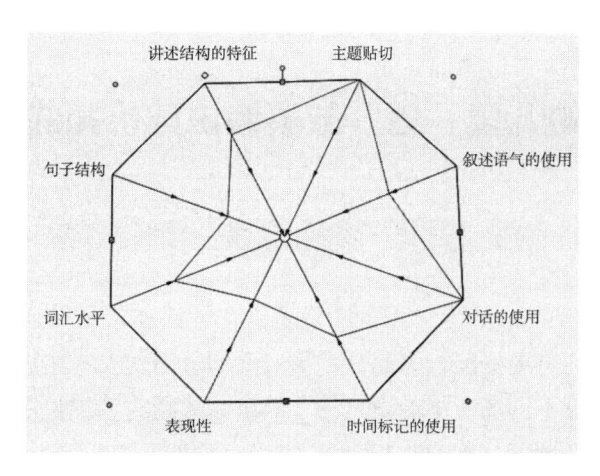

图6-1　故事板活动评价图

动，我们既可以考察幼儿对地点、事件和因果关系的表述能力，又可以考察幼儿对诸如人物创造、对话和戏剧情节等大家熟知的讲述活动所必须包含的各种成分的使用。而且，幼儿能力发展的个体差异往往会在故事板测量活动中反映出来：有的幼儿能够对事件进行完整的描述，有的会考虑到角色的想法并编造角色之间的关系，有的会表现出某些表演因素，采用富有表现性的声音和语调，等等。

当然，在童"话"故事课程的评价方法上还有很多，下面就结合童"话"故事编讲活动评价的内容框架，梳理与之相对应的评价方法。

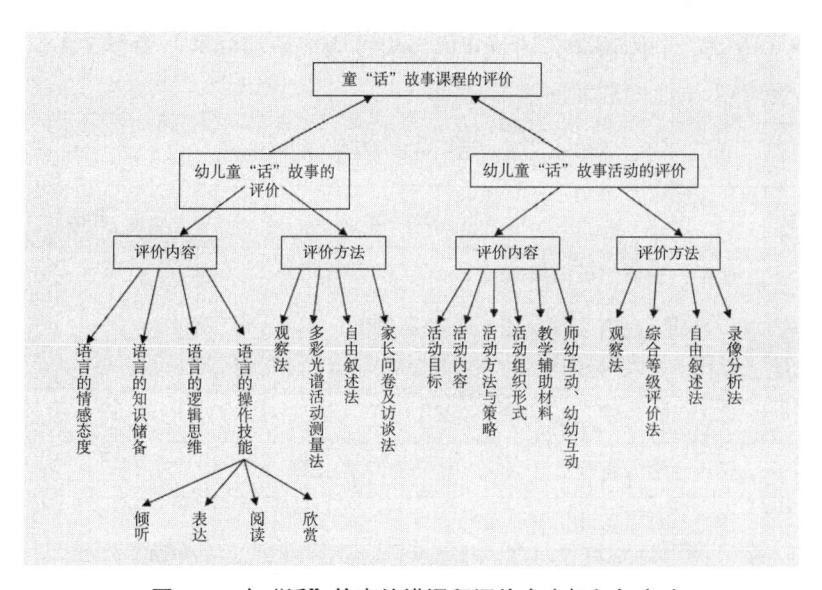

图6-2　童"话"故事编讲课程评价内容框架与方法

第二节　幼儿童"话"故事编讲评价扣的而行

开展多元广角的幼儿童"话"故事编讲评价活动，是保证幼儿童"话"故事有的放矢开展的重要保障，为此，金爵幼儿园针对幼儿在集体性活动、个别化活动、游戏活动等不同场合下的童"话"故事编讲行为，因地制宜开展了幼儿童"话"故事编讲评价活动。

一、集体性活动中的童"话"故事编讲活动学习评价

童"话"故事编讲活动是集体性活动的一种形式，童"话"故事课程，除了要对幼儿的故事编讲能力进行评价，也需要对教师的教育活动进行评价。本课程评价要建立多元的课程评价体系。不仅评价课程目标、内容、组织实施，同时也评价环境创设、教师态度、师幼互动等。既要评价由教师预设的课程，也要评价由幼儿生成、教师支持发展的课程。教育活动的评价贯穿于一日活动，并伴随教师的日常工作自然地进行。对幼儿发展的评价要承认和尊重幼儿在经验、兴趣、学习特点等方面的个体差异。评价要以发展的眼光看待幼儿，既要了解幼儿的现有水平，更要关注他们的发展潜能。

表6-3　童"话"故事编讲活动评价表

评价内容	评　价　标　准	分值	得分
活动目标 （15分）	明确、具体、可操作	5	
	促进幼儿综合、整体发展（情感态度、学习能力、知识、技能、行为习惯等）	5	
	体现"在尝试、探索或设计制作中导向预期的认知"	5	
活动内容 （15分）	贴近生活，符合幼儿兴趣、需要和发展水平	5	
	难度与容量适度，有挑战性	5	
	有利于幼儿长远发展，有助于拓展幼儿生活经验	5	

（续表）

评价内容	评价标准	分值	得分
活动材料（15分）	与目标和内容匹配，数量充足	5	
	有利于幼儿畅想、探究、获得表演经验	5	
	源于生活，因地制宜，就地取材	5	
活动过程（35分）	层次清晰，重点突出，教学环节间紧密联系、自然流畅	5	
	关注幼儿生成，并根据幼儿学习进程调节	5	
	集体教学与小组、个别活动交替，动静相间、松紧有序、收放自如	5	
	教学手段和方法得当	5	
	留给幼儿充分的学习时间和空间，注重幼儿的主动学习、主动发展	5	
	提问恰当，幼儿易于了解	5	
	语言准确精练，情绪饱满，富有感染力	5	
效果（20分）	幼儿积极投入，参与率高	10	
	教学容量适度，短时高效	10	
总分100			

二、个别化活动中的童"话"故事编讲活动学习评价

在个别化活动中，除了评价个别化活动中的内容与材料、过程、个体差异等项目以外，还关注幼儿在个别化学习活动中故事编讲活动，评价幼儿的语言表达。

表6-4　个别化活动中童"话"故事编讲的评价

任教教师：　　　　　　　班级：
当前主题：　　　　　　　时间：

年龄段	项目	评价标准	分值	得分	简述
小班	倾听	能倾听同伴和老师讲话，会安静地听简短的故事。	15		

（续表）

年龄段	项目	评价标准	分值	得分	简述
小班	表达创编	（一）愿意与成人和同伴介绍生活中自己熟悉的符号，能较清楚表达自己的想法。 （二）回答问题，能围绕阅读的内容进行。 （三）学会用动作、表情表现故事的局部情节，并能对角色对话进行替换和补充。☆	50		
	表现	愿意大胆地表达自己的做法和想法。	15		
	阅读习惯	（一）对图书感兴趣，能对画面作仔细观察。 （二）知道正确取放图书的方法，知道爱护图书。	20		
中班	倾听	能倾听别人说话，喜欢阅读，乐意接触儿童艺术作品。	15		
	表达创编	（一）愿意编画情节简单的图画故事书。 （二）能大胆地表述阅读信息，愿意为同伴介绍讲解阅读信息。 （三）能根据对观察内容的理解进行角色对话、简单情节等的表演创造活动。☆	50		
	表现	在老师的帮助下有目的地与同伴分享学习过程中的新发现。	15		
	阅读习惯	（一）能安静地阅读图画故事书。 （二）对图书文字感兴趣。 （三）能对画面作有序观察，对书画面中的空白点进行合理想象。 （四）知道正确翻阅图书的方法，并保管好自己的图书。	20		
大班	倾听	能听懂他人讲述的阅读内容并发表自己的想法。	15		
	表达创编	（一）能发现口语和书面语的不同表达方式。 （二）愿意用图夹文方式表达自己的想法。 （三）大胆地运用语言和非语言方式在集体中表达阅读信息。 （四）能理解故事画面或者图片线索的意思，用较复杂的句式、词汇恰当讲述对故事内容的理解或对故事情节的想象编构。☆	50		
	表现	能大胆与同伴分享学习过程中发现的问题及解决的方法。	15		

（续表）

年龄段	项目	评价标准	分值	得分	简述
	阅读习惯	（一）能独立地寻找图书阅读，并对文字感兴趣。 （二）能有目的地对画面作有序观察。 （三）能坚持看完一本图书，再看另外一本图书，不受外来干扰。 （四）在阅读中遇到困难能想办法克服。	20		

三、与游戏相结合的童"话"故事编讲活动学习评价

幼儿故事创编的内容来源之一就是幼儿的游戏，在角色游戏中，班级会投放故事板和一些开放式的游戏材料，如树叶、贝壳、羽毛、冰棍棒等，教师观察幼儿在游戏中的语言和行为，并针对幼儿独自游戏和合作游戏，设计不同的评价要点。教师根据观察分析，反思材料提供与幼儿语言行为的关系，反思教师在故事板游戏中已发生的介入行为和可以进一步开展的介入行为，为幼儿的游戏和成长提供有效支持。

表6-5 角色游戏中童"话"故事编讲评价要点

内容来源	单人活动	同伴活动
开放式的游戏材料	• 幼儿自由选择故事板材料中的人物、情境和道具→在操作、摆弄故事板材料中自由游戏并编讲故事→集体分享。 • 为故事取名字——围绕主题编讲故事。 • 限制道具、人物数量的使用——围绕有限的道具和人物编讲故事内容和情节。	• 同伴协商自由选择道具故事板材料——协商分配角色——自由编讲故事。 • 协商取名字——围绕主题编讲故事的情节和内容。 • 限制道具、人物数量的使用——围绕有限的道具和人物合作编讲故事内容和情节。
评价记录		

第三节　幼儿童"话"故事编讲试行水平分级

金爵幼儿园的课题实践研究表明,培养幼儿童"话"故事编讲的能力不但可以促进幼儿智力与思维能力的发展,而且对幼儿语言表达能力和组织能力的提高也有很大的帮助,幼儿口语的交流是幼儿获得经验的重要途径,应将交流融入各种活动中。

如何面对不同年龄、不同基础的幼儿,既循序渐进又有的放矢地提高其童"话"故事编讲能力,金爵幼儿园为此进行了积极的探索。一方面,对幼儿童"话"故事编讲的具体环节进行分解,课题组成员及全园教师就童"话"故事编讲的每一环节具体要求形成共识,这就为开展有效的学习评价奠定了基础。另一方面,课题组成员及全园教师在共同讨论的基础上,确定并试行了以水平分级及其标准制定促进提高童"话"故事编讲质量与效益的行动路线。

一、夯实每一环节指导,引导幼儿提高故事编讲水平

金爵幼儿园童"话"故事编讲是幼儿由衷喜欢的活动项目,这一活动实践引导幼儿充分感受世界,在倾听、阅读、理解和表达中发展自己的各方面能力,而讲故事是一个循序渐进的过程,它需要理解、分析、表达等方面的能力。一个能以清晰的思路、完整的情节、生动的细节编讲童"话"故事的幼儿,必然是一个拥有多方面能力的全面发展的幼儿。

在幼儿童"话"故事编讲中,金爵幼儿园对教学环节进行科学分解,并努力夯实每一环节指导,从而不仅发展了幼儿的语言能力,同时也为发展幼儿的逻辑、空间、人格、人际关系等各方面能力提供了操作、运用的机会。

（一）了解故事特点,学习故事选材

对于幼儿,教师可以借助绘本阅读,引导幼儿解构绘本中丰富有趣的图画。虽然囿于年龄原因,他们并不能阅读绘本中的文字,但是,一本优秀的绘本往往能令幼儿在看看、翻翻、说说的过程中,依靠自己的想象,就简单地"读"出其中的故事,并感受故事的乐趣。

翻看绘本，教师重在引导幼儿了解童"话"故事的环境、背景，故事中的人物、事件，故事的梗概（起因、过程和结局）。

（二）欣赏回味故事，尝试模仿

绘本阅读的第一步是翻阅绘本的过程，而这只是初步的理解。在翻看的基础上，进一步欣赏回味，则是让幼儿开始深入理解绘本的一个重要环节。欣赏回味可以是在学生独立翻看基础上，进一步倾听教师的讲解朗读以及教师围绕故事提出的相关问题思考，也可以是幼儿交流翻看印象。这些都是幼儿编讲故事能力中的重要方面，只有学会欣赏回味，才能深入理解故事内容。在此基础上，教师再引导幼儿从老师或同伴的故事演绎中掌握不同语言和语调，尝试模仿复述其中的部分情节。所以欣赏回味故事是让孩子提高讲故事技能的一个重要方法，只有通过欣赏回味故事积累了更多的词汇、语句，幼儿才能在讲故事的道路上如鱼得水。

欣赏回味故事，教师重在引导幼儿发现童"话"故事中的精彩之处，学会细节表达。

（三）你问我答讨论，彼此交流

这里的"你问我答"，可以在师幼间进行，也可以在幼幼间进行。美国教育家拉瓦特里说："教师在最为适当的时候提出适当的问题，这样就有可能推动儿童在较高的水平进行活动。"一方面，教师的提问能很好地启发幼儿进一步思考故事情节演绎的方向、细节如何，能帮助提高幼儿的语言发展和组织能力以及表述能力，开阔其思维，从而让活动变得更加有效。另一方面，幼儿彼此间的问答讨论和交流，则能更好地从幼儿的视角，使童"话"故事更符合儿童的思维和心理特点，也使内容、情节更具合理性，语言更具准确、生动性。

你问我答讨论彼此交流环节，对于故事编讲活动的要求是，幼儿在"问""答""说"的过程中，通过"问"进一步梳理情节，通过"答"进一步加深记忆，通过"说"学会组织语言，在集体面前表达自我、提高自信。

（四）游戏表演演绎，再现场景

创设场景，让幼儿置身场景之中游戏、表演，是提高幼儿童"话"故事编讲兴趣和表现表达能力的有效之举。其中，游戏——"玩"，是幼儿最喜爱的事情，也是幼儿最放松的方式，编讲故事中加入游戏元素或进入"玩"的环节，能事半功倍地帮助幼儿进一步理解故事。欣赏故事后，结合对情节、音乐、场景的理解，指导幼儿进行童"话"故事的生动表演，启发幼儿通过语言与动作的结合，学会用肢体动作表现故事的情节，用不同的语调声音表达人物的情绪，也能进一步增进对词、句、故事内容的理解,从而充实、提升幼儿语言表达能力。特别是,通过扮演童"话"故事中的各种角色,幼儿不仅提高了兴致、加深了对故事内容的印象,而且在自然、轻松的氛围中,融入自己的所感、所悟,促使幼儿想说、敢说、会说,幼儿的语言表达能力会进一步提高。

在幼儿编讲童"话"故事的活动中,幼儿学会在游戏中表演演绎,能够边玩边再现故事内容,以游戏或表演反映故事情节的推进演变。这种游戏表演演绎,可以是幼儿自由组合,也可以是分角色扮演表演,都要求幼儿能够准确理解原有故事主题,不能曲解或主次不分。

(五)复述故事情节,整体把握

幼儿对故事的复述不同于背诵和朗诵,也不同于前面"欣赏回味故事"环节的"尝试模仿"。"尝试模仿"是对原有故事中的局部或细节内容作回顾性表述,而这里的"复述故事情节"则是幼儿对故事内容的再现、发展加工与创造。当幼儿看完一个绘本故事或者是听完一个故事音频、看完一个故事视频后,脑海里留下的是一个个情节片段,通过复述,教师可以引导幼儿较好地将这些片段有逻辑地表达出来,在这个过程中,教师的指导能有效地帮助幼儿丰富词语,锻炼和提高幼儿的语言表达与逻辑思维能力,同时受到感情的陶冶。

——原文复述。原文复述就是在理解了故事内容、了解了叙述顺序的基础上,对故事内容进行详述,也可以做概括性的简要复述、摘要复述和重点复述。详述一般为整篇故事的复述,适合篇幅较短的文章。这一形式的故事复述能帮助幼儿将原有故事中的语言转换为自己的语言,激发其学习的兴趣。同时,为使复述变得小型多样,机动灵活,幼儿必须重组情节,选取片段或有重点地进行复述。

——扩展复述。扩展复述是在原文基础上,幼儿发挥想象,扩展原文的某些内容进行复述。幼儿通过想象,挖掘出原有故事未能完全反映出来的内容,培养了观察力、理解力、想象力和组织运用语言的能力。

——创造性复述。幼儿在理解故事的基础上,根据故事的内容,用不同的方式改组故事,用自己的语言进行叙述并表达故事的主题思想。在此过程中,创造使幼儿对原有故事内容作进一步的深度重组,并融入自己对故事的理解。这种方法可以使孩子加深对故事的充分理解,进一步地受到作品中思想感情的熏陶。

在幼儿编讲童"话"故事的活动中,复述故事情节应达成的目标是,学会抓重点,记住构成故事最重要的六大要素:时间、地点、人物、事件、原因以及故事的结果,能够用"首先""接着""然后""最后"等表示先后顺序的词语有条理地进行复述，能够回应或说明清楚"故事里有谁？""故事在哪里发生的？""他们发生了什么事情？""他们是怎么解决的？"等问题。创造性复述要求幼儿对原有故事中的人称进行变换，复述时能够说出自己的见解，表达出自己的情感。

（六）编创童"话"故事，想象创新

《纲要》指出："幼儿的创作过程和作品是他们表达自己的认识和情感的重要方式。"由此可见，"创作"是幼儿表现的一个重要手段，只有用创新的手段编创童"话"故事，拓展幼儿的思维方式，加强幼儿创新思维培养的力度，孩子的各方面能力，特别是语言表达能力、想象力、讲故事能力才能得到快速的发展和提高。

幼儿编创、讲述故事，不仅可以充分发挥幼儿的想象力和创造力，也是对童"话"故事更深层的理解的一种表现。幼儿倘能从自己的生活中找到故事的起点，加入自己新的想法和创意，这样的故事编创、讲述便会使故事的内容更加丰满，故事也能呈现出独有的魅力和个性。

在幼儿编讲童"话"故事的活动中，教师或幼儿对故事内容的选择要适合幼儿的年龄特征和理解水平。3—4岁的幼儿爱听动物的故事，因此其编讲的故事可从幼儿熟悉的动物开始，故事要简单易懂，简单重复的故事情节中可以融入夸张的语气、动作、表情等；5岁以上的幼儿可以从童话故事、民间故事和英雄人物故事中获得灵感，情节可以稍有曲折，以更好地吸引同伴。

二、创建金爵幼儿园童"话"故事编讲水平分级标准

根据幼儿在故事编讲中参与的积极性和编讲内容，金爵幼儿园将童"话"故事编讲水平分为：

水平一：不会故事编讲。不理解老师的问题，游离在故事编讲活动之外，处于这个水平的大多是小班幼儿。

水平二：不愿参与故事编讲。在故事编讲过程中，有一些幼儿对故事编讲不感兴趣，对老师提出的问题不予理睬或不能理解，不参与故事编讲活动。每个年龄段都会有不愿参与故事编讲的幼儿，教师要采取一定的策略吸引幼儿的兴趣，调动幼儿编讲的积极性。

水平三：能够参与故事编讲活动，但是故事情节散乱，脱离故事主题，很少出现故事对白。处于这个水平的幼儿，对故事编讲感兴趣，但是需要教师引导和

提供多种刺激，激发其故事编讲的创造性想法。

水平四：积极参与故事编讲活动，积极表达表现自己的想法，能编讲出一些具有丰富想象力和创造性的故事情节和内容，有创造性想法，偶尔还能评价他人编讲的故事。大班幼儿大多处于这个水平。

第四节　幼儿童"话"故事编讲评价方法优化

有效的活动评价应体现在开放性的活动评价体系建设上，幼儿园教师宜采用多元化评价手段，促进幼儿个性化、多元化发展。

在幼儿童"话"故事编讲活动中，金爵幼儿园通过教师主导的评价与幼儿活动过程中的自检自评、互检互评以及家长评价等，做到了内评与外评结合，实现了幼儿童"话"故事编讲活动的多视角与多元化。

一、幼儿童"话"故事编讲活动中的教师评价

根据幼儿在童"话"故事编讲中参与的积极性和编讲内容，在幼儿编讲活动中，对于幼儿的故事编讲成果（作品），教师要采取多层评价的方法。首先，要考虑整体评价，在本次活动中有多少幼儿能达到预定的目标，所完成的作品具有什么样的水平。其次，要对幼儿进行部分评价，可以从幼儿的情感和能力等方面逐一评价。情感方面的评价对幼儿的发展非常重要，良好的情感是故事编讲的基础，孩子愿意编讲、喜欢编讲，才能编讲出自己的作品来。再次，教师针对不同的幼儿制定不同的评价标准，这就相当于对幼儿进行纵向的评价，让每个孩子都能看到自己的进步。最后，教师对幼儿编讲，应始终采取欣赏鼓励的态度，使评价具有温度和感情。如果幼儿把想象中的东西编入故事，虽不合原故事，但合乎情理的，教师也一定要肯定并给以鼓励。在幼儿结束童"话"故事讲述时，教师应该再次给予肯定和鼓励，以激发和保持幼儿对编讲童"话"故事的兴趣与热情。

二、幼儿童"话"故事编讲活动中的自我评价

幼儿在童"话"故事编讲活动中的自我评价，是把评价幼儿活动成就的权力，由教师转向幼儿；幼儿由被动评价者转为主动参与者，从而调动幼儿活动的积极性和主动性。如围绕幼儿编讲故事的全过程，教师可以将幼儿的自评贯穿在

整个活动中。随着活动推进，教师分阶段引导幼儿开展基于每一活动环节、每一活动任务的活动评价。幼儿通过自评，不仅激发了自信心，而且可以取长补短、互相学习，同时大大激发了幼儿的活动兴趣。

三、幼儿童"话"故事编讲活动中的幼幼互评

这种评价是围绕童"话"故事编讲活动在幼儿之间互相展开各种形式的评价，从而保持他们的活动兴趣，例如在某一幼儿编讲结束后，教师组织幼儿们讨论，评价故事在内容、情节、主题方面的可圈点之处，并提出听后感受与改进设想建议。或者是，在整节课幼儿们集中讲述故事、教师组织课后集中展评时，教师引导幼儿进行比较分析，肯定每位幼儿的精彩之处，同时分析本次故事编讲活动中带有共性特点的问题在哪里？怎么编讲故事会更加精彩？幼儿在相互评价的过程中，加强对故事编讲的点评分析，提高幼儿对编讲故事的评价能力，努力通过幼幼间的互动评价促进提高童"话"故事编讲质量，提高幼儿对故事编讲评价活动的兴趣。

四、幼儿童"话"故事编讲活动中的家长评价

对于幼儿来说，教师和家长对他们的影响是一致的，家长的评价对孩子在童"话"故事编讲能力方面的发展起着重要作用。金爵幼儿园充分利用家园联系渠道，经常向家长宣传新的故事评价标准（特别是随着幼儿园活动进度、幼儿年段变化而提出与时俱进的活动要求），定期向家长发放"故事编讲活动"幼儿发展评估表（见表6-6），引导、促使家长经常聆听孩子的童"话"故事编讲作品，通过家园互动，跟踪了解幼儿的发展状况，了解教师对幼儿作品的评价意见，渐进地改变家长的观念，学会欣赏童"话"故事编讲活动中的童趣，让幼儿在愉快的气氛中完成编讲创作。

家园有效合作，形成教育合力，方能最大限度地促进幼儿身心全面和谐发展。开展故事编讲特色课程以来，金爵幼儿园十分注重家长对童"话"故事编讲能力和课程的评价，以期从家长角度，更全面地了解幼儿发展状况，了解家长对园所课程建设的建议。

下面是金爵幼儿园在学年末发放的"故事编讲特色课程"家长问卷，意在了解家长对幼儿发展和课程的评价和建议，为完善课程提供思路。

表6-6 "故事编讲活动"幼儿发展评估表

评 价 指 标	强	一般	弱
1. 能态度自然大方地与人沟通。			
2. 能使用正确的语言内容和形式进行讲述。			
3. 能有中心、有顺序、有重点地讲述。			
4. 能关注别人说话，有良好的倾听习惯。			
5. 能根据讲述话题不同，语言环境不同，变化语音和语调。			
6. 能根据听者的反馈及时修正所说内容。			

金爵幼儿园实施"故事编讲特色课程"的家长问卷

亲爱的家长：您好！

  我们金爵幼儿园于2015年成功申报了区级课题"幼儿园故事编讲园本课程设计与实施的研究"，在多年的探索实践中逐渐形成了自己的课程特色，架构了基础性课程与童"话"故事编讲特色课程有机结合的课程体系。为了了解您对幼儿园特色课程的认知，请您认真完成此项问卷，让我们的课程更趋完善，让我们的孩子更快发展。

谢谢配合！

金爵幼儿园

2019年6月10日

1. 您是否经常了解幼儿园的保教工作信息？（　　　）
  A. 是　　　　　　B. 有时　　　　　　C. 没有时间
2. 您最关心孩子在园哪些方面的发展？（　　　）
  A. 知识技能　　　B. 行为习惯
  C. 体能　　　　　D. 社会性（交往、情感）　　E. 语言能力
3. 您知道幼儿园的特色课程是什么？（　　　）
  A. 体育　　　　　B. 故事编讲
  C. 美术创意　　　D. 绘本阅读　　　　　　　　E. 泥塑造型
4. 您能说出两个以上本学期班级里进行的主题活动名称吗？

(　　　　)

5. 您知道您的孩子在主题活动中的表现吗？（　　　　）
   A. 知道　　　　　B. 有时知道　　　　　C. 不知道

6. 您在班级主题实施过程中是否积极配合，经常提供材料？（　　　　）
   A. 是　　　　　　　　　　　　　　　B. 有时配合
   C. 没时间　　　　　　　　　　　　　D. 不知道

7. 您对老师或孩子需要您配合收集资料、提供材料的态度是？（　　　　）
   A. 积极参与　　　　　　　　　　　　B. 完成任务
   C. 偶尔做　　　　　　　　　　　　　D. 觉得烦

8. 您指导过孩子的故事讲述、故事表演或绘本阅读吗？（　　　　）
   A. 经常指导　　　　　　　　　　　　B. 偶尔指导
   C. 从未指导　　　　　　　　　　　　D. 不知道此事

9. 您认为本学期您的孩子在哪些方面取得了进步？可多选（　　　　）
   A. 知识技能　　　　　　　　　　　　B. 语言表达
   C. 身体素质　　　D. 情感培养　　　　E. 创造性思维

10. 您觉得班级内孩子们故事编讲游戏材料丰富吗？（　　　　）
    A. 很多　　　　　　　　　　　　　　B. 一般
    C. 不多　　　　　　　　　　　　　　D. 不知道

11. 您对幼儿园故事编讲特色课程环境创设是否满意？（　　　　）
    A. 很满意　　　　　　　　　　　　　B. 比较满意
    C. 不满意　　　　　　　　　　　　　D. 不知道

12. 您对班级故事编讲特色课程中的渗透性活动（如餐前故事、图书漂流、欢乐星期五、童话节巡演等）的评价是？（　　　　）
    A. 好　　　　　　　　　　　　　　　B. 较好
    C. 一般　　　　　　　　　　　　　　D. 差

13. 请您对金爵幼儿园的故事编讲特色课程提出宝贵的意见和建议。

直面问题解析·精彩案例分享

故事编讲案例 21

中班故事板活动中当幼儿没有合作时怎么办？

案例背景

中班主题《春天来了》正在进行中，教室里到处布置了充满春天气息的材料。教材有《多嘴的八哥鸟》这个故事，故事情节比较有趣，与春天森林里热闹的景象有关，故事中出场的人物也很多，可以让孩子们一起分配角色进行故事编讲。于是按照故事的内容，教师制作了四个不同情节的场景，角色有八哥鸟、小黄莺、小白兔、大灰狼等森林里的好伙伴们，并且制作了森林的场景和圆形底盘。

情景回放

萌萌是一名能力较强的幼儿，龚宇鑫的能力比较弱。他们两个人被新制作好的故事板吸引了注意力，于是两个人决定一起挑战一下这个故事。

萌萌首先选择了八哥鸟这个主角，把八哥鸟的照片拿在自己手中开始学着八哥鸟的叫声，把八哥鸟的照片放在树的前面假装停在树上，手里一直举着照片叫着"起床啦起床啦"。于是龚宇鑫拿着小黄莺的照片也飞到那棵树上说："我来了。"萌萌连忙打断他说："你说错了，小黄莺应该夸八哥鸟的声音真好听。"龚宇鑫连忙学着萌萌的话说下去："八哥鸟，你的声音真好听啊。"

紧接着萌萌把故事板转动了一下换了一个场景，把八哥鸟放在另外一棵树上，并且顺手把小兔子都藏了起来。萌萌把一只小兔子塞在龚宇鑫的手中说，"你来扮演小兔子吧。"龚宇鑫便拿着小兔子把它重新藏了进去。萌萌说："看，树后面有一只小兔子，大石头后面还有一只，那边也还有一只。"可是龚宇鑫没有及时地把兔子拿出来，而是直接就对着萌萌的八哥鸟说："真是讨人厌的八哥鸟，我们到别处去玩吧。"看到龚宇鑫没有把小兔子拿出来，萌萌急得一手拿着自己的八哥鸟一手把里面藏着的兔子找出来，把小兔子的台词又说了一遍，然后对着龚宇鑫说，"那你要先把小动物拿出来才可以说故事啊。"

接下去的几个场景萌萌也是给龚宇鑫分配了不同的角色，然后先讲一遍，龚宇鑫觉得这样不是很有趣，就先离开了。最后剩下萌萌一个人在故事板那里。好在后面两个场景的小动物都是固定在故事板上的，萌萌就一个人分饰了好几个角色。但是一个人讲故事，萌萌渐渐觉得没有意思了，就把故事草草地收尾结束了。

案例反思

一、故事板材料的调整

老师发现了这个情况后，首先分析了一下这个故事。这个故事比较长，内容丰富，出场的角色也很多，对于有些能力比较弱的孩子来说是比较难的。而且，因为两个人合作只有一位主角，其中一位孩子就要在不同的角色中切换，对这个孩子来说，编讲要求就比较高。另外，在故事板的操作中，因为背景板多是平面的，像八哥鸟要飞在树上就需要幼儿一直拿在手中；而有些小动物出场时，需要幼儿自主重新摆弄布置场景，幼儿布置场景是需要一段时间的。总之，材料对编讲者的要求太高。于是，我首先在材料方面做了一些改变，我在八哥鸟等需要动的角色后面加上了磁铁，然后在背景上也装了相应的磁铁，这样就不用孩子一直拿在手中。然后把有些只有一两句台词的角色直接定在它们出场的背景上，省去了孩子布置场景的时间。

二、故事板活动中合作方式的调整

在故事编讲中如果发现故事对于幼儿来说太难以复述，那么在推进游戏进程中应该考虑到不同层次幼儿，角色多的话，可以多分配几个孩子进行编讲，促进不同水平的幼儿获得发展。故事板中的每一个角色都是可以操作的，孩子们就愿意加入进来，一起叙述故事，从两人手忙脚乱地讲故事变成多人有故事情节的演绎。

三、故事板活动中老师的介入

教师应根据幼儿的兴趣创设故事板游戏情境，提供充足的游戏材料和道具，这些材料和道具，要取放便捷，方便幼儿操作摆弄。我在幼儿操作故事板时，也作了跟踪式的观察，发现问题及时改善。在集体活动时，我又一次拿出了《多嘴的八哥鸟》这个故事，为每一个角色制作了相应的头饰，让孩子身临其境，然后一个角色安排一位孩子来扮演。集体活动结束后，孩子们对于故事板的兴趣更高了，萌萌叫来了4个好朋友一起演一演讲一讲这个故事，讲讲说说兴趣浓厚，萌萌还帮一些角色加上了自己创编的台词。

记录者：龚思瑜

故事编讲案例 22

当与故事材料互动时，幼儿能力是如何得到发展的？

📍 案例背景

《春娃娃》是一个很有趣的故事，故事通过孩子都喜欢的春娃娃引出春天柳树发芽、桃花开花的明显特征，可以更好地调动孩子的兴趣，进而引导幼儿知道春天的一些明显特征。幼儿在《春娃娃》的集体教学中，表现出了对春娃娃这个新鲜形象的兴趣，理解春娃娃给树木、花朵、小动物带来的变化，并尝试用一句好听的话叫醒它们，许多孩子也能够大致念出故事最后的一首儿歌。看得出，孩子们很喜爱春天，能够感受到春天的美，于是我们顺势在语言区中制作投放了《春娃娃》的故事板材料，让幼儿操作摆弄与经验回忆，发展幼儿的故事编讲能力。

📍 情景回放

女孩悦悦和萱萱一起玩起了故事板，悦悦看了看操作材料，研究了一会儿说:"我们先把这些东西摆好吧。"萱萱说:"那我们一起摆吧。"

材料全部摆出来后,悦悦摆弄了下悬挂着的春娃娃、布谷鸟,直接念起了故事最后的那首儿歌:"春天来,春天来,柳树绿,桃花开,布谷鸟儿唱起歌,春娃娃呀真可爱。"萱萱听到后,也跟着一起念了儿歌的后半部分。

然后,萱萱开始讲了起来,她先拉动春娃娃,去柳树那里说:"给柳树姐姐梳头发。"又把春娃娃拉到桃花姐姐那里说:"春娃娃去催桃花姐姐开花。"

紧接着,她就开始念起了最后的儿歌。此时,悦悦在旁边看着萱萱讲,偶尔会帮着萱萱一起摆弄下材料。一遍讲好,萱萱直接拉着春娃娃,在桃花姐姐这里说:"春娃娃,去催桃花姐姐开花。"悦悦听见后,笑了起来,说:"这里都说了三遍了。"萱萱听见后,便不再说故事了。

女孩妞妞开始玩起了故事板,她先把前面小朋友玩的东西都收了起来,然后并没有做其他事情的意思,我催促了她一下,妞妞说:"老师,我不想一个人玩,我想找我的好朋友一起玩。"我说:"那么你去把你的朋友找过来吧!"于是,妞妞就把乖乖叫了过来。

两个人也是把所有的东西都放在了操作板上,然后,乖乖说:"春天来了,我要去叫布谷鸟起床咯!"于是,她把春娃娃移到了布谷鸟的旁边,说:"布谷鸟,快点起床,快点起床。"这时候,妞妞拿着布谷鸟,学着叫了起来:"布谷布谷。"

然后,乖乖拿着春娃娃又去找了柳树、桃花、小朋友,妞妞则每次都配合着做起了其他角色。最后,妞妞和乖乖一起念起了儿歌:"春天来,春天来……"玩好后,妞妞跑过来对我说:"老师,我想换个朋友了。"

第六章 探索童"话"故事编讲学习评价优化

案例反思

一、激发了幼儿的秩序感

观察案例中孩子的行为表现，发现他们都有一个共同点，就是都喜欢把所有的操作材料摆放在操作板上后，才开始讲故事。这也说明，这个时期的孩子做事情都有一定的秩序感，这个秩序感其实是每位孩子固有的，只是有的孩子表现得明显一些，有的孩子就表现得比较淡。可能是经过了小班一个学期的班级常规行为培养，所以他们的秩序感大多都被激发了出来，因而在做事情时有些孩子会比较固执，同伴没有按照他们的想法去做的话，还会发脾气。所以当发现前两组孩子在操作故事板时，要把所有东西都摆放好后才开始玩的时候，教师不必去刻意改变幼儿的行为，他们的行为背后肯定是有一定因由的，我们只需静静地观察，必要的时候给予他们帮助就可以了。

二、开始产生合作的萌芽

由于这是孩子们第二次玩故事板形式的操作材料了，所以这次孩子们在玩故事板时，开始有了一些交流。在悦悦和萱萱的行为中，我们发现萱萱主动选择扮演春娃娃这个角色，两个人都很喜欢念儿歌，虽然后来她们是自己管自己说，但是两个人很有秩序，她们没有特意商量过，但是会轮流玩，玩的过程中有一点对话互动，只是角色与角色之间没有交流。案例中妞妞开始不玩，找了一个朋友后才开始玩，并且在玩的过程中，能够配合乖乖进行一些角色扮演，虽然只是一点点的交流，但也是有进展了。从以上两种幼儿行为中可以看出，在故事板编讲活动中，孩子们之间开始有了合作的萌芽。

三、有自主解决问题的意愿

春娃娃这个角色是悬挂式的，乖乖在操作春娃娃，让春娃娃与布谷鸟对话的时候，发现春娃娃的绳子太长了，导致两个角色不在同一水平线上，于是她想了想，摆弄了一会儿绳子，最后想到把绳子往上提着玩了起来，这样她就可以根据其他角色的高度来自由调整春娃娃的高度了。另外，乖乖也非常纠结春娃娃飞的方向，因为春娃娃是单面，并且脸是朝着一个方向的，当乖乖想把春娃娃换一个方向飞的时候，脸就背过去了。她尝试了很多次，最后想到把其他角色移到另一边。乖乖是个聪明的孩子，同时也可以看出，当孩子们遇到问题的时候，开始有了自己解决问题的意愿。

记录者：潘丽

故事编讲案例 23

如何借助大班幼儿的生活经验来丰富故事编讲情节?

案例背景

《小房子变大房子》从"小房子"的视角讲述了城市化进程的加速给自然环境带来的巨大变化以及消极影响,从而引发我们思考,当城市发展的速度越来越快,变得越来越美时,我们该怎样看待身边那些象征过去的"小房子"呢?我们通过开展一系列有关"我们的城市"的主题活动,让幼儿了解"城市,让生活更美好"的主题。在这样的背景下,我们选择和幼儿一起欣赏《小房子》的故事,带着幼儿一起去体会:并不是只有摩登的高楼大厦代表着城市的美,那些老建筑同样呈现出城市的另一种风貌。

情景回放

小房子在乡村的时候,它说:"我能看到春、夏、秋、冬一年四季的日出和日落,晚上可以清晰地看到月亮升起,皎洁的月光。冬天看到小朋友在堆雪人,在一起欢乐地打雪仗。我能在乡村真好。"小房子看着高高的大厦,对大房子说:"你怎么那么高呢?"大房子说:"你为什么那么矮呢?"小房子说:"在乡村

没有你这么高的大房子，都是像我这样的小房子。"大房子哈哈一笑："我比你造得高，我也可以看到晚上的月光，还可以看到太阳的光芒。也可以比你看得更远。你也可以像我一样造得更高，就能跟我看得一样远。"小房子："我才不要，我喜欢我现在这样的生活，我没有觉得你比我好，因为我也能看得很高很远。"

大房子不服气："我们这里有电车，有汽车，有地铁，各种快速的交通工具，还有更快速的飞机呢。想去哪里就去哪里。"小房子说："你确定吗？你可以去太空吗？"大房子说："怎么不可以呢？我们有宇宙飞船和火箭可以去太空。"小房子还是不服气："那你可以一直待在太空吗？"大房子说："不可以。"小房子说："哈哈，所以还是我这里好啊。"大房子说："你那里一点都不方便出门。"小房子说："我这里是没有你那里方便，但是我这里的环境好，空气新鲜。"

案例反思

一、架构故事中的矛盾点，引发幼儿借助生活经验开展情节编构

幼儿能很好地参与画面的讲述和问题的讨论，对小房子拆与不拆这个问题很多孩子都有自己的见解，幼儿的语言表达能力和想象力都得到一定的发展。小房子喜欢晚上，晚上它可以看星星、看月亮，没有星星月亮的时候，它就看远远的那边城市的灯光。小房子从来都没有去过城市，它很好奇，它不知道城市是什么样的。在小房子的身边，也发生了一些变化。有一天小房子惊讶地发现一辆大卡车开来了，从大卡车上卸下了各种大石头和小石头，没过多久，一条公路就造好了。有了公路，这个地方就方便多了，来了很多人，大家造了很多的小房子居住，小房子的朋友越来越多，它觉得好热闹。

不管周围发生什么翻天覆地的变化，小房子依然还是那座小房子。可是主人却再也看不到星星，看不到月亮，闻不到大自然的气息，唯一看到的就是无数的汽车，无数的高楼。后来主人的孙子们找到他，又为他找到宁静的乡下，安静地生活着。

二、关注故事中的线索点，引发幼儿借助生活经验开展情节编构

孩子们对于建筑物的热爱程度是超过我们的想象的，他们中的大多数都梦

想着有一天能够当上建筑师。于是，对于房子的热衷，使他们展开了一个有趣的故事。

在很远的地方有一幢小房子，它的周围有好看的美丽的风景。太阳会在它身前升起，也会在它身后落下。小房子看着各种各样的汽车从城市的那边开来又开去。很快，大家发现房子不够住了，怎么办呢？人们在小房子的周围造起了高高的公寓楼，越来越多的人们住进了公寓楼，有的人上班自己开车，但是有的人没车，很不方便。于是，不久之后一辆公交车在小房子前面开来开去。

人越来越多，地面的交通越来越拥挤了，于是人们又造起了高架。交通越来越方便了，住在这里的人越来越多，于是人们又拆掉了高高的公寓楼，造起了摩天大厦。现在这里有了漂亮的霓虹灯、宽阔的马路、高楼林立。出门就能坐公交、乘地铁，很方便。可是我们的小房子怎么不高兴了呢？

记录者：孙晓添

故事编讲案例 24

集体活动后，小班幼儿的创编过程有困难怎么办？

📍 案例背景

在实施《拔萝卜》集体创编活动时，全班幼儿基本上都能随着老师的提问来回答问题，但是却发现幼儿总是把人物的出场先后顺序弄颠倒。这是因为故事中的人物非常多，这对小班幼儿来说有点难度。而且我们要求活动后他们能够根据故事内容进行创编表演，这更是一个挑战。

📍 情景回放

第一次活动时我把目标定位在：通过提问引导幼儿复述故事，让幼儿初步掌握故事中的主要角色及他们出场的先后顺序。

师：故事里面是谁种了一个大萝卜？

幼：是一个老头种了一个大萝卜。

幼：是老公公种了一个大萝卜。

师：我们叫他老公公呢还是叫老头呢？

幼：叫老公公，叫老头不好听。

师：对了，叫老公公是对长辈的尊敬。

师：萝卜变大了，老公公就去拔萝卜，他能拔动吗？

幼：不能。

师：他先叫谁来帮忙拔萝卜呢？

幼：是老婆婆。

师：老公公、老婆婆、小姑娘、小狗、小猫拔不动萝卜，这时他们又叫谁来了？

幼：小老鼠。

师：老婆婆拉着谁呀？

幼：老公公。

师：小姑娘拉着谁呀？

幼：老婆婆。

……（最后将故事串联一下）

第二次活动时我把目标定位在"通过肢体语言表现人物形象，训练幼儿发散思维"。

师：老公公的年纪大了，走起路来是什么样子的？

幼：两脚一瘸一拐的。

幼：两手背在后面弓着腰，一颠一颠地走。

幼：手在前面捋胡须，弓着腰朝前走。

师：老婆婆走路是什么样子的？

幼：也是弓着腰，只是没有胡须。

师：他们是怎样拔萝卜的，他们有劲吗？

幼：嘿哟！嘿哟！

幼：年纪大了，没有劲拔萝卜，所以他俩又叫来小姑娘。

师：老公公、老婆婆拔萝卜是怎样做的？声音是怎样的？

（小朋友就把两只手放在肩上，弯着腰做拔萝卜状，"嘿哟嘿哟"，声音低沉，表现出有气无力的样子。）

师：谁能学学老鼠走路是什么样子的？

（小朋友两眼瞪着，两只手放在嘴上，伸出食指，边走边吱吱地叫。另一个一蹦一蹦地走着，并吱吱地叫着。也有把两只手放在嘴上，做出吃东西的样子，向前走。）

最后让幼儿尝试连贯地表演故事。

案例反思

故事创编活动是幼儿在教师的引领下展开的编构故事活动。在活动中，教师既是参与者，又是研究者。所以故事创编过程既包括教师引领下幼儿的编构活动，也包括教师自身的反思活动。如何能够在集体活动后，让小班幼儿能够顺利进行故事创编活动，我经过了一番思考和调整。

一、提供必要的直观提示帮助幼儿再现故事内容

在实施《拔萝卜》的集体创编活动时，全班幼儿基本上都能随着老师的提问来回答问题，集体活动过程中整体还是比较顺畅的。我对第一次活动的反思重在集体活动后评价活动的结果，发现了活动后存在的问题（幼儿总是把人物出场顺序弄颠倒），对此我设想了问题解决策略：根据故事内容张贴一幅人物排列顺序清晰的大背景图，放在班级中提示幼儿。通过这幅图让幼儿在感官上能够直接看出人物出场顺序，所以在进行复述和创编表演故事内容时，直观提示是十分有必要的。

二、感知性问题帮助幼儿复述故事、理解故事

在第一次创编活动中，我多以感知性的问题引导幼儿创编。感知性问题是指那些对事实或其他事项作回忆性的重述或经由认知、记忆可以在教学内容中寻找到答案的问题，如"故事里面是谁种了一个大萝卜""老公公和老婆婆拔不动，他们又叫谁来了"。感知性问题能够帮助幼儿回忆故事情节、理解故事、复述故事。这种问题在小班幼儿故事创编活动中占的比重较高。

三、借助肢体语言帮助幼儿展开创编

小班幼儿的言语、思维等各方面发展水平还很低，这就决定了他们的创编遵

照先理解再表达的顺序，通常都是在对故事较为熟悉后再展开，且这种创编是低水平的。所以理解故事、复述故事是小班幼儿故事创编一个不可缺少的环节。

  第二次创编活动中，我引导幼儿通过肢体语言展开创编，即边表演边创编。这种创编方式是比较适合小班幼儿的，因为小班幼儿受言语发展水平限制，想得到但不能表达出来，只好借助于肢体语言。

  以上是我在一次集体教学活动后对于小班幼儿故事创编活动的思考，希望能够推动孩子们的创编活动更顺利地开展。

记录者：沈召瑛

第七章

童"话"故事编讲引领园本发展蜕变

课程建设是幼儿园工作的核心,也是幼儿园教育教学工作成果最重要、直接的体现,金爵幼儿园以童"话"故事编讲为核心内容的园本龙头课题研究实践有效响应了"仁爱、乐学、和谐、尚美"的幼儿园文化理念,寄予着幼儿园对儿童成长的美好期盼,见证了儿童成长和拥抱希望带来的兴奋,给金爵幼儿园带来了美好的蜕变。

童"话"故事编讲的园本龙头课题研究实践三年来,金爵幼儿园先后获得上级部门一系列活动表彰——

获得2017—2018学年度上海市安全文明校园以及2018年浦东新区优秀早教指导点、浦东新区见习教师聘任学校年检优秀学校、浦东新区(体育)系统事业绩效考核二等奖等表彰。

获得2019年区(体育)系统事业绩效考核优秀单位,上海市家庭教育示范校、上海市安全文明校园、上海市依法治校示范校、上海市校务公开民主管理"金点子"评选一等奖、上海市第十届好灵童杯少儿语言表演语言活动优秀组织奖、上海市"低碳环保 创意无限"亲子创意挑战系列活动创意设计奖和优秀组织奖、"我爱您,中国"浦东教师红色经典诵读比赛学前教育专场三等奖等表彰。

获得2020年浦东新区教师专业发展学校、浦东新区见习教师规范化培训基地学校等表彰。

园长陈敏荣获2019年度浦东新区教育系统巾帼建功标兵称号,缪海燕、顾筱兵等6名教师连续多年被评为区骨干教师,吴晓珠、钟慧等8位教师被评为浦东新区学前教育指导中心骨干,祝婷芸被评为区、局优秀共青团干部。郑海燕、龚蓓荣获第四届浦东新区青年教师爱岗敬业教学技能竞赛决赛二等奖。

第一节 童"话"故事编讲列入金爵幼儿园教师基本素养

幼儿教师核心素养是指幼儿园教师为从事幼儿园保教活动,提供优质幼教服务,需要具备的相应程度的资格、核心且重要的专业知识素养,专业能力素养和专业态度、精神与伦理素养。它既能反映幼儿教师这一职业的专业性和核心性,也应与时俱进,兼具时代性。

一、幼儿园教师专业成长需关注自我成长核心素养

教师的核心素养涉及教师的专业能力、道德素养和个体的发展与适应能力等方面,是教师能够适应未来、社会、教学工作,实现自身发展的基本保障。

幼儿教师作为幼儿教育的具体实施者,是幼儿教育质量的重要保障,是幼儿教育价值实现的重要中介。[1]优质幼儿教育的重要前提是教师能为幼儿提供一个良性支持的学习与发展环境,在幼儿成长过程中为他们提供最大限度的发展机会。随着我国学前教育事业的发展,对幼儿教师的专业水平提出了更高的要求。幼儿教师专业化一方面表明社会对幼儿教师职业要求的提高,另一方面也表明,幼儿教师专业素质的内涵应具有更丰富深刻的含义。[2]

由我国教育部于2001年颁行的《幼儿园教育指导纲要(试行)》中的"总则"部分强调了教师应坚持家园共育、综合利用各种教育资源、创设有利于幼儿学习与发展的环境,尊重幼儿人格和权利、遵循幼儿身心发展规律和特点、寓教于乐、保教结合、因材施教、促进每个幼儿富有个性的发展。在"教育内容与要求"部分分别从五大领域强调幼儿教师应建立良好的师幼关系,与家长配合,高度重视幼儿的心理健康,创造宽松自由的学习与发展环境,充分利用社会资源,与家庭、社区密切合作,尊重每个幼儿的想法。在"实施"部分强调幼儿园教育要面向全体幼儿,教育活动的组织与实施应遵循幼儿的学习特点和认知规律,寓

---

[1] 彭兵.成就专业的幼儿教师[M].北京:北京师范大学出版社,2013:3.
[2] 张燕.幼儿教师专业发展[M].北京:北京师范大学出版社,2006:7.

教育于游戏之中，科学合理地安排与组织一日生活，关注幼儿的个体差异、以发展的眼光看待幼儿，并强调幼儿教师应具有专业发展的自主意识和能力。

2010年11月24日，国务院印发了《国务院关于当前发展学前教育的若干意见》（以下简称《国十条》）中，着重强调了："多种途径加强幼儿教师队伍建设，加快建设一支师德高尚、热爱儿童、业务精良、结构合理的优秀幼儿教师队伍。强化幼儿教师的职业效能感，培养幼儿教师的职业幸福感。"并以《指南》为基础，提出："遵循幼儿身心发展规律，面向全体幼儿，关注个体差异，坚持以游戏为基本活动，保教结合，寓教于乐，创设丰富多彩的教育环境，与家庭教育紧密结合，促进幼儿健康成长。"

2011年12月，教育部颁布出台的《幼儿园教师专业标准》（以下简称《专业标准》）中分别从"专业理念与师德""专业知识""专业能力"等三个层面对幼儿教师应具备的专业素养做出了基本要求。包含14个领域，62项基本要求。其中14个领域所指向的主体可概括为"职业""幼儿""保教活动""家庭和社区"以及"个人特质与专业成长"。

2016年3月1日，教育部发布新版《幼儿园工作规程》，对1996年出台的旧版《幼儿园工作规程》进行了修订。其中，第三条、第六条和第二十五条共同强调了：幼儿为本、因材施教、保教结合、寓教于乐、面向全体幼儿、促进幼儿全面发展等专业理念。第十五条、第二十九条、第三十条和第三十二条强调了幼儿教师在专业能力方面应做到将安全教育融入一日生活、寓教于乐、建立良好的师幼关系、因材施教等；并在第四十一条中提出，幼儿教师应观察了解幼儿、创建良好的教育环境、进行家园共育、定期参加保育教育研究活动。

而我国台湾地区于1994年发布的《幼稚园教师手册》则指出：幼儿教师应具有三类专业素养，分别为：（一）发挥专业知能：1.了解教学的原理和方法；2.了解幼儿各方面的发展情形；3.能运用专业知识设计和实施课程；4.能运用专业知识做好班级经营；5.运用专业知识做好幼儿保育和辅导。（二）坚持专业人员的规范：1.服务的理想；2.客观和公正的态度。（三）优良的专业精神。2007年台湾地区还正式颁布了《幼儿园教师专业标准》，提出了5个维度和33个具体内涵的要求。5个维度为：幼儿教师基本素养、敬业精神与态度、课程设计与教学、班级经营与辅导和研究发展与进修。

为认真贯彻党和国家以及教育部关于发展学前教育和建设幼儿园教师队伍的若干指示意见，借鉴世界各国、我国台湾地区的相关领域管理经验，从幼儿园工作实际出发，金爵幼儿园提出了"爱岗敬业""幼儿为本""保教结合""沟通合作"""自主发展"的教师专业发展素养要求。

爱岗敬业。这一维度主要包括职业道德与敬业精神两部分的内容，由于学前教育受教群体的特殊性，幼儿教师更应该具有良好的职业道德，富有爱心、耐心和责任心，热爱学前教育事业，具有专业使命感和职业理想，履行教师职业道德规范，依法执教，做幼儿健康成长的启蒙者和引路人。

幼儿为本。这一维度主要强调幼儿教师应具有科学的儿童观、教育观，尊重幼儿的权益，以幼儿为主体，充分调动和发挥幼儿的主动性。能够遵循幼儿身心发展特点和规律因材施教。

保教结合。这一维度充分体现了幼儿教师这一职业的独特性，也是我国学前教育的重要特色。"保育"即保护幼儿的健康，既包括身体健康也包括心理健康；"教育"即幼儿园的教育教学，是指有目的、有计划地对幼儿进行体、智、德、美全面发展的教育。

沟通合作。工作中，幼儿教师不仅要与幼儿进行沟通，家庭和社区也是幼教工作的重要组成部分，良好有效的沟通是建立家、园、社区合作共育的坚实基础，信息交流与资源共享更利于家园工作的推进。因此，这一维度的内容主要包括亲师沟通、相互协作和统筹规划。

自主发展。《大学》中曾提出"苟日新，日日新，又日新"。强调教师应勤于自省，以动态的视角看待问题，在教学中不断革新。社会的飞速发展，幼儿的快速成长都使得幼儿教师应与时俱进、不断创新，重视自主探究和持续学习。

二、在童"话"故事编讲实践中检验教师核心素养

培养幼儿故事创编能力是幼儿园教师重要技能之一，金爵幼儿园努力将提高教师指导及培养幼儿童"话"故事创编能力、利用幼儿童"话"故事发展教育幼儿品德、丰富幼儿知识、增强幼儿能力等作为强化幼儿园日常教学指导的重要方面。

为此，金爵幼儿园有效地以童"话"故事编讲实践为载体，促进教师在幼儿园教学实践中既教书，又育人，以此检验教师核心素养的落实程度。

（一）在童"话"故事编讲实践中检验教师有无正确的世界观、人生观、价值观

所有的童"话"故事无一不折射反映出创作者身上世界观、人生观、价值观。对于教师如是，对于幼儿亦如是。

所谓人生观，简而言之就是一个人的人生目标是什么。透过童"话"故事，

我们会看到创作者对人生的根本态度和看法，这其中包括对人生价值、人生目的和人生意义的基本看法和态度。一个人的人生观基本包括幸福观、苦乐观、荣辱观、生死观、道德观、审美观、公私观、恋爱观，等等。幼儿园教师只有树立了正确的人生观，其所示范编创的幼儿童"话"故事才会以正确的人生观反映生命和自然，加强对幼儿的正确人生观引领，帮助幼儿成长为一个高尚的、脱离了低级趣味而不是卑鄙、狭隘、自私的人。

所谓价值观，是每个人做任何事都有一个基本准则。正确的价值观反映在童"话"故事中，故事所反映的内容才能就是非曲直、善恶美丑做出正确的取向和选择。正确的价值观是促使师幼生命航程扬帆的内部动力，它决定了师幼的行为准则，决定了价值取舍以及在工作或学习上所投放的时间和精力。教师只有树立了正确的价值观，其所示范编创的幼儿童"话"故事才会给幼儿以正确的价值认知，引领幼儿对事物做出正确的取舍与价值判断。

所谓世界观，是一个人对世界的总体的、根本的看法。世界观的基本问题就是精神和物质、思维和存在的关系问题，根据对这两者关系的不同回答，世界观有唯心主义世界观和唯物主义世界观之分，这是两种根本对立的世界观。世界观是在社会实践中产生的，是对社会存在的反映，任何新世界观的形成和确立都是建立在旧的世界观的基础之上的，是对旧的世界观的继承和发展。幼儿园教师只有树立了正确的世界观，其所示范编创的幼儿童"话"故事才会正确地揭示客观世界的规律，表达积极健康的改造世界的主观意愿。正确、科学合理的世界观可以引领幼儿以正确、科学的态度方法认识世界和改造世界，而错误的世界观则会把幼儿今后的人生实践活动带上歧途。

人生观、价值观、世界观三者是辩证统一的，它们三者决定了幼儿园教师的人生高度、宽度和深度，也影响着幼儿今后漫长人生的高度、宽度和深度。

（二）在童"话"故事编讲实践中检验教师有无科学教育理念和幼儿教育科学观

教师专业发展中的核心素养决定了教师的教育理念是否科学民主、积极进步。

首先，在科学的教育理念观照下，幼儿园教师会充分尊重幼儿的人格尊严——幼儿园小朋友也有人格，他们与成人一样需要受到尊重和平等的对待，他们也有要求平等的机会和权利，在与其交流中，教师并不能以管理者对被管理者的姿态来对孩子发号施令。

其次，在科学的教育理念观照下，幼儿园教师会积极保护幼儿的自主性——幼儿园小朋友虽然年龄尚小，但他们是自己的小主人，自己有表达自我情感需求的权利,也有选择自我喜好的自由和实施某种行为的能力。在与幼儿的接触与交流中,幼儿园教师并不能一味地制止他们,即使是不当的行为,也要适当地加以引导,以保护其宝贵的自主性,激励其在今后的人生历程中学会自我管理、自主发展。

最后,在科学的教育理念观照下,幼儿园教师会有效发展儿童的独立个性——幼儿园小朋友虽年龄相当但个性极不相同,差异性较大,独立性更强。这就要求幼儿园教师必须了解儿童心理、理解儿童的行为举止,充分认可儿童独特的世界观和思维方式以及不容忽视的个性需求,从儿童的共同行为和个性行为上分析其具体原因以及产生此种行为的深层心理因素、活动行为的影响与结果,因材施教,要在尊重幼儿的需要、兴趣的基础上,满足幼儿情感上、身体上和心理上的需要,使其在今后的人生成长中彰显个性,特色发展。

(三)在童"话"故事编讲实践中检验教师的语言天赋、教学基本功与文学素养

童"话"故事编讲实践,教师需要在多个教学环节展示自我的语言天赋、教学基本功与文学素养,做好故事解析、示范演绎等教学指导工作。

——教师对原有故事的理解、解读能力。教师要能够认真阅读故事,熟悉和理解故事的内容,具体而准确地分析故事情节的开端、发展、高潮、结局,还要分析人物角色的性格特征和作者倾注在故事主角身上的感情,只有透彻地、正确地理解,使自己的感情和故事的角色产生共鸣,才能在讲故事时以真挚而强烈的情感去感染幼儿,激起幼儿感情上的共鸣。

——教师对原有故事的情境再现能力。例如,教师在朗读、复述、编讲故事的过程中,对故事中的象声词(如风吹的声音,火车响的声音等),要尽量讲得接近形容的声音,这样,才能做到绘声绘色,惟妙惟肖;同时,对于原有故事内容要根据本次教学活动的需要进行重点确定与取舍,还要能够增加不足的部分,改去深奥的语句,使幼儿喜闻、乐听、爱学。再则,教师要注意随时用眼神与幼儿交流,面部和体态表情要自然大方。

(四)在童"话"故事编讲实践中检验教师有无养成经常性教学反思的教育习惯

经常性的教学反思是优秀教师的一项良好的教育习惯,幼儿园教师应该具备探究的热情和质疑的精神,自觉地对自己的教学过程进行不断的反思,并把它作为日常教育教学工作中关键的一环。在童"话"故事编讲实践中,幼儿园教师不仅要通过有目的、有价值的观察,反思自己教学中所依据的理论、树立的教学理念和采取的教学计划及模式,还要认真检视和反思童"话"故事编讲教学活动与课程建设中的每一个组织环节、每一个提出的问题和每一次与幼儿的互动等。在

深入的教学反思中,教师要及时地调整、修订和改进自己的教学方法。只有这样,幼儿园教师才能在童"话"故事编讲实践中,真正成为有效教学实践的反思者和推动者,也才会不断地完善自身的专业素质、提高自己的教学水平。

实践证明,教师核心素养的修炼对于童"话"故事编讲实践、幼儿健康成长以及幼儿园特色课程所发挥的作用至关重要。基于此,金爵幼儿园课题组成员和教师在童"话"故事编讲教学实践中,努力强化对幼儿正确的价值观、人生观教育,扩展童"话"故事道德功能的领域,把传统道德调整人和人之间关系扩展到调整人和人,以及人和自然关系,培养幼儿热爱党、热爱祖国、热爱民族、热爱学习,以及尊重长辈、热爱自然、保护自然的意识,通过创编幼儿故事这一载体,将正确、科学的理念尽可能早地传输给下一代,深入其骨髓。

正是由于全园教师对核心素养的修炼发展,金爵幼儿园较好地在童"话"故事创编活动中渗透实施了科学的教育思想,无论是教师示范创编指导,还是幼儿故事自编自创,都努力体现了主题健康、情节生动的特点。

第二节　童"话"故事编讲促进金爵幼儿园幼儿素质养成

围绕童"话"故事编讲活动的实践与研究这一研究课题的实施，在四年多的探索中，金爵幼儿园的幼儿素质有了很大的发展。

一、幼儿故事编讲的兴趣得以激增

在宽松愉快的故事编讲园本课程环境氛围中，老师有目的地为每位幼儿提供获得成功的条件和机会，让不同能力的幼儿在故事的表达表现中积累成功的情感体验。

当日常生活中老师提供了故事图书，孩子们会很自然地请教师或同伴当听众，讲讲自己编的故事情节；借助"餐前故事"和"欢乐星期五"平台，幼儿自己有了新的图夹文故事经验，会很乐意地展示出来——和同伴共同分享故事，产生越来越多的愉悦。有故事编讲作依托，教师会鼓励幼儿进行经验和习惯的外延，如在《鳄鱼船开来了》故事编讲活动中，不同的幼儿会编讲不同的情节，有些是"猴子和小动物们一起想办法降服了鳄鱼，所以鳄鱼才答应做一艘鳄鱼船，把动物们送到小猴家的"；也有些是，"猴子巧妙地和鳄鱼打赌，谁能猜到三个谜语的谜底，就可以为对方做一件事，因为鳄鱼输掉了，所以才答应当鳄鱼船送小动物们到小猴家的"。编讲中，幼儿感受到了他人仔细倾听时被人尊重的愉快，体验到了获得自信的荣耀，也感受到了表达表现及与人合作、交往的快乐。而这些，都是孩子故事编讲兴趣不断得以激发的原动力。

二、幼儿想象创新的意识不断激化

幼儿的情绪很容易受感染、被激发，故事编讲活动能有效地激发幼儿的创造性。例如在"欢乐星期五"活动开展中，在听完一则故事后，教师请幼儿在空白的纸上用认识的文字表达自己的想法，或者寻找认识的字宝宝贴成连贯的短语，也可以用文字与图画结合的方式展示自己的理解。例如在故事编讲活动"小气的老爷爷"中，大班幼儿欣赏完了图片内容后，有一定文字积累的幼儿会很自然地找出"小气""老爷爷""种树""快乐"等词语自行摆放成一句完整语言，有的幼儿组词成句是"老爷爷种树感到高兴"，有的则是"老爷爷种树，不是小气的人"，而有的则是"桃树是老爷爷种的，会开花结出桃子"等。同时，老师请幼儿将这一句话编成一段故事情节，讲讲中间有什么对话，可能还发生了什么有趣的事情，等等。凡此种种，都是利用故事编讲活动引发幼儿的创造性，让幼儿通过自己的感觉和想象，来自圆其说。在留给孩子很大的想象空间的故事编讲活动中，每一次的编讲都意味着幼儿跟自己的思维碰撞，也可以和同伴的想象擦出火花，在一次次的角色对话构思中、情节内容延展中，幼儿想象创新的意识不断得到激化。

三、幼儿语言表达的能力获得提升

故事的创编帮助幼儿积累了大量的词汇，而日复一日的故事编讲活动也在不断提升着大班幼儿的语言表达能力。活动中，不论是师幼之间的互动或是幼幼之间的合作，都会引发幼儿运用自己的语言经验表达对故事情节的理解和对角色对话的创编热情。例如，教师引导幼儿开设了一个"表演吧"，请一名幼儿当主持人，拿着画有不同故事内容的图片，如"打电话""小兔跳""警察敬礼""猴子吃桃"等，请另外一名幼儿看着图片内容做出动作，并且配上一段话，其他幼儿当裁判，说得对且说得好大家掌声鼓励，说得不够完整就要小受惩罚——"停玩一次，在旁边看人家表演"。在这种游戏活动中，已经有了一定的故事编讲经验并且语言表达能力强的幼儿自然乐意大胆参与，而故事讲述经验少、语言表达能力相对较弱的幼儿在观战中也会不甘落后，为了也能参与，他们就会主动加强对图片内容的感知记忆，当感到自己有所提高时，他们会提出参与要求。在游戏的参与互动中，幼儿感受着表演与表现的快乐，也在尝试中不断掌握新的故事编讲表达方式，语言表达能力也随之水涨船高。

四、幼儿协商合作的能力得到发展

实施故事编讲园本课程时，教师在组织开展游戏活动中经常会运用表演的方法，但不管是角色设置、分配还是表演，都需要同伴合作，这在中大班尤其常见。刚开始运用表演法时，由于幼儿知识经验缺乏，思维水平有限，解决问题的能力也较弱，因此往往会表现得不知所措。于是，教师在运用故事表演法的过程中，引导幼儿学习协商分配已有角色，学会增设其他角色延展故事内容，提供道具帮助幼儿丰富故事情节。

比如，中班故事《小土坑》中有动物角色五个，分别是：公鸡、小狗、小猫、小猪和小牛，幼儿在故事编讲活动时为了能延展和丰富情节，增加了"太阳、小树、小河、小雨点"等角色，这样的角色增设既充实了角色，丰满了情节，也为故事编讲提供了更多合作表演的余地。幼儿在编构故事情节进行表演时，很自然地戴上"太阳"的头饰，一边双手不停舞动着宛如太阳的光芒四射，一边创编着"太阳"的语言："哎呀！我好几天没出来玩了，今天，让我出来好好透透气吧！"而演"土坑"的幼儿则说："太阳出来了，土坑里的水很快就被太阳晒干了，哎呀！还是太阳的威力大呀！"……这种故事情节创编表演经验的积累，既帮助幼儿学会用语言、表情和肢体动作表演角色，也在不断提升着幼儿同伴间的合作能力。

第三节 童"话"故事编讲提升金爵幼儿园教师专业自觉

教师是课题研究的实施者,每一个故事编讲实践活动的经历、每一次故事编讲环境的创设、每一种故事编讲材料的设计,都在帮助教师提高科研水平,推进教师教育教学能力发展。

一、围绕课题实践,强化了全园教师职业道德教育

围绕本课题实践,金爵幼儿园加快了建设一支具有良好师德,合作研究勤反思,求实创新乐进取,具有信息化素养和应用能力的顺应幼儿园发展的教师队伍的行动步伐。

在园领导的引导下,全园教师深切认识到,要在三维目标下,有效达成金爵幼儿园童"话"故事编讲活动的全面育人目标,全园教师必须制定高质量的个人专业发展与师德提升年度目标及近期规划。

为此,每一学年,结合课题实践,金爵幼儿园都会召开教师座谈会,结合园本发展愿景,鼓励教师制定新一学年专业与师德发展目标,要求教师将自我师德与专业发展目标具体定位为:勤学习、善反思、勇创新、乐进取。勤学习就是要求教师勤于学习,使自己的专业知识得以提升;善反思就是要求教师善于总结反思,使自己的知识经验得以积累,获得成功;勇创新就是要求教师不故步自封,而要求他们勇于创新,不断挑战困难;乐进取要求教师乐于进取,在不同领域寻求突破。

在明晰教师个体自我师德与专业发展目标的基础上,金爵幼儿园有效开展了师德系列教育,以提升全园教师的职业道德修养。例如,聚焦于"弘扬师德,倡导师爱"的主题,全园有针对性地学习《中小学教师职业道德规范》《教师法》《教育法》《未成年人保护法》等有关法律法规知识,积极开展"三爱好教师"师德建设活动,以征文、演讲、读书、论坛、评比等形式,以"党员组团活动""师德调查问卷""师德标兵"等载体,并结合开展"三爱好教师""美文欣赏"征文演讲等活动,深入开展了师德师风教育建设,有效地激发了教师将师德

规范在教育实践中予以落实的积极性和主动性。

以组织学习《于漪——求教两个问题》这一文章开展师德讨论为例，全园教师围绕"教师成长最重要的精神密码是什么？""怎样才能真正做好以幼儿为本？"两个问题深入交流心得，大家深深体会到于漪老师那句"一辈子做教师，一辈子学做教师"这句话的含义，一名合格的教师，这个"格"不是用量化来衡量的，而是国家的要求、人民的嘱托。

在开展课题实践的过程中，金爵幼儿园努力将加强校风、教风、学风建设作为课题实践研究的组成部分，加强校园文化创新和传承，倡导校园文化理念在教师行为和实践中的渗透，使教师能同甘苦、共荣辱、有教养地和谐共处；使教师能倾心于孩子的今天，着眼于孩子的明天，端正自己的教学行为，更新教养理念。

二、围绕课题实践，深化了全园教师分层发展实践

为适应课题研究实践的需要，金爵幼儿园通过一系列的分层培训，在锤炼教师基本技能、提高教师个体素质的同时，重视团队精神的打造，以期取得课题研究实践实效，并借此树立全园教师团结进取、互帮互学的精神风貌，增强集体荣誉感、向心力，提高教师工作在幼儿家长中的满意度，扩大幼儿园在社区、共建单位中的良好声誉。

（一）骨干教师——引领辐射

以"师德的楷模，教学的专家"为目标，积极履行专业引领和辐射的职责，为加速骨干教师的培养，在满足内需的基础上借助于外力与内压强化培养，加强骨干教师修炼与后续培养和发展。

逐级领衔带教：积极承担课题研究实践中的日常带教工作，在带教中积极履行好专业引领和辐射的职责，不断积累自己的教学实践经验。在经验中反思，在反思中感悟，在感悟中成长。我们提出了逐级领衔带教的要求，即由区骨干教师带教中心骨干教师，中心骨干教师带教园骨干教师，园骨干教师带教青年教师。通过骨干带教，带动了全园教师队伍专业素养的有效提高。

骨干示范引领：依托骨干示范日活动，要求骨干教师积极承担课题研究实践中的教学研讨活动、演示讲座活动、观摩展示活动，促使他们在展示中提高，在活动中引领，在合作中共赢。学校明确，骨干教师向大家展示半日活动，半日活动包括运动、生活、学习、游戏等四个环节，在各个环节中，展现了一名骨干教

师"以儿童为中心"的教育理念,也展现了骨干教师的专业水平,让在场的观摩教师受益匪浅。骨干展示给其他教师提供一个更直观的观摩、研讨、交流、学习的平台,进一步优化与本课题研究实践相关的幼儿园半日活动,提高保教质量。

(二)成熟教师——培养修炼

成熟教师们保教经验丰富,专业上勇于探索,在课题研究实践中积极发挥了传承和托底的作用。

参与课题研究:成熟教师团队是幼儿园的教科研实施的核心力量,我们要求该层次每位教师结合本课题研究实践,在童"话"故事编讲活动课程实施方案的制订、课程园本化实施中的内容开发、研究探讨、指导跟进、监控评价等工作中,积极出谋献策,贡献自己的智慧。同时,根据园本龙头课题,积极开发个人实践或领衔主持的子课题,在园级及以上研究项目争取立项,并尝试将研究成果付诸教学实践,并以此带动其他教师提升教育科研能力。

把握学习机会:幼儿园继续为成熟教师提供各种外出观摩学习的机会,及时把与本课题研究实践相关的先进教学理念和方法传递给其他教师。近三年来,幼儿园先后选派教师参加了"李慰宜培训班""童盟会"、参观市级示范园等学习,幼儿园积极鼓励其将学得的经验做法及时运用于自身的实践中,在观摩学习中促进自身成长,提升成熟教师自身的专业素养。

(三)青年教师——塑造扶持

围绕本课题研究实践,通过以"一徒多师"的带教途径,对青年教师在教学常规和课堂组织两方面进行带教指导,落实教学常规,把握教材优化教法,使其全面把握一日活动各环节有效的驾驭能力,促其专业能力快速发展;幼儿园还根据青年教师自身的条件、特点和教师成长规律,加强对青年教师的专业知识、专业技能上的培养,不断提升自身专业素养。另外,为使青年教师更快成长,保教主任、教研组长会不定期地进行跟踪、督促,观摩青年教师在本课题研究实践中各个环节的组织与实施表现,并当场给出诊断与改进建议,促使其在各个环节上都更规范、严谨、高效。

注重实践研讨:以小教研组为核心,鼓励青年教师在本课题研究实践研讨中敢想、敢说、敢做,将自己内化的理论知识与实践活动融入一体。幼儿园通过组织青年教师围绕本课题独立设计活动并开展研讨,使他们能够摆脱有经验教师的指导模式,自主思考,通过班组研课磨课,内化调整,提升自己。

形成个人特色:在青年教师根据本课题研究实践特点、找准自己教学特点和特长的基础上,为他们提供学习、展示的平台,鼓励其不断形成个人教学特色,积极向园骨干教师队伍靠拢。幼儿园开展了"金爵幼儿园教育新秀"评选活动，鼓励2—5年内有一定发展潜力和个人特色的青年教师进行申报，为全园教师队伍的梯队化建设做好保障。

三、围绕课题实践，搭建了全园教师技能评比平台

为进一步提高本课题研究实践的质量，更好地贯彻《幼儿园教育指导纲要（试行）》精神，提高教师专业技能水平，激励教师岗位训练，促进教师专业成长，提升全园教师的综合素质，金爵幼儿园还由工会和保教部联合组织开展每年的教师技能评比大赛。如2020年的教师技能大赛，全园教师分成语言组、计算组两个小组，分别参赛。其中，语言组教师的竞赛内容是儿童故事表演创编，计算组教师是故事绘画创作。教师们根据自己所教学年龄段的学生对象，从考核小组提供的素材中选择相应年龄段故事主题进行创作，并将自己的作品上传至网盘内，由评委组进行评审。为参加每年的教师技能评比大赛，教师们认真对待、积极参与，大家各展所长，较好地展现了金爵幼儿园教师认真做事的态度、积极向上的精神、扎实的专业技能。

四、围绕课题实践，发展了全园教师专业素养水准

（一）提高了教师的专业水平

在课题研究的推进过程中，教师的科研意识、设计和组织教学活动的能力、同伴之间的沟通协调能力等专业水平有了不同程度的提高。在一个活动的设计、打磨过程中，教师们群策群力；在一个活动的实践、跟进过程中，教师们为故事情境的设计、故事道具的形成呕心沥血。正是基于这样的理念，在短短的一年时间里，课题组进行了主题背景下的绘本开发，编绘了小中大二十四本绘本故事，项目组研究开发设计了三十多个故事编讲教学课例，形成了四十多篇的故事编讲活动案例，撰写了论文十多篇，另有多项研究获得浦东新区第九届教育科研成果二三等奖。

（二）提升了教师的科研素养

课题研究的实施让参与的教师感觉到了压力，但是无形之中也化为了上升的动力。在课题领军人物（园长）的引领下，通过课题组的讲座、培训，教师学习了一些科研理论知识，掌握了一定的科研方法，在实践中学习、设计与思考，在

跟进中操作、反思与总结，逐渐提高了科研能力。

（三）推进了教师的创造想象

幼儿园故事编讲园本课程的设计与实施其重心在于创造"新"、编构"异"，寻求的是求异思维，对于幼儿而言如此，对于教师更是如此。在一个个故事情节的延展中，在一段段角色对白的设计中，教师也在想象也在创造，这一现象的发生，也无形中推进了教师创造能力和想象水平的提高。

第四节 童"话"故事编讲 实现金爵幼儿园办学品质升华

本课题开展实践研究至今,经过四年多时间的实践研究,金爵幼儿园有了更多的收获。

一、幼儿园的办园特色获得彰显

首先,幼儿园故事编讲园本课程在幼儿园的整个环境创设中占据了较大的篇幅,使得幼儿园的故事编讲特色在视觉效果上给人以强烈的感染力。我们根据课程需要,创设了"亲子故事吧""金爵故事录播室""童话剧表演天地""亲子故事图书制作区"等专用活动区域,在走廊、门厅、过道等区域,布置了幼儿喜欢的各种故事画面,用视觉语言提醒、暗示幼儿对故事的理解与畅想,打造了一个丰富多彩的故事世界。

其次,幼儿园定期举办各类故事大王比赛,采用班级故事小选手海选、小中大班组故事比赛选手对抗、幼儿园故事达人PK的方式,定期推选出幼儿园里的"故事真人秀",在走廊上运用二维码扫描的方式,将幼儿编讲故事的音频投放进去,各班的幼儿、走过的家长、外来的参观者拿出手机、iPad就可以扫一扫、听一听孩子讲故事的声音。这样的做法在幼儿间发挥晕染效应,也促使家长重视故事编讲教育。在几年时间里,幼儿参与的社区小青蛙故事赛以及童话剧表演比赛,在得奖名次和人数上都有不小的斩获。

二、幼儿园的文化内涵框架初建

本课题研究实践,提升了幼儿园的文化内涵,幼儿园故事编讲园本课程的实践研究提升了教师和幼儿的创造能力,同时,其又以外显的方式体现了一个人的人文素养,从故事表演、童话剧表演的台风、观众观摩演出时的礼仪素质等方面,为幼儿园营造了良好的文化环境,使幼儿园的幼儿能力培养机制得以积极运作,为幼儿园整体的协调发展和课程框架的勾勒与推进奠定了良好的基础。

三、幼儿园的园本研修行为内化

围绕本课题实践研究，金爵幼儿园较好地推动了园本研修由制度建设走向行为自觉与内化，为幼儿园的良性可持续发展注入了活力。

（一）确立了较为明晰的园本研修思路

结合本课题实践研究，金爵幼儿园进一步完善了园本研修计划与方案，突显"学、教、研、训"四位一体的培训方式。

一方面，建立了园本培训通道。以教研组和项目组为主阵地，聚焦课堂，开展形式多样的园本研讨活动，成效显著。通过"活动"演练、"教学"展示、"故事"演讲等形式将实践研究与园本自培融为一体，更新教师理念并带动教学行为转化。利用园内的骨干力量开展各种自培活动。定期聘请专家进行教育理念及教育教学相关讲座，拓宽视野、增长见识。

疫情期间教师们利用云端技术观看了应彩云老师的《疫情期间，我这样宅家》、方红梅老师的《听说，故事可以这样讲》、方素珍老师的《玩转绘本》等。

另一方面，构建了园本教研网络。结合本课题实践研究，金爵幼儿园进一步探索形成了以大教研组、项目组、年级组联动落实的网络体系。园长作为第一负责人为教师参加教科研和培训提供条件支持；保教主任、教研组长融合校内外教学研究资源，将主要精力用于教学研究和教学管理，为教师的教学研究和教学改革排忧解难。

2020年疫情期间，金爵幼儿园开展了多次线上教研活动，根据疫情，结合课题实践研究内容，由两部大教研组长轮流组织，所有教师共同参与。线上教研保证了教研活动的时间，为教师后续延展思考留有空间，同时也激发了每个教师积极参与研讨的愿望和自信。而小教研也保证两周一次，具体时间由教研组长自定，大家在线上热烈探讨、积极发言。别样的教研方式提升了教师的参研能力以及组长的组织能力。

（二）探索了较为多元的专业发展模式

围绕课题实践研究，金爵幼儿园探索建立了多样化的研修模式，如专题互动式研修、互助带教式、诊断改进式、分享体验式等，具体如下：

1. 专题互动式研修

一是专题教研活动。形成了园区、各小教研组、组员层面的三层网络教研，例如，针对"角色游戏的组织与实施""阅读区环境与材料的优化"专题研究，探索不同年龄段的研究不尽相同的侧重点——在角色游戏研究中，小班侧重于环境创设和材料投放，中班侧重于游戏中的观察与分析，大班侧重于游戏中与有效衔接的相融来进行专题研修活动。

二是课题研究活动。结合课题组、项目组活动，以故事板材料设计与分享为契机，切实有效地开展主题背景下的幼儿故事编讲活动的实践研究。

三是项目组研修活动。在语言项目组中，采用"钻井式"研讨方式，对故事编讲的集体活动进行共同设计、一课三研、反思再研，共同完善优质课例，丰富课程资源库。在数项目组中，实行由各部部主任领衔项目管理，由数专家亲自指导，开展"故事情境下的数活动的研究"，提升计算组教师数活动的设计与组织能力。在社团家教组中，通过征询教师的意见，针对不同层次的教师不同需求，开展有针对性的家教指导培训活动，如"班级危机事件的处理""如何做好幼儿园家长工作"，提高教师们的家教指导能力。

2. 互助带教式研修

一是参加名师培训班带教学习。例如，陈敏参加上海市李丹攻关计划学习，陈敏、方艳参加区李继文小班中心组，沈召瑛参加黄敏君早期阅读中心组，奚晓珠成为严寅工作坊学员，钟慧成为王红裕工作坊成员，唐燕芬成为王劲青工作坊成员；潘丽参加林剑萍早期阅读班，杨倩、季瑛参加李慰宜数学导学班，马琳琳参加李慰宜美术培训班，胡宇、张艳参加区乡村教师培训班等。

二是参加园本结对带教学习。为青年教师配备好班务带教师傅、学科带教师傅，重点指导青年教师的课堂教学，教育能力，班务工作，实现优势互补，共同提高；园长对新上任的保教主任进行业务管理的带教；保教主任针对新上任的教研组长进行教研组建设方面的指导。

3. 诊断改进式研修

一是专家定期指导。邀请区教研室专家傅敏敏、汤立宏对课题研究现状进行把脉指导；邀请应彩云老师来园给学前教育工作坊的老师们做培训；邀请张晨华老师开展"美术教学资源库的使用"培训；邀请黄敏君老师来园展示早期阅读活动等，增长了老师们的理论知识，拓展了思路。

二是部际有效联动：两部保教核心人员对案头资料、基础性课程的实施等进行交换互检互查，在总结自身、了解他部、他组的基础上，寻找值得借鉴和推广的方法与途径，保障各部日常保教工作的有效开展。

4. 体验分享式研修

一是名师示范活动。具体包括：专家报告、互动研讨、现场观摩、体验培训等，例如：观摩应彩云、林琳、张晨华老师的示范活动，撰写观摩学习体会或现场发言，促进教师内化。

二是搭建展示平台。以外学反哺、骨干论坛、自学研读等形式来提高研修的实效性，对于不同发展阶段的教师，也为其搭建多种展示的平台：弹唱、舞蹈、多媒体制作、手机摄影等社团活动的组织，使其巩固基本功、锤炼专业技能，获得了认同和成功的体验。

（三）积累了较为丰富的专题教学资源

围绕本课题实践研究，金爵幼儿园领导、课题组成员及全园教师一方面致力于建设内容丰富的课程资源库，另一方面，立足于使用好所建设的教学资源包，各年龄段幼儿分别有18个专题的学习模块，较好地构建了金爵幼儿园小班、中班、大班开展童"话"故事编讲活动的课程体系，在此基础上，幼儿园扎实推进"一课三研"，为童"话"故事编讲的高质量、师生融入全覆盖奠定了良好的基础。

（四）完善了较为严谨的项目管理机制

围绕本课题研究实践，金爵幼儿园领导、课题组成员实行了严格的任务考核，抓实监控力度，提高课程实施质量。即使是在2020年上半年，尽管受疫情影响，师生大多时间处于宅家状态，金爵幼儿园还是采用了线上方式实施各项考核、竞赛，利用"幼儿生活、运动小达人"评比活动，实施童"话"故事编讲能力发展评估，促使教师、幼儿、家长体验"停课不停学"的多途径教育方式。通过考核前，指导教师学习考核指标——拎重点，抓关键；考核中，加强个性化"最近发展区"指导——挖亮点，提建议；考核后，挖掘亮点展示分享，提升教师专业水平，推动教师、幼儿共同成长进步。

同时，金爵幼儿园以提高教师撰写能力为抓手，借助课题方案设计评比活动，积极开展课题方案的设计研究，从选题、设计、评比，到逐份评价、逐个分析、逐一反馈，扎实每个环节，较好地促进提升教师专业水平，提高了教师课程实施质量。

四、幼儿园的家园共育成效斐然

在童"话"故事创编活动中，有时无论幼儿园老师如何启发，幼儿都没有思路，活动此时很难再继续开展；此外，有时由于受活动时间的限制，难以让每一个幼儿都充分表达自己的想法。此时，倘若我们适时地引入家长资源，通过亲子合作中的故事编讲活动，我们便能有效或有助于解决该难题。

亲子合作中的童"话"故事编讲活动的具体做法是，教师将故事情节打印出来发给家长，请家长引导幼儿完成创编，幼儿再将与父母共同创编的故事带到幼儿园与大家分享。

开展亲子合作中的童"话"故事编讲活动，具体有"听、引、演、写"四字方法：

（一）家长"讲"，幼儿"听"

孩子故事听得多了，看得多了，慢慢地就有了编故事的欲望，我们鼓励家长耐心地听孩子讲述他的小故事，并给予肯定；另一方面，家长讲完故事后，应同孩子交流读后感，同时引导孩子围绕主题开展讨论，帮助孩子概括故事的大意，从而加深孩子对内容的理解，提高孩子语言表达能力。如，提问："故事里你喜欢谁？为什么？"或者"听了这个故事，你最大的感受是什么？"

（二）家长"导"，幼儿"引"

在故事编讲活动中，家长可以根据实际阅读情况引导孩子展开丰富的想象，推测故事情节，理解故事内容来帮助幼儿掌握基本的阅读技能，养成良好阅读习惯。闲暇时，我们还鼓励家长多带孩子到图书馆或书店等幼儿喜爱阅读的环境，充分发现、挖掘和利用童"话"故事编讲的环境资源。

（三）家长"伴"，幼儿"演"

家长在和孩子一起阅读时，家长也可问一些作品中的问题，了解孩子对作品的掌握情况以及孩子真实的想法，碰到一些特别有趣，贴近孩子心理的作品，会表演的家长可以与孩子一起扮演其中的角色。如一个很经典的故事《猜猜我有多爱你》，家长与孩子分别扮演大、小兔子，表演故事的内容，告诉对方自己是多么爱他，故事的表演不仅发展孩子的语言表达能力，更加促进家长与孩子之间浓浓的亲情。

（四）家长"记"，幼儿"写"

我们可以尝试记录日记的一种新形式，即：幼儿说，爸爸妈妈来记录。不言而喻，在孩子说、爸妈记的过程中，少不了父母对幼儿语句的整理和对孩子的交谈，正是这样的过程，孩子语句的个别修正及亲子关系的不断提升，从而使这一种教育形式显得格外有意义。

直面问题解析 · 精彩案例分享

故事编讲案例 25

当开展小班故事编讲活动时，教师如何有效提问？

案例背景

在语言区故事材料提供时，老师会为孩子创设好很多他们所需要的材料，但是随着幼儿年龄的增长，以及幼儿的发展情况，我班幼儿已经能够初步合作并运用一些低结构材料或者替代物对已知故事情节进行复述或者改编。但是根据以往的经验，固定的故事板背景会局限幼儿的思维和语言，幼儿往往以重复、复述较多。而一个开放式的背景，如这次我们设计了一个森林背景板，对于《在春天里》《在动物园里》很多的故事都能够应景，相应地提供一些卡通动物、人物、替代物等，再让幼儿熟悉故事板的操作步骤，学着边摆弄道具、变化场景边讲述故事，这对于他们语言、想象、合作能力的发展有一定的帮助。

情景回放

《在春天里》的主题下，我放置了一棵桃花树和软泡做成的小池塘在森林背景板里。小朋友兴趣都很高，在学习《桃树下的小白兔》这个故事中，我首先让孩子看了故事的开头，让孩子们猜测桃花瓣可能会变成什么，给孩子一定的想象空间，鼓励他们充分表达自己的想法。再让他们看看故事的结尾，最后再给孩子们欣赏完整的故事，孩子们纷纷惊呼桃花瓣原来可以变成这么多有用的东西，这样的教学方式深受孩子们的喜爱，之后也经常会有小朋友去书吧里摆弄故事板材料。

一次午餐后,我看到元宝和轩轩在书吧里摆弄材料,茶几上摊开了好多动物图片和其他替代材料。元宝扮演了旁白:"远远地,滚来一个雪球,哦,不是雪球,是一只雪白的小白兔。"然后扮演老桃树说:"小白兔,你就住在我这儿吧!这儿多美呀,有草地,有鲜花,还有一条小溪,风景很美丽。"

轩轩拿着小兔的图片蹦蹦跳跳地说:"好吧,我就住在你旁边吧。咦,怎么池塘里还有一片粉红色的东西?哟,原来是桃花瓣啊,好漂亮呀。我要把这些花瓣寄给我的朋友。"

轩轩在替代物里找到一张白纸对折两下变成一个信封装进一片刚刚捏好的彩泥桃花瓣,说:"飞吧,飞吧,快飞到朋友的身边去!"这时,元宝拿起了山羊爷爷的照片说:"老山羊正在看书,小白兔的信飞来了。哇,好漂亮的书签哪!"

轩轩又拿出了螃蟹的照片,元宝突然说:"哎呀!这个动物故事里面没有的。"轩轩说:"没关系呀,我给他想出了新的。小螃蟹正在河边游泳突然飞来一封信,原来是一片桃花瓣,小螃蟹把它做成了一个碗,并把桃花瓣一边正面折一边反面折,这样小螃蟹吃饭就更方便了。"

元宝仿佛受了轩轩的启发,她也找来了小松鼠说:"小松鼠本来正在树上睡觉,可是太阳太大了,突然飘来一片桃花瓣,小松鼠把它撕成两片,当作了漂亮的窗帘,这下终于可以睡一个美美的觉了。"

两个人越说越有劲,不拘泥于故事里的人物,找来了好多动物朋友,轩轩接着说:"小金鱼在池塘里玩,这时突然飞来一片桃花瓣,他就去找小兔子玩了。"

我有点不解问他:"小金鱼用桃花瓣做什么呀?"轩轩想了一会儿:"他把桃花瓣当作了标记,可以找到去小白兔家的路。"我恍然大悟,"哦!你想得真好,原

来桃花瓣还有这个用处。"

"小蚂蚁也收到了小白兔寄来的花瓣，这是一只小船呀！我正好乘了它，到水塘对岸搬粮食去。粉红色的小船在水塘里漂呀，漂呀。"

"过了两天，小白兔和他的伙伴们见面了，小松鼠、小螃蟹、小金鱼说谢谢你小白兔，送给我们桃花瓣。有书签、有碗、有窗帘、有小船还有回家的标记。"元宝说。

"哎呀，我给你们寄去的是桃花瓣呀！可是你们把它们变成了这么多有用的东西。那你们来猜猜，我把桃花瓣做出什么了吧？我把桃花瓣做成了小手帕，这样我就可以每天都洗脸啦。"轩轩说。

我之前在旁边看了他们两个的编讲，对于小金鱼把桃花瓣做成标记不是很理解，于是我在之后问了轩轩，他想了一会儿说，做成标记是为了防止小金鱼迷路啊！小金鱼在池塘里玩，他看到岸上的标记就可以知道回家的路了。原本在大人看来毫无相关的两样东西，孩子能够凭借他们的想象力有机地联系在一起，也使我收获颇丰。可见，教师在事后的追问也是非常重要的。

案例反思

一、追随幼儿的兴趣进行故事的选择和导入

不同年龄幼儿有不同的故事爱好倾向，所以在选择故事时就要投其所好。如在组织中班幼儿进行故事创编活动时，应以拟人化的动物题材故事为主。这类故事运用了大胆的夸张，能激起幼儿无限的想象。故事中大量运用反复的语句，而且还遇到不同的动物朋友，想象和需求都不同，不仅有助于幼儿理解故事的情节，还能给幼儿留下深刻的印象，激发他们对不同动物特点的思考和对故事的想象。在创编导入环节尽量遵循幼儿的兴趣，选择合适他们的导入方式，会收到事半功倍的效果。

二、根据幼儿的不同水平引导其进行创编

每个幼儿的发展水平不同，对待不会创编的幼儿，教师不要过于着急。幼儿回答不出问题的原因多种多样，教师要根据具体情况调整引导的方法。如有的幼儿站起来不敢说，不爱表达，教师可采取鼓励的方法：先引导其将故事情节重复完整，再提供新材料引导其想象创编。对这类幼儿，教师应该在日常生活中给予关心、理解、引导与帮助，而不是简单地教幼儿说，让幼儿说，甚至忽视他们的存在。

三、为幼儿创设自由宽松的创编环境

首先，教师可以通过布置故事表演的背景，准备有关故事人物的头饰、绘画书等，给幼儿提供丰富刺激的物质环境。在幼儿理解故事内容的基础上，用简单的道具布置一个情景，让幼儿戴上头饰扮演故事中的各种角色进行对话练习。通过这种物质环境的创设，让幼儿时时感觉自己处在故事情境中，更有利于激发他们的创编想法。

其次，集体创编、分组创编及个别创编多种创编形式灵活运用，为幼儿创造自由的创编环境。通过分组创编的形式，教师能够照顾到更多的幼儿，无论是语言的身体的交流都增加很多；对于个别幼儿，他们不愿意当众表达自己的想法，教师可以在活动之后和他单独谈话，引导他说出自己的想法。

最后，还可以采用教师参与角色、录音、录像回放等有趣的形式，为幼儿创造宽松的心理环境。教师以故事中角色的身份出现引导幼儿进行创编，改变了教师与幼儿之间传统的师幼关系，拉近了教师与幼儿的心理距离。

记录者：祝婷芸

故事编讲案例 26

当小班幼儿编讲的内容过于单一，且对材料不感兴趣时怎么办？

案例背景

在近期开展的主题《好朋友》中，我们发现《小猪胖胖》的故事孩子们非常喜欢。为了激发小班幼儿讲述故事的兴趣，我们制作了《小猪的野餐》故事板投放在语言区中，我们创设了野餐的情景，还有小猪胖胖、小鸟、松鼠、小猴子等角色，以及一些道具，比如：苹果、香蕉、棒棒糖等，让孩子可以在摆摆、玩玩、讲讲中来提高讲述能力。材料是由植绒布和雌雄搭进行组合拼搭，也有利于孩子们操作。

第七章 童"话"故事编讲引领园本发展蜕变

情景回放

又到了游戏时间,孩子们纷纷选择了自己喜欢的区域进行游戏。今天来到语言区的是小米和多多。

语言区里好热闹,只听到小米和多多说:"我们一起来讲《小猪的野餐》故事吧!"

"好呀!"多多高兴地应了一句。

小米拿起小猪的角色,贴在了故事板上:"我是小猪胖胖,今天的天气真好呀,我要出去咯!"随后,小米拿起了旁边的食物道具,只见她边贴上故事板边说:"面包、苹果、牛奶、香蕉……哇!好多吃的东西呀!"

"小猪胖胖,你还缺了一块野餐布呢!给你。"多多看到小米拿了好多食物,可是忘记把野餐布放在草地上了,顺便提醒了一下她。

多多一手拿起了小鸟,小手一上一下,学着小鸟飞的样子飞了过来:"你能给我一个大面包吗?"

小米拿起面包,贴到了小鸟的嘴巴旁边,"好的,给你面包。"随后跟小鸟说了再见。之后小猪胖胖继续在他的草地上玩耍。

过了一会儿,多多又拿起了小松鼠,跳到了小猪胖胖的身旁。"能给我一个大苹果吗?"

小米拿起苹果,贴到了小松鼠的嘴巴旁边,"好的,给你苹果。"随后跟小鸟说了再见……

故事板上的材料都贴完了,似乎小米和多多没什么事情可做。就起身去到一边的书架上拿起了其他的书本翻来看。

两个孩子编讲的内容根据小猪胖胖的故事,进行对话编讲,一些道具和材料操作完成之后,他们就对小猪胖胖的故事板失去了兴趣。这次的编讲虽然完成了故事的大致内容,但是时间较短,内容呈现仅限于对话,故事也过于简单。对于小班下学期的孩子来说,这样的编讲并没有达到预期的效果。针对这样的情况,我们进行了调整,把原先平面的操作板变成立体式的故事盒;增加了平板故事录音,引导幼儿将简单的对话变得更加的丰富。

原先的平面角色,此时变成了立体的双面角色,一些食物和野餐布都变成可移动的,一个个立体的仿真食物,更加生动,可操作。在整个野餐的背景中,有蓝天白云、树木花草,可以立起来也可以贴上去,层次更加丰富。再加上平板录

音，更是锦上添花，不同能力的幼儿都能过来进行故事编讲了。

接下来的几天，来到语言区的孩子多了，他们都对新改造的开放式《小猪的野餐》故事盒很感兴趣，再加上平板录音的播放，孩子们在语言区里的时间更长了，只听到班级里的小志等4人一起来到了语言区，其中比较有主见的萱萱在安排几个人的角色，"我今天是小猪胖胖，小志你来做小鸟，慧慧你来做小猴子……"只听到她一个个将角色安排好之后，今天的故事就开始上演了！

案例反思

心理学家皮亚杰强调："适宜的物质和心理环境能激发幼儿学习的欲望，增强幼儿主动活动的意识，从而促进幼儿语言的发展。"对于小班的幼儿来说，更应如此，我们为幼儿创设一个良好的编讲环境，提高幼儿编讲的积极性，从而爱上编讲故事，享受编讲故事。

一、丰富材料，激发兴趣

从上述案例中我们不难发现，简单的环境和单一的材料使得幼儿编讲受阻，并不利于维持编讲的兴趣和创造，他们需要的是更多有情境化、趣味性的材料。我们在第一次的尝试之后进行改进，提供开放式的故事盒以及操作性更强的材料。孩子们愿意进入语言区了，停留时间变长了。可以看出，孩子们是真的感兴趣。

二、营造氛围，自主阅读

由于小班幼儿可塑性强，培养他们掌握积极有效的学习方法，提升他们的自主阅读能力显得尤为重要。为此，我们通过创设开放式的阅读环境、营造互动的阅读氛围，让幼儿感受到环境的美好与舒适，获得良好的阅读体验和心理舒适感，从而引发幼儿自主阅读，真正做到从阅读中体验快乐！

记录者：罗陆燕

故事编讲案例 27

当故事表演的材料缺乏趣味性时，怎么帮助幼儿？

📍 案例背景

《纲要》在"语言领域"中提出：发展幼儿语言的关键是创设一个使他们想说、敢说、喜欢说、有机会说并能得到积极应答的环境。《三只小猪盖房子》是一部经典动画片，每次幼儿看到这个动画片都会不由自主地争当里面的老三嘟嘟，因为嘟嘟最聪明。此故事既有探究房子结实的原因，知道做事不能图省力，又有幼儿喜欢的人物和对话，而且适合表演，还符合我们当前主题《在农场里》。于是教师设计了《三只小猪盖房子》这一集体活动，通过生动有趣的故事，引导幼儿懂得勤劳勇敢，做事不图省事，不怕苦不怕累的道理，以促进中班幼儿良好的品德的形成。因此，在活动延伸过程中，教师在语言区里投放了《三只小猪盖新房》的游戏材料，以供幼儿表演所需。

📍 情景回放

活动开始啦，三个孩子很喜欢表演故事，他们来到故事板前很迅速地拿着道具做起了准备。龙龙拿到了"呼呼"和草房，毛毛拿起"噜噜"和木头房，西西则拿起了"嘟嘟"和砖房开始在故事板前摆弄着，可才一会儿，他们就不讲了。龙龙着急地跑到姚老师面前说："姚老师，我们要演三只小猪盖房子，可是只有我、毛毛还有西西三人，这个故事没有办法演。""昨天我还看见轩轩、淘淘和你们一起演呢，他们两个为什么不演了呢？"我提出疑问。"我也不知道呢。"龙龙委屈地回答道。"那我们一起去问问他们吧。"

于是姚老师带着龙龙在美工区找到了轩轩和淘淘，问道："你们不是最佳拍档吗？为什么今天不来演《三只小猪盖房子》了呀？"轩轩马上答道："我昨天玩过了，觉得没意思，还是动画片好看，我演得不好。"淘淘支支吾吾一直不说话，结果毛毛跑来告诉我们："因为淘淘总是不记得我们三只小猪的名字，西西不想要他演了。"由此可见中班幼儿在表演中因为对材料的兴趣减弱或降低，出现了问题，导致幼儿不愿意去语言区继续表演故事。

孩子们的回答让姚老师感到吃惊，等其他孩子走后，姚老师悄悄地走到淘淘耳边说："你拿一本这个故事书回家，让妈妈多和你练习一下，明天你演的时候姚老师会提醒你的，放心吧，一定没问题的！"淘淘安心地点了点头。

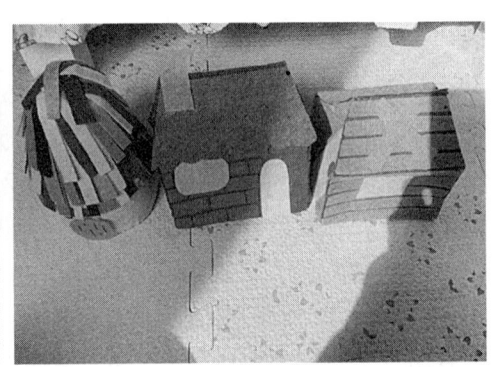

于是，当天姚老师和搭伴两个人加班加点找来了合适的材料，将三幢房子做了出来。第二天，姚老师在区角里重新投放了每个人物角色的头饰，还为整个故事创设了一个真实的情境，将三幢房子摆在区角里面。没想到这些新材料的出现不仅引起了觉得没意思的轩轩的注意力，也将其他小朋友都吸引了过来。最佳拍档们也纷纷上前准备为全班小朋友献上这个精彩的故事。幼儿们选择好角色戴好头饰，在老师为他们准备的三幢房子之间穿梭，当三位幼儿表演卡壳时，姚老师及时穿插了一两句小小的提示，孩子们完全投入到这个故事中，表演结束，幼儿们情不自禁地拍起手来，欢呼起来："太厉害啦！""我们真像看了一场童话剧！""你们演得太好了！"小演员们满意地露出了笑脸，忙说"谢谢大家"……

📍 案例反思

语言区材料必须新颖丰富，才能够吸引幼儿，如：场景的创设，头饰、手偶等，幼儿特别喜欢这些材料，他们选择自己喜欢的角色，能自编自导进行表演，可以根据故事内容进行表演，也可以自由发挥，任意安排剧情进行创编，这样孩子们的表现能力和创造能力都得到了很大的提高，同时也可以激发起幼儿的兴趣。

一、中班幼儿故事创编需要借助道具

头饰和道具的新奇性、形象性不但能吸引幼儿的注意，而且能刺激他们的联想，活跃他们的思维，充分发挥他们的想象，帮助他们将语言和动作表现得更生动、更形象，表演也更有乐趣。

二、中班幼儿故事创编需要反复练习

尽管幼儿很快就能记住全部创编的故事，但是要扮演其中的角色、相互合作将故事再现出来却不是容易做到的。幼儿不但要知道自己的角色，还要记住其他人的角色。这不仅是语言的表达，更是幼儿注意力、记忆、思维、意志和社会性等各项心理机制的锻炼。开始时，幼儿需要老师的提示，但是反复多练习几次之后，幼儿基本上能独立完成表演。

三、中班幼儿故事创编需要理解情节

给幼儿进行教学活动之前，老师对于故事内容一定要认真阅读，熟悉和理解故事的内容，要具体分析故事情节的开端、发展、高潮、结局，特别要抓住故事的高潮。只有透彻地、正确地理解，使自己的感情和故事角色产生共鸣，才能在讲故事时以真挚而强烈的情感去感染幼儿，激起幼儿感情上的共鸣。另外，分析角色时还要区别角色之间的细微差别，仔细揣摩各个角色不同的性格特征，表现不同的动作、表情、心理活动、语言特征等。

记录者：姚薇薇

故事编讲案例 28

当故事板操作材料与幼儿年龄不符时，教师应如何调整？

案例背景

小班主题《白天与黑夜》正在火热进行中，孩子们带来了很多白天与黑夜的照片供同伴们和老师一起欣赏，教师相机引导幼儿观察太阳与月亮的变化，区分白天与黑夜。为了进一步激发对主题的探索兴趣，老师根据故事《啊呜》做了一个简单的故事板，供孩子们根据所学故事进行完整的讲述和创编，利用KT板制作一个立体的屋子，投放小兔、小猫、小熊等手偶，背景是绿色KT板上用即时贴附上的绿色草地，以及旁边用软泡做的各种各样的花草树木；为了让孩子更好地记忆以及讲述这个故事，我还在故事板的最上方采用了图片来呈现这个故事。

对于小班的孩子来说，提供材料是很有必要的，教师如果一味地重视语言表达结果而不重视过程性学习，虽然能使表达能力强的幼儿越来越自信，但也会让能力弱的幼儿越来越不敢说。长此以往，将导致幼儿之间的语言发展不均衡，基础弱的幼儿提升空间有限。

情景回放

煊煊和好好是我们班级里面语言能力发展得比较好的孩子，当其他的孩子们都在玩自己的玩具的时候，他们喜欢去图书角看看书，摆弄摆弄故事板。但起初，孩子们对于《啊呜》这个故事并不熟悉，所以他们两个拿到了这一份材料也只是在那里瞎摆弄，一会儿开开门，一会儿插插吸管，可能是感觉这样的材料提供很无聊吧，孩子们随意摆弄两下就结束了。连这两个小朋友都不去玩这个故事板，那就没小朋友去摆弄了。

这样的现象持续了三四天，煊煊随意摆弄两下就走了。起初我觉得很困惑，便特意叫了一个语言发展较好的孩子过来玩，情况也是相同。于是我开始反思，我发现起初设计的故事板过于低结构化（一个平面的KT板做的小房子，几个A4纸打印的玩偶，以及绿色即时贴做成的草地），材料单一，让孩子们不愿意尝试玩这个游戏，同时低结构化的设计不符合幼儿的年龄特点，很难使幼儿的语言得到一定的发展。于是我便做了一个改变（利用KT板制作一个立体的屋子，投放小兔、小猫、小熊等手偶，背景由绿色KT板用即时贴附上绿色的草地，旁边用软泡做了各种各样的花草树木来装饰这个背景）。

经过了改变之后，我发现煊煊过来玩了，不是纯粹的摆弄了，而是有模有样地讲述这个故事；有时还会根据自己的理解编讲一些故事外的东西。

煊煊和好好来到了"故事角"，他们两个首先是分配角色，角色分工完成后开始演绎这个故事。煊煊："有一天，小兔子、小熊和小猫在草地上面玩耍，突然他们看见一个很漂亮的大房子，房子黑黑的，桌子上有什么东西呢？"好好拿着小兔子走进房子里说:"让我看看。房子里面黑黑的,桌子上有个啊呜,脑袋又大又圆。"煊煊拿着小猫:"让我看看,哟,啊呜的眼睛血红血红的,真是太可怕了。"接着煊煊又拿着小猴子走进了小黑屋,说:"让我看看,哇!真的,啊呜的脸雪白雪白的。"煊煊说完做出一副很害怕的样子,于是好好说:"啊呜真吓人啊。"煊煊拿着小熊走进小黑屋说:"我不怕,让我进去看看。"好好看见煊煊的小熊很久没有出来,于是很害怕地说:"小熊怎么不出来了,难道是被啊呜吃掉了吗?我们快去救小熊吧。"于是他们两个拿着所有的手偶冲进小黑屋,一看,哇!原来不是啊呜,是个奶油大蛋糕。于是小动物们很开心地啊呜啊呜吃起来啦……

就这样好好和煊煊在那里摆弄着,把这个故事改编了一下,根据他们自己的想象力去创编后面的故事。材料经过调整,孩子们有了新鲜感,觉得有趣,所以都很愿意去摆弄它们,经过观察,孩子们对着这一份材料可以玩很长时间,20分钟的自由活动时间,孩子们都用来在这编讲了。

案例反思

我观察到小班的故事板孩子们不愿意玩之后,发现是因为材料的提供不符合幼儿的年龄特点,不够吸引幼儿的注意力,就马上采取了调整措施。所以我觉得对于小班幼儿来说:

一、材料投放的目标

《指南》中指出"在生活情境和阅读活动中引导幼儿自然而然地产生对文字的兴趣。教师在创设环境上要跟着孩子的兴趣、想法走,从而帮助他们梳理学习过程经验。"所以我调整了故事板的材料,由低结构调整至高结构,同时在KT板上面设置了故事图片，有助于孩子讲述故事。

二、材料的多样性

（一）故事板、手偶、棍偶

在调整前的语言区中材料多是各类图书、手偶。但幼儿往往不是安安静静地看书，而是喜欢自言自语或和身边伙伴玩弄图书。这些情况让我意识到语言区材料需要及时更新了，同时还要符合幼儿年龄特点。根据幼儿的年龄特点制作一份立体的图书，会提高幼儿的摆弄兴趣、编讲兴趣。

（二）可操作的故事墙

可操作的故事材料会更加地吸引幼儿的注意，让幼儿在游戏中可以更好地理解学习内容，帮助幼儿自主适宜地学习。

记录者：宋美佳

第八章

分级段的童"话"故事编讲活动课例与材料

经过园级龙头课题六年来的两轮课题实践，金爵幼儿园对于童"话"故事编讲课程建设的幼儿发展目标逐渐明晰：通过编构故事活动，培养幼儿的想象力与创造力，发展创造性；指导幼儿了解故事的基本框架（开头、高潮、结尾），会续编、仿编、改编故事，并能努力增强故事情节和角色的复杂性；培养幼儿的听、说能力和良好习惯，不断提高对语言的理解力及创造性运用语言的能力。

基于这一课程总目标，金爵幼儿园进一步分解各年段课程的阶段目标，小班、中班、大班的幼儿发展目标分别聚焦关键词"培养兴趣""掌握要领""学会连贯"，形成了较为科学的儿童语言能力、品德意志培养与发展序列。在具体目标的引领下，全园童"话"故事编讲活动课程构建了逐渐严谨的课例体系，为幼儿语言能力发展、品德意志成长等综合素养的良好发展奠定了基础。

第一节 幼儿园小班童"话"故事编讲活动课例与材料

如第二章第三节第二部分金爵幼儿园童"话"故事编讲园本课程不同年龄阶段发展目标所述，金爵幼儿园小班"童"话故事编讲活动课程的幼儿阶段发展目标聚焦关键词——"培养兴趣"，具体为：有参加故事编讲活动的兴趣，感受参加故事编讲活动的快乐；初步学习故事编讲的方法与技能，有简单表达故事的语言兴趣。

对小班阶段的幼儿发展目标作进一步的深入解读，金爵幼儿园制定了《小班童"话"故事编讲培养目标解读指南》，具体如表8-1。

下面列出的是金爵幼儿园小班序列的16则童"话"故事编讲活动课——其

表8-1 小班童"话"故事编讲培养目标解读指南

项 目	行为习惯	情感态度	能力发展
理解与表达	1. 愿意用普通话表达。 2. 知道讲故事时不要大声喊叫，要保护嗓子。 3. 知道别人说话不能随便插嘴，等别人说完了再讲。	1. 愿意向老师、同伴说出自己想说的话，不胆怯。 2. 在老师的引导下，愿意尝试与别人说得不一样。	1. 能独立地朗读儿歌，复述简短的故事。 2. 能比较清楚地讲述故事内容，简单编构故事开始与结尾。
阅读与欣赏	1. 知道书要一页一页轻轻地翻。 2. 看完图书知道要放回原处。 3. 养成认真看书的习惯，看完一页再看下一页。 4. 能安静地看书、小声说话，不打扰别人。 5. 爱护图书，不乱丢乱放。	1. 喜欢阅读活动，喜欢听成人讲述和朗读图书的内容。 2. 听朗读、看画面，在理解内容中产生积极的情感活动，情绪愉悦。 3. 在游戏表演活动中快乐吟诵、游戏。	1. 能理解图书画面的基本大意，能用口语做简单的表达。 2. 能初步理解低幼儿童文学作品的内容意义。 3. 在老师的辅导下，有表情地朗读、表演简单的文学作品。

第八章 分级段的童"话"故事编讲活动课例与材料

纵贯金爵幼儿园小班童"话"故事编讲活动校本特色课程的全过程中，成为全园小班幼儿的喜爱对象——

一、主题名称：小宝宝

【写在前面的话】

《小宝宝》主题的内容设置密切联系了刚刚升入小班幼儿的自我意识发展特点，关注了幼儿刚入园后或长或短的分离焦虑过程。小班幼儿刚入园往往会不适应，哭闹不止，有的不肯吃饭，有的不爱睡觉，还有的不喜欢参加活动，不能适应集体生活。因此该主题编制过程注重为幼儿创设温馨安全的环境，提供友好趣味性的活动内容，帮助幼儿增进对同伴、老师、幼儿园的认识和感情，在活动中适应并享受幼儿园集体生活的乐趣。

在教材使用过程中，我们也发现了有一些内容可以进一步完善：

第一，教材中的素材能够充分关注小班幼儿自我意识的培养，但在培养幼儿与同伴友好交往方面的具体教学设计相对比较少；

第二，教材中的教学内容能够充分鼓励幼儿做一些自己力所能及的事情，培养幼儿的独立能力，而在引导幼儿有一定的时间观念，养成良好作息习惯上可供选用的教学设计比较少；

第三，结合我园的故事编讲教学特色，教材中的有些教学设计需要进行一定的调整，注重引导幼儿充分参与互动表达；

第四，该主题需要增添一些直观形象、安全又便于幼儿操作的低结构材料。

"主题核心·经验"

主题内容与要求：学用普通话说出自己与同伴的姓名，能关注自己与同伴的五官与四肢。

核心经验：

情感：愿意应答，喜欢同伴（愿意和同伴一起玩）

认知：认识身体（五官和四肢）

　　　学说姓名（自己、同伴）

内容的选择：

结合幼儿故事编讲的目标培养内容，我们在《小宝宝》主题实施过程中选择了以下两则故事进行了活动设计，目的在于结合小班刚入园幼儿的年龄特点，借助幼儿熟悉喜爱的动物故事，鼓励幼儿在丰富有趣的故事情境中，了解如何与同伴交往，知道白天与黑夜的区别，愿意在成人引导下养成良好的生活习惯，从而为主题的实施和推进服务。

教法的使用：

一是采用激趣导入，重在使用设疑的方式激发幼儿对活动的兴趣。

二是欣赏动画故事，通过直观形象的视频，激发幼儿参与活动的兴趣。

三是模仿故事对话，结合小班幼儿爱模仿的特点鼓励他们复述故事对话。

四是营造快乐氛围，引导幼儿在有趣的教学环节中感受愉悦的情绪体验。

"主题背景下的故事编讲教学活动例举"

集体活动例一

活动名称： 分享，快乐

活动目标：

1. 尝试演演故事角色的对话，能大胆表达表现。
2. 通过看看、说说、演演感受分享带来的快乐。

活动准备：

录像、图片、头饰、糖果人手一份、小猫头像、鱼和鱼骨头图片若干。

活动过程：

一、角色导入、激发兴趣——出示人物图片，猜测并引出故事

1. 今天，赵老师要向大家介绍两位新朋友，瞧！他们是谁呀？（出示图片）

2. 他们两个可是一对好朋友呢！看看这两个好朋友在哪里？你觉得他们在做什么？

过渡：好朋友在一起真开心！那么，他们到底在做什么开心的事情呢？我们一起去瞧瞧吧！

第八章 分级段的童"话"故事编讲活动课例与材料

二、观看录像、学说对话——理解视频动画的内容,了解人物对话并学说对话

1. 小狗做了什么?他是怎么对小猫说的?

2. 小猫又是怎么回答的呢?谁愿意像小狗一样给小猫吃东西?(幼儿学说:请你吃、请你吃。教师代替小猫回答:谢谢!谢谢!)

过渡:你们真是有礼貌的孩子!接下来他们之间又会发生什么事呢?(继续看录像)

3. 小猫做了什么?他对小狗说……(让幼儿说:请你吃请你吃)

4. 小狗是怎么对小猫说的?(教师扮演小猫:请你吃,请你吃。幼儿学说小狗的话:谢谢!)

5. 小狗和小猫都把自己的东西分给了别人,可是他们有没有哭?他们的脸上是什么表情?为什么自己的东西被别人拿去了它们没有哭没有难过呢?

小结过渡:把自己心爱的东西分给别人叫分享,原来和朋友分享是件快乐的事!我们也来学学小狗和小猫一样互相分享好东西吧!(师幼、幼幼表演)

三、分享食物、感受快乐——进一步感受分享带来的快乐

分享真快乐!我今天为大家准备了一些饼干和糖果,我们一起分享一起快乐吧!

附 故 事

分享,快乐

小狗和妈妈在公园里准备吃面包,小狗看到好朋友咪咪也来了。小狗将面包分成两半,一半请咪咪吃。

小狗:"请你吃,请你吃。"

咪咪:"谢谢,谢谢!"

咪咪也从背包里拿出巧克力棒,分成两半,一半请小狗吃。

咪咪:"请你吃,请你吃。"

小狗:"谢谢,谢谢!"

两个人一起吃点心真开心,吃完点心,它们一起去玩跷跷板。

集体活动例二

活动名称:羊村的白天与黑夜

活动目标：

1. 感知白天与黑夜，尝试用"××睡了，月亮笑了"来表达。

2. 帮助幼儿树立时间概念，养成良好生活习惯。

活动准备：

PPT；动画片《喜羊羊和灰太狼》。

活动过程：

一、猜谜导入，引发兴趣——通过猜谜语引出话题，说说白天的时候会做什么

1. 谜语：有位老公公，每天挂天空，天一亮来就出工，直到傍晚才收工。这是谁呢？

2. 白天的时候你会做些什么事情？羊村的小羊们又在做什么呢？

小结：原来白天的时候我们大家都在做很多事情，白天让我们感觉阳光和希望。

过渡：太阳公公下山了，小羊们准备回家了，天也慢慢地黑了下来，羊村里静悄悄，小星星眨着小眼睛，看看谁来了？

二、观赏课件，模仿学说——理解故事内容，学说对话

1. 讨论：

（1）晚上你会做些什么？

（2）晚上，月亮婆婆来到羊村，看看羊羊们在干什么？

2. 出示美羊羊，提问：

（1）这是谁的家？

（2）你从哪里看出来的？

小结：原来墙上挂着美羊羊的照片。美羊羊睡了，月亮笑了。

3. 出示喜羊羊

引导个别幼儿尝试说"喜羊羊睡了，月亮笑了"。

4. 出示懒羊羊，提问：

（1）这是谁啊？它在做什么？

（2）看看这时候月亮的表情是怎么样的？为什么？

小结：原来月亮不开心是因为睡觉的时间到了，可是懒羊羊还在玩。我们大家一起叫他去睡觉吧！懒羊羊睡了，月亮笑了。

5. 提问：

（1）小羊们都睡觉，我们大家去看看羊村里还有哪些朋友们都睡觉了？

（2）除了羊村你们看还有哪些小动物晚上也睡觉了？

第八章 分级段的童"话"故事编讲活动课例与材料

6.幼儿讲述

小结：天黑了，月亮出来了，大家都要休息了，晚上是休息的时间。小朋友晚上要早早休息，才能有好的身体。

三、经验提升，感受快乐——揭晓答案，了解晚上就应该睡觉，知道晚上和白天的不同

1.提问：

（1）大家都睡觉了，你们听这是什么声音？

（2）它晚上出来干什么？

2.幼儿讲述

小结：原来小老鼠出来是偷东西吃的，晚上大家都睡觉了，它出来就没人发现了。

3.讨论：这时候大家都睡着了，请谁来帮忙抓老鼠呢？

小结：原来晚上小猫是要抓老鼠的。要是没有小猫的帮助，我们的东西要被老鼠偷完了。

4.讨论：天又亮了，月亮婆婆回去了，太阳公公出来了，大家都醒了，小猫到哪里去了？我们和小羊们一起去太阳下做游戏咯！

附 故 事

羊村的白天和黑夜

太阳公公下山了，小羊们准备回家了，天也慢慢地黑了下来，羊村里静悄悄。

小星星眨着小眼睛，月亮也出来散步了。来到美羊羊窗前，哇！美羊羊已经睡着啦！月亮高兴地笑了！

月亮来到喜羊羊家，朝窗里看看，房间里黑黑的，喜羊羊睡得真香啊！月亮微笑着轻轻离开了。

月亮走到懒羊羊窗前，哎呀！这么晚了懒羊羊怎么还没睡觉呀！还在玩玩具啊！月亮赶紧敲敲懒羊羊家的窗户，说："懒羊羊，快点睡觉啦！明天再玩吧！"懒羊羊也赶紧睡觉啦！月亮笑了！

"主题背景下的故事编讲材料例举"

主题名称：小宝宝			
材料名称	材料提供	观察要点	玩 法 提 示
小熊醒来吧	角色：小熊、小象、恐龙、小猫等 道具：桌子、椅子、床	1. 观察幼儿是否愿意参与活动，并且能够跟着录音复述故事。 2. 对于新投放的角色是否会按照原有的句型仿编对话。	1. 单人活动：在熟悉故事的基础上幼儿边摆弄材料边复述故事内容。第二次活动启发幼儿根据已有经验经创编内容，丰富角色人物间的对话以及故事情节。（教师关注幼儿的语言完整性） 2. 同伴活动：在熟悉故事的基础上，自由分配角色复述故事。第二次活动形式同单人活动。活动后在集体中分享。（教师关注幼儿同伴间合作是否愉快）
开门关门	角色：小兔子、兔妈妈、大灰狼 道具：立体人物	1. 观察幼儿讲述时的语句是否完整。 2. 观察幼儿在讲述中是否有对话语言，是否符合故事内容。	1. 单人活动：在完整欣赏儿歌的基础上，幼儿边摆弄材料边自由讲述儿歌，可以套用格式自由创编。 2. 同伴活动：熟悉儿歌的格式与内容以后，可自由选择角色，两位幼儿一名可以扮演门内角色，另外一名扮演守卫角色，边摆弄边进行故事表演。 3. 教师可以根据幼儿讲述的情况投放空白角色或者玩偶角色，启发孩子创编角色对话。

二、主题名称：好朋友

【写在前面的话】

《好朋友》主题的设置依据了小班幼儿的认知水平，注重了小班幼儿喜欢朋友的心理发展特点，又与幼儿的日常生活经验紧密联系。编制过程注重寻求"领域"和"主题"的联系和结合，追求课程目标的适宜性、主题规划的生活化、教育活动的趣味性以及高低结构的内容搭配，注重激发幼儿的自主学习和体验。

但在教材使用过程中，我们也发现了一些应当弥补的缺憾：

第一，有的教学内容只呈现了素材故事，却没有对应的教学活动设计，这对于部分三年以内的新教师而言，会有教材使用的盲区；

第二，部分素材提供了教学活动范例，但活动设计与故事编讲这一园本研究重点之间存在落差，教师在活动实施中，有语言领域的目标追求，但对课程创生帮助不大。

第三，主题实施有一定的时间跨度，但本主题中涉及引发小班幼儿体验感受与同伴间情感的故事内容相对较少，供教师选择的余地不够。

第四，低结构材料设置只给予了名称或提示，但具体呈现缺乏直观性，对新手型教师而言设计难度较大。

"主题核心·经验"

主题内容与要求：喜欢自己的朋友，体验与老师、同伴一起活动的快乐。

核心经验：

情感：喜欢和朋友在一起

认知：比较对应（找关联）

内容的选择：

结合幼儿故事编讲的目标培养内容，我们在本主题实施过程中选择了以下两则故事进行了活动设计，目的在于结合小班幼儿的生活经验，借助他们喜闻乐见的动物形象，利用编编、讲讲、演演的表现方式，帮助小班幼儿感受和同伴、朋友分享的快乐，从而为主题的实施和推进服务。

教法的使用：

一是整体性观赏，重在引导小班幼儿观察发现单幅画面中的重点部分；

二是局部性想象，重在激发小班幼儿编讲局部故事内容的兴趣；

三是预设性提问，重在以教师提问激活思维帮助幼儿理解讲述；

四是多样性讲述，重在形式不拘的故事讲述方式。

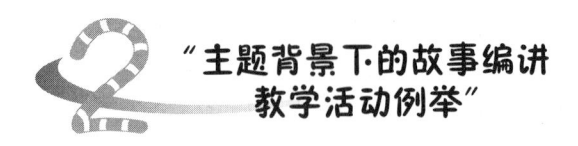

"主题背景下的故事编讲教学活动例举"

集体活动例一

活动名称：胖熊吹气球

活动目标：

1. 理解故事内容，尝试用完整的语言创编角色对话。
2. 在编编讲讲演演中，体验表演故事的快乐，感受分享的乐趣。

活动准备：

胖熊和各个小动物头饰、气球、动物录音、PPT。

活动过程：

一、提问导入，引发兴趣——回顾已有经验，激发幼儿兴趣

提问：

（1）有个新朋友来做客了，一起看看是谁？

（2）它带了什么好玩的东西？这是一些什么样的气球？

小结：原来胖熊带来了许多五颜六色的气球，大家看了都很喜欢！

过渡：这只胖熊想把这些好玩的气球分给它的好朋友一起玩，看看今天来了哪些好朋友。

二、理解故事，学说对话——在表演中学习角色之间的对话

（一）小熊与小狗

1. 出示小狗，提问：

"汪汪汪"，谁来了？

2.（画外音）提问：

（1）刚刚小熊和小狗在一起说了什么你们还记得吗？

（2）谁愿意上来试试看，学一学小熊和小狗说的话？

小结：小狗和小熊真会动脑筋，红色的气球可以像好多东西，它们都说出来了，好棒啊！刚才宝宝们也好棒，学会了小熊和小狗说的话。

（二）小熊与小猫

1.（听猫叫），提问：

（1）小熊又看到了它的好朋友啦！听听，这一次来了谁呢？

（2）胖熊又拿出一个什么颜色的气球？黄色的气球像什么？

（3）猜猜看，小熊和小猫会怎么说？

2. 幼儿猜测

3. 提出要求：那谁愿意来扮演一下小熊和小猫，说一说它们的话？

4. 幼儿仿编表演

小结：你们扮演的小熊和小猫真是聪明的动物宝贝，说的话真好听，黄色的气球可以像那么多东西啊！真会动脑筋呀！

（三）小熊与小兔

1. 谜语："耳朵长长白又白，一蹦一跳真可爱"，谁来了？（小兔）

2. 提问：

（1）小熊又拿出一个绿色的气球送给小兔，绿色的气球像什么？

（2）这一次小熊和小兔会说些什么？

师：我想请两个宝贝上来演一演。

3. 个别幼儿戴上头饰表演对话

小结：刚才宝贝们表演得真好，声音很响亮，还有表情的，脸上都是笑眯眯的，还很有礼貌，很棒哦！（我们伸出大拇指表扬一下他们吧！）

（四）出示其他动物和各色气球

1. 师：瞧，这里还有许多的动物朋友和气球，你们愿不愿意扮演一下小熊，去把气球分给好朋友呢？

2. 要求：你们先想一想，自己是扮演动物朋友，还是扮演小熊，然后请你去选一个动物头饰戴在头上；这一张桌上是气球，扮演小熊的宝贝自己去拿一个气球，然后找到一个动物朋友，去送气球，一边送一边两个人要像刚才那样，说说好听的话！

3. 幼儿自由编讲，教师倾听指导

4. 幼儿分组表演送气球

小结：刚才动物朋友们都拿到了小熊送的气球，真开心！小熊看到大家这么喜欢它的气球礼物，心里可高兴啦！小熊说，把好东西和朋友一起分享是件快乐的事情。

三、经验迁移，感受快乐——联系生活，感受与同伴分享的快乐

1. 提问：

你平时愿意和好朋友一起分享好东西吗？会跟好朋友分享什么？

2. 幼儿讲述

总结：今天可真开心，因为大家在一起分享了好吃的东西，等会儿我们还可

以把这件高兴的事情告诉其他朋友，让他们也来一起分享这份快乐吧！

附故事

胖熊吹气球

小胖熊拿来五只气球，分给大家。胖熊说："这是顶顶好的气球。"

火红的给小狗，小狗不会吹气球，胖熊帮他吹，哇！红色的气球像团火！

黄色的给小猫，小猫不会吹气球，胖熊帮他吹，哇！黄色的气球像鸭梨！

绿色的给小兔，小兔不会吹气球，胖熊帮他吹，哇！绿色的气球像个大苹果！

紫色的给小猪，小猪偏要自己吹气球。吹呀吹呀吹爆了，啪！紫色气球变成碎片片，小猪抹起了眼泪。

小熊拿出第五只气球。吹大了，气球像蓝天一样美丽。小熊把蓝气球递给小猪，小猪笑了。

集体活动例二

活动名称：小猪的野餐

活动目标：

1. 理解故事内容，能创编故事中的情景对话。
2. 萌发幼儿初步的分享意识。

活动准备：

1. 背景图一张；
2. 食物插图：面包、苹果、糖果、牛奶及其他饮料；
3. 动物插图：小猪、小鸟、小松鼠、小猴。

活动过程：

一、经验回顾、激发兴趣——根据生活经验观察图片，大胆讲述

1. 今天天气真好，这么美丽的地方，谁会来呢？
2. 看，谁来了？我们一起和小猪打个招呼！
3. 小猪长什么样？它的手上拿着什么？

4. 小猪要做什么呢？野餐需要带些什么呢？

小结：小猪胖胖要去春游了，它带了很多好吃的东西，红红的苹果，香香的面包，甜甜的牛奶、巧克力。

二、理解故事内容、学说对话——了解小猪分享美食的过程，尝试学说并表演故事中的情景对话

1. 小猪带来了这么多好吃的，这时候，有一只小动物来了，是谁呢？它有着长长尾巴，还会爬树呢。

教师讲述故事：猴子看到小猪有那么多好吃的东西，说："苹果红红的！肯定很好吃。"小猪胖胖给小猴红红的苹果说："请你吃苹果吧。"小猴说："谢谢！谢谢！"小猴子吃到了好吃的苹果，心里真高兴。

2. 喳喳喳，喳喳喳，谁来了？你怎么知道是小鸟的？

3. 小鸟闻到香味飞来了，它闻到了面包的味道，会说什么呢？小猪胖胖会怎么做呢？它又会怎么说呢？谁愿意和我一起表演一下？

小结：小动物们得到了小猪胖胖的礼物，真开心呀！

三、经验迁移、感受快乐——师幼表演小猪胖胖分享食物的故事情节，感受分享给大家带来的快乐

1. 小猪胖胖还剩下哪些东西？

2. 接下来又来了很多朋友，小猪胖胖会和它们分享些什么食物呢？它们之间会说些什么呢？

3. 幼儿自主表演，教师指导。

4. 小猪胖胖的东西越来越少了，他把好吃的东西分给了朋友，可是小猪还是笑眯眯的，这是为什么？

小结：小猪觉得把好吃的东西分给小鸟、小松鼠和小猴，和大家一起分享是最快乐的。瞧！天气真暖和，我们和小猪胖胖一起去野餐吧！

附 故 事

小猪的野餐

天气真暖和，小猪胖胖高高兴兴去野餐。

喳喳喳，小鸟闻到香味飞来了。小猪胖胖扔给小鸟一个大面包。

扑通！扑通！松鼠闻到香味跳来了。小猪胖胖扔给小松鼠一个大苹果。

呼哧！呼哧！小猴子闻到香味赶来了。小猪胖胖递给小猴一听饮料。

哈哈！哈哈！云朵闻到香味也飘来了。哎呀呀，云朵在那么高的地方，怎么办呢？哈哈！有办法了！就请气球帮个忙吧。

剩下的东西不多了，可小猪吃得很开心。

"主题背景下的故事编讲材料例举"

主题名称：好朋友			
材料名称	材料提供	观察要点	玩法提示
我来做你的好朋友	角色：小浣熊、小狐狸、猫头鹰等 道具：场景、桌子、椅子等	观察幼儿对于故事板材料是否有兴趣，在老师的指导下是否会讲述故事内容。	1. 同伴活动：在熟悉故事的基础上，自由分配角色，教师引导幼儿轮流讲述，并创编角色间的对话。 2. 第二次活动可以鼓励幼儿替换角色进行创编，教师根据讲述情况进行提示和指导。
谁来了	角色：达达、猴子、长颈鹿、大象、兔子 道具：桌椅玩具、自制蛋糕 其他辅助材料：新增动物（刺猬、孔雀、蛇、啄木鸟等）、手工纸、油泥、记号笔	1. 观察幼儿活动中的情绪是否愉快，是否能够边摆弄道具边讲述故事内容。 2. 观察两人合作时如何分配道具和角色。	1. 单人活动：在熟悉故事的基础上幼儿边摆弄材料边复述故事内容。后续可鼓励幼儿利用其他辅助材料增加故事外情节，丰富角色人物间的对话以及故事情节。（教师关注幼儿的语言完整性） 2. 同伴活动：在熟悉故事的基础上，自由分配角色复述故事。活动后在集体中分享。（教师关注幼儿同伴间合作是否愉快）

三、主题名称：苹果和橘子

【写在前面的话】

苹果和橘子是幼儿熟悉的，喜欢的，它蕴含着大量丰富的教育资源。编制过程我们注重寻求"领域"和"主题"的联系和结合，追求课程目标的适宜性、主题规划的生活化、教育活动的趣味性以及高低结构的内容搭配，注重激发幼儿的自主学习和体验。

但在教材使用过程中，我们也发现了一些应当弥补的缺憾：

第一，有的教学内容只呈现了素材故事，却没有对应的教学活动设计，这对于部分三年以内的新教师而言，会有教材使用的盲区；

第二，部分素材提供了教学活动范例，但活动设计与故事编讲这一园本研究重点之间存在落差，教师在活动实施中，有语言领域的目标追求，但对课程创生帮助不大。

第三，低结构材料设置只给予了名称或提示，但具体呈现缺乏直观性，对新手型教师而言设计难度较大。

"主题核心·经验"

主题内容与要求：认识常见水果的名称，感知它们明显的特征

核心经验：

认知：感知特征（名称、外形、颜色、味道、生长过程），感知1和许多

情感：乐于动手（剥橘子、做水果）

内容的选择：

结合幼儿故事编讲的目标培养内容，我们在本主题实施过程中选择了以下两则故事进行了活动设计，目的在于结合小班幼儿的生活经验，借助他们喜闻乐见的动物形象，利用编编、讲讲、演演的表现方式，帮助小班幼儿感知苹果和橘子的明显特征，从而为主题的实施和推进服务。

教法的使用：

一是整体性观赏，重在引导小班幼儿观察发现单幅画面中的重点部分；

二是局部性想象，重在激发小班幼儿编讲局部故事内容的兴趣；

三是预设性提问，重在以教师提问激活思维帮助幼儿理解讲述；

四是多样性讲述，重在形式不拘的故事讲述方式。

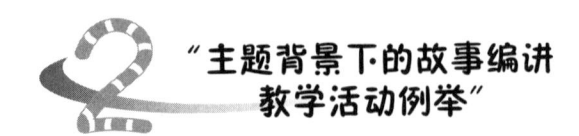

"主题背景下的故事编讲教学活动例举"

集体活动例一

活动名称：好饿的小蛇

活动目标：

1. 在故事情境中尝试仿编角色语言"××的××真好吃！"。
2. 乐意和同伴一起仿编角色语言，感受有趣的故事内容。

活动准备：

1. 图书《好饿的小蛇》。
2. 自制大图书一本、自制小图书每人一本。

活动过程：

一、谜语导入、引起兴趣——了解小蛇没有四肢、细长却游得很快的特征

1. 今天老师带来一个谜语请你们猜一猜：身体细又长，弯弯又曲曲，没有手和脚，游得特别快。

2. 是谁？从哪里听出来的？

小结：细细长长的小蛇游起来特别快。

过渡：今天游来了一条好饿的小蛇，它吃了好多食物，身体发生了有趣的变化，到底是怎么回事呢？我们赶紧去看看吧！

二、阅读图书、理解故事内容——了解小蛇吃不同形状的食物身体就会变成相应的状态的故事情节

（一）集体阅读，学说句式"小蛇吃了××的××"

1. 有一天，小蛇的肚子饿得咕咕叫，它游呀游，发现了一根香蕉，张开嘴巴就把香蕉吞进了肚子。（出示小蛇吃了香蕉的图片）

提问：

（1）小蛇发现了什么？

（2）这根香蕉是什么样的？

（3）吃了香蕉的小蛇是怎么说的？（个别幼儿模仿）

第八章 分级段的童"话"故事编讲活动课例与材料

小结：小蛇吃了一根弯弯的、黄黄的、甜甜的香蕉。弯弯的、黄黄的、甜甜的香蕉真好吃！

2. 吃了香蕉，小蛇还是肚子饿，这时，又发现了一个有趣的食物，啊呜一口吞了下去。

提问：

（1）这次小蛇可能吃了什么？（蛋糕、三明治、饼干、糖果……）小蛇会怎么说呢？

（2）小蛇到底吃了什么好吃的食物呢？（出示饭团）小蛇会说些什么？

小结：小蛇吃了一个好吃的饭团，真开心！

（二）分散阅读，尝试用"小蛇吃了××的××"进行表述

1. 小蛇吃了香蕉和饭团还是觉得很饿，接下来它又吃了好多食物，吃了什么呢？故事就藏在后面的小图书里，请你们每人拿一本小图书，仔细地看一看，小蛇吃了什么食物？它是什么样的？小蛇会怎么说？看完了，回到座位上，等会儿我们一起分享。

2. 幼儿自主阅读，教师巡视。

3. 分享。

4. 你还记得小蛇吃了什么吗？它是什么样的？小蛇吃了这个好吃的食物会说些什么？

小结：好饿的小蛇吃了好多好吃的食物，真开心！

三、活动延伸——激发幼儿后续阅读的兴趣

不同的食物有不同的样子和味道，小蛇后来还吃了很多其他的东西，它的身体又会变得怎么样呢？好饿的小蛇的故事就在这本图书里（出示《好饿的小蛇》），如果你们想看，可以去书吧里看哦！

附 故 事

好饿的小蛇

一天，好饿的小蛇在树林里扭来扭去。忽然，它发现了一个圆圆的苹果，啊呜——咕嘟，真好吃。

第二天，好饿的小蛇又扭来扭去在散步。它发现了一根黄色的香蕉。于是，它一口把香蕉吞了下去……啊呜——咕嘟，真好吃。

第三天，呀，真美味，原来它发现了一个带刺的菠萝。

第四天，哇，真好吃，这回它发现了一串紫色的葡萄。第五天，啊呜——咕嘟，真好吃，好饿的小蛇发现一个红红的草莓，第六天，有大收获了。这回，它发现了一棵结满红苹果的树。它继续扭来扭去地爬上树。然后……张开了大嘴……一口把结满红苹果的树吃掉了。

好饿的小蛇吃饱了，呼呼呼地睡大觉去啦。

集体活动例二

活动名称：贪吃的变色龙

活动目标：

1. 了解故事中变色龙身体变色的原因，并能进行创编。
2. 能大胆地表述自己的想法。

活动准备：

1. 《贪吃的变色龙》PPT。
2. 故事图片人手一张。

活动过程：

一、出示变色龙，导入活动——理解故事名字，为活动做铺垫

1. 认识变色龙

师：今天来了一位动物朋友，我们看看是谁？

2. 理解"贪吃"

师：它是一只贪吃的变色龙，知道什么是"贪吃"吗？

小结：这是一只特别爱吃，而且什么东西都喜欢吃的变色龙。

二、看图学讲故事——理解故事主要情节，尝试讲述

1. 喂变色龙吃东西

师：看看变色龙准备吃什么了呀？我们一起来喂给它吃吧。不过变色龙吃完这些东西身体会发生变化哦，我们一起来看看会发生什么变化。

2. 引导幼儿讲述句式

小结：变色龙真神奇，吃了有颜色的东西，身体就会变色。

三、故事编讲——幼儿自主选择场景卡片进行讲述

（一）集体编讲

1. 变色龙吃了这些东西还是没有吃饱，它又去找东西了，看看它来到了哪里？（花店）

2. 幼儿根据变色龙身上的颜色，编讲变色龙在花店的故事。

（二）个别编讲

1. 变色龙吃了这么多花还没吃够，真是一只贪吃的变色龙，它又继续去找东西了。

2. 出示PPT（菜场、水果店）。

师：变色龙又去了哪里？水果店里有些什么？菜场里有些什么？变色龙会吃哪些东西呢？

3. 幼儿自主选择图片进行编讲。

4. 完整欣赏故事。

师：这只贪吃的变色龙吃了这么多东西还是没有吃饱，看看变色龙又去吃什么了？

附 故 事

贪吃的变色龙

有一只贪吃的变色龙，看到东西就吃。

有一天，他吃了一辆红色的玩具车，尾巴就变成红色的了。

他又吃了一张黄色的桌子，咦！身体变成黄色的了。

他还是觉得肚子很饿，就走到外面，把一棵绿色的大树吃掉了。这一次，脚变成绿色的了！

变色龙走啊走，找不到东西可以吃，就把自己的影子吃掉了。

天黑了，咦！变色龙呢？天上的月亮又白又亮，变色龙一口就把它吃掉了。咦！你看过这样的月亮吗？

3 "主题背景下的故事编讲材料例举"

主题名称：苹果和橘子			
材料名称	材料提供	观察要点	玩法提示
爱吃水果的奶牛	角色：奶牛、小熊猫、小羊、小猫、斑点狗 道具：各种各样的水果	1. 观察幼儿是否能够不受材料和同伴的影响较完整讲述故事内容。 2. 观察幼儿之间的对话是否有新的内容产生。	1. 单人活动：在完整欣赏过故事的基础上，幼儿边摆弄故事板材料边自由讲述。（教师支持幼儿自由讲述到完整讲述） 2. 同伴活动：在完整欣赏过绘本故事的基础上，可自由选择角色，边摆弄边进行故事表演。（教师关注对话语言） 3. 教师可以根据幼儿讲述的情况投放其他动物角色，启发孩子创编角色对话。
小乌龟看爷爷	角色：小乌龟、乌龟爷爷 道具：苹果树、开花的苹果树、红苹果树、小猫、小猴、小兔	1. 观察幼儿是否喜欢故事板材料，是否能够边摆弄边复述故事。 2. 观察幼儿和同伴一起编讲时是否受干扰。	1. 单人活动：在完整欣赏过绘本故事的基础上，幼儿边摆弄故事板材料边自由讲述。（教师支持幼儿自由讲述到完整讲述） 2. 同伴活动：在完整欣赏过绘本故事的基础上，可自由选择角色，边摆弄边进行故事表演。（教师关注对话语言） 3. 教师可以根据幼儿讲述的情况投放其他动物角色，启发孩子创编角色对话。

四、主题名称：小兔乖乖

【写在前面的话】

《小兔乖乖》主题的设置依据了小班幼儿的认知水平和具有强烈好奇心及同情心的年龄特点，注重了小班幼儿喜欢动物尤其喜欢小兔子的心理发展特点，将主题活动与幼儿生活经验相互结合。编制过程注重课程目标的适宜性、主题规划的生活化、教育活动的趣味性以及高低结构的内容搭配，通过故事听赏引发幼儿观察、比较、讨论来进一步熟悉小兔子的外形特征、寻找小兔爱吃的食物，从而初步提高孩子观察分析的能力，最终培养孩子喜爱小兔的情感。

但在教材使用过程中，我们也发现了一些应当弥补的缺憾：

第一，有的教学素材脱离生活实际，与幼儿生活经验不匹配。

第二，主题素材中的故事虽然经典但却已经家喻户晓，信息传播发达的现代幼儿已经从各种途径了解这些故事内容，此类经典故事需要老素材新上法，对于新教师来说比较困难。

第三，经典故事已经深入人心，想要与故事编讲结合就会难上加难。

第四，低结构材料提示较少，且具体呈现缺乏直观性，对新手型教师而言设计难度较大。

"主题核心经验"

主题内容与要求：爱听童话故事，喜爱观察照顾小兔，并有兴趣参加装扮活动。

核心经验：

情感：爱听故事

　　　　喜爱小兔（亲近、观察、照顾小兔）

能力：观察小兔（特征、习性）

　　　　装扮小兔（撕贴、表演等）

内容的选择：

根据主题实施要求，结合小班幼儿参与式故事编讲活动的目标培养内容，我们在本主题实施过程中选择了以下两则故事进行了活动设计，目的在于结合小班幼儿的认知水平及生活经验，借用新颖的故事内容，通过编编、讲讲、演演的表现方式，帮助小班幼儿进一步认识小兔、了解小兔，从而为主题的实施和推进服务，也为幼儿的故事编讲能力奠定基础。

教法的使用：

一是特征观察法，重在引导小班幼儿观察发现单幅画面中的细节部分；

二是完整性示范，重在通过教师的参与和示范帮助小班幼儿尝试仿编；

三是启发性提问，重在以教师提问激活思维帮助幼儿理解讲述；

四是多样性讲述，重在形式不拘的故事讲述方式。

"主题背景下的故事编讲教学活动例举"

集体活动例一

活动名称：小兔子散步

活动目标：

1. 仔细观察小兔子散步的画面，尝试编讲对话并体验表演的乐趣。
2. 感受不同动物走路的特征，体验小兔和同伴一起散步的快乐。

活动准备：

1.《小兔子散步》PPT；
2. 小图书每人一本、动物胸饰。

活动过程：

一、激趣导入，引起兴趣——聊聊散步，知道散步是件快乐的事

1. 聊聊"散步"

提问：小朋友你们散过步吗？你和谁一起散过步？散步时的心情怎么样？

小结：和家人朋友一起散步真是一件悠闲愉快的事情！

2. 引出故事

提问：瞧，天气这么好，谁出来散步了呢？

过渡：小兔子散步途中会发生什么有趣的事情呢？

二、欣赏故事，理解故事——感受不同动物走路特征，尝试编讲对话

（一）和小蜜蜂一起散步

1. 小兔子去散步，听到了"嗡嗡嗡"的声音，猜猜它遇见了谁？小蜜蜂在干

什么？（引导幼儿观察动线符号）

小结：蜜蜂身体四周的小线条就能告诉我们它在转着圈圈飞舞，原来这些线条就是一种符号，它能告诉我们一些图片中的秘密。

2.（播放声音）小兔子是怎么说的？小蜜蜂怎么回答的呢？小兔子同意了吗？小兔子是怎么回答的呢？

小结：原来小兔子觉得和小蜜蜂一起转着圈圈散步真开心。

（二）和小松鼠一起散步

1. 小兔子又遇到了谁？（出示大尾巴）小松鼠在干什么呢？
2. 这次小兔子会怎么邀请小松鼠？小松鼠会怎么回答呢？
3. 小兔子开心吗？

小结：原来小兔子觉得和小松鼠一起蹦蹦跳跳地散步真开心。

（三）阅读小图书，编讲对话

1. 幼儿自主阅读，教师巡视。
2. 分享交流：小兔子在散步的途中还遇到了哪些小动物？（蝴蝶、刺猬、鸭子、小兔）
3. 师幼互动编讲。

形式：教师和集体（蚯蚓）；教师和一组孩子（鸭子）；教师和一个孩子（刺猬）；两个孩子互动（小兔）。

小结：小兔子在散步中遇到了好多的动物朋友，大家的散步方式都很特别，也很有趣，小兔子觉得真开心，它想着把这些有趣的故事回家告诉妈妈。

三、活动延伸——和好朋友一起散步真开心

和好朋友一起散步真开心，我们一起去散步吧！可以试试刚才那些小动物的各种特别的动作哦！

附故事

小兔子散步

小动物们都有各自不同的散步方式，舞着、扭着、转着、跳着、翻着……原来散步这么有趣啊！

森林里的小兔子出门去散步。它东走走，西瞧瞧。

蝴蝶："小兔子，我们一起散步吧！像我一样，跳着舞散步。"

小兔子得意地说:"我就是和你一样在跳舞,跳着舞散步,真简单!"

蚯蚓:"小兔子,我们一起散步吧!像我一样,扭着身子散步。"

扭着身子散步,真有趣。

蜜蜂:"小兔子,我们一起散步吧!像我一样,转着圈圈散步。"

转着圈圈散步,真有趣!

松鼠:"小兔子,我们一起散步吧!像我一样,蹦蹦跳跳地散步。"

蹦蹦跳跳地散步,真有趣!

刺猬:"小兔子,我们一起散步吧!像我一样,蜷成一个球,翻筋斗散步。"

翻筋斗散步,真有趣!

"哈哈哈,散步可真有趣呀!"小兔子想。

集体活动例二

活动名称:小兔孵蛋

活动目标:

1. 在看看听听讲讲中,了解小兔照顾蛋宝宝并找到妈妈的过程,体验帮助别人的快乐。

2. 愿意想象故事中角色间的对话,并能大胆表现。

活动准备:

1.《小兔孵蛋》PPT;

2. 小兔头饰。

活动过程:

一、激趣导入——认识小兔,了解故事开头

1. 教师讲述:春暖花开的季节总是让人特别想出去看一看,今天,有个朋友也想趁着这样的好天气出门走走,瞧!它来啦——原来是小兔呀。

2. 小兔看起来心情不错哦,这是为什么呢?(画外音:大家好,我是小兔,我正想出门转转呢!)

小结:原来,小兔正准备出门转转呢,让我们跟着小兔一起去跳跳玩玩吧。

过渡：走着走着，咦？你们瞧，草地里怎么有个蛋啊？

二、观看PPT，理解故事——理解故事主要情节，尝试创编小兔帮蛋找妈妈的故事情节

（一）出示PPT，欣赏故事第一段

1. 你觉得这是谁的蛋？

2. 小兔遇到了谁？这个蛋会是小猪的吗？你们愿意帮助小兔去问问小猪吗？

小结：小兔遇见了小猪，可是猪妈妈不会生蛋，它生的是小猪哦！

（二）出示PPT，欣赏故事第二段

1. 这次小兔又遇到了谁？

2. 这会是大象妈妈的蛋吗？（请幼儿上来表演）

小结：是呀，大象妈妈也不会生蛋，它生的可是小象哦。

过渡：其实一路上小兔还遇见了许多的小动物，你们愿意帮助小兔去问一问吗？

（三）出示PPT，欣赏故事第三段并进行创编

1. 幼儿尝试表演并创编故事。

要求：小兔遇到的小动物都躲在篮子里呢，等会请大家和好朋友2个人选择一个篮子，看看里面有什么小动物，然后手拉手坐回位子一起演一演。

2. 幼儿分组表演，师幼点评。

小结：小兔问了好多动物，可这个蛋都不是它们的。

过渡：哎呀！这也不是，那也不是，到底是谁的蛋呢？小兔爱蛋宝宝，舍不得把它丢在路边，小兔决定把蛋带回去好好照顾蛋宝宝。

三、欣赏故事第四段——了解故事结尾

1. 教师讲述故事结尾。

2. 小兔是怎么照顾蛋宝宝的呢？谁从蛋壳里钻出来了？

3. 乌龟妈妈看见小乌龟真是太开心了，乌龟妈妈会对小兔说什么呢？

小结：原来是一只可爱的小乌龟呀！小兔子虽然很爱这只小乌龟，但是它决定还是把小乌龟送回乌龟妈妈身边。小兔子是个乐于帮助别人，是很有爱心的小兔，大家都喜欢有爱心的小朋友。

附故事

小兔孵蛋

一天,小兔走在草地上发现了一个圆圆的、白白的蛋。小兔拿着蛋宝宝,遇到了小猪,它问小猪:"这是你的蛋吗?"小猪摇摇头。小兔又走啊走,遇到了小猫和小狗,它问它们:"这是你的蛋吗?"小猫和小狗都摇摇头。这是谁的蛋呢?小兔有些纳闷了,只好把蛋带回家。小兔学着母鸡妈妈孵小鸡的样子,坐在蛋上孵起来。过了好几天蛋都没有动静,小兔有些着急了。这天,小兔听到蛋壳发出"喀嚓"一声。会是什么呀?小兔兴奋地盯着蛋看——呀!原来是只小乌龟!小兔帮助小乌龟找到了自己的妈妈。乌龟妈妈开心极了,小兔也乐了。

"主题背景下的故事编讲材料例举"

主题名称:小兔乖乖

材料名称	材料提供	观察要点	玩法提示
小兔乖乖	角色:兔妈妈、长耳朵、红眼睛、短尾巴 道具:大树、萝卜、蘑菇、家具 辅助材料:录音机、橡皮泥、水、胶水	1. 观察幼儿同伴间合作是否愉快。 2. 观察幼儿是否会跟着录音一起讲述故事,大灰狼和兔妈妈的语气是否能够模仿。	1. 单人活动:在熟悉故事的基础上幼儿边摆弄材料边复述故事内容。鼓励幼儿利用其他辅助材料增加故事情节,根据已有经验创编内容。 2. 同伴活动:在熟悉故事的基础上,自由分配角色复述故事。第二次活动形式同单人活动。活动后在集体中分享。

第八章　分级段的童"话"故事编讲活动课例与材料

（续表）

材料名称	材料提供	观察要点	玩法提示
小兔找太阳	角色：小兔、小猫、小鸡、山羊等 道具：太阳、灯笼、气球等	1. 观察幼儿是否能够根据背景给予的提示摆弄角色并讲述故事。 2. 观察能力弱的幼儿讲述的兴趣，并给予指导。	1. 单人活动：在熟悉故事的基础上边操作材料边复述。（教师支持幼儿讲述，可以投放录音机等，帮助幼儿复述故事） 2. 同伴活动：在熟悉故事的基础上，自由分配角色，老师引导幼儿轮流讲述，鼓励幼儿编讲故事里的对话，并在集体活动中分享。（教师关注能力较弱的幼儿是否可以较完整讲述）

五、主题名称：学本领

【写在前面的话】

孩子们天性喜爱小动物，喜欢与身边熟悉的小动物玩耍，小班的孩子们模仿性强，认知很大程度上依赖于行动，也会用简单语言表达自己的感受与需要，在小班开展《学本领》主题完全就迎合了幼儿的年龄特点。让孩子们走近、亲近、模仿小动物，激发他们进一步了解小动物，加深对小动物的关爱。活动中我们将尝试让幼儿运用多种感觉器官，初步了解自己喜欢的几种小动物；让幼儿通过看一看、摸一摸、说一说、学一学等系列活动，让幼儿通过多种形式，体会每个动物都有各自的本领，有兴趣学做各种模仿动作，大胆地表现对小动物的感受与认识。

实施过程中我们也会发现以下问题：

第一，主题中提供的素材较抽象，小班幼儿尚处于形象思维阶段，需要提供形象具体的材料帮助幼儿理解。

第二，具体的教学活动实例较少，操作性不强。

"主题核心·经验"

主题内容与要求：体会每个动物都有各自的本领，有兴趣地学做各种模仿动作。

核心经验：

情感：喜欢模仿（动物的叫声和动作）。

认知：了解常见动物的本领。

内容的选择：

结合主题的核心经验，我们在本主题实施过程中选择了《想长脚的石头》和《送大乌龟回家》两个故事进行了教学活动设计，《想长脚的石头》从石头借脚的故事出发，让幼儿知道小动物的脚都有自己独特的用处，了解常见动物的本领。而《送大乌龟回家》则是侧重于同伴之间互帮互助的情感，让幼儿喜欢动物，相关内容的增设，能引导小班幼儿尝试运用多种感官了解自己喜欢的动物，并在趣味性的角色语言讲述和编构中体验在集体面前表达表现的快乐。

教法的使用：

一是整体性观赏，重在引导小班幼儿观察发现单幅画面中的重点部分；

二是互动性表演，重在让幼儿体验表演的乐趣；

三是预设性提问，重在以教师提问激活思维帮助幼儿理解讲述；

四是多样性讲述，重在形式不拘的故事讲述方式。

"主题背景下的故事编讲教学活动例举"

集体活动例一

活动名称：想长脚的石头

活动目标：

1. 理解小石头借脚的过程，尝试编讲对话。
2. 喜欢扮演角色，体验表演故事的乐趣。

第八章 分级段的童"话"故事编讲活动课例与材料

活动准备：

多媒体课件、小狗、小羊、小鸭、小兔的胸贴各三个、小石头胸贴一个、一块贴有五官的石头。

活动过程：

一、激趣导入，引起兴趣——通过观察小石头，激发幼儿对小石头的探讨，引出故事开头

1. 它是谁？这块小石头和我们平常看到的石头有什么不一样？

小结：光溜溜、圆乎乎，这块小石头长了两只眼睛一只嘴巴，真可爱！

2. 小石头能走吗？

小结：没有脚，不能走路。

过渡：小石头多么希望自己有一双灵活的脚呀！

二、理解故事，编讲对话——通过小石头向小动物借脚的过程，理解故事内容，学说角色对话

（一）小石头向小鸡借脚——尝试学说角色对话

1. 谁来了？小石头对小鸡说了什么？

2. 小鸡同意了吗？它是怎么说的？

小结：脚很重要，小鸡要用脚走出去捉虫，不能把脚借给小石头。

（二）小石头向小猫借脚——在师幼表演中巩固角色对话

1. 小石头会怎么向小猫借脚呢？它会怎么说？

2. 小猫会同意把脚借给小石头吗？它又会怎么回答呢？

小结：脚很重要，小猫要用脚走出去捉老鼠，也不能把脚借给小石头。

（三）选择动物，编讲对话——通过情景表演尝试编讲对话

1. 小石头后来又遇见了谁？这些小动物会同意把脚借给小石头吗？它们又会怎么回答呢？等会儿，每人选一个小动物胸贴贴在身上，想一想，它会怎么回答小石头的请求，你也可以和旁边的小朋友一起说一说。等会儿，我这块小石头会向你们借脚哦！

2. 幼儿选择动物，编讲对话。

3. 师幼共同表演。

小结：看来脚很重要，不能随便借给别人。小石头没有借到脚，真伤心。

过渡：这时候来了个小朋友。

三、揭晓故事结尾，活动结束——了解故事结尾，体验角色情感的变化

1. 教师讲述故事第二部分。（从"哟，多漂亮的小石头"到结束）

小结：小石头虽然最后还是没有借到脚，但它感觉就像长了脚一样，因为到处去看看的愿望实现了。

2. 你们喜欢这块小石头吗？小石头也很喜欢你们，等会儿我们散步的时候也带它逛逛我们的幼儿园吧。

附 故 事

想长脚的石头

有一块小石头，光溜溜，圆乎乎，就像小鸟生的蛋。小石头看到别人走来走去，心里很羡慕。

"小鸡，你把脚借给我好吗？"小鸡摇摇头，"不行，把脚借给你，我就不能捉虫子吃了"。小鸡不肯把脚借给小石头。

"小猫，你把脚借给我好吗？"小猫摇摇头，"不行，把脚借给你，我就不能捉老鼠吃了。"小猫也不肯把脚借给小石头。

"唉，我自己要是能长出脚来该有多好啊！"小石头多么想到处去看看。

"呀，多漂亮的小石头！"一个小朋友走过来，拣起了小石头。他把小石头做成了项链，挂在脖子上。

小朋友看电视，小石头跟着一起看。

小朋友唱歌，小石头在那里静静地听。

小朋友嚼泡泡糖，小石头闻着泡泡糖的香味儿。

小朋友到哪里，小石头也就到了哪里。跟着小朋友，小石头就像自己长了脚一样。

集体活动例二

活动名称： 送大乌龟回家

活动目标：

1. 理解故事内容，愿意学说完整的角色语言："×××，快来帮帮大乌龟。"
2. 在帮大乌龟解决困难的情境中体验帮助别人的快乐。

活动准备：

故事PPT、道具乌龟壳一个

活动过程：

一、谜语导入，引起兴趣——在猜谜语的过程中认识故事的主人公大乌龟，了解其生活习性

师："今天老师给宝贝们带来了一个谜语，请你们猜猜看：身背硬绿壳，缩头又缩脚，岸上慢慢爬，水中四脚游。"

1. 提问：

（1）是谁呀？

（2）你从哪里听出来的？

2. 幼儿猜测讲述

小结：原来，这个谜语里说的就是动物朋友乌龟。乌龟身上背着一个硬硬的绿壳，爬的时候慢吞吞，不仅能在岸上走，还特别喜欢在水里游。

过渡：有一天，一只大乌龟正慢慢地向山坡上爬着。

二、听听说说，理解故事——了解乌龟滚下山坡，小动物们最后合力帮助它在水中翻身的情节内容

（一）观看课件画面，倾听故事开始部分

1. 提问：

（1）发生了什么事？大乌龟怎么了？

（2）谁来帮助大乌龟了？它是怎么帮大乌龟的？

2. 教师请个别幼儿上前学一学小蚱蜢的角色语言："×××，快来帮帮大乌龟。"

小结：小蚱蜢的力气太小了，帮不了大乌龟，所以想到了大声喊朋友来帮忙的办法，它真聪明！

（二）继续观察画面，了解故事情节

师：小蚱蜢大声喊着，把小老鼠请来了！

1. 提问：小蚱蜢和小老鼠是怎么帮助大乌龟的？

2. 请个别幼儿上前表演角色语言和动作。

3. 观看画面，提问：它们成功了吗？

小结：小老鼠和小蚱蜢力气太小了，用出浑身的力气使劲地推呀推，大乌龟还是没能翻过身来。

（三）尝试表演动作，体验助人的语言和行为

师：这一次，小老鼠大声喊着，又请来了两位好朋友！

1. 出示刺猬的刺和耳朵画面，提问：

（1）谁来了？你们从哪里看出来的？
（2）这回它们是怎样帮助大乌龟的？
（3）我们也一起来试试吧！

2. 幼儿共同表演角色语言和动作。

3. 观看画面，提问：

（1）它们成功了吗？为什么没有成功？
（2）还有什么别的好办法吗？
（3）小兔想了什么办法？最后怎么样了？

小结：聪明又好心的小动物们终于把大乌龟推到了河里，大乌龟回到水里就灵活极了，一下子就翻过身来。

三、想想说说，经验拓展——感受帮助别人的快乐

1. 大乌龟在朋友们的帮助下解决了困难，猜猜它会对朋友们说些什么？
2. 听到大乌龟的感谢，朋友们的心情会怎么样？

小结：看来，帮助别人是件快乐的事情呢！

附故事

送大乌龟回家

大乌龟爬山坡，一不小心从山坡上咕噜咕噜地滚下来，跌到山脚下，四脚朝天，爬不起来。大乌龟大声喊："谁来帮帮我！谁来帮帮我！"

小蚱蜢听见了，可是小蚱蜢的力气太小了，帮不了大乌龟，于是它大声喊："小老鼠，快来帮帮大乌龟！小老鼠，快来帮帮大乌龟！"

小老鼠来了，用出了浑身的力量使劲想把大乌龟翻过身来，但小老鼠力气还是太小了，大乌龟还是没能翻过身来。于是小老鼠大声喊："小刺猬！小白兔！快来帮帮大乌龟！"

小刺猬和小白兔都来了，但小刺猬和小白兔的力气还是小，也帮不了忙。

小白兔想了想，说："我们把大乌龟推到河边去。"大家用力把大乌龟推呀，推呀，一直推到小河边，扑通一声让大乌龟跌下河去。大乌龟在河水里翻过身来，划动四只脚，欢快地游开了。

大乌龟回过头来，对大家说："谢谢你们送我回家！"

"主题背景下的故事编讲材料例举"

主题名称：学本领			
材料名称	材料提供	观察要点	玩 法 提 示
小动物过桥	角色：小猴子、小羊、小兔子、小象、小猪、小狗等	1. 观察幼儿是否能够边操作材料边讲述儿歌。 2. 对于儿歌外的动物角色是否能够尝试编进儿歌里。	1. 单人活动：在熟悉儿歌的基础上边操作材料边复述。（教师支持幼儿讲述，从复述到替换角色创编短句） 2. 同伴活动：在熟悉儿歌的基础上，自由分配角色，老师引导幼儿轮流讲述，并创编短句。
迪迪医生	角色：迪迪医生、小鸡、小羊、小松鼠、小青蛙等 道具：药瓶、针筒、自制药片若干、床、桌子	1. 观察幼儿的独白语言和使用道具的情况。 2. 观察幼儿间如何协商以及人物之间的对话等。	1. 单人活动：在熟悉故事的基础上幼儿边摆弄材料边复述故事内容。第二次活动可增加故事外角色，以及其他替代物等，启发幼儿创编内容。 2. 同伴活动：在熟悉故事的基础上，自由分配角色复述故事。第二次活动可引导根据已有生活经验创编故事内容

六、主题名称：小花园

【写在前面的话】

《小花园》主题的设置依据了小班幼儿的认知水平和能力发展，注重了小班幼儿喜欢颜色鲜艳、美丽的花草的心理发展特点，联系幼儿生活经验，注重课程目标的适宜性、主题内容的生活化、教学素材的趣味性以及高低结构内容的相互结合，以直接感知、体验为主，通过主题活动引导幼儿感知身边的植物、喜欢身边的植物、爱护身边的植物。

但在教材使用过程中,我们也发现了一些应当弥补的缺憾:

第一,有的教学内容更适合低结构的个别化学习,这对于部分三年以内的新教师而言,在教材使用上产生困惑。

第二,部分素材提供了教学活动范例,但活动设计不涉及语言领域,更加与故事编讲这一园本研究重点无关,对于课程实施没有帮助。

第三,主题中提供的教学活动范例较少,且涉及引发小班幼儿体验感受爱护花草树木的故事内容相对较少,供教师选择的余地不够。

第四,低结构材料提示丰富,但领域不均衡,对新手型教师而言设计难度较大。

"主题核心·经验"

主题内容与要求:喜欢观察周围的花草树木,有爱护它们的情感。

核心经验:

情感:喜欢观察、爱护花草、肌肤触摸。

认知:花草树木的颜色、大小、多少。

能力:花草树木的对应、配对、排序。

内容的选择:

根据主题实施目标,结合小班幼儿参与式故事编讲的目标培养内容,我们在本主题实施过程中选择了以下两则故事进行了活动设计,目的在于有效利用主题教材,结合小班幼儿的生活经验和认知水平,借助他们喜欢的卡通人物形象,利用编编、讲讲、演演的表现方式,帮助小班幼儿感受春天的变化、喜欢春天的花草、感知互相帮助的积极情感,从而为主题的实施和推进服务,也为小班幼儿语言发展水平添砖加瓦。

教法的使用:

一是个别性观察,重在通过观察帮助小班幼儿掌握图片信息;

二是启发性谈话,重在激发小班幼儿编讲故事内容的兴趣和思路;

三是预设性提问,重在以教师提问激活思维帮助幼儿理解讲述;

四是多样性讲述,重在形式不拘的故事讲述方式。

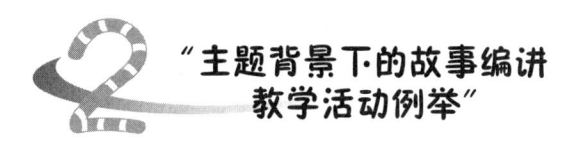

"主题背景下的故事编讲教学活动例举"

集体活动例一

活动名称：春娃娃

活动目标：

1. 理解故事内容，愿意编讲角色对话。
2. 知道春天的变化，并感受春天的美。

活动准备：

经验准备：外出寻找春天的经验；

物质准备：1. 课件《春娃娃》；

2. 春天的小动物、花、植物等图片。

活动过程：

一、话题导入、激发兴趣——看看说说，初步了解春天的特征

导入语：看，这是谁呀？原来春天来了，我们一起和春娃娃打个招呼吧！你们猜春娃娃要去干吗呢？我们一起来问问春娃娃吧！

小结：春天来了，春娃娃要去朋友家做客。

过渡：春娃娃真调皮，暖暖的春风一吹他就去串门。春娃娃会去谁那里做客呢？

二、听听说说、理解故事内容——知道春娃娃叫醒了很多朋友

1. 春娃娃叫醒了谁？用什么好听的话叫的？布谷鸟醒了吗？它在做什么？

2. 春娃娃又遇到谁？这会儿他又会说什么来让桃花姐姐开花呢？桃花姐姐开出什么颜色的花？

3. 春娃娃还去了好多地方，叫醒了很多朋友，快看！（青蛙、小草、迎春花）春娃娃会怎样叫醒它们呢？它们又会发生什么变化呢？

4. 请你们每人选择一个角色，说一说、演一演，等会儿我们一起来表演一下这美丽的故事《春娃娃》。

5. 幼儿自主练习。

6. 师幼共同表演。

小结：春娃娃叫醒了这么多的好朋友，春天变得更美了。

三、活动延伸——用春娃娃的话叫醒身边的花草树木

1.带宝宝来到户外，鼓励宝宝找自己喜欢的花草树木用春娃娃的话来唤醒它们。小结：春天好美呀！我们要好好地爱护身边的这些花草树木，让我们生活的环境一直这么美丽！

附 故 事

春娃娃

春娃娃真调皮，春风一吹他就去串门。春娃娃跑到布谷鸟家里轻轻对布谷鸟吹了一口气，春娃娃说："布谷鸟姐姐，快起来吧！"布谷鸟惊叫起来"布谷，布谷！"布谷鸟清了清嗓子唱起了歌。春娃娃跑到杨树姐姐那里，从早到晚不停地给杨树姐姐梳头发。杨树姐姐的头发由短变长，可漂亮了。一会儿又催桃花姐姐开花，桃花姐姐绽开了粉红色的笑脸。

春娃娃跑累了，坐在山坡上，看着一群小朋友在草地上，一边玩一边唱："春天来，春天来，柳树绿、桃花开、布谷鸟儿唱起歌，春娃娃呀多可爱。"

集体活动例二

活动名称：彩虹色的花

活动目标：

1.通过理解故事情节，简单创编故事对话。

2.感受花儿姐姐乐于帮助他人的美好情感。

活动准备：

1.《彩虹色的花》PPT；

2.花儿姐姐、小老鼠、小刺猬头饰。

活动过程：

一、图片导入、引起兴趣——观察彩虹色的花，知道它和别的花朵不一样的地方

今天，老师带来了一朵特别的花，看看它跟其他的花有什么不一样的

地方?

小结:这是一朵五颜六色的美丽的花。

过渡:春天来了,天气暖洋洋的,看,太阳公公出来啦!在小花园里,开出了一朵彩虹色的花,大家都叫它花儿姐姐。我们一起跟它打个招呼吧!

二、看看说说、理解故事内容——理解故事内容的基础上,尝试仿编角色对话

(一)花儿姐姐帮助蜥蜴

1. 有一天,一条蜥蜴走了过来,蜥蜴遇到了一些困难,听听它是怎么对花儿姐姐说的。

2. 你们觉得花儿姐姐会帮助蜥蜴吗?它会怎么帮助蜥蜴呢?它是怎么说的呢?

小结:原来,蜥蜴没有漂亮的衣服去参加舞会。于是,花儿姐姐送给蜥蜴一件花瓣衣。

(二)花儿姐姐帮助小蚂蚁

1. 小蚂蚁遇到了什么困难呢?小蚂蚁会对花儿姐姐说什么呢?

2. 花儿姐姐又是怎么帮助小蚂蚁的?它会怎么说?谁愿意和我一起演一演花儿姐姐和小蚂蚁?

小结:小蚂蚁要去奶奶家,可是去外婆家的路上有一块大水洼,小蚂蚁过不去。于是,花儿姐姐送给小蚂蚁一艘花瓣船。

过渡:远处又来了几位动物朋友,它们都遇到了困难,想要找花儿姐姐帮忙。它们到底遇到了什么困难呢?花儿姐姐又会怎么帮助它们呢?

(三)花儿姐姐和其他小动物

1. 尝试仿编。

要求:选择角色,两两进行对话创编。

2. 幼儿仿编并表演,教师点评。

小结:花儿姐姐把自己的花瓣都送给了小动物们,帮助它们解决了好多困难。它非常善良,乐于助人,真是一朵美丽的彩色的花!

三、了解故事结尾——感受助人为乐的美德

1. 教师讲述故事结尾。

2. 彩虹色的花朵漂亮吗?为什么?

小结:帮助别人真的是一件无比快乐的事!虽然我们会失去些什么,但是我们获得了快乐。我们要向花儿姐姐一样去帮助更多的人!

> 附故事

彩虹色的花

"好,今天我一定要把积雪全部融化掉"。太阳升起来,把原野照得亮亮的。他吃了一惊:昨天还是一片积雪的原野上竟然开着一朵花!

"早安,你是谁?"太阳问。

花儿回答说:"早安,我是彩虹色的花。冬天的时候,我一直待在泥土里,可我再也等不及了。现在终于见到你了,我多高兴呀!我想跟每个人分享我的快乐。"

过了几天,好像有谁从花儿的身边走过。"早安,我是彩虹色的花。你是谁呀?"

"我是蚂蚁。我现在要去奶奶家。可是,雪融化了,原野中间有一个很大的水洼。我怎么才能过去呢?"

"是这样啊,那你爬上来,摘一片花瓣试试看,说不定能用得上呢。"

又过了几天,一个舒服的晴天,好像又有谁走过。"你好,我是彩虹色的花。你是谁呀?你为什么那么难过呢?"

"我是蜥蜴,今天我要去参加宴会,可是没有适合的衣服。我怎么办呢?"

"哦,也许我的哪一片花瓣会与你的绿色相配。你看呢?"

这些日子,每天的阳光都很强烈。好像有谁从花儿的身边走过。"你好。我是彩虹色的花。你是谁呀?怎么呼哧呼哧地喘着气呢?"

"哦,你好。我是老鼠,最近天气又闷又热弄得我晕乎乎的。要有把扇子就好了。"

"噢,那用我的花瓣不正好吗?"

白天越来越短了,已经是秋天了。好像有谁从天空飞过。"你好。你是谁呀?你还会飞呀?"彩虹色的花说。

"你好,我是小鸟。因为我有翅膀,所以会飞呀。今天是我女儿的生日,我出来为她选一件礼物。可是,飞来飞去,什么也没找到,正着急呢。"

"那你看看我这儿有没有她喜欢的彩色的花瓣呢?"

有一天,乌云遮住了天空。好像有谁跟花儿打招呼:"你好,彩虹色的花。最近冷多了,眼看就要下雨了,怎么办?"原来是一只刺猬。

第八章 分级段的童"话"故事编讲活动课例与材料

彩虹色的花用虚弱的声音回答说:"我能帮你什么忙吗？"

天空越来越暗，传来阵阵雷声。大风把最后一片花瓣也刮走了。太阳隐去了自己的光芒，彩虹色的花也折断了，但她仍然静静地站在那儿。雪花仿佛要拥抱彩虹色的花，轻轻地，轻轻地飘落下来……很快大雪覆盖了所有的东西，一片白茫茫的。谁会想到，在这里曾经开过一朵彩虹色的花呢！从雪中升起一道耀眼的彩虹色的光芒，把天空照亮了。蚂蚁，蜥蜴，老鼠，小鸟，刺猬都从远处跑了过来。他们看着光芒，心里渐渐温暖起来。大家都想起来了彩虹色的花曾经给过自己的帮助。漫长的冬天终于过去了，春天又来了。一天早晨，太阳探出头来，他吃了一惊，很高兴地说:"早安，彩虹色的花。又见到你了！"

"主题背景下的故事编讲材料例举"

主题名称：小花园			
材料名称	材料提供	观察要点	玩 法 提 示
会响的小路	角色：小猴子、小羊、小兔子、小刺猬、小猫、小狗等 道具：风的图片、叶子的图片	1. 观察幼儿是否喜欢故事板、是否愿意边摆弄材料边讲述。 2. 观察幼儿是否能够记住故事中的一些象声词。	1. 单人活动：在完整欣赏过故事的基础上，幼儿边摆弄故事板材料边复述故事。（教师支持幼儿完整讲述至生动讲述）在完整讲述故事之后可增加其他动物角色，丰富故事内容。 2. 同伴活动：在熟悉故事并能完整讲述的基础上，可协商分配角色，边摆弄边合作编讲。（教师关注道具的使用以及角色的创编）

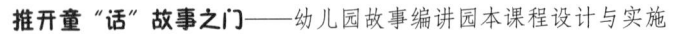

（续表）

材料名称	材料提供	观察要点	玩 法 提 示
小黄鸡和小黑鸡	角色：小黄鸡、小黑鸡 道具：自制毛毛虫、小草、花、小树	1. 观察幼儿是否会借助道具回忆故事内容，并尝试进行角色间的对话。 2. 观察幼儿和同伴合作时情绪是否愉快。	1. 单人活动：根据故事内容边摆弄材料边复述故事内容。第二次活动可根据生活经验丰富角色间对话。（教师关注并帮助幼儿丰富独白语言和描述性语言） 2. 同伴活动：在熟悉故事的基础上共同复述故事。第二次活动形式同单人活动。（教师关注幼儿语句中修饰词、关联词等的使用，同伴间合作是否愉快）

七、主题名称：动物花花衣

【写在前面的话】

《动物花花衣》主题的设置贴近小班幼儿的喜好、认知水平和心理发展特点，从小班幼儿熟悉并喜爱的动物开始，通过故事、儿歌、参观、游戏等各种不同的活动方式，丰富低年龄幼儿对动物的认知体验，挖掘他们对动物的探索愿望，进而引导他们关注生活中的常见动物，学会一些观察的方法，同时丰富幼儿对动物的已有知识，增强对动物的喜爱之情。

但在教材使用过程中，我们也发现了一些值得商榷之处：

第一，本主题涵盖的故事内容较少，只有《黑脸小白羊》和《大熊猫看戏》两个，引发小班幼儿对动物皮毛的认知，可借助其他故事适当提升延展性。

第二，主题中的故事没有提供对应的教学活动实例，对于部分一至两年的新教师而言，主题实施中易有畏难心理，如能提供一定的方案给予参考，对新教师专业发展会有一定帮助。

第三，低结构材料只有简单的语言提示，有些材料设计描述更趋于抽象，可供借鉴的余地较小。

第八章　分级段的童"话"故事编讲活动课例与材料

"主题核心经验"

主题内容与要求：喜欢、亲近各种常见的动物，分辨动物明显的特征。
核心经验：
认知：分辨动物的明显特征。
情感：亲近、喜欢动物（有兴趣探索常见的动物）。
　　　　乐于模仿表现（制作、拼搭、表演等）。
内容的选择：

为了进一步拓展小班幼儿对常见动物明显特征的辨析，结合故事编讲小班幼儿的培养目标，我们一方面引进了带有更多常见动物皮毛特征的新故事《报纸上的洞洞》，同时也将原有的故事《大熊猫看戏》进行了教学实例设计，从而将主题内容不断丰富和拓展，为主题实施内容的数量和质量提供保障。

教法的使用：

一是诱发幼儿对已有经验的呈现，引导他们对常见动物明显特征进行观察和比较，不断激发他们的学习兴趣和探究欲望；

二是注重模仿和创造，借助故事引发幼儿开展角色对白的模仿和创编，培养小班幼儿完整表达的语言能力，也为不断提升幼儿的创造力奠定基础。

三是合理利用课件材料，提供生动有趣的课件或辅助材料激发幼儿的好奇心和模仿欲，促使幼儿感受故事编讲活动的趣味性。

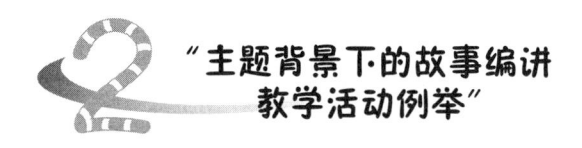

"主题背景下的故事编讲教学活动例举"

集体活动例一

活动名称：报纸上的洞洞
活动目标：
1. 仔细观察图片，尝试根据动物的特征进行角色对话的创编。
2. 能大胆表达表现，体验交朋友的乐趣。

活动准备：
课件PPT、有洞的报纸若干张、动物头饰若干。

活动过程：

一、猜测导入，引起兴趣——通过故事，引发幼儿的好奇心

1. 这是什么？

2. 有什么特别的地方？

小结：这是一张有个洞洞的报纸，后面还有一位神秘人物正透过洞洞往外看，想知道是谁吗？我们一起去看一看吧。

过渡：大森林里有一对好邻居，小兔和小猪，他们房子的窗户都朝着马路，小猪喜欢趴在窗口看风景，看到大家就热情地跟他们打招呼；小兔也喜欢趴在窗口看风景，不过……

3. 小兔看到有人路过时是怎么做的呢？为什么？

小结：其实这是一只害羞的小兔子，他总是不好意思和别人打招呼。小兔的好邻居小猪想要帮助他解决这个害羞的问题，于是送来了一张有洞洞的报纸，小兔躲在报纸后面，感觉没那么害羞了。

二、观察课件，学说对话——尝试根据动物的皮毛或本领仿编角色间的对话

（一）斑马路过——集体学说对话

1. 第一天，谁路过了她的窗前？你怎么看出来的？

2. 小兔是怎么和他打招呼的？（画外音：斑马你好，你身上的黑白条纹真漂亮啊！）

3. 小兔害羞的声音有点轻，斑马没听清楚呢，我们一起帮助一下小兔吧！

小结：小兔打招呼的方式真有趣，不仅打了招呼，还夸了斑马身上特别的地方。

4. 斑马听到了夸奖，会怎么回答小兔呢？（画外音：谢谢你的夸奖，你长长的耳朵也很可爱！）

小结：小猪的办法真不错，还有你们的帮助，害羞的小兔终于和路过的动物打了招呼呢，还因此被夸奖了，好开心啊。

过渡：第二天，小兔又来窗口看风景了，报纸上的洞洞变大了一点，他觉得过路人都挺和蔼的。

（二）大象路过——尝试师幼、幼幼表演，学说对话

1. 又有谁路过小兔的窗前了呢？你从哪里看出来的？

2. 大象有什么特别的地方可以夸一夸？

3. 小兔会怎么跟它打招呼呢？大象是怎么回答的呢？

4. 谁来表演一下他们打招呼的样子？

小结：大象的鼻子长又长，真有用！

（三）分组表演——模仿、仿编角色对话

1. 第三天，报纸上的洞洞又大了，已经能够看到小兔微笑的脸蛋了。路过窗前的人也越来越多了，我们一起去看看是谁，也学着刚才的样子和他们打一打招呼吧。

要求：选择一个自己喜欢的动物胸卡戴上，一只兔子和一个路过的小动物为一组，扮演兔子的躲在报纸后面打招呼，并且夸一夸对方。

2. 幼儿分组表演

小结：原来，和别人打招呼，夸夸别人是那么有趣的事情，害羞的小兔变得不再害羞了，报纸再也不需要了。现在，小猪和小兔每天都一起站在窗前看风景，看见路过的人都会笑着打招呼。

三、活动延伸——夸夸同伴特别厉害的本领

这个故事的名字叫《报纸上的洞洞》，我们回到教室和朋友们一起分享这个有趣的故事，然后也去夸一夸他们哦。

附故事

报纸上的洞洞

苹果猪喜欢趴在窗口看风景，遇上过路的人就热情地跟他们打个招呼，说上几句话。丑小兔也喜欢趴在窗口看风景，遇上过路的，他便连忙躲到窗帘后面，等到他们走远了才出来。苹果猪想，我一定要帮助丑小兔改掉害羞的毛病。于是，苹果猪对丑小兔说："你一遇到人就躲起来，多麻烦呀。不如这样，我给你一张报纸，报纸上有个小洞。你呢，装作趴在窗口看报纸，其实是透过那个小洞看来来往往的人。反正别人看不见报纸后面的你，你也就不用躲起来了。"丑小兔觉得这个方法挺好，便决定天天趴在窗口"看报纸"。

第一天，丑小兔拿出一张报纸，上面有个小洞洞，透过这个洞洞，丑小兔看见了走来走去的路人，他们都笑嘻嘻地和苹果猪打招呼，原来他们并不可怕，丑小兔想。第二天，报纸上的洞洞比昨天大了一点了，这是苹果猪特意挖的，但是丑小兔没察觉，仍旧在窗前趴了一天，他发觉过路人都挺和蔼的。第三天，洞洞又大了，可丑小兔并不知道，不过，他已经能躲在报纸的后面朝过路人微笑了。报纸上的洞一天天地变大了，一个星期后，丑小兔的整个脸蛋都露出来了。过路人看见了，朝丑小兔笑："小兔，你怎么看有洞的报纸啊？"

集体活动例二

活动名称：大熊猫看戏

活动目标：
1. 理解故事《大熊猫看戏》，学说故事中的对话。
2. 尝试用故事中的对话，进行模仿编造小动物与机器狗的对话。

活动准备：
故事《大熊猫看戏》、机器狗头饰若干、小动物头饰若干。

活动过程：
一、引出故事、激发兴趣——观察斑点狗，说说斑点狗的特点
1. 这只小狗长什么样子？它有什么特别的地方？
小结：机器狗和斑点狗长得可真像！它们身上都是有黑又有白。
2. 今天机器狗带来了一个好消息，会是什么事情呢？（画外音）
小结：原来机器狗开了一家戏院，今天戏院开张，它请了它的好朋友们来看戏。
过渡：今天机器狗会请谁来看戏呢，让我们一起去瞧一瞧吧！
二、理解故事、学说故事中的对话——理解故事中的情节，尝试说说故事中的角色对话
1. 机器狗邀请了谁来看戏？它是怎么说的？
2. 谁进戏院看戏了？大熊猫是怎么说的？
3. 大白熊也想来看戏，它会怎么说呢？机器狗又会怎么回答呢？
小结：原来，今天机器狗只请身上有黑又有白的动物来看戏。
过渡：黑白皮毛的动物可多啦，它们听说机器狗今天邀请黑白皮毛的动物来看戏，可开心了！
三、模仿编造故事角色对话——幼儿扮演自己喜欢的黑白动物或机器狗，进行对话
1. 会有哪些动物来看戏呢？它们会对机器狗说什么呢？它们能进去看戏吗？

第八章 分级段的童"话"故事编讲活动课例与材料

2.幼儿自主表演。

要求：每人选择一个动物进行编讲。

小结：欢迎大家来到机器狗的戏院！机器狗看到自己的戏院这么受欢迎，真开心！它明天还要请更多的动物朋友来看戏，大家一定要来看戏哦！

附故事

大熊猫看戏

机器狗开了一家戏院，动物们都要来看戏，机器狗说："今天请黑黑的眼圈，黑黑的腿，黑白身体的大熊猫来看戏，不是大熊猫请明天来。"

一只棕色的大熊来看戏，机器狗不让进，大熊说："大熊猫的名字有个熊，我的名字也有一个熊，我今天能看戏吗？"机器狗说："黑黑的眼圈，黑黑的腿，黑白身体的是大熊猫，你是熊不是大熊猫，请明天来吧！"

又来了许多黑白皮毛的动物，这下，机器狗会对他们说些什么呢？请你们编一编机器狗的话吧！

"主题背景下的故事编讲材料例举"

主题名称：动物花花衣

材料名称	材料提供	观察要点	玩法提示
机器狗大戏院	角色：机器狗、各种常见的黑白皮毛的动物、各种有特色的有花纹的动物 替代物：木棒、橡皮泥、泡沫球	观察幼儿是否能在教师的指导下，选择动物角色较完整地讲述故事内容。	1. 单人活动：在熟悉故事的基础上边操作材料边复述。（教师支持幼儿讲述，从复述到替换角色创编短句） 2. 同伴活动：在熟悉故事的基础上，自由分配角色，引导幼儿轮流讲述，并尝试用替代物辅助故事讲述，尝试创编角色间的对话。

（续表）

材料名称	材料提供	观察要点	玩法提示
大熊猫看戏	角色：小猫、小兔、小猴、狐狸警察 道具：电视机	1. 观察幼儿是否能够在熟悉故事的基础上边操作材料边复述故事。 2. 观察材料的适宜性。	1. 单人活动：在熟悉故事的基础上边操作材料边复述。（教师支持幼儿讲述，从复述到替换角色创编短句） 2. 同伴活动：在熟悉故事的基础上，自由分配角色，引导幼儿轮流讲述，并创编角色间的对话。

八、主题名称：夏天真热啊

【写在前面的话】

《夏天真热啊》主题的设置依据了小班幼儿的认知水平，在这个主题活动中我们通过游戏的形式，让幼儿从一日的吃、穿、住、行等多个方面去探究如何抵挡酷暑。编制过程我们旨在从孩子们的兴趣和发展需要出发，以人类的变化、动物、植物和生活环境四个方面作为制定主题网络的线索和依据，目的是让孩子快乐、安全、舒适地度过夏天。但在教材使用过程中，我们也发现了一些应当弥补的缺憾：

第一，部分素材提供了教学活动范例，但活动设计与故事编讲这一园本研究重点之间存在落差，教师在活动实施中，有语言领域的目标追求，但对课程创生帮助不大。

第二，低结构材料设置只给予了名称或提示，但具体呈现缺乏直观性，对新手型教师而言设计难度较大。

"主题核心·经验"

主题内容与要求：感知夏天明显的气候特征，乐意参加各种使身体凉快的活动。
核心经验：
认知：找凉快（乘凉、游泳、戴凉帽）

情感：喜欢洗澡

内容的选择：

结合幼儿故事编讲的目标培养内容，我们在本主题实施过程中选择了以下两则故事进行了活动设计，目的在于结合小班幼儿的生活经验，借助他们喜闻乐见的动物形象，利用编编、讲讲、演演的表现方式，帮助小班幼儿编构简单的对话，感知夏天的降暑方法，从而为主题的实施和推进服务。

教法的使用：

一是整体性观赏，重在引导小班幼儿观察发现单幅画面中的重点部分；
二是局部性想象，重在激发小班幼儿编讲局部故事内容的兴趣；
三是预设性提问，重在以教师提问激活思维帮助幼儿理解讲述；
四是多样性讲述，重在形式不拘的故事讲述方式。

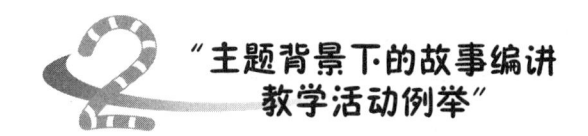

"主题背景下"的故事编讲教学活动例举

集体活动例一

活动名称：大西瓜

活动目标：

1. 理解故事内容，愿意与老师和同伴表演故事情节。
2. 在帮助小老鼠解决困难的过程中知道碰到困难时要动脑筋勇敢面对。

活动准备：

1.《大西瓜》PPT；
2. 表演道具。

活动过程：

一、图片导入、引起兴趣——认识故事主人公，了解故事开头

1. 这是谁呀？我们和它打个招呼吧！
2. 你们真有礼貌！小老鼠的奶奶生病了，它要去看望奶奶，可是，在路上发生了很多意想不到的事情，究竟发生了什么事情呢？让我们一起去看看吧！

二、看看想想说说、理解故事内容——理解故事内容，尝试编讲和表演小老鼠与狐狸间发生的事情

1. 鼠奶奶生病了，小老鼠去看望鼠奶奶。它背着小书包、戴上小凉帽出门了。哎呀！今天的天气真热呀！小老鼠都热得怎么样了？

2. 是呀！怎么这么热！小老鼠热得满头大汗！可是路途还这么遥远，你们有什么好办法可以帮助小老鼠凉快凉快？

3. 你们的办法听上去都不错！可是这荒郊野外的，哪儿有冷饮、电风扇、扇子、空调呀，饮料，太重，小老鼠都没拿。唉……幸好！（出示西瓜地的图片）那些圆圆、绿绿的是什么呀？

4. 小老鼠可高兴啦！心里想：（播放录音）。小老鼠想些什么哪？

5. 真是太幸运了！小老鼠买了一个大大的西瓜，大口大口吃起来，这下凉快了！不过，还剩下半个西瓜，该怎么办呢？

6. 你们真是有爱心，小老鼠和你们一样，非常善良，所以它准备把这半个西瓜留给奶奶。（出示奶奶的图片）于是它背着半个西瓜继续上路，它还把半个西瓜皮当成帽子戴在头上，真凉快呀！

过渡：可是走着走着，一条小河挡住了去路，嘿嘿，聪明的小老鼠把西瓜帽变成了西瓜船，你们瞧！（出示西瓜船的图片）西瓜船带着小老鼠飘呀飘……终于来到岸边。但是！一件非常危险的事情正等着小老鼠呢！

7.（出示狐狸的图片）这是谁呀？狐狸想要干吗呀！

8. 我学得像吗？谁也能像我一样学一学这只饥饿又狡猾的狐狸？（幼儿扮演狐狸）

9. 小老鼠该怎么办呀？！

10. 你们的办法都很好！这样，我们来表演一下狐狸和小老鼠之间的故事好吗？我来演狐狸，谁愿意扮演小老鼠？（师幼、幼幼合作表演）

小结过渡：我们的小演员真不错！能用表情、动作和声音来表现狡猾的狐狸和聪明勇敢的小老鼠！那么，故事中的小老鼠用了什么办法来对付狡猾的狐狸呢？

三、活动结束——了解故事结尾，知道要和小老鼠一样碰到困难时要动脑筋勇敢面对

1.（出示西瓜皮砸狐狸的图片）这只小老鼠可真厉害！能把西瓜皮当西瓜帽，又能当小船，还能把它当作保护自己的防身工具！真是只聪明又勇敢的小老鼠！我们以后碰到困难也要学习这只小老鼠，不害怕，想一想，准能想出好办法！

2. 小老鼠终于来到奶奶家门前，它加快脚步向奶奶家走去。

第八章 分级段的童"话"故事编讲活动课例与材料

附故事

大西瓜

夏天到了，小老鼠要去看望奶奶。走在路上，大太阳火辣辣的，小老鼠热得满头大汗。经过西瓜地，小老鼠买了一个大西瓜，它大口大口吃完了半个大西瓜，剩下的半个，小老鼠想：我要留给奶奶吃。小老鼠抱起半个西瓜，戴上半个西瓜皮当帽子，觉得凉快多了，又继续往前走。不一会儿，小老鼠来到了一条小河边，宽宽的河水挡住了去路，这可怎么办呢？小老鼠想一想，有了一个好主意。它把半个西瓜皮做成一艘西瓜船，稳稳当当地过了河。上岸后，一只狡猾的狐狸出现了："哈哈，小老鼠，我要吃掉你。"小老鼠赶紧拿起半个西瓜皮朝狐狸狠狠地砸去。狡猾的狐狸来不及躲闪，被打得头昏眼花，又一脚踩在西瓜皮上，"啪"的一声，摔倒在地。小老鼠战胜了狡猾的狐狸，心里开心极了，又高高兴兴地抱着半个西瓜朝奶奶家走去。

集体活动例二

活动名称：谁的救生圈

活动目标：

1. 欣赏理解故事，乐意学说故事中简单的对话，体验创编活动的快乐。
2. 了解常见的会游泳和不会游泳的小动物。

活动准备：

1.《谁的救生圈》PPT；
2. 小动物胸饰若干、游泳圈。

活动过程：

一、图片导入、引起兴趣——观察游泳圈，初步了解游泳圈的作用

1. 实物出示：这是什么？
2. 重点提问：什么时候要用到游泳圈？游泳圈有什么用处？

小结：游泳圈可以帮助不会游泳的人游泳，可真有用啊！

过渡：小猫去河边钓鱼，捡到了一个游泳圈，这个游泳圈会是谁的呢？我们一起来听个故事，故事的名字叫"谁的游泳圈"。

二、听听讲讲、了解故事内容——通过观察图片和讨论，初步了解小猫、小乌龟和小青蛙的习性

（一）片段一

1. 讲述故事片段：谁来了？小乌龟是怎么走路的？（学一学）
2. 小猫怎么问小乌龟的？小乌龟是怎么回答的？

小结：原来小乌龟会游泳，游泳圈不是它掉的。

（二）片段二

1. 播放声频：谁的声音？
2. 小猫会怎么问小青蛙？小青蛙会怎么回答呢？（请幼儿学学小猫和小青蛙的对话）

小结：原来小青蛙会游泳，游泳圈也不是它掉的。

（三）片段三

1. 出示小鸭身体部分图片：猜猜这是谁呀？
2. 小猫会怎么问小鸭？小鸭又会怎么回答小猫呢？

小结：原来小鸭也会游泳，游泳圈不是它掉的。

（四）片段四

1. 原来会游泳的动物是不需要游泳圈的，那么这个游泳圈到底会是谁的呢？
2. 幼儿猜测。

三、谁的游泳圈？——幼儿尝试编讲小猫和动物之间的对话

1. 出示各种小动物。
2. 幼儿两两组合进行故事编讲。
3. 幼儿表演。
4. 继续讲述故事。

这时，小鸡着急地赶来了，小猫问："小鸡，这是你的游泳圈吗？"小鸡说："是的，谢谢你，这是我丢的。"

小结：原来游泳圈是小鸡掉的，小鸡套上了游泳圈，也能和小鸭子一起快乐地游泳了。

提问：为什么青蛙、乌龟、小鸭子都不要救生圈，而小鸡需要救生圈呢？

小结：原来会游泳的小动物是不需要救生圈的，不会游泳的小动物才需要救生圈。

第八章 分级段的童"话"故事编讲活动课例与材料

附故事

谁的救生圈

小猫去河边钓鱼,捡到一个救生圈。小猫去问小青蛙:"小青蛙,小青蛙这是你的救生圈吗?"小青蛙说:"不是,不是。"

它去问小乌龟:"小乌龟,小乌龟这是你的救生圈吗?"小乌龟不慌不忙地说:"不是,不是。"

它去问小鸭子:"小鸭,小鸭这是你的救生圈吗?"小鸭摇摇头说"不是,不是。"

这时,小鸡急急忙忙地找来了。它对小猫说:"谢谢你小猫,这是我的救生圈。"小猫说:"不用谢!"原来,救生圈是它丢的。

瞧,有了救生圈,小鸡也会游泳了。

"主题背景下的故事编讲材料例举"

主题名称:夏天真热呀			
材料名称	材料提供	观察要点	玩法提示
夏天真热呀	角色:母鸡、小兔、小青蛙、啄木鸟等 道具:缩在壳子里的蜗牛、帽子等	1. 观察幼儿是否会根据角色、道具较完整地复述故事。 2. 观察材料的适宜性,是否有助于幼儿回忆故事内容。	1. 单人活动:在完整欣赏过绘本故事的基础上,幼儿边摆弄故事板材料边自由讲述。 2. 同伴活动:在完整欣赏过绘本故事的基础上,可自由选择角色,边摆弄边进行故事表演。

（续表）

材料名称	材料提供	观察要点	玩 法 提 示
谁的救生圈	角色：小猫、小乌龟、小鸭子、小鸡、小青蛙等 道具：救生圈	1. 观察幼儿是否能边摆弄材料边讲述故事内容。 2. 在和同伴合作讲述时是否能够较好地分角色对话。	1. 单人活动：在完整欣赏过绘本故事的基础上，幼儿边摆弄故事板材料边自由讲述。 2. 同伴活动：在完整欣赏过绘本故事的基础上，可自由选择角色，边摆弄边进行故事表演。 3. 教师可以根据幼儿讲述的情况投放其他动物角色，启发孩子创编角色对话。

第二节 幼儿园中班童"话"故事编讲活动课例与材料

如第二章第三节第二部分金爵幼儿园童"话"故事编讲园本课程不同年龄阶段发展目标所述,金爵幼儿园中班童"话"故事编讲活动课程的幼儿阶段发展目标聚焦关键词——"掌握要领",具体为:愉快地参加故事编讲活动,掌握阅读的方法与技能,体验故事编讲活动中的趣味性;留意和感受生活中的故事编讲内容,初步尝试运用多种形式表达表现自己对故事内容的理解。

对中班阶段的幼儿发展目标作进一步的深入解读,金爵幼儿园制定了《中班童"话"故事编讲培养目标解读指南》,具体如下:

表8-2 中班童"话"故事编讲培养目标解读指南

项 目	行为习惯	情感态度	能力发展
理解与表达	1. 初步形成用普通话表达的习惯。 2. 表情达意时,学习用适度的语速说话。	1. 愿意在集体中表达自己的想法,展示自己的才能。 2. 对有创意的语言活动感兴趣,大胆尝试诗歌仿编、续编故事等活动。	1. 能用普通话表达,发音清楚。 2. 能用完整的句子较连贯地讲述自己经历的事。 3. 能讲述观察到的事物和现象,进行简单的归纳和判断。 4. 能模仿诗文进行想象创造,仿编诗句、续编故事。
阅读与欣赏	1. 初步形成阅读的习惯,知道按一定规则整理、归放图书。 2. 遵守阅读活动的基本要求,做到安静阅读。 3. 会按照顺序翻阅图书,独立仔细地看图书。	1. 在语言活动情境中,快乐地参与阅读欣赏活动,大胆、自信地表现。 2. 在音乐和动作配合下表演文学作品,体验表演、创作的快乐。	1. 能找到图片的首尾排序,用较完整的语句进行讲述。 2. 在理解幼儿文学作品的基础上,学会初步归纳作品的主题意义。 3. 能根据对作品内容的理解进行表演创造。

下面列出的是金爵幼儿园中班序列的16则童"话"故事编讲活动课——其纵贯金爵幼儿园中班童"话"故事编讲活动校本特色课程的全过程中,成为全园中班幼儿的喜爱对象——

一、主题名称:我爱我家

【写在前面的话】

《我爱我家》主题是一个与幼儿生活紧密相连的主题,其开展的脉络核心是幼儿对家的情感需求以及他们对家的原始体验,本主题的编制旨在进一步加深幼儿对自己家环境、成员的了解,进一步萌发热爱"家"的情感,感受到家的温暖,感受到家庭成员之间暖暖的爱意,在教材使用过程中我们发现有以下部分可以进行一定的完善补充:

第一,很多教学内容只提供了素材故事和简单的教学提示,缺少完整可供参考的教学设计,需要进一步完善;

第二,为了更好实现故事素材与园本编讲特色的融合,在具体教案撰写和环节创设上还需要仔细斟酌推敲来助推主题目标的实现;

第三,本主题在帮助幼儿增进对家庭成员了解方面的内容很充分,不过在引导幼儿感受家庭成员之间的爱和关心方面的素材相对少,相关的教学设计也有待补充;

第四,教材中提供的低结构材料提示涉及数、美工和社会等领域,而聚焦故事讲述的低结构材料相对比较少,建议进行充实。

"主题核心·经验"

主题内容与要求:
1. 尝试采用多种方式收集身边的信息,了解自己的家;
2. 尊敬父母和长辈,感受家的温暖。

核心经验:
情感与态度:感受关爱(家人对自己的爱、家的温暖);
　　　　　　乐于表达(用多种方式和材料表达对父母、长辈和家的情感)。
认知与能力:了解家庭(家庭成员、地址和常用物品等);

收集信息（运用多种方式收集家人、家庭的信息）。

内容的选择：

为了帮助孩子在"家"这个最熟悉亲切的地方，获得最真实最直接的关于爱的感受和经验，我们在选择故事编讲教学内容的时候，遵循一切源于幼儿生活的原则，选用贴近幼儿已有经验的趣味故事内容，引导幼儿编讲故事中角色间的对话，帮助幼儿感受到一家人之间浓浓的亲情，感受到家人之间应该互相关心爱护，感受家的温暖。

教法的使用：

一是立足幼儿生活，教学中充分联系幼儿生活，引发幼儿的共鸣与情感迁移；
二是预设重点提问，重在激发中班幼儿在思考表达中进一步认识感受家的温暖；
三是观察图片细节，重在引导幼儿在仔细观察的基础上思考图片传达的内容；
四是编讲局部对话，引导幼儿在编编讲讲中感受家庭成员之间的亲情。

"主题背景下的故事编讲教学活动例举"

集体活动例一

活动名称：帽子床

活动目标

1. 在理解故事的基础上，尝试与同伴合作续编故事。
2. 感受鼠爸爸和鼠妈妈对鼠宝宝的爱意。

活动准备：

前期经验：孩子们了解了自己的爸爸妈妈爷爷奶奶是非常疼爱自己的，而且知道家中的大人会通过各种方式来表达对宝宝的爱。

材料准备： PPT课件、帽子一顶、一顶鼠爸爸头饰、一顶鼠妈妈头饰。

活动过程：

一、激发兴趣，引出主题——观察帽子的外形特征，了解其具有的作用

重点提问：这是一顶怎样的帽子呢？

小结：你们观察得真仔细，这顶帽子叫大皮帽，它大大的，表面是皮做的，上面还附着许多的毛，摸上去软软的，天冷的时候戴在头上，可暖和了。今天我

们就来讲一个关于这顶大皮帽的故事吧!

二、情节讲述,尝试表演——知道鼠爸爸鼠妈妈把帽子当作新床,并尝试用故事中的对话大胆扮演故事角色进行表演

1. 提问:

——"鼠爸爸出门逛街,发现了什么?鼠妈妈又说了什么呢?"

"鼠爸爸决定把这顶大皮帽当作什么呢?"

2. 幼儿扮演"鼠妈妈"与教师共同表演故事内容。

提问:鼠爸爸一家,这天晚上是怎么睡觉的呀?

小结:的确,他们舒服地睡在了大皮帽上,还做了甜甜的美梦。

三、续编故事——尝试续编后续情节,鼓励幼儿大胆想象、积极参与

1. 提问:你们想不想知道老师会把这顶大皮帽当作什么吗?

过渡:那接下来就请你们两两合作,一同将故事演一演,编一编,看看哪一组小朋友编的故事更有趣。

2. 要求:

1)两个小朋友合作续编故事,记得要用故事的角色对话哦。

2)待会上来表演的时候,小脸对观众,声音要响亮哦。

3. 幼儿表演续编内容

小结:哇,我们小朋友可真厉害,给鼠爸爸鼠妈妈想了这么多的新点子,他们乐坏了,真是要谢谢你们!

延伸活动:

教师可以把这个《帽子床》的故事做成故事板,投放在语言区里,让孩子们可以在集体活动后,和好朋友一同摆弄故事板材料,复述故事或者是创编故事,巩固他们对故事的习得,并帮助他们积累更多的语言。

附 故 事

帽子床

鼠爸爸和鼠妈妈,趁着宝宝睡觉的时候,上街去逛逛,打算寻找一些新家具。

鼠爸爸突然叫起来:"瞧,一顶大皮帽!"鼠妈妈乐了。她摸摸帽子上的皮毛说:"多柔软,多舒服的帽子床,我们把它搬回家吧!"鼠爸爸和鼠妈妈钻进了帽子里,使出全身的力气才把帽子扛了起来。鼠爸爸和

鼠妈妈整个身子被帽子罩住了，只有脚在帽子的下面，路也看不清楚，半天才走了一小段路。

鼠宝宝醒来，发现爸爸妈妈都不在，鼠妹妹哭着要妈妈。鼠哥哥只好拉着鼠妹妹，跑出家门去寻找鼠爸爸和鼠妈妈。刚走没几步，只见前面来了个毛茸茸的家伙。鼠哥哥和鼠妹妹吓得边逃边叫："怪猫！怪猫，两只耳朵八只脚！"

鼠爸爸和鼠妈妈正伸出头来探路，一听是自己的宝宝在呼叫，急忙从帽子底下钻出来。鼠哥哥和鼠妹妹一见大皮帽很害怕："怪猫！怪猫！"鼠爸爸告诉他们："别怕，别怕，这只是一顶大皮帽啊！"

鼠爸爸带着全家，高高兴兴地把大皮帽扛回了家。到了晚上，鼠爸爸和鼠妈妈搂着一对鼠宝宝，乐呵呵地睡上了暖暖和和的帽子床。

集体活动例二

活动名称：方脸和圆脸

活动目标：

1. 观察方爷爷和圆奶奶"分家""讲和"的画面，理解故事内容，体验一家人亲密相处的情感。

2. 尝试用比较完整的语言讲述局部情节中的角色对话。

活动准备：

1. 幼儿人手一本小图书；

2. 大图书一本；

3. 幼儿经验：孩子已经对家中常见物品的形状有初步的感知。

活动过程：

一、聊聊各自的"家"——引发兴趣

1. 每个人都有家，老师有家，小朋友也有家，谁来说说你家里有谁？

2. 我们来看看这个家里有谁？他们长什么样？

（翻到大图书P1、2）

小结：长着方脸蛋的爷爷和长着圆脸蛋的奶奶快快乐乐地生活在一起。

过渡：他们会发生什么有趣的事呢？我们一起往下看看。

二、看看说说"分家"——理解故事内容

1. 阅读大图书 P3

（1）看到这儿，你们知道，方脸爷爷和圆脸奶奶发生什么事情了呢？

（2）猜猜他们为什么要抢这把菜刀吗？（重点解决菜刀是由方形和圆形组成的。）

（3）小结：看来，方脸爷爷和圆脸奶奶是真的要分家了呀。

过渡：这么多东西都要分吗？这可怎么分呢？这些都藏在小书里面，我们去看看吧！

2. 幼儿自主阅读小图书，尝试讲述局部情节中的角色对话

（1）看明白了吗？后面又发生什么有趣的事情了呢？

（2）谁愿意把看到的故事说一说？方爷爷和圆奶奶都说了些什么？

（3）他们这样能分开吗？

（4）你觉得真的这样分开的话，好不好？为什么？

小结：家里的很多东西都是没办法真正分开的，就像我们的家人一样，在一起才是最好的。

三、感受亲密幸福的"家"——讲述自己对家的理解

说说看，你自己的家是怎样的家呢？

附 故 事

方脸和圆脸

山脚下住着一户人家，家里有位老公公和老婆婆。

老公公高高的个子，挺瘦，长着方脸盘儿。

老婆婆矮矮的个子，挺胖，长着圆脸盘儿。

方脸老公公喜欢方东西。他坐，要用方凳；喝酒，要用方杯；就连走路，也要迈四方步。

圆脸老婆婆喜欢圆东西。她吃饭，常用圆桌；梳头，要照圆镜；睡觉的时候不用枕头，枕一个大南瓜。

有一天，老两口吵了嘴，要分家。

老公公说："方东西是我的！"

老婆婆说："圆东西是我的！"

好，就这么定啦，分吧。

这家还真是不好分!

菜刀是方的,刀柄是圆的。

桌子是圆的,凳子是方的。

被子是方的,花纹是圆的。

老两口分了一上午,越分越分不清楚。

老两口再互相一看,又发现:老公公的脸盘是方的,眼珠儿是圆的!

老婆婆的脸蛋儿是圆的,两颗门牙是方的!

"哈哈!"老公公笑了。

"扑哧!"老婆婆乐了。

老公公和老婆婆都说:"不分啦!不分啦!"

现在,老公公和老婆婆还住在一起,他们越过越快乐。

"语言区故事板材料例举"

主题名称:我爱我家			
材料名称	材料提供	观察要点	玩 法 提 示
我爱我家	角色:爸爸、妈妈、爷爷、奶奶、哥哥、姐姐等 辅助物:各类插塑积木、纸笔、固体胶、剪刀	观察幼儿是否会根据已有的生活经验编讲故事情节,语言是否连贯有序。	1. 单人活动:幼儿边摆弄故事板材料边自由讲述。(教师支持幼儿自由讲述到完整讲述) 2. 同伴活动:在互相商量的基础上,可自由选择角色,边摆弄边进行故事表演。(教师关注故事编构的细节)

（续表）

材料名称	材料提供	观察要点	玩 法 提 示
方脸和圆脸	角色：方爷爷、圆奶奶 道具：床、桌子、椅子等	1. 观察幼儿在讲述中的兴趣点，独白语言和描述性语言是否丰富。 2. 观察幼儿语句中语气语调等的使用，同伴间合作是否愉快。	1. 单人活动：在熟悉故事的基础上幼儿边摆弄材料边复述故事内容。第二次活动可鼓励幼儿利用其他辅助材料增加故事外角色，启发幼儿根据已有经验创编内容，丰富角色人物间的对话以及故事情节。 2. 同伴活动：在熟悉故事的基础上，与同伴协商角色的分配。第二次与同伴相互配合一起进行故事表演或讲述。活动后在集体中分享。

二、主题名称：幼儿园里朋友多

【写在前面的话】

幼儿进入了中班以后，自我中心的特性逐渐减少，开始喜欢和同伴一起做游戏，喜欢在幼儿园里和大家一起生活学习，幼儿也能够表现出对同伴的关心和爱护。教材中的《幼儿园里朋友多》这一主题充分结合中班孩子的年龄特点及其发展规律，提供了丰富多样的活动素材，引导孩子们与同伴交往，体验与老师、同伴相处的快乐，并能注重引导幼儿形成初步的合作意识、规则意识和任务意识。不过，中班的孩子在如何与同伴友好交往，如何与同伴合作方面还需要更多的引导，因此建议可以在这些方面补充一些详细的教学活动内容，结合以上分析，建议如下。

第一，教材中完整而具体的教学活动设计建议可以进一步丰富补充；

第二，为了进一步推进主题目标实现，可以在现有素材基础上，拓宽思路，再丰富一些其他经典有趣的故事素材供教师选用；

第三，建议创设一些由幼儿编讲局部故事情节的教学活动内容，更有利于幼儿理解如何与好朋友相处；

第四，提供一些直观形象便于幼儿操作的编讲材料，引导幼儿操作摆弄，感受如何在实际情境中与同伴更好地相处、合作。

"主题核心·经验"

主题内容与要求：
1. 关注同伴，乐于与同伴友好交往，体验与老师、同伴共处的快乐；
2. 了解自己是集体中的一员，形成初步的合作意识、规则意识和任务意识。

核心经验：

情感与体验： 体验共处快乐（友好交往、共庆"六一"）；
　　　　　　　遵守集体规则。

《认知与能力》： 关注与了解（同伴的特征、生日及喜好等）；
　　　　　　　　交流与交往（与同伴、老师做朋友的方法）。

内容的选择：

为了帮助每个孩子了解怎样结交朋友，怎样融入群体，怎样为自己、为他人共同营造一个友爱的情感氛围，感受和好朋友在一起互相分享、互相帮助的欢乐，我们选用了以下两则故事作为教学内容，精心设计教学环节，引导孩子们在聆听故事、编讲对话中了解实际情境中如何与好朋友友好相处，知道如何与好朋友合作解决实际情境中遇到的问题。

教法的使用：

一是使用道具编讲，重在激发幼儿自主编讲故事对话的热情和兴趣；
二是设置困难情境，重在引导幼儿积极思考、讨论讲述遇到困难后如何解决；
三是采用合作表演，结合主题目标，我们引导幼儿与同伴合作编讲；
四是引导情感体验，重在帮助幼儿感受故事角色在情境中的情感体验。

"主题背景下的故事编讲教学活动例举"

集体活动例一

活动名称：大老虎和小老鼠

活动目标：
1. 通过理解故事内容，了解角色的心理变化历程。
2. 尝试编讲与朋友和好的方法，体验与朋友友好相处的快乐。

活动准备：
1. 课件《大老虎和小老鼠》；
2. 大老虎和小老鼠的头饰若干、道具（小汽车、蛋糕、积木、贺卡、鲜花、糖果等）。

活动过程：

一、激趣——引出故事角色大老虎和小老鼠

播放PPT1：

——今天老师请来了两位动物朋友，看看是谁呀？

过渡：对呀，是大老虎和小老鼠，它们两个在一起，会发生些什么故事呢？我们一起来看看吧。

二、理解故事内容——了解角色的心理变化历程

1. 播放PPT2：

——小老鼠和大老虎它们两个在做什么事情呀？你觉得大老虎和小老鼠是一对好朋友吗？

小结：是的，它们两个是好朋友，总是会在一起。

2. 播放PPT3：

——接着，大老虎和小老鼠之间发生了什么事情？

小结：大老虎总是要吃大的点心，还把小老鼠搭的城堡踢翻了。真是一只霸道的大老虎呀！

过渡：小老鼠会一直和这样不讲道理的大老虎做朋友吗？我们接着往下看。

3. 播放PPT4：

——小老鼠看见好朋友大老虎总是这样对待自己，心情怎么样？为什么？

——大老虎为什么要这样对待小老鼠？你觉得它是故意这么做的吗？

——当大老虎看见小老鼠生气了，它感到快乐吗？它的心情是怎样的？为什么？

小结：原来，大老虎和小老鼠在一起玩的时候，它不知道自己的行为是很霸道的，直到小老鼠生气，才发现自己做错了，所以很后悔。

小结：小老鼠觉得很难过很生气，它不想和大老虎继续做朋友了，可是大老虎还是想和小老鼠一起玩的。

——如果你和朋友之间发生了不愉快，你会怎么做呢？

小结：你们说得非常好，我们在和好朋友交往的时候，要互相谦让，互相爱护，才能更加快乐，更加开心。

三、续编故事结尾——将与朋友和好的方法进行编讲，体验与朋友友好相处的快乐

1. 个别幼儿尝试编讲表演

——现在请你们来帮助大老虎想想办法吧，想想看大老虎该怎么做才可以继续和小老鼠做朋友呢？老师来做大老虎，请你们来做小老鼠，我们一起来演一演吧。

2. 幼儿两两合作编讲故事

——接下来，请你们找到一位好朋友，商量好各自的角色，然后开始表演。后面桌子上有一些道具，你们可以使用。

3. 教师巡回指导

4. 幼儿展示表演故事

总结：你们演得都很棒！帮大老虎想出了这么多与小老鼠和好的好办法，小老鼠原谅了它，它们又变成了好朋友，一起开心地玩了。那么，小老鼠和大老虎之后还会发生什么有趣的事情呢？让我们回教室和朋友一起想想吧！

附 故 事

大老虎与小老鼠

一只很小很小的小老鼠和一只又高又大的大老虎同在一个幼儿园，同在一个班，还交上了朋友，它们总是坐在一起，还一起做游戏。可是，最近，它们之间发生了点小问题。

每次分点心，大老虎总是拿大的一块。大老虎说："我要吃大的，我就是要吃大的。"小老鼠还是觉得自己太小了，也就不敢对大老虎说什么。

有一天，小老鼠搭了一座很大很大的城堡，高兴地招呼大老虎："大老虎快来看我搭的城堡呀！"大老虎头也不回地哼了哼："不错。"话刚说完，大老虎就跳了起来，大吼："呀！"还冲了过去，飞起一脚，把城堡踢翻了。

小老鼠气愤极了，再也忍不住了，大叫起来："我不和你玩了，我再

也不和你玩了。你是个坏蛋,你是个大坏蛋!"小老鼠刚喊完,心就怦怦地乱跳,它害怕极了,它从来没对大老虎说过这样的话呀。但是它不后悔,一点也不后悔。

大老虎惊呆了,它也没见过小老鼠这么生气,这么愤怒,大老虎对自己做的事有点后悔了,真的有点后悔了。就这样,它们俩几天不理不睬,大老虎有点耐不住,真的耐不住了。它请我们小朋友帮忙。你们说,大老虎应该怎么做才能让小老鼠再和它做朋友呢?小老鼠又会怎么样呢?

集体活动例二

活动名称: 小羊和狼

活动目标:

1. 在了解动物不同本领的基础上尝试编讲角色语言。
2. 知道遇到困难要勇敢,同伴间要互相帮助,懂得团结起来力量大。

活动准备:

故事《小羊和狼》PPT;各种角色头饰;场景。

活动过程:

一、故事导入——引起幼儿兴趣

1. 森林里有一只快乐的小羊,每天都生活得很开心,他喜欢在森林里散步,也喜欢家门口甜甜的溪水。这一天天气很晴朗,小羊散完步,又来到小溪边喝水。

2. 就在这时候,谁来了?

3. 猜猜他要对小羊做什么?

小结:小羊害怕极了,自己一个人根本没有办法对付大灰狼,想到这些他就伤心得哭了,听到他的哭声,他的好朋友们都来了。

二、猜测讲述——了解不同动物的本领

1. 猜猜小羊的好朋友都有谁?

2. 你怎么知道是他们的?

3. 他们都有什么本领呢?

4. 那么,他们会怎么和小羊说呢?

小结：他们真是一群勇敢的动物，看到朋友有危险，愿意发挥自己的本领，挺身而出帮助朋友。

三、创编演绎——制订方案赶走大灰狼

1. 晚上了，动物朋友都陆陆续续来到了小羊家，大家在一起商量怎样用自己最擅长的本领去帮助小羊。

2. 你们有什么好办法吗？上来演一演。

3. 请你们6个小朋友一组，到后面的桌子上，选择一个小动物，一起商量出一个帮助小羊的办法。

4. 请把你们制订好的方案上来演习一下，看看是不是真的有用？

5. 小羊和朋友们看到了你们的表演，也采纳了你们好办法，我们一起去看看结果如何。

小结：每个动物都有自己不同的本领，然后他们一起团结合作，齐心协力，最终战胜了大灰狼。

附 故 事

小羊和狼

一只小羊正在河边喝水，一只狼走过来说："这河里的水是我的，你为什么喝我的水？"

小羊说："这河里的水是从山上流下来的，大家都可以喝，怎么说是你的呢？"

"我说是我的，就是我的！你喝了我的水，晚上我要来吃掉你！"狼说完就摇着尾巴走了。小羊回到家里，想起狼说晚上要来吃他，就坐在门口哭起来了。

一只小花猫走过来，看见小羊在哭，就问："小羊，你为什么哭啊？"

小羊说："狼说今天晚上要来吃我。"

小花猫说："不要紧，晚上我来帮助你。"小花猫说完就走了。小羊还坐在门口哭。

一只小黄狗走过来，看见小羊在哭，就问："小羊，你为什么哭啊？"

小羊说："狼说今天晚上要来吃我。"

小黄狗说："不要紧，晚上我来帮助你。"小黄狗说完就走了。

小羊还坐在门口哭。

一匹白马走来，看见小羊在哭，就问："小羊，你为什么哭啊？"

小羊说："狼说今天晚上要来吃我。"

白马说："不要紧，晚上我来帮助你。"白马说完就走了。

小羊还坐在门口哭。

一头大象走过来，看见小羊在哭，问："小羊，你为什么哭啊？"

小羊说："狼说今天晚上要来吃我。"

大象说："不要紧，晚上我来帮助你。"大象说完就走了。

到了天黑的时候，小花猫，小黄狗，白马，大象都来了。大家一起商量怎样来帮助小羊。小花猫说："小羊，你到外边找个地方藏起来，我躲在火炉边。狼来了，找不到小羊，他一定会到火炉这儿来点火，那时候，我就用爪子抓它。"

小黄狗说："狼被小花猫抓了，一定会往外跑，我躲在门背后，等他出来的时候，我就咬他。"白马说："狼被小黄狗咬了，一定会往房子后边跑，我躲在房子后边，等他跑来的时候，我就踢他。"

大象说："我站在大树底下，等狼从大树旁边逃跑的时候，我就用鼻子把他卷起来扔到河里去。"大家商量好了。小羊藏到外边的大树后面，小花猫躲在火炉边，小黄狗蹲在门背后，白马躲在房子后边，大象站在大树底下。大家一声不响，静静地听着声音。

不大一会儿，老狼"吧嗒吧嗒"地走来了。老狼走进屋子里。屋子里黑洞洞的，什么也看不见，他就到火炉那儿去点火。

小花猫跳起来，用他发亮的眼睛，看准老狼的脸就是一爪子。老狼吓坏了，"噢"的一声，转身就往外跑。

小黄狗从门背后蹿出来，看准老狼的腿就是一口。老狼疼得"噢噢"叫，想绕到房子后边逃跑。这时候，白马抬起腿来，看准老狼狠狠地踢了一脚，把老狼踢得好远，一直踢到大树那儿。小羊看见老狼跌了个四脚朝天，也勇敢地从树后面冲出来，用他尖尖的角，对准老狼顶了一下。老狼被小花猫抓了一爪，被小黄狗咬了一口，被白马踢了一脚，又被小羊顶了一下，摔在地上站也站不起来了。

这时候，大象用鼻子把老狼卷起来，呼的一声，把老狼扔到很远很远的大河里去。老狼淹死在水里，再也不能来吃小羊了。

第八章 分级段的童"话"故事编讲活动课例与材料

"主题背景下的故事编讲材料例举"

主题名称：幼儿园里朋友多			
材料名称	材料提供	观察要点	玩法提示
玩具兵找朋友	角色：男孩、玩具兵、白鹤、鱼群、鹤宝宝 道具：玩具枪	1. 观察幼儿的语言是否完整，故事情节是否连贯。 2. 观察幼儿是否有角色之间的对话，同伴合作是否愉快。	1. 单人活动：孩子在熟悉故事的基础上，一边更换背景板材料，一边完整地讲述故事。 2. 同伴活动：孩子在熟悉故事的基础上，可以自由分配角色，一边摆弄材料一边讲述故事。第二遍讲述故事的时候，也可以互相合作进行续编。
三只小猪造房子	角色：三只小猪、猪妈妈、大灰狼 道具：砖头房、木头房、茅草房、小树	1. 观察幼儿是否能够单独或者和同伴一起复述故事内容。 2. 观察幼儿在讲述中替代物和道具的使用情况，并及时指导。	1. 单人活动：幼儿对整个绘本故事进行复述和摆弄。第二次活动的时候，可以请幼儿用一些辅助道具来增加故事外角色，启发幼儿根据已有经验创编内容，丰富角色人物间的对话以及故事情节。 2. 同伴活动：幼儿之间可以自由选择角色，然后边摆弄边进行故事表演。第二次活动在此基础上可观察幼儿语句的完整性或同伴间合作是否愉快。

三、主题名称：在秋天里

【写在前面的话】

秋天是个绚丽的季节，也是个丰收的季节，从酷热的夏天转换到凉爽的秋天，大自然发生了许多变化，树叶落了，草儿黄了，果子熟了，天气凉了，这些变化都让孩子们感到好奇。随着身心发展，中班幼儿对周围的生活更熟悉了，他们活泼好动，喜欢积极地动用各种感官感受周围事物，他们的想象力也更加丰富，在活动中他们逐渐学会了交往，会与同伴共同分享快乐。

实施过程中我们也会发现以下问题：

第一，主题中关于丰收的概念对于城市幼儿来说比较难理解；

第二，主题中素材点较多，但是可供实践的教学活动设计较少，有些内容的设置与幼儿生活经验之间有距离，提供的故事有些则缺乏教学实例；

第三，低结构材料设计有困难，和特色研究内容整合的材料需要开发研究。

"主题核心·经验"

主题内容与要求：

1. 感知秋天的季节特征，观察各种动植物的变化。
2. 了解秋季人们如何收获农作物，乐意参加各种收获活动，体验丰收的喜悦。

核心经验：

情感与态度：体验快乐（丰收和团圆的喜悦）；

认知与能力：感知特征（树叶、秋虫、螃蟹以及农作物，如稻穗、麦穗、蔬菜、水果等）；

观察变化（秋天树叶的变化、服装的变化、秋天月亮圆缺的变化）。

内容的选择：

中班的幼儿与小班有了很大的不同，他们开始关注同伴、关注周围的人事物，于是我们的培养目标也从幼儿自身的能力转移为和同伴交往合作的能力。在《蜘蛛织网》教学活动中我们鼓励幼儿扮演故事中的角色，寻找同伴一起编讲故事中的内容。《好兄弟》这个故事讲述的是两个好兄弟之间互帮互助的美好情谊，对于中班幼儿来说正是萌发同伴交往经验的关键期，在活动中孩子们可以了解和学会人与人交往及合作的方式。

教法的使用：

一是连续性观赏，重在培养中班幼儿观察单页多幅画面的能力；

二是表演式编讲，重在鼓励幼儿通过手、口、动作、表情进行表现表达与创造；

三是预设性提问，重在以教师提问激活思维帮助幼儿理解讲述；

四是自主式阅读，重在促成幼儿良好阅读习惯的养成。

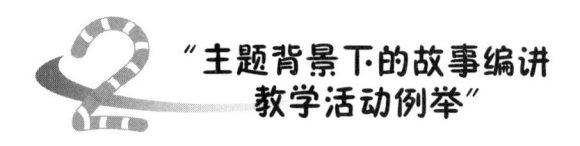

第八章 分级段的童"话"故事编讲活动课例与材料

"主题背景下的故事编讲教学活动例举"

集体活动例一

活动名称：蜘蛛织网

活动目标：

1. 尝试运用语言、动作等表现角色对话并大胆表演，体验编编演演的快乐。
2. 理解故事内容，知道做事情要像蜘蛛一样一心一意。

活动准备：

1. 故事PPT；
2. 头饰；
3. 蜘蛛网背景板、笔。

活动过程：

一、谜语导入激趣——由谜语引出蜘蛛，幼儿初步讲述蜘蛛的特点和习性

谜语：八条腿，墙上爬，抽出细丝织张网。

小结：蜘蛛有个很大的本领就是抽丝织网，而且织网的时候一定要一心一意坚持到底。

二、角色语言仿编——听故事仿编对话，了解故事内容

（一）听故事开头，学说动物的话

1. 一大清早，蜘蛛就开始织网，一只绵羊走来问：咩……蜘蛛你好！今天天气真好，要不要跟我一起去散散步呀？

2. 绵羊对蜘蛛说了什么？现在你们就是这只想去散步的绵羊，看看你们学得像不像。

3. 现在我是蜘蛛，哪只绵羊想来邀请我？（师幼表演）

小结：虽然绵羊邀请蜘蛛散步，却被蜘蛛拒绝了，因为蜘蛛要一心一意织网。

过渡：小鸭也来邀请蜘蛛："嘎嘎嘎，蜘蛛你好，我打算去小河里和小鱼小虾一起玩，你要不要一起来呀？"可是蜘蛛仍旧一心一意坚持织网："有这么多朋友一起玩水肯定很开心，但是我的网还没织完，不去了，再见。"最后蜘蛛终于把网织好了，还帮助公鸡捉住了苍蝇这只害虫呢！其实，在蜘蛛织网的过程中，

除了绵羊和小鸭，还有很多朋友也来邀请过蜘蛛，都有些谁呢？（出示动物）它们又提出了什么有趣的邀请呢？

（二）演演说说，创编动物的话

1. 提出要求：

（1）三人扮演蜘蛛织网，其他幼儿选择扮演一个小动物去邀请蜘蛛。

（2）音乐结束，就开始正式表演。

2. 幼儿表演故事内容

三、听故事结尾——倾听故事结尾，知道蜘蛛织网时的认真和一心一意

师：虽然动物朋友们都来邀请蜘蛛做非常有趣的事，但是蜘蛛都没有放弃织网，一心一意坚持到底。一只公鸡走来请它帮忙对付苍蝇，蜘蛛用它的网轻松搞定！原来，蜘蛛的网能帮我们捉害虫呢！晚上，一只猫头鹰飞来，奇怪地问："是谁编织了这么漂亮的一张网呀？"蜘蛛没有回答，它已经睡熟了。这可真是好忙好忙的一天。

总结：在这个故事里告诉我们，做事情要像蜘蛛一样，……（一心一意）。

附 故 事

蛛网商店

小蜘蛛编织了许多蛛网，它在森林里开了一个蛛网商店。

小狗摇着尾巴来买蛛网，它说："我要用蛛网捉蜻蜓。"小蜘蛛摇摇头说："不卖不卖，蜻蜓捉害虫，它是人类的好朋友！"小狗红着脸走了。

小熊舔着嘴巴来买蛛网，它说："我要用蛛网捉蜜蜂。"小蜘蛛摇摇头说："不卖不卖，蜜蜂采花蜜，它是人类的好朋友！"小熊红着脸走了。

小兔一蹦一跳来买蛛网，它说："我要用蛛网捉蚊子。"小蜘蛛点点头说："可以，蚊子吸血，它是人类的敌人。"小兔高兴地买到了蛛网。

蛛网编得又牢又好，小兔用它捉蚊子，蚊子一只也跑不了。

后来小动物们都来买蛛网捉蚊子，蛛网商店的生意可好啦！

集体活动例二

活动名称：好兄弟

活动目标：

1. 理解故事内容，初步感知汤圆和烧饼的不同特点。

2. 体验好兄弟间的美好情谊。

活动准备：

1. 汤团和烧饼的图片；

2. 大图书1本、小图书12本；

3. 背景音乐及播放器。

活动过程：

一、图片导入，引起兴趣——观察外形，讲述自己对汤团和烧饼的感觉

1.（出示烧饼和汤团的图片），提问：

——"今天老师带来了两个新朋友，它们是谁？"

"你们吃过吗？它们吃上去什么感觉？"

"它们又是怎么烧出来的呢？"

"汤圆弟弟和烧饼哥哥是一对好兄弟，什么是好兄弟？"

2. 幼儿讲述

小结：软软黏黏的汤圆喜欢水，干干脆脆的烧饼喜欢火，可是完全不同的两个朋友居然就是一对好兄弟！它们总是喜欢在一起，相亲相爱关系亲密。

过渡：汤团和烧饼，一个水里煮出来，一个火上烤出来，它们为什么是一对好兄弟呢？我们一起到故事里去瞧瞧吧！

二、阅读故事，理解内容——阅读大、小图书，了解汤团和烧饼遇到的险情

（一）集体阅读

1.（讲述故事开头），提问：

——"发生了什么事？"

"烧饼哥哥在做什么？"

"谁来了？它是一只怎样的怪物？它在想什么？"

"烧饼哥哥遇到了什么危险？"

2. 提出要求：

（1）请每人找一本小图书仔细看一看，等音乐结束以后，再和大家一起分享。

（2）如果自己很快找到了答案，请先藏在心里，不要一边看就一边说出来。

（二）分散阅读

幼儿自由阅读小图书，教师巡回指导。

（三）分享交流

1. 教师提问：

——"汤圆弟弟用了什么办法救烧饼哥哥的？"

"烧饼哥哥得救了，可是汤圆弟弟遇到了什么麻烦？"

"烧饼哥哥怎么救汤圆弟弟的？"

2. 幼儿观察讲述

小结：原来好兄弟不仅是在快乐的时候一起玩，还要在兄弟碰到困难和危险的时候互相帮助，这才是真正的好兄弟！

三、拓展延伸——观察图片，了解好兄弟之间的快乐往事

1.（出示烧饼和汤团的回忆）提问：

"烧饼哥哥和汤圆弟弟在一起还发生了很多事情，你们看出来了吗？"

2. 幼儿观察讲述

总结：好兄弟在一起，除了会分享快乐，也会互相帮助，还能共同面对问题与危险。这样的好兄弟，即使时间过去很久，也还是会成为关系亲密的好朋友。

结束：你们肯定也有自己的好兄弟，现在就请你们找到好兄弟，跟他们分享一下这个有趣的故事吧！

附故事

好兄弟

汤团弟弟和烧饼哥哥是一对好兄弟，汤团弟弟喜欢水，烧饼哥哥喜欢火。

有一天，汤团弟弟对烧饼哥哥说："好哥哥，带我出去玩吧！"于是哥哥带着弟弟出发啦！走着走着，它们来到了一条小河边，汤团弟弟看见了水就高兴地跳了下去。它高兴地在水里游呀游，可开心啦！烧饼哥哥呢，看见了岸边的大石头，大石头被太阳烤得烫烫的，烧饼哥哥躺在上面可享受啦！慢慢地，烧饼哥哥浑身都冒出了热气，身上的香味也越飘越远。

正当汤团弟弟快乐地泡在水里，烧饼哥哥舒服地贴在石头上的时候，突然，来了一只大怪物！只见它流着口水，蹑手蹑脚地靠过来，眼看着烧饼哥哥就要被它抓住啦！汤团弟弟着急地大喊起来："烧饼哥哥，有危

第八章 分级段的童"话"故事编讲活动课例与材料

险！烧饼哥哥，有怪物来啦！"可是，躺在石头上享受着的烧饼哥哥睡着啦！它一点都没听见弟弟的叫声，更不知道危险已经降临啦！

这时候，汤团弟弟立刻从水里蹿了出来，猛地跳到了大怪物的脸上，牢牢地黏住了大怪物的眼睛！"哎呀！哎呀！我的眼睛！"大怪物使劲地想把汤团弟弟拽下来，可是好黏呀，怎么都拽不下来！

"扑通！"大怪物眼睛被蒙住了，看不清了，一下子掉进了河里。烧饼哥哥被水花溅了一身，猛然醒了。它转身一看，呀！汤团弟弟黏在大怪物身上，眼看着越漂越远，要被大怪物带走啦！汤团弟弟大声叫着："哥哥救我！哥哥救我！"烧饼哥哥赶紧跳进小河，一把抓住了汤团弟弟的手，把它从大怪物脸上拽了下来！哈哈！汤团弟弟得救啦！

汤团弟弟牵着烧饼哥哥的手，高高兴兴地回家了！

"主题背景下的故事编讲材料例举"

主题名称：在秋天里				
材料名称	材料提供	观察要点	玩 法 提 示
树叶	角色：树叶若干、小马、小狗、小鸭子等 道具：各种树叶	1. 观察幼儿是否会根据儿歌的内容编讲故事。 2. 观察幼儿的独白语言和描述性语言是否丰富	1. 单人活动：在熟悉散文的基础上幼儿边摆弄材料边复述故事内容。第二次活动可鼓励幼儿利用其他辅助材料增加故事外角色，启发幼儿根据已有经验创编内容，丰富角色人物间的对话。 2. 同伴活动：在熟悉故事的基础上，自由分配角色复述故事。第二次活动形式同单人活动，活动后在集体中分享

（续表）

材料名称	材料提供	观察要点	玩 法 提 示
秋天的颜色	角色：小蜜蜂 道具：玉米、石榴、橘子、葡萄、小雏菊、枫叶、松树等	1. 观察幼儿是否能够完整表述故事并能进行简单的演绎。 2. 观察幼儿语句中修饰词的使用，同伴间合作是否愉快。	1. 单人活动：幼儿倾听故事，简单地边摆弄故事板材料边自由跟读。第二次活动幼儿能完整复述并摆弄故事板材料以及利用其他辅助材料增加故事外角色，启发幼儿根据已有经验创编内容，丰富角色人物间的对话以及故事情节。 2. 同伴活动：一起倾听故事，边摆弄故事板边进行故事表演。第二次活动形式同单人活动。

四、主题名称：我在马路边

【写在前面的话】

中班的幼儿对事物的理解能力开始增强，时间概念、空间概念、数量和物类别的概念也有初步的认识，开始可以独立表达生活中的各种事物，角色游戏中的表征水平也有所提高。在这个时期，我们发现孩子对于马路上不同用途的车辆、各种各样的标志、马路边形形色色的商店、各式各样的房屋等产生了关注。因此，我们把握住孩子们的这一兴趣点，以此为切入口，开展《我在马路边》的主题活动。这一主题所产生的内容是与我们孩子的生活息息相关的，非常适合中班孩子的年龄特点，是这个年龄段所需要了解的知识点。

实施过程中我们也会发现以下问题：

第一，有一部分教学内容只呈现了素材点，却没有对应的详细的教学活动设计，这对于青年教师而言，会有教材使用的盲区；

第二，主题偏向科学常识和社会，艺术类型的活动较少。

第八章　分级段的童"话"故事编讲活动课例与材料

"主题核心·经验"

主题内容与要求：

1. 观察马路上的各种车辆，尝试按某一特征进行归类。
2. 了解交通设施，并有兴趣识别马路边的标记、数字及其含义，初步了解其与人们的关系，并理解和遵守交通规则。

核心经验：

情感与态度： 遵守规则（安全过马路、不乱扔垃圾等）。

认知与能力： 观察识别（车辆特征、马路标志、交通设施等）；
　　　　　　　　理解关系（标志与人们生活的关系）。

内容的选择：

中班幼儿规则意识萌发，并且开始关注周围的人事物，抓住这样一个时间点，开展《三颗星星》和《兔子先生去散步》两个教学活动。帮助幼儿观察和识别马路标记，知道红绿灯对于公共交通的重要性，激发幼儿自主地遵守交通规则，提高自我保护意识和能力。

教法的使用：

一是连续性观赏，重在引导中班幼儿尝试画面多幅连看，培养故事前后联系能力；
二是游戏性体验，重在让幼儿从游戏中体验教学内容；
三是预设性提问，重在以教师提问激活思维帮助幼儿理解讲述；
四是合作式讲述，重在幼儿两两合作能力的培养。

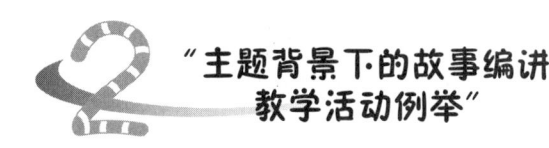

"主题背景下的故事编讲教学活动例举"

集体活动例一

活动名称： 三颗星星

活动目标：

1. 理解故事内容，知道三颗星星的本领，能大胆表达自己的想法。

2. 在游戏中体验红绿灯带来人们生活的便利。

活动准备：
多媒体课件、手电筒、红绿灯、欢快和紧张的音乐

活动过程：
一、引出话题，激发兴趣——认识太阳和三颗星星

1. 今天，老师带来一些朋友，不过我想这些朋友你们都非常熟悉。（出示太阳、星星）谁呀？

2. 过渡：对呀！太阳和星星你们都认识的对吧！很久以前，太阳妈妈有三个孩子，他们是红星星、黄星星和绿星星。

二、看看说说，了解故事——感知红绿灯对于人们生活的重要性

（一）观看课件画面

1. 提问：

（1）三颗星星长大了，太阳妈妈教他们学本领，学了什么本领呢？

（2）三颗星星学到的本领一样吗？有什么不一样？

2. 幼儿观察和讲述

小结：绿星星的本领是让物体跑起来，黄星星的本领是让跑的物体放慢速度注意安全，红星星的本领是让跑的物体停下来。

3. 提问：看来太阳妈妈非常喜欢这三个孩子，在教他们学本领。三颗星星的本领到底是什么？这里说的"物体"是什么？

小结：三颗星星的本领这么大呀，能控制会跑的车！看来三颗星星能毕业了！本领学得很成功！

（二）继续播放课件，倾听画外音

1. 教师讲述故事：三颗星星学会了本领，太阳妈妈呼地吹了口气，把三颗星星吹到了地球上。好多年过去了，太阳妈妈想念孩子了，她发出了呼唤信号："亲爱的孩子们，我想你们啦，快点回到我身边来吧！"

2. 提问：

（1）在故事中，你们听到了什么？（再次播放故事）

（2）三颗星星和妈妈重逢了，可是！地球出事了！地球上怎么了？

（3）地球上为什么会出事？会对我们的生活有影响吗？那怎么办？（引导幼儿说出堵车的不便）

小结：因为没有红绿灯，所以厨师不能上班，小朋友不能上学，司机不能开车……马路上一团糟，人们的生活太不方便了。

第八章 分级段的童"话"故事编讲活动课例与材料

（三）讨论解决的办法，唤回三颗星星

师：市长决定要把大家召集起来，请大家把自己要说的话大声地对三颗星星说，看谁的话最动听，能打动三颗星星，让他们回到地球。

1. 提出要求：说些什么好听的话才能让三颗星星回来？现在请大家自己想想要说什么动听的话，当然，你们也可以互相商量一下。（幼儿自由讨论）

2. 播放画外音：市长问大家，你们都想好了吗？现在大家一个一个把自己要说的话大声地说出来吧！

3. 幼儿交流召唤三颗星星的动情话

师：大家说得都非常好！那么现在我们一起呼唤星星们回来吧："亲爱的星星们，地球非常需要你们，快点回来吧！"

4. 继续观看课件，倾听故事结尾

师：三颗星星回到了地球，马路又畅通了，从那以后，三颗星星再也没有离开过地球。太阳妈妈每天看到自己的孩子在地球上指挥交通，很高兴。地球上的小朋友都知道红黄绿三颗星星，也喜欢他们。因为在每个十字路口，三颗星星天天向小朋友问好。

5. 提问：你们知道三颗星星在地球上做些什么？

小结：原来，三颗星星在地球上指挥交通，他们就是红绿灯。

过渡：你们看到过红绿灯吗？在哪里看到过？我们怎样听红绿灯的指挥？

三、经验讲述，游戏体验——再次感受红绿灯在生活中的作用

1. 提问：马路上除了有会跑的车，还有谁？

2. 集体玩红绿灯游戏

总结：马路上除了各种车子要听三颗星星的指挥，还有走路的人也要在红绿灯的指挥下过马路，我们都要听三颗星星的指挥哦！

附 故 事

三颗星星

太阳妈妈有三个孩子：红星星、黄星星、绿星星。三颗星星长大了，太阳妈妈教他们学本领。

红星星的本领是让跑的物体停下来，黄星星的本领是让跑的物体放慢速度注意安全，绿星星的本领是让物体跑起来。三颗星星学会了本领，

> 太阳妈妈吐了口气,把三颗星星吹到了地球上。
>
> 好多年过去了,太阳妈妈思念孩子,她发出了呼唤信号。三颗星星又回到了太阳妈妈的身边,地球却出了事。所有的马路塞满了汽车,爸爸妈妈上不了班,小朋友也去不了幼儿园。
>
> 地球人发出了求救信号。三颗星星立刻返回了地球,马路又通畅了。从那以后,三颗星星再也没有离开过地球。到现在,太阳妈妈也不知道三颗星星在地球上做什么。
>
> 地球上的小朋友都知道红黄绿三颗星星,也都喜欢他们。因为在每个十字路口,三颗星星天天向小朋友问好。

集体活动例二

活动名称:兔子先生去散步

活动目标:

1. 根据故事中的标志联想故事的情节,积极表达自己的想法和感受。
2. 关注生活中的标志,并感受故事的幽默。

活动准备:

1.《兔子先生去散步》PPT;
2. 草地背景图、兔子标志、生活中的标志若干。

活动过程:

一、出示草地,导入活动——观察图片,引出故事

出示草地背景图

提问:草地上有一所房子,猜猜会是谁的家?你是怎么知道的(小兔子的家)?

小结:原来这是小兔子的家,门上有着兔子的标志。

二、观察画面,猜测故事——联系生活经验,根据标志联想故事情节

1. 出示PPT,欣赏故事第一段:有一天,兔子先生去散步,走着走着兔子先生问:"我们接下来该往哪儿走呢?"为什么?

小结:原来马路边有向前走的标志,那我们继续走吧。

2. 出示PPT,猜测散步路线

1)提问:兔子先生又继续散步了,他看到了许多的标志经过了许多地方,

第八章 分级段的童"话"故事编讲活动课例与材料

请你看看图片和兔子先生一起去散步，等会来告诉我们你都和兔子先生去了哪里，发生了什么事？

2）过渡：你们都看到了斜坡的标志，可是兔子先生看到了吗？（没有看到，他从斜坡上滚下来了。）

3）是的，没有看清标志所以摔跤了，还好遇到了熊医生，给他治了伤。孩子们，刚才兔子先生散步的时候一路上都看到了哪些标志？（幼儿回忆出示所有的标志，乱放）这些标志有什么不同？你在哪里见到过？

小结：原来每个标志告诉我们不同的信息，蓝色的标志是告诉我们可以做什么或者前面有什么，黄色三角形的标志是说明前方的道路可能有些危险，请小心；红色的带斜杠的标志是禁止，请一定不要这样做。

三、观察标志，尝试续编——根据标志，为兔子先生联想故事情境

1. 出示标志图，提问：小朋友们你们看现在这里还有些标志，如果兔子先生又去散步了，看见你们手里的标志会发生什么有趣的故事呢？请你试着编一编。（比如兔子先生在哪里看到了这个标志，他会怎么做，会发生些什么事？）

2. 幼儿根据标志，尝试续编故事。

附 故 事

兔子先生去散步

兔子先生家有一个兔子的标志，兔子先生要到外面去走走。一出门，兔子先生就看到一个"往前走"的标志。

咦！这是什么标志呢？啊！知道啦！嘿嘿！是楼梯的标志嘛！

这又是什么标志呢？嗯！是桥的标志呀！

现在要回家去呢，还是继续往前走？当然要再往前走喽！兔子先生一边想一边走，哎呀呀！没看到"小心坑洞"的标志，结果摔到洞里，跌了个大跟斗。

"主题背景下的故事编讲材料例举"

材料名称	材料提供	观察要点	玩 法 提 示
主题名称：我在马路边			
在马路边	角色：兔子一家、小刺猬等 道具：红绿灯等各种交通标志 替代物：小积木、扭扭棒、橡皮泥	观察幼儿是否能够运用已有经验，结合道具、替代物等连贯地编讲故事。	1. 单人活动：作为开放式的故事板，幼儿可以根据自己的生活经验，自由编讲故事。（教师关注幼儿的语言是否完整，故事情节是否连贯） 2. 同伴活动：幼儿可以相互商量拟定一个初步的故事结构，然后自由分配角色，一边摆弄材料一边编讲故事。
三颗星星	角色：太阳妈妈、红星星、黄星星、绿星星 道具：红绿灯、警察叔叔 替代物：小积木	1. 观察幼儿的语言是否完整，故事情节是否连贯。 2. 观察幼儿是否有角色之间的对话，同伴合作是否愉快，编讲内容是否符合故事基调。	1. 单人活动：孩子在熟悉故事的基础上，一边自由摆放道具材料，一边完整地讲述故事。 2. 同伴活动：幼儿可以在原本故事结构的基础上，续编三颗星星回到地球后的故事，然后自由分配角色，一边摆弄材料一边编讲故事。

五、主题名称：在动物园里

【写在前面的话】

《在动物园里》主题的设置依据了中班幼儿活泼好动的年龄特点以及强烈的交往需求，注重动物是幼儿最喜欢的伙伴这一心理特征。编制过程中注重教学与生活经验相辅相成，追求内容符合幼儿的心理需要、符合幼儿兴趣所向，并且高低结构教学内容互相搭配，让幼儿在主题活动中进一步了解如何与动物相处、如何照顾动物、爱护动物等，通过幼儿参与活动过程一点一滴的积累，成为幼儿内心真切的感受和经验。

但在教材使用过程中，我们也发现了一些应当弥补的缺憾：

第一，有的教学内容有趣，但与幼儿生活经验相去甚远。

第二，主题素材中的故事内容有趣且符合幼儿兴趣，但多数仅适合一般意义上的语言活动，缺乏合适的故事编讲活动素材。

第三，主题中提供的教学素材范例领域有侧重，对于需要全方面磨炼的新教师而言不够全面。

第四，低结构材料提示丰富，但是缺乏针对故事编讲的素材，对新手型教师而言设计难度较大。

"主题核心经验"

主题内容与要求：
1. 观察了解动物的外形，关注它们不同的特征，并比较异同。
2. 愿意运用多种方式表达自己对动物的喜爱。

核心经验：

情感与表达： 多样表现（制作、绘画、模仿表演等）；
　　　　　　喜爱动物。

认知与能力： 观察特征（外形、动作、声音等）；
　　　　　　比较异同（不同动物的皮毛、耳朵、尾巴、睡姿、本领等）。

内容的选择：

结合中班幼儿故事编讲的目标培养内容以及中班幼儿能力发展水平需要，我们在本主题实施过程中选择了以下两则故事进行了活动设计，目的在于结合中班幼儿的已有经验，借助他们喜闻乐见的动物形象，利用合作编讲、合作表演的表现方式，激发幼儿探索欲望，帮助幼儿走近动物、结识动物、了解动物的有趣之处，让幼儿用一颗真挚的童心，去关注、体验动物的生活、聆听动物的声音、探索动物的秘密，融入动物世界，成为动物的好朋友，从而为主题的实施和推进服务。同时，激发中班幼儿具体形象思维、加速中班幼儿口语发展。

教法的使用：
一是连续性观赏，重在引导中班幼儿观察发现多幅画面中的重点部分；
二是合理性想象，重在提升中班幼儿编讲局部故事内容的能力；
三是预设性提问，重在以教师提问激活思维帮助幼儿理解讲述；
四是多样性讲述，重在形式不拘的故事讲述方式。

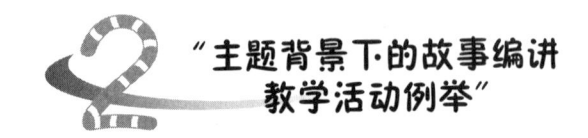

"主题背景下的故事编讲教学活动例举"

集体活动例一

活动名称：《威利的尾巴》

活动目标：
理解小猪换尾巴的故事内容，愿意编讲小猪的话，体验故事编讲的乐趣。

活动准备：
1. PPT课件；
2. 燕子、猎豹、袋鼠、松鼠、壁虎、猴子、金鱼胸贴各一个、小猪威利胸贴一个。

活动过程：
一、导入主题，引发兴趣——了解小猪不喜欢自己的尾巴
1.（出示尾巴图片）这是条什么样的尾巴？猜一猜这是谁的尾巴？
2. 这是小猪威利的尾巴，你们喜欢它的尾巴吗？为什么？
小结：威利有一条非常可爱的、小小的、短短的尾巴。
过渡：可是威利自己却一点儿也不喜欢这又小又短的尾巴，这不它又羡慕起别人的尾巴了。

二、理解故事，尝试编讲——感受小猪前两次借尾巴的有趣经历，尝试编讲小猪借尾巴的故事

（一）向狐狸借尾巴

1. 提问：
（1）狐狸的尾巴是怎么样的？有什么作用呢？
（2）威利也好想要狐狸的尾巴呀！它会怎么对狐狸说呢？

2. 倾听威利的话

提问：

（1）威利对狐狸说了什么？（两到三个幼儿学说、集体复述）

（2）你们觉得狐狸会把尾巴借给威利吗？为什么？

（3）狐狸会怎么回答呢？

3. 个别幼儿进行对话表演。

小结：威利向狐狸借尾巴，可是自己身上的毛那么短，狐狸尾巴上的毛蓬蓬松松的那么长，不合适。

（二）向母牛借尾巴

1. 提问：

（1）母牛的尾巴是怎么样的？有什么作用呢？

（2）威利也好想要母牛的尾巴呀！它会怎么对母牛说呢？

2. 倾听局部故事

3. 谁愿意把威利向母牛借尾巴的故事表演一下？（请2组幼儿分角色表演）

小结：威利不喜欢自己的尾巴，借了两次都失败了，但是它不想放弃。

（三）仿编故事

1. 威利接下来又碰到了好多动物，它会怎样向这些动物借尾巴呢？小动物会怎么回答它呢？请你们和自己的朋友一起编一编、演一演，等会儿和大家一起分享。

要求：（1）两人一组。

（2）分角色编编、演演。

2. 教师串联幼儿编讲内容，完整讲述故事。

小结：威利羡慕别人的尾巴，也向很多朋友借了尾巴，最后却都放弃没有用在自己身上。

三、活动结束——知道适合自己的才是最好的

为什么威利没有用朋友的尾巴？

小结：虽然小动物们的尾巴有粗有细、有长有短、有毛多蓬松的也有毛少简洁的，但是不适合威利，适合自己的才是最好的。

附 故 事

威利的尾巴

小猪威利不喜欢自己又小又短的尾巴。它想："假如我有一条像狐狸

一样的尾巴该多好啊!"狐狸说:"那你就试试吧。"小猪一试,摇摇头:"我身上的毛那么短,尾巴上的毛蓬蓬松松的那么长,不合适。"

它想:"假如我有一条像母牛一样的尾巴该多好啊!"母牛说:"那你就试试吧。"小猪一试,摇摇头:"我长得矮,母牛的尾巴长,会拖在地上,不合适。"

它想:"假如我有一条像鳄鱼一样的尾巴该多好啊!"鳄鱼说:"那你就试试吧。"小猪一试,更不行:"猪的身上怎么可能长出绿尾巴呢?"

小猪威利终于明白:所有的尾巴都不适合小猪,最合适的还是自己卷曲的小尾巴。

集体活动例二

活动名称:怎么才能不吃掉我的朋友

活动目标:
1. 理解故事内容,能大胆讲述帮助小恐龙改掉坏习惯的好办法。
2. 尝试与同伴模拟情景表演,体验帮助好朋友的快乐。

活动准备:
课件PPT、小恐龙、小老鼠、小鸟、大熊、猴子的头饰若干。

活动过程:

一、导入主题,引发兴趣——知道小恐龙的"坏习惯"是肚子饿了会吃掉好朋友

1. 这是谁?小恐龙怎么了?
2. 猜猜小恐龙为什么不高兴?他有一个什么坏习惯?

小结:原来小恐龙有一个坏习惯,就是饿的时候会把好朋友吃掉,所以没人愿意做他的朋友,他心里很难过。

过渡:其实小恐龙很想改掉这个坏习惯,很希望自己能够拥有好朋友。因为没有朋友,小恐龙哭得很伤心,哭声传遍了整个森林,很多动物都听到了,他们都来到了小恐龙的身边,很想帮助小恐龙。

二、模拟情景,尝试表演——幼儿两两合作创编故事情节

1. 哪些动物朋友来了?他们会想出什么好办法帮助小恐龙改掉坏习惯?
2. 幼儿合作编讲角色对话,教师巡回指导。

要求：（1）两两合作。

（2）每人找一个角色戴好头饰去演一演，把帮助小恐龙的话大声讲出来。

3. 幼儿分组展示编讲内容。

总结：森林里的动物朋友们，想了各种各样的办法，帮助小恐龙改掉吃好朋友的"坏习惯"，小恐龙觉得有朋友的关心真幸福，可是成功了吗？

三、倾听故事，了解结尾——了解莫罗帮助小恐龙改掉"坏习惯"的好办法

1. 小恐龙有没有改掉坏习惯交到好朋友？

2. 这是谁？小老鼠莫罗是怎么安慰小恐龙的？他想了什么好办法？

小结：小老鼠莫罗的好办法帮到了小恐龙，小恐龙终于没有因为饿了就吃掉好朋友，他也交到了好朋友。

四、活动延伸——感知朋友间互相帮助的快乐

你们肯定也都有好朋友，你们和好朋友间有什么互相帮助的故事吗？

小结：原来一个人遇到困难的时候，有好朋友的帮助会让人觉得很安慰很开心，有朋友的帮助再大的困难也能一起解决。

附 故 事

怎么才能不吃掉我的朋友

从前有一只小恐龙，他一个朋友也没有，因为他把所有的朋友都吃到肚子里去了。每交到一个朋友，他都很努力地想忍住不去吃他。但是，每次的"过程"都一样：当小恐龙遇到一个友善的人，就坐下来和他聊天……过了一会儿，他觉得肚子有点饿，好像有人在胃里挠痒痒。于是他悄悄地左看看，想找几只蚂蚁解馋。很快，小恐龙就觉得很饿很饿。但是他非常喜欢这个新朋友，想邀请他到家里玩，或者一起去海边。悲剧往往就在这个时候发生了：小恐龙终于忍不住扑到新朋友身上，一口把他吞了下去。"对不起！对不起！"小恐龙赶紧说，可是已经太晚了。

这天早上，小恐龙又吃掉了一个新朋友。这会儿，他孤零零地一个人，坐在大森林里。他想，也许自己不再会有新朋友了。想着想着，他伤心地哭了。再想到过不了多久，他又会饿，小恐龙就哭得更厉害了。这时候，一只老鼠从他身边经过。他叫莫罗，来自另一片森林。"快走开！"小恐龙冲他喊，"快走，不然我会吃掉你！"莫罗一动不动。"别担心！我会让自己变得很难吃。只要念一个口诀，我马上就会变味。""那你念口诀了吗？"小恐龙问。"我刚念过。"莫罗回答。小恐龙这才放心，给莫罗讲了自己的故事。听完小恐龙的故事，莫罗说："我很想做你的朋友，而且，我们肯定能做到。但是，你先要吃饱肚子。我来给你做个蛋糕吧，我可是个很棒的糕点师。"莫罗一边念口诀，一边打开旅行箱里的袖珍厨房，做了个大蛋糕。他切了一小块给自己，把剩下的都给了小恐龙。"你看！"莫罗说，"我做蛋糕的时候你并没有吃掉我。明天我们可以再试试。我敢说，再过三天，我们就可以做永远的好朋友了。"到了睡觉的时候，小恐龙和莫罗互相道了晚安。莫罗找了一个隐蔽的地方过夜，因为他睡觉的时候不能念口诀。第二天早上，莫罗又开始做蛋糕。"你得练习忍住不吃我。你看，现在我就没有念口诀。"小恐龙看了看正在烤的蛋糕，觉得它烤得太慢了。小恐龙忍不住扑向莫罗，一口吞掉了他。但是他马上又把莫罗吐了出来——莫罗真的很难吃。"天啊！"莫罗说，"幸亏我赶紧念了口诀，好险啊！"小恐龙很高兴，口诀真的管用。但是他还是觉得很不好意思，没脸看他的朋友。"没关系。"莫罗说，"我相信你，你一定能做到。再过两天，我们就可以做永远的好朋友了。"晚上，小恐龙问莫罗："你为什么不一直念口诀呢？那样你就肯定不会被吃掉了呀。""因为，没有危险的时候，我还是喜欢自己的味道好一点。"莫罗回答。第三天，莫罗告诉小恐龙，今天的蛋糕要烤很长时间。而且，他也不想念口诀。小恐龙趴在地上哭着喊："我要吃了你！我要吃了你！我要吃了你！"但是他没有吃掉莫罗，因为蛋糕已经烤好了。莫罗充满信心地说："你看着吧，只差一点点，我们就成功了。我觉得，明天我们就会成为永远的好朋友了。"第四天，莫罗的脸色很奇怪，他的一只胳膊绑着绷带。"我的胳膊骨折了，不能做蛋糕了。"莫罗说，"你会很饿的，非常非常饿。但是我不会念口诀。你要吃，就吃了我吧！来吧！吃了我。"小恐龙马上说："别担心，我来做蛋糕。但是你要教我怎么做。好吗？"

就这样，小恐龙开始做他这辈子的第一个蛋糕……而且，真的没有吃掉他的朋友。蛋糕烤好了。莫罗突然摘掉胳膊上的绷带。"我的胳膊没有骨折。"他说，"我骗了你，你不会怪我吧？"小恐龙一点也没生气。正好相反，他感到很自豪，很幸福，因为他终于有了一个永远的好朋友。

第八章 分级段的童"话"故事编讲活动课例与材料

"主题背景下的故事编讲材料例举"

主题名称：在动物园里			
材料名称	材料提供	观察要点	玩 法 提 示
玩具店	角色：狮子、河马、大象、马等 道具：立体积木玩具图片、平面玩具图片若干	1. 观察幼儿活动时的兴趣点是什么，并及时指导。 2. 观察幼儿角色间的语言交流情况。	1. 单人活动：第一阶段幼儿边摆弄材料边创编故事内容。第二阶段增加其他辅助材料，鼓励幼儿丰富角色人物间的对话以及故事情节。 2. 同伴活动：第一阶段幼儿自由分配角色创编故事。第二阶段增加其他辅助材料，鼓励幼儿丰富角色人物间的对话以及故事情节。
小马嗒嗒	角色：小马、小猫、小兔子等 道具：鞋子、草莓、蛋糕等 替代物：橡皮泥	1. 观察幼儿是否根据提供的材料和背景等完整复述故事内容，并注意角色语言的生动。 2. 观察幼儿语句中修饰词、关联词等的使用，以及同伴间合作是否愉快。	1. 单人活动：第一次活动时鼓励幼儿在熟悉故事的基础上边摆弄材料边复述故事内容。第二次活动可鼓励幼儿利用其他辅助材料增加故事外角色，启发幼儿根据已有经验创编内容，丰富角色人物间的对话以及故事情节。（教师关注幼儿的独白语言和描述性语言是否丰富） 2. 同伴活动：第一次活动时幼儿在熟悉故事的基础上，自由分配角色复述故事。第二次活动形式同单人活动。活动后在集体中分享。

六、主题名称：春天来了

【写在前面的话】

《春天来了》主题的设置根据主题实施需要，依据中班幼儿具体形象的思维以及无意识记忆，注重中班幼儿好提问题、热爱交往的发展特点，追求日常生活经验与学习内容紧密联系。编制过程注重"领域"的平衡、"内容"的丰富多彩、"目标"的适宜，以及高低结构的内容搭配，注重激发幼儿互相合作的愿望以及体验，引导幼儿观察自然、观察生活，从而激发和发展幼儿对自然美的感受力和表现力，并且发现自然美、喜欢大自然。

但在教材使用过程中，我们也发现了一些应当弥补的缺憾：

第一，有的教学内容与小班教学素材重复，且没有注明如何区别于小班的教学方法，对于三年内的新教师有实施上的困惑。

第二，主题实施有一定的时间跨度，但本主题中提供的能激发幼儿探索春天的教学活动范例较少，供教师选择的余地不够。

第三，部分素材提供了故事，但没有匹配的教学活动范例，语言活动范例也较少，更没有关于故事编讲活动的目标追求，这与故事编讲这一园本研究重点之间存在落差，教师在活动实施中有较大的困难。

第四，可以选择的低结构材料较少，虽给予了名称或提示，但具体呈现缺乏直观性，对新手型教师而言设计难度较大。

"主题核心经验"

主题内容与要求：

1. 了解春天是个万物生长的季节，关注自然环境的不断变化。
2. 感受大自然美丽的景象，以各种方式表达自己的情感与体验。

核心经验：

情感与表达：多样表达（大自然的美）；

亲近自然（体验外出踏青、游玩的乐趣）。

认知与能力：寻找发现（春芽、春苗等万物生长）；

关注变化（动植物、自然现象等变化）。

内容的选择：

结合主题内容以及幼儿故事编讲的目标培养内容，我们在本主题实施过程中选择了以下两则故事进行了活动设计，目的在于结合中班幼儿具体形象的思维以及具体而不是整体的、零星而不全面的观察力特点，引发幼儿观察和认知，利用合作编讲、合作表演的表现方式，帮助中班幼儿进一步认识春天、感知春天，从而为主题的实施和推进服务。

教法的使用：

一是描述性提问，重在帮助中班幼儿细致观察画面、获得信息；

二是连续性观赏，重在引导中班幼儿观察发现多幅画面中的重点部分；

三是预设性提问，重在激发幼儿思考，拓展幼儿故事编讲的思路；

四是多样性讲述，重在形式不拘的故事讲述方式。

"主题背景下的故事编讲教学活动例举"

集体活动例一

活动名称： 鸟窝里的树

活动目标：

1. 观察画面，理解鸟先生和鸟太太移植、培育小树苗成长的故事情节，感受互爱互助的美好情感。

2. 能用较连贯的语言表达对画面的理解。

活动准备：

1. 幼儿人手一本小图书；

2. 多媒体课件。

活动过程：

一、听故事开头——认识鸟先生和鸟太太，感知鸟先生和鸟太太造鸟窝的过程

1. 它们是谁？鸟太太怎么了？

2. 教师讲述故事：鸟先生想给鸟太太和宝宝们一个新家，于是，它一次次地衔来干草，一次次地衔来树枝和泥土，辛辛苦苦干了很久，终于筑起了一个又大又结实的鸟窝，这可是它们的新家哦，终于有一天，鸟太太生了几个可爱的蛋宝宝。

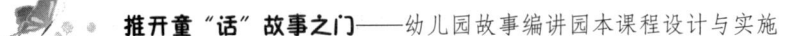

提问：鸟先生把新家筑在哪里？

3.鸟太太在干什么？

小结：在这个春暖花开的季节里，鸟太太的肚子里怀上了小宝宝。鸟太太在新家里安安心心舒舒服服地孵蛋宝宝，它们期盼着小生命快快诞生。

过渡：日子就这样一天天过去了。

二、听故事主要内容——了解鸟窝里长出小树苗的故事情节，尝试编讲

1.发生了什么事？鸟太太发现了什么？它可能说了什么？它会怎么做呢？

2.鸟先生和鸟太太会怎么做呢？螳螂和甲虫这两个邻居会出什么主意呢？它们到底会怎么处理这棵小树苗呢？请你和旁边的朋友一起想一想、说一说，等会儿把这里的故事和大家一起分享。

3.幼儿自由讨论、编讲，教师巡回指导。

4.分享交流。

小结：鸟太太在孵蛋的时候发现窝里突然长出了一棵小树苗，邻居们听说了这件事，纷纷发表自己的意见和建议。螳螂觉得应该把它砍了，要不，它会把鸟窝撑破的。甲虫又觉得鸟先生和鸟太太应该搬家，因为小树苗很快就会把鸟窝戳出一个大窟窿。

过渡：结果到底是怎样的呢？

三、听故事结尾——感知小树苗和小鸟共成长的美好

1.小树苗怎么样了？大家是怎样照顾小树苗的？

2.又一个春天来了，长大的小鸟在哪里呢？你们还认识这棵树吗？

3.这些鸟窝是谁筑的？你们觉得这四个新筑的鸟窝还会长出小树来吗？

小结：鸟先生和鸟太太既不愿搬家，又要让小树成长。于是甲虫、螳螂加盟了，它们把小树苗从鸟窝里搬下来种在泥土里。它们捉虫、松土、施肥、浇水，在大家的精心培育下，小树苗一天一天地长大了，终于有一天长成了一棵参天大树。鸟太太也安安心心地在鸟窝里孵着它的蛋宝宝。最后小鸟长大了，小树也长大了，还在树上做了窝，这就是《鸟窝里的树》的故事。

附 故 事

鸟窝里的树

春天，鸟先生用干草和泥土筑了个又大又结实的鸟窝，鸟太太就蹲

在窝里孵她的蛋宝宝。

一天，一个鸟蛋"骨碌"动了一下，呀，是宝宝快要出生了吗？鸟太太忙起身看那个鸟蛋，"天哪！"鸟太太惊叫起来，原来鸟窝里长出了一棵小树苗，叶子绿绿的、肥肥的，正一个劲儿往上蹿呢！

鸟太太孵出了一棵树！这消息一下传开了。

"快把它砍掉，要不，它会把你们的鸟窝撑破的。"螳螂先生扛着大刀赶来了。螳螂先生接过大刀就要砍小树苗。

"可怜的小苗苗，瞧它长得多好呀！"鸟太太扑上去拦住了螳螂先生。

"那你们就得搬家，你们的鸟窝很快就要被它戳出个大窟窿的。"甲虫先生开来了大卡车准备帮鸟先生一家运东西。

可鸟先生说什么也不愿离开他辛辛苦苦筑的窝。

树苗一个劲地往上长，眼看就要把鸟窝撑破了。

"要不，咱们把这小树挪个地方。"鸟先生、鸟太太同时想出了个好办法。

于是，小树苗连同它根上的土一起被大家轻手轻脚地从鸟窝里搬了下来，种到了地里。鸟太太在她的鸟窝里安安心心地孵她的蛋宝宝了，鸟先生更加精心地照顾小树苗了。

一天天过去了，鸟太太的窝里也发生了变化，可爱的小鸟宝宝一个个争先恐后地钻出了蛋壳。在鸟先生的精心照顾下，小树苗也一天天地长大了。当四只小鸟学会飞时，这棵从鸟窝里搬出来的树也开出了粉红色的花。呀，好漂亮的一棵合欢树！

当春天又来到时，这棵美丽的合欢树上又出现了四个新的鸟窝。这四个新筑的鸟窝里还会长出小树来吗？

集体活动例二

活动名称：空中小屋

活动目标：

1. 理解故事并大胆表达，知道春天是竹笋快速生长的季节。
2. 尝试编讲故事结尾，帮助小狐狸解决问题，体验编讲的乐趣。

活动准备：

教具准备：PPT、动物头饰、背景音乐；

经验准备：幼儿认识竹笋和竹子，知道它们的关系。

活动过程：

一、谈话导入——了解小狐狸想住高楼的愿望

1. 你家住在哪里？住在几楼？

2. 每天在高高的楼上打开窗户能够看到些什么？

小结：原来，住这么高的房子可以看到远远的风景。

过渡：小狐狸也想住楼房，楼上的房间高高的，远远望去，可以看见一片美景，那该多开心。为了实现它的梦想，小狐狸去请教了一些会造房子的朋友。

二、理解故事——了解故事开始部分内容，猜测小狐狸会遇到的问题

1. 小狐狸去请教了谁？

2. 小狐狸会听谁的话？为什么？

3. 你们觉得小狐狸把新房子盖在竹笋上可能会发生什么事情呢？

小结：原来春天是竹笋生长最快的季节，小狐狸把新房子造在了竹笋上，这三天里，竹笋一下子就长高了，长成了粗粗壮壮的竹子，这下新房子就变成了空中小屋了。

三、编讲结尾——编讲帮助小狐狸解决问题的情节，体验编讲的乐趣

1. 现在小狐狸可怎么办呀？这时候树林里的小动物都来帮忙了，小动物们分别会怎么帮助小狐狸呢？

2. 幼儿尝试编讲。

要求：（1）2人一组；

（2）编讲故事结尾并分角色表演。

3. 个别小组表演展示。

小结：你们讲的故事真不错！

过渡：故事里小狐狸的朋友是怎么做的呢？

四、活动延伸——进一步感受编讲的乐趣

1. 教师讲述故事结尾：小猴子压弯一根竹子说："做个滑梯吧！"小象卷着一根粗竹子，小猪在这根粗竹子上挖出一个个深窝说："修个台阶吧！"最后，小狐狸哧溜一下滑下来。最棒的是，小狐狸还可以登竹节上楼，乘滑梯下楼，多美妙的空中小屋啊！

2. 有了空中小屋，小狐狸和朋友们还会有很多有趣的故事呢，会发生什么

第八章 分级段的童"话"故事编讲活动课例与材料

呢？请大家到区角里继续编一编、演一演吧。

附故事

空中小屋

小狐狸想住楼房，楼上的房子高高的，远远望去，可以看见一片美景，那该多开心。

小狐狸去请教小鸟："小鸟小鸟，你们的房子是怎样盖的？"小鸟说："盖房子很简单，选一个坚固的树杈，衔来一根根树枝搭起架子，再铺上草就行了。"小狐狸望着那高高的树杈，心想，自己不会飞，怎能在树上盖房子呢？

小狐狸又去请教小松鼠："小松鼠小松鼠，你们的房子是怎样盖的？"小松鼠说："盖房子很简单，选一个高高的树洞，洞底不要高过洞口，再铺上树叶就行了。"小狐狸望着那高处的小松鼠，望着那高高的树洞，心想，自己不会爬，怎能在树洞里安家呢？

小白兔来找小狐狸，小狐狸把自己的心事告诉他。小白兔立刻想出了一个好主意："草地上有块泡沫板，用它做地基，又平又保暖。可以把它放在竹笋上，虽然房子不高，但也能从门口跳上跳下，周围还有一片竹林，多美啊！"小狐狸听了小白兔的话，开始盖房子，大家都来帮忙。不久，一座美妙的高脚房子就盖好了。小狐狸邀请朋友三天后到新房子举办宴会。

小狐狸盖房子实在太累了，他在新房子里美美地睡了两天两夜。第三天，小狐狸把新房子收拾得干干净净，准备去采集食品招待客人。他打开屋门往外看，啊！自己的新房子荡在空中。原来这三天里，竹笋已经长成粗粗壮壮的竹子，小狐狸的新房就升起在翠竹顶上摇摇晃晃。

"救命啊！"小狐狸吓得大叫起来，"我出不了屋门了！"

小白兔说："你可以自己跳下来呀！"小猪说："修一个台阶吧！"小象说："我用鼻子接你下来。"可是小狐狸总是不住地摇头。

"造个滑梯吧！"小猴子说着压弯一根竹子，大家在竹节上挖出一个个深窝，做成上楼的梯子，固定在小屋的门口。又压弯一根竹子，也固定在小屋门口，然后哧溜一下滑下来。这样，小狐狸可以登竹节上楼，乘滑梯下楼，多美妙的空中小屋啊！

小狐狸在竹林里举办盛大的宴会，空中小屋成了竹林里的灯塔，远远地就能看见。

"主题背景下的故事编讲材料例举"

主题名称：春天来了			
材料名称	材料提供	观察要点	玩法提示
开满玫瑰花的院子	角色：小松鼠、小鸟、小兔 道具：玫瑰、小鸟、蝴蝶、蜜蜂、三幅背景图	1. 观察幼儿的兴趣和语言的完整性。 2. 观察幼儿语句中修饰词使用，同伴间合作是否愉快。	1. 单人活动：幼儿在学习活动中熟悉故事的基础上边摆弄材料边复述故事内容。第二次活动可鼓励幼儿利用其他辅助材料增加故事外角色，启发幼儿根据已有经验创编内容，丰富角色人物间的对话以及故事情节。 2. 同伴活动：在熟悉故事的基础上，自主地分配角色复述故事。第二次活动形式同单人活动。活动后集体分享。
空中小屋	角色：小松鼠、小象、猴子、狐狸、小兔、小鸟 道具：屋子、树、竹子、草地、小熊 替代物：手工纸、皱纹纸	1. 观察幼儿对故事板是否感兴趣，是否有新的情节产生。 2. 观察同伴间是否能合作完成故事。	1. 单人活动：在学习活动中幼儿已经熟悉故事，在熟悉故事的基础上在实景式的故事板中幼儿边摆弄材料边复述故事内容。第二次活动可鼓励幼儿利用其他辅助材料增加故事背景，自己动手操作自己丰富情景，让幼儿有话可说。 2. 多人活动：在熟悉单人活动的基础上，幼儿自由分配角色复述故事，活动后集体分享。

七、主题名称：周围的人

【写在前面的话】

《周围的人》主题的设置依据了中班幼儿的认知水平，帮助幼儿逐渐积累关于周围各种不同职业的人的特点和相关信息，为他们在了解和模仿成人的过程中不断丰富自己的经验。编制过程中我们让幼儿在活动中关注生活中周围的人、关注周围人的劳动及与我们的关系，并在模仿游戏中体验劳动的快乐、合作的乐趣，获得主动的发展。

但在教材使用过程中，我们也发现了一些应当弥补的缺憾：

第一，主题实施有一定的时间跨度，但本主题中涉及引发中班幼儿体验感受社会成员的工作与我们的关系的故事内容相对较少，供教师选择的余地不够。

第二，部分素材提供了教学活动范例，但活动设计与故事编讲这一园本研究重点之间存在落差，教师在活动实施中，有语言领域的目标追求，但对课程创生帮助不大。

第三，低结构材料设置只给予了名称或提示，但具体呈现缺乏直观性，对新手型教师而言设计难度较大。

"主题核心经验"

主题内容与要求：

1. 关心周围人们的活动，了解常见社会成员的工作及与我们的关系，并尊重他们的劳动；
2. 体验社会成员之间的相互关心和交往合作。

核心经验：

认知与能力： 了解关系（常见职业的服装和用具，职业与人们生活的关系），模仿体验（不同职业的行为特征及交往合作）。

情感与态度： 关心尊重（劳动者、劳动成果），观察模仿（观察周围社会成员的工作，在情境中进行模仿）。

内容的选择：

结合幼儿故事编讲的目标培养内容，我们在本主题实施过程中选择了以下两则故事进行了活动设计,目的在于结合中班幼儿的生活经验,借助他们喜闻乐见的场景和动物形象,利用编编、讲讲、演演的表现方式,带领小朋友们一起通过关注周围人们的活动,了解常见社会成员的工作与大家的关系,体验社会成员之间的相互关系和交往合作,从而萌发幼儿珍惜、体谅和尊重成人劳动成果的情感。

教法的使用:
一是整体性观赏,重在引导中班幼儿观察发现多幅画面中的重点部分;
二是局部性想象,重在激发中班幼儿编讲局部故事内容的兴趣;
三是预设性提问,重在以教师提问激活思维帮助幼儿理解讲述;
四是多样性讲述,重在形式不拘的故事讲述方式。

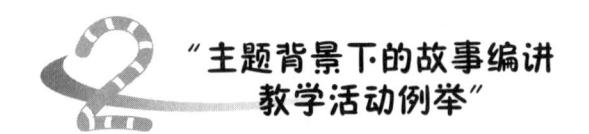

"主题背景下的故事编讲教学活动例举"

集体活动例一

活动名称:公共汽车到站了

活动目标:
1. 根据画面信息,尝试根据句式联系生活经验编讲一个情节。
2. 关注身边各种各样的人,体会他们与我们生活的密切关系。

活动准备:
PPT、各种职业人员的服装道具

活动过程:
一、看看说说公共汽车——幼儿回顾已有经验
提问:嘟嘟,公共汽车开来了,你们乘过吗?能给我们带来什么方便?
小结:公共汽车能够很方便地把我们送到想要去的地方。
二、看看猜猜下车的人——熟悉身边的人,感受他们和我们生活的关系
(一)妈妈下车了
1. 提问:公共汽车到站了,看看车上下来的是谁?(出示妈妈)为什么觉得她是妈妈?
2. 猜猜看妈妈可能会去哪里?(播放PPT菜市场)

过渡：公共汽车到站了，妈妈下车了，妈妈要去菜市场买菜，家里有奶奶和宝宝，妈妈会买些什么菜？为什么？

（出示图符）小结：公共汽车到站了，妈妈下车了，她买了全家人都爱吃的菜，妈妈真了不起！

（二）建筑工人下车了

1. 提问：公共汽车还在开，这次去的地方呀，有一群戴着安全帽的人们在忙碌着，这会是哪里呢？听听看，你听到了什么声音？

2. 公共汽车到站了，谁会下车？建筑工人会在这里造什么？

过渡语：公共汽车到站了，建筑工人下车了，建筑工人在造××。（边出示图符边说）

建筑工人还会造什么？（引导幼儿完整按句式说）

小结：原来建筑工人会造各种各样的建筑，建筑工人真了不起！

（三）医院到了

1. 公共汽车又到站了，谁会下车？她会去干什么？（引导幼儿完整地说一说句式）

2. 除了医生、护士会下车，还有可能谁会下车呢？

小结：医生、护生，还有清洁工等很多人都早早地来医院上班了，他们为了大家的健康努力工作着，他们真了不起。

（四）游戏：乘公共汽车

1. 公共汽车还会继续开，它会带着很多人去他们想去的地方。我们也来玩乘公共汽车的游戏吧，在后面的桌子上有些服装和工具，等会儿可以轻轻过去找一样物品，把自己装扮一下，然后坐回来哦。

2. 提问：你是谁呀？（让幼儿自由说）

师：好，现在我们要玩游戏咯！当你们看到图片出示后，就表示公共汽车到站了，然后大家一起说"公共汽车到站了"，接着，看看这里的图片，说说谁该下车了，然后下车的人请告诉大家他去干什么。

3. （开始游戏）幼儿集体乘上公共汽车，根据PPT的图示轮流下车，孩子们一起按照游戏要求说说下车去干什么。

三、延伸——激发幼儿进一步认识周围的人的兴趣

太好了，车上的乘客都下车了，这些乘客都是在生活中帮助我们，为我们服务的人，感谢他们，让我们的生活变得更美好。公共汽车还会继续开，你还想乘着公共汽车去哪里呢？下次我们再一起来玩一玩。

附故事

公共汽车到站了

巴士到站了，来画画的人下车了。巴士到站了，来扫墓的人下车了。巴士到站了，去卖货的人下车了。巴士到站了，盖大楼的人精神地下车了。巴士到站了，不知为什么很多人急匆匆地跑下车。巴士到站了，人们成群结队，兴冲冲地下了车。巴士到站了，打电话叫来的人下车了，让您久等啦！巴士到站了，总是输球的球队下车啦。他们说，今天一定要加油！巴士到站了，护士小姐来接病人。巴士到站了，妈妈一边盘算着晚上烧什么菜，一边下车啦。巴士到站了，这里没有人要下车。巴士到站了，让人等得不耐烦的人下车啦。他对大家说，对不起！巴士到站了，从远方归来的人，怀着思乡的心情下车啦！巴士到站了，别人给她买东西的人，买东西的人，不情愿地给别人买东西的人下车了。巴士到站了，啊！司机先生下车了。

集体活动例二

活动名称：小猴超市

活动目标：

1. 理解故事内容，尝试创编句式"我想买个圆圆的××，我要×××"。
2. 能够大胆想象，乐于表达自己的想法。

活动准备：

PPT课件、小猴超市背景板一块、各种生活中圆形物品的图片、围兜一个。

活动过程：

一、引出话题，激发兴趣——回顾已有经验，说说超市里的物品

师：小朋友们，你们去过超市吗？超市里有些什么东西呢？

小结：原来超市里有这么多好吃的好玩的东西。

过渡：今天，大森林里有一间小猴超市开张了，我们一起去瞧瞧吧！

二、理解故事，学说句式——理解故事主要情节，尝试学说故事中的句式

（一）出示PPT1、PPT2，欣赏故事第一段

师：哇，真热闹，小猴超市开张啦！小动物们都赶来买东西。小鸭来到超

市，它想买什么呢？我们一起来问问它。（话外音：我想买顶圆圆的帽子，我要戴着它去旅游）。

提问：

1. 小鸭要买什么？买了帽子干什么？

2. 它是怎么说的？

过渡：真好，有了帽子，小鸭出去旅游就不怕太阳晒了。小鸭付了钱，高兴地走了。

（二）出示PPT3，欣赏故事第二段

师：小猫也来买东西了。

提问：

1. 它要买什么呢？

2. 小猫会怎么说？

（请幼儿按照句式说一说："我想买面圆圆的镜子，我要用它照着洗脸，梳头。"）

三、情景表演，创编句式——教师请幼儿两两合作，并尝试创编故事里的主要对话

两个幼儿扮演小猴老板，请小朋友们来小猴超市买东西，表演故事情节。

（要求：两人一组选择一张任务卡，根据任务卡上的物品到小猴超市进行选购，并像故事中的小动物一样说话，创编句式：我想买个圆圆的××，我要×××。）

小结：小猴老板的服务态度真好，小客人们也都买到了自己想要的东西。

四、延伸活动——幼儿思考商店里还有哪些圆圆的东西

师：小客人们都买到了自己想要的东西。

提问：你们有没有发现小猴超市卖的东西都是？

小结：原来小猴超市是个专门卖圆圆东西的地方。

师：请你们帮小猴老板想想，还有什么东西是圆圆的？说了这么多小猴老板准备去进货啦。

附 故 事

小猴超市

小猴开了一间超市，他很聪明，会动脑筋。一天，小鸭来到店里。

小猴问小鸭："请问你要买什么？"小鸭说："我想买个圆圈，我要用它学游泳。"小猴说知道了，给了小鸭一个游泳圈。小鸭付了钱，高兴地走了。小猴问小猫："请问你要买什么？"小猫说："我想买个圆圈，我要用它照着洗脸、梳头。"小猴拿出一面镜子给小猫，小猫看看，满意地笑了。

"主题背景下的故事编讲材料例举"

主题名称：周围的人			
材料名称	材料提供	观察要点	玩法提示
熊猫百货商店	角色：熊猫、河马、大象、长颈鹿、孔雀、兔子、奶牛 道具：梯子、尺子、口罩、鞋子、皮带、围巾、牙刷 替代物：手工纸、扭扭棒	1. 观察幼儿是否会根据提供的材料复述故事内容。 2. 观察幼儿语言是否丰富，是否能够加入自己的对话和描述性语言等。	1. 单人活动：在学习活动中熟悉故事的基础上幼儿边摆弄材料边复述故事内容。第二次活动教师可以添加动物角色，添加道具材料，启发幼儿根据已有经验创编内容。 2. 同伴活动：在熟悉故事的基础上，鼓励幼儿编讲中互相补充丰富细节内容。
小动物开店	角色：小猴子、小松鼠、小熊猫、小猪等 道具：鸡腿、鲜花、气球、书报 替代物：轻质彩泥、扭扭棒	1. 观察幼儿在讲述的时候，是否把故事中动物角色的特点描述清楚。 2. 观察幼儿互动中的对话，语气语调。	1. 单人活动：幼儿尝试操作摆弄各种动物角色，尝试摆弄各种材料，幼儿根据小动物的特点尝试编讲故事。随着活动的开展可以增加动物角色，增加相关的商店内容，让孩子们自己编讲，关注幼儿独自编讲的完整性。 2. 同伴活动：在熟悉故事的基础上，幼儿自主商量分配角色复述故事。鼓励幼儿编讲中一起创编出新的故事情节，创编出新的小动物与小动物商店。

八、主题名称：火辣辣的夏天

【写在前面的话】

中班主题《火辣辣的夏天》从幼儿的生活经验出发，利用故事、儿歌、乐曲欣赏引导他们观察夏季的雷雨、彩虹等各种自然现象，在美工制作、艺术欣赏中了解夏天的花鸟鱼虫等动植物在季节变化中的适应方法，并在观察、分享中初步掌握一些夏季的防护措施，帮助幼儿直观感受炎炎夏日里的特别时光，凸显了主题内容设置的生活化及趣味性。

为了进一步引导幼儿主动探索和发现学习，可以在原有主题内容的基础上适当拓展，从而更好地让主题为幼儿的认知拓展和学习品质培养服务，体现"生活即教育"的理念：

第一，可以适当调整其他主题的故事内容，从夏季常见现象出发引导幼儿观察和发现，推助幼儿在嬉戏中积累有关夏日的经验。

第二，从原有教学实例出发，结合幼儿故事编讲的研究重点和培养目标，对活动实例加以调整或拓展，引发幼儿在谈谈、做做中大胆参与、大方表演、积极创造，体验夏日给人们带来的快乐，并学会夏天自我保护的方法等，更好地凸显主题内容的教育价值。

第三，主题中的低结构材料更多的是倾向于科学、艺术等领域，而语言领域的材料提供内容较少，围绕中班幼儿故事编讲培养目标，还有更多的挖掘余地。

"主题核心·经验"

主题内容与要求：
1. 观察夏季的各种自然现象，体验夏季是炎热的季节。
2. 了解动植物怎样适应季节的变化，以及人们怎样用各种方法度过夏季。

核心经验：
认知与能力：观察现象（雷电、彩虹等天气现象及动植物的变化）；
　　　　　　　了解方法（防暑降温的方法）。
情感与态度：适应环境（调整活动方式）；
　　　　　　　体验乐趣（嬉水、捉蜻蜓等）。

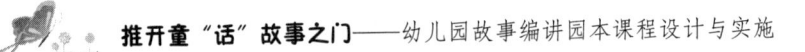

内容的选择：

我们从夏季多雷雨、幼儿能够自主自发地在生活中发现水面倒影这一有趣现象的角度出发，将原来放置在"水真有用"这一主题中的故事《小土坑》调整到本主题中，从而推助幼儿观察与发现夏季的一些有趣现象，积累一些粗浅的科学知识，更好地体现幼儿的学习主体作用。

同时，我们将主题中原有的教学实例《绿太阳》，结合故事编讲的培养要求加以调整和补充，不断凸显教学实例的园本化教育作用。

教法的使用：

一是重视"观察与发现"，加强对幼儿在夏季雨后现象观察的引导，在幼儿自发地对夏季生活中常见现象的观察与发现中，引发他们的好奇心和求知欲。

二是借助"思考与想象"，帮助幼儿在经验分享和同伴认知碰撞中，了解夏天的季节特征，以及夏季动植物们的度夏方法，助推其对故事情节编构和讲述的兴趣。

三是关注"个别与集体"，借助趣味化的材料提供或情境营造，提升不同认知层面幼儿能力发展。

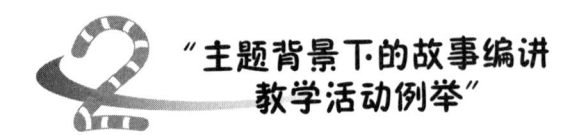

"主题背景下的故事编讲教学活动例举"

集体活动例一

活动名称： 小土坑

活动目标：

1. 大胆猜想，编讲故事中动物的话，感受动物们友爱互助的情感。
2. 知道水面倒影的有趣现象。

活动准备：

1. 《小土坑》PPT；
2. 母鸡、公鸡、小山羊、大肥猪、老黄牛、小花猫、大黄狗、大白鹅头饰及图片；
3. 小土坑一个。

活动过程：

一、出示图片，导入活动——引发孩子的思考，激发孩子对小土坑的兴趣

出示PPT1

提问：下雨了，下雨了，淅淅沥沥，草地上的小土坑会怎么样？

小结：是啊，下雨了，下雨了，淅淅沥沥，小土坑里积满了水。

二、欣赏故事，引发思考——知道故事发生的情节，尝试编讲小动物的话

（一）出示PPT2，欣赏故事第一段

1. 教师讲述故事内容。

提问：母鸡发现一只母鸡掉到土坑里以后她害怕吗？母鸡是怎么叫的？你们觉得母鸡会怎么办？

2. 母鸡叫来了公鸡，公鸡走到土坑边，往土坑里一看。

提问：发生什么事情了？公鸡会怎么做？

3. 一起学一学公鸡的话。

（二）出示动物图片，尝试编讲对话

1. 教师请幼儿自选自己喜欢的小动物，继续编讲所选动物的对话。

2. 教师巡回指导。

3. 根据故事开头请个别幼儿讲述自己编讲的内容。

（三）幼儿分组，编讲故事对话

1. 幼儿分两组，戴上头饰，编讲故事对话。

2. 教师巡回指导。

三、分组表演，编讲对话——幼儿戴上头饰根据故事的开头和动物的对话续编其他动物的对话

1. 幼儿分组进行表演。

2. 完整欣赏一遍故事。

总结：小动物们发现了小土坑里藏着的秘密，你们也编出来了一个个不同的故事，看来夏天的雨不但给小动物们带来了乐趣，也给我们的生活带来了很多乐趣啊！

附 故 事

小土坑

下雨了，母鸡、公鸡回家了。淅沥淅沥，小土坑里积水了。

雨停了，雨停了，太阳公公露出了笑眯眯的脸，母鸡、公鸡又出来找小虫吃了。

> 母鸡走到土坑边,往里面一瞧,看见里面有几只母鸡。哎呀,不好了!一只母鸡掉到土坑去了。
>
> 公鸡走来一瞧,土坑里哪有母鸡呀?只看见一只大公鸡。哎呀,不好了!一只公鸡掉到土坑里去了。
>
> 大肥猪走来一瞧,土坑里哪有公鸡呀,只看见一只大肥猪。哎呀,不好了!一头大肥猪掉到土坑里去了。
>
> 小山羊走来一瞧,土坑里哪有大肥猪呀,只看见一只小山羊,哎呀,不好了!一只小山羊掉到土坑里去了。
>
> 老黄牛走来一瞧,土坑里哪有小山羊,只看见一头老黄牛。哎呀,不好了!一头老黄牛掉到土坑里去了。
>
> 大伙都来了,往土坑里一瞧,不得了,土坑里有一头老黄牛,一头大肥猪,一只小山羊,一只公鸡,还有一只母鸡。那么多动物一齐掉到一个小小的土坑里去了。大家真着急,动奔西跑,去找它们的朋友来搭救它们。
>
> 太阳晒呀,晒呀,把土坑里的水晒干了。这时候,老黄牛、小山羊、大肥猪、公鸡和母鸡把它们的朋友都找来了。
>
> 它们往里面一瞧,什么也没有呀!母鸡说:"一定是它们自己爬出土坑来了!"

🏠 集体活动例二

活动名称:绿太阳

活动目标:

1. 理解故事内容,并试着创编故事。
2. 尝试了解保护绿化的重要性,形成初步的保护绿化的意识。

活动准备:

自制多媒体课件、大的故事图片、视频、故事录音。

活动过程:

一、说说夏天——幼儿讲述自己的各种生活经验,知道夏天很热

1. 现在是什么季节?夏天的天气怎么样?(热)
2. 为什么会感觉那么热呢?(太阳光照的)

过渡：今天老师就来给你们讲一个有关太阳的故事，故事的名字叫《绿太阳》。

二、理解故事——在观察画面和倾听故事中，了解情节发生的先后顺序

1. 仔细看第一页的故事图片，说说太阳公公怎么了？（发烧了）

你们是从哪里看出来太阳公公发烧的呢？

（太阳公公的脸很红；太阳公公的额头上敷着毛巾）

2. 教师提供故事中的三幅图片（第二、三、六页），幼儿分成三组，每组自由选择一幅图片，共同创编图片中的内容。

3. 每组选派一名代表，按图片的顺序，来讲述自己创编的故事内容。

4. 播放故事录音，完整地欣赏故事内容。

小结：太阳公公发烧了，大家都热得受不了，幸好有大树公公在，不仅用它那绿绿的叶子帮大家挡住了阳光，使大家凉快起来，而且还把自己绿绿的叶子给大家，为太阳公公做了件绿衣裳穿，这样就把热热的阳光遮了起来。真是多亏了这棵绿绿的大树公公！

三、拓展经验——知道树木在夏季能够遮阴挡阳，懂得要爱护绿化

1. 谈谈树木对人们生活的重要性，解决关键问题：

（1）你们觉得大树的本领大吗？大树对我们的生活重要吗？

（2）他们都在干什么？这么做对吗？（展示破坏绿化的图片）

2. 播放视频《爱护花草树木》，看看应该如果保护绿化。

附 故 事

绿太阳

有一年，天上的白云们都到大海家去做客了，蓝天变得光秃秃的，太阳发烧了，体温有一万摄氏度那么高，他非常担心，这样热下去，会把大家热死的。

真的，太阳晒得大地烫烫的，土地裂开了许多口子，哼哼着："热啊热啊！"小鸟扇着翅膀：唧唧唧唧，赶快躲进大树的怀里。小狗吐着舌头，趴在地上直喘气：呼哧呼哧，赶快躲到大树身旁。乌龟爬来了，蝴蝶飞来了，大熊赶来了，狮子老虎也来了，大家都站在树荫下面。小河里只剩下一点点水，河里的鱼儿也要快干死了。小猫没水喝，歪了，快

站不住了。人们要干活，衣服被汗水打湿了又晒干，冒出白花花的盐。小树被太阳烤得受不了了，瞧！树叶干了，耷拉着脑袋没精神。

可是有一棵大树的叶子特别厚，在阳光下还是绿莹莹的，像一块绿宝石。小鸟心想：怎样能让太阳的病快一点儿好呢？他去找大伙想办法。动物们都挤到大树下来了，小鸟还没开口，大树倒说话了："朋友们，把我身上的叶子摘下来，把它缝成一件没有袖子的衣服，给太阳穿，一切会好起来的。"

小动物们就开始行动了，大伙儿摘下了大树的叶子，小鸟拿叶子缝成了一件美丽的绿衣裳，几朵白云做客回来了，请他们托着绿衣裳，飞到太阳身边，太阳一穿上绿衣裳，病也好了，把大地照得绿油油的。

土地抿着嘴儿笑了，小河又灌满水啦！鱼儿摇着尾巴游来游去。小苗绿油油的，站得笔直。人们抬起头来，啊！看见啦！一个多么美丽的绿太阳啊！

"主题背景下的故事编讲材料例举"

主题名称：火辣辣的夏天			
材料名称	材料提供	观察要点	玩法提示
找凉快	角色：小螃蟹、小鱼、小青蛙、小蜗牛等 道具：大树、小花、小河 替代物：手工纸、记号笔、橡皮泥等	观察幼儿能否根据已有生活经验创编故事内容，说一说动物和小朋友是怎么找凉快的。	1. 单人活动：根据教师提供的材料和已有经验尝试创编故事。鼓励幼儿利用替代物，增加故事情节。（教师关注幼儿的独白语言和描述性语言是否丰富） 2. 同伴活动：在熟悉基本内容的基础上，自由分配角色复述故事。第二次活动形式同单人活动。活动后在集体中分享。

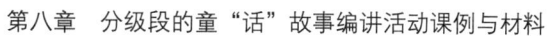

第八章 分级段的童"话"故事编讲活动课例与材料

（续表）

材料名称	材料提供	观察要点	玩 法 提 示
昆虫运动会	角色：各种各样的昆虫、长颈鹿裁判 替代物：雪花片、积木、小插塑	1. 观察幼儿能否根据儿歌的内容，边摆弄角色边讲述内容。 2. 观察幼儿对此份材料的兴趣，如何利用替代物做不同的道具。	1. 单人活动：孩子在熟悉儿歌的基础上，一边摆弄故事板材料，一边编讲故事。幼儿可以选择一些昆虫，也可以所有的昆虫角色都选择来编讲故事。 2. 同伴活动：孩子可以自由分配角色，一边摆弄材料一边讲述故事。鼓励幼儿将对话、动作都编讲到故事情节里面，尝试将运动会上昆虫表演的情节编讲得更详细一点。

第三节 幼儿园大班童"话"故事编讲活动课例与材料

如第二章第三节第二部分金爵幼儿园童"话"故事编讲园本课程不同年龄阶段发展目标所述，金爵幼儿园大班"童"话故事编讲活动课程的幼儿阶段发展目标聚焦关键词——"学会连贯"，具体为：接触不同形式的故事编讲题材，能想象会创编，运用完整连贯的语言生动自然地表达自己对故事内容的理解；喜欢进行故事编讲活动，能自主地选择各种材料、运用不同的表现形式，创造性地表达自己对故事内容的感受和认识。

对大班阶段的幼儿发展目标作进一步的深入解读，金爵幼儿园制定了《大班童"话"故事编讲培养目标解读指南》，具体如下：

表8-3 大班童"话"故事编讲培养目标解读指南

项 目	行为习惯	情感态度	能力发展
理解与表达	1. 能自觉使用普通话、发音正确。 2. 能根据场合地点控制说话的声音、语速，表现文明。	1. 在众人面前表现自信、大方自然、声音响亮。 2. 敢于在讨论中表达与老师、同伴不同的意见。 3. 在语言活动中喜欢独创，获得成功感。	1. 能不离题地参加讨论，提出自己不同的想法。 2. 能用语言连续地讲述认知、操作的过程，然后进行归纳。 3. 会使用较复杂的句式、词汇，理解词意，做到恰当运用。 4. 能用生动的表情、语气编讲故事、朗诵儿歌。 5. 借助题材进行想象创造，会编儿歌，编故事等。
阅读与欣赏	1. 喜欢参与阅读活动，形成良好的阅读习惯。 2. 喜欢去书店、图书馆，并遵守公共秩序规则。	1. 愿意将自己的图书带到班上，与伙伴们分享。 2. 愿意在众人面前大声朗读，表演，展示自己的才能。 3. 积极参与儿童文学欣赏的表演创作活动，从中得到积极的情感体验。	1. 会用绘画制作图书，并能配解说词（教师和家长代写）。 2. 能观察到画面的细致变化，根据画面的内容创编故事。 3. 能理解儿童文学作品的内容和表现手法，在老师的引导下，能用想象、模仿、表演、绘画等方式进行创造表现。

第八章 分级段的童"话"故事编讲活动课例与材料

下面列出的是金爵幼儿园大班序列的16则童"话"故事编讲活动课——其纵贯金爵幼儿园大班童"话"故事编讲活动校本特色课程的全过程中,成为全园大班幼儿的喜爱对象——

一、主题名称:我是中国人

【写在前面的话】

《我是中国人》主题的设置依据了大班幼儿的年龄特征以及认知水平,注重了大班幼儿爱学、好问的求知欲望,主要让幼儿在主题系列活动中进一步了解我们的国家疆土辽阔、我们的民俗活动丰富多彩、我们国家人才济济。激发幼儿情感,并丰富幼儿对祖国的了解和认知,萌发幼儿身为中国人的自豪感。编制过程注重理论结合实际,追求课程目标的可行性、主题内容的生活化、注重幼儿的情感培养。

但在教材使用过程中,我们也发现了一些应当弥补的缺憾:

第一,主题中的部分内容不适合当前时间段探索,例如"多彩的民间活动"中关于过年的一些风俗,只能停留在表面的探索,没法深入地去体验感知。

第二,教材提供的部分教学活动实例已经不适合当下社会的幼儿,有些过时。

第三,教学活动素材领域不均衡,顾此失彼。

第四,个别化材料提供较少,对于缺乏经验的新教师及年轻教师设计难度较大。

"主题核心·经验"

主题内容与要求:

1. 了解我国的首都是北京,北京有天安门、有长城等;培养爱祖国、爱国旗的情感。
2. 了解十月一日是国庆节,是全国人民的节日,体验庆祝国庆的欢乐情绪。
3. 了解我国主要的名胜和特产,交流到各地去旅游的经验和感受。
4. 了解我国丰富多彩的民间节日及风俗,感受参加民俗活动的快乐。
5. 了解我国许多有名的人物和他们的事迹,为自己是一个中国人而自豪。

核心经验：
情感与态度： 爱祖国爱家乡、中国人的自豪。
认知与能力： 标志（国旗、国歌、国徽等）；
　　　　　　　　城市（上海、北京等）；
　　　　　　　　民族（汉族、维吾尔族等）；
　　　　　　　　民俗（春节、元宵节、中秋节等传统节日）。
动作与技能： 民间艺术（剪纸、捏泥人、画京剧脸谱等）；
　　　　　　　　民间游戏（舞蹈、体育等）。

内容的选择：

结合幼儿故事编讲的目标培养内容，我们在本主题实施过程中选择了以下两个活动内容，目的在于结合大班幼儿的知识经验以及认知发展水平，通过观察、猜测、编讲、表演等表现方式，帮助大班幼儿了解中国文化的博大精深，同时培养大班幼儿互相协调、合作的能力，进而为主题的实施和推进服务。

教法的使用：

一是启发探索，重在依靠幼儿已掌握的知识和经验，启发幼儿探索并获得新的知识经验；

二是预设性提问，重在以教师提问激活思维帮助幼儿理解讲述；

三是整体性想象，重在激发大班幼儿编讲完整故事内容的兴趣；

四是多样性讲述，重在形式不拘的故事表达方式以及开放性的故事内容。

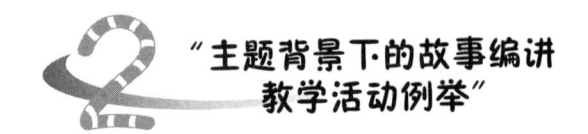

"主题背景下的故事编讲教学活动例举"

集体活动例一

活动名称： 字里藏故事

活动目标：

1. 猜测图画中出现的字符的意义，并尝试组合画面、编讲故事。
2. 通过探索汉字与图符之间的关系，对汉字感兴趣。

活动准备：

1. 课件PPT《字里藏故事》；

2. 动画视频：《字里藏故事》；

3. 幼儿操作底板四块、每组图画字符若干。

活动过程：

一、回忆讲述，萌发兴趣——回忆讲述古时候人们记事情的各种方法

1.（出示绘本《记事情》）最近我们在看《记事情》这本书，你们还记得吗，很久很久以前，没有纸也没有笔，人们都把事情记在哪里？

2. 播放PPT，提问：

（1）龟壳上面有什么？

（2）猜猜看，这会是哪个字？（象、牛、泪）

小结：这些像图画一样的文字，是古时候的人发明的。

过渡：你们知道吗，这些字里面还藏着很多故事，一起来看看吧。

二、观察视频，猜测讲述——根据视频动画自由猜测字意，尝试讲述图符画面的意思

1.（完整播放视频动画）刚才的动画里出现了许多像图画一样的字宝宝，你们找到了哪些？（山、日、水、木、林、森、象、马、夫、舟、鸟、草、刀）

小结：古代的字有很多就像图画一样，看出画了些什么，就能猜出是什么字了。

过渡：意思明白了，但这些字宝宝在一起时，里面藏着的故事你们找到了吗？

2.（观察字符组合画面）这么多的字，放在一起就像一张张图画一样，那里面可能藏着什么有趣的故事？

小结：把各种字符放在一起，就可以编出一个有趣的故事。

过渡：用这些图符还可以拼出很多图画、编出更多的故事，你们想试试看吗？

三、组合画面，编讲故事——幼儿组合象形字图符并尝试合作编讲故事

1. 教师讲述规则：

（1）三人一组，用字符组合一幅画面，合作编故事；

（2）音乐声停止，放好底板回归座位；

（3）每组派一个代表上前讲述故事。

2. 幼儿分享编讲内容：你们编了什么故事？请你们这一组的代表来讲一讲吧！

小结：看来，字里藏着很多有趣的故事，你们编得太棒了！其实，除了今天我们认识的这些，还有很多可爱的、好玩的文字呢！下次，我们还可以再试试编编其他的故事哦！

附 故 事

字里藏故事

　　早晨一轮红日从山头冉冉升起，山谷的河水清澈见底。一头大象正低头饮水，远处的森林里传来阵阵悦耳的鸟鸣。这时候，马蹄声骤然而起，原来是一个农夫跃马扬鞭，飞驰而来。这个农夫来到森林里，把马拴在一旁，马儿低头啃着鲜嫩的青草，自己则开始挥着大刀，大力地砍着树木。咚咚咚，农夫砍了一会儿，树木就倒下了。这时候，河面漂来一艘船，船上有个渔夫正准备到河中央去打渔。

集体活动例二

活动名称：猪八戒学本领

活动目标：

1. 理解故事内容，能根据提供的角色和场景，开展想象，并尝试和同伴合作续编故事情节。

2. 能耐心倾听他人的讲话，并能对同伴的表演提出自己的想法。

活动准备：

1. 多媒体课件；2. 故事动画；3. 场景图片；4. 角色道具。

活动过程：

一、谈话导入，引起兴趣——通过主要人物的讨论，引发幼儿活动的兴趣

他是谁？你喜欢他吗？他有什么特点？你能学学他的样子吗？

小结：孙悟空神通广大，本领高强；猪八戒胖乎乎的，滑稽搞笑。

过渡：我们一起来看看他们之间会发生什么故事呢？

二、观看故事开始部分情节——观看开头的情节，了解故事的内容

1. 孙悟空给猪八戒哪三本书？什么意思？

2. 猪八戒是怎么做的？

小结：是啊，孙悟空希望猪八戒学本领的时候能够做到一心一意、谦虚好学并坚持到底，可是猪八戒贪吃爱睡，根本没有好好学本领。

过渡：三个月过去了，唐僧让孙悟空考考猪八戒的本领。

第八章 分级段的童"话"故事编讲活动课例与材料

三、继续观看故事情节，尝试创编故事——根据提供的角色和场景，开展想象，并尝试和同伴合作续编故事情节

（一）第一次考验

1. 教师讲述并表演孙悟空考验猪八戒过火焰山的情节。

2. 提问：

（1）猪八戒成功通过火焰山了吗？为什么他会失败？

（2）你觉得刚才我们的表演好吗？好在哪里？

小结：猪八戒失败以后很难为情，他回家后把孙悟空给他的三本书找出来，白天看书练本领，夜晚继续看书练本领，废寝忘食，真正做到了虚心、专心和恒心！他的本领进步很神速！

过渡：又三个月过去了，孙悟空又来考验猪八戒了。

（二）编讲第二次考验

1. 你们猜猜这次猪八戒会成功吗？为什么？

2. 提出编讲要求：

这次猪八戒面对的困境除了火焰山，还有危机四伏的大河；请你们两两合作，选用后面的一筐道具，选择一个困境编讲孙悟空再次考验猪八戒的故事。

3. 幼儿两两合作尝试创编故事。

4. 幼儿分组展示，教师随机点评。

小结：原来猪八戒认真学本领以后，也像孙悟空一样神通广大，本领高强了。

四、观看故事结尾情节——了解故事的结局

1. 播放并讲述故事结尾部分。

小结：孙悟空把八戒的本领一五一十告诉了他们的师父唐僧，唐僧对猪八戒说："阿弥陀佛，八戒，你的本领已经通过考验，从今天开始，你可以跟随为师一起前往西天取经了。"

2. 活动延伸：唐僧师徒在西天取经的路上还会遇到各种各样的困难，比如布满仙人球的沙漠。他们又会怎么攻克难关呢？我们下次一起再来编一编吧！

附 故 事

猪八戒学本领

猪八戒没有什么本事，唐僧让他向孙悟空学本领。孙悟空给他三本

书说："你要有专心、虚心和恒心才能学到本事啊！"

八戒坐在树荫下读书，可一见草丛中有西瓜就丢掉书摘瓜吃，他吃罢西瓜便呼呼大睡了起来。八戒自以为有天书在身，就主动去前方探路呢！孙悟空对唐僧说："我去试试他。"八戒一路走着，忽然听见有人喊他："八弟，八弟，我是你哥哥大戒呀！"

大戒邀着八戒到家里做客，喝酒的时间问他："你能学孙悟空拔毛变猴吗？"八戒说："会！"他拔了根猪毛变成了两只小猪，小猪一落地就轮着吃桌上的酒肉。八戒想将小猪收回去，可那口诀没背熟，他气得用钉耙把小猪打得嗷嗷叫。

大戒拉他到后花园说："咱们像孙悟空那样来比赛72变好吗？"八戒变了只老虎却留只猪尾巴，大戒变只啄木鸟啄得他哇哇叫，大戒变了只螃蟹，八戒变只水牛去踩，不料倒被螃蟹咬住了鼻子。

八戒认输起身告辞，大戒说："你既会腾云驾雾，为啥要步行呢？"八戒不会背腾云驾雾的口诀，身子乱晃，说啥也飞不上天。大戒将他托起吹了口气，向天空掷去，八戒竟能腾空而起，八戒正得意，忽然觉得脚下一滑，跌下了云头，扑通一声落在一个干草堆上。

孙悟空把八戒拉到唐僧跟前，将自己变成大戒试试八戒的事说了一遍，八戒自知理亏，向唐僧跟孙悟空保证，今后要学本领一定要专心、虚心还得有恒心。

"主题背景下的故事编讲材料例举"

主题名称：我是中国人			
材料名称	材料提供	观察要点	玩法提示
月亮船	角色：蒲公英、蟋蟀、螳螂、	观察幼儿是否会根据提供的	1. 单人活动：在熟悉故事的基础上幼儿边摆弄材料边复

第八章 分级段的童"话"故事编讲活动课例与材料

（续表）

材料名称	材料提供	观察要点	玩 法 提 示
	仙女 道具：长城、太平洋、太阳、天安门	道具和角色尝试复述故事，并尝试编讲对话。	述故事。第二次活动可鼓励幼儿增加故事外角色，启发幼儿根据已有经验创编内容，丰富人物间的对话。（教师关注幼儿的独白语言和描述性语言是否丰富） 2. 同伴活动：在熟悉故事的基础上，自由分配角色复述故事。第二次活动形式同单人活动，活动后在集体中分享。
十二生肖的故事	角色：狮子、老虎、长颈鹿、乌龟、大象、猴子等 替代物：小积木、木夹子、橡皮圈、橡皮泥、手工纸等	1. 观察幼儿是否能够围绕主题编讲故事的情节和内容。 2. 观察幼儿是否能够较好地合作编讲。	1. 单人活动：幼儿根据已有的故事经验自由选择故事板材料中的人物、情境和道具，在操作、摆弄故事板材料中自由游戏并编讲故事，能为故事取名字，最后把编讲的故事在集体中分享和交流。 2. 同伴活动：同伴协商自由选择道具和角色、摆设场景、协商为故事取名字、协商分配角色，并根据摆设的场景自由编讲故事，最后在集体中分享。

二、主题名称：我们的城市

【写在前面的话】

为了让大班幼儿进一步了解我们的城市及居住地区与人们生活的密切关系，感知身边的大城市正在发生着日新月异的变化，熟悉身边的各种老房子新建筑以及四通八达的交通枢纽，感受到这座城市正在变得越来越可爱，教材在《我们的城市》这个主题中，以城市的建筑、便利的城市生活、人们让城市更美好为主导线，设计了内容丰富有趣的五个子主题，引领幼儿获得不同造型的建筑物、不同种类的交通工具的经验并了解其与人们的关系。不过在教材使用过程中，我们也发现了一些可以进一步补充完善的地方。

第一，教材中提供了丰富的素材点，也创设了一些成熟的教学设计，不过可以再补充一些故事类的教学课例设计，让教师有更多的选用空间；

第二，结合园本故事编讲的特色，故事素材需要进一步挖掘筛选，教学设计也要通过反复推敲，形成一些成熟可行的故事编讲新课例；

第三，教材中提供的个别化游戏内容涉及科学、艺术、社会方面的比较多，而和语言故事结合的低结构素材相对比较少，建议可以适当地进行补充完善。

"主题核心·经验"

主题内容与要求：

1. 有兴趣地观察周围不同的建筑，了解它们的特征，及与人们生活的关系；体会城市建设的不断变化，了解各种新鲜事物，感受我们的家乡越来越美丽。

2. 参观各种商店和服务设施，了解人们如何进行交往；体会商店及服务设施给我们的生活带来方便，尝试通过各种方式进行表达和表现。

3. 有了解自己身边的各种新事物的兴趣，乐于主动搜集新的信息；关心周围生活的变化，为我们的生活越过越美好而感到高兴。

4. 关心城市交通道路的变化，体会通畅的路给我们带来的方便；了解各种不同的交通信号和它们的作用，自觉遵守交通规则。

5. 有观察和了解各种车辆特点的兴趣，体会现代车辆越造越新奇，大胆想象未来时代的车。

核心经验：

情感与态度： 爱城市、爱家乡。

认知与能力： 特征（城市的建筑、道路交通、生活设施等）；

变化（城市的过去、现在、未来）；

关系（城市与人的生活）。

表达与表现： 创意设计（未来城市、汽车、广告等）；

说说唱唱（上海说唱、童谣等）。

内容的选择：

结合幼儿故事编讲的目标培养内容，我们在本主题实施过程中选择了以下两则故事进行了活动设计，旨在顺应大班孩子的兴趣，通过故事编讲活动让孩子们体会城市建设的不断变化；感受城市交通给我们带来的便利，了解基本的城市交通规则，并懂得我们要做个自觉遵守这些交通规则的好市民，萌发一定的自我保护意识，同时也进一步激发幼儿对城市的热爱之情。

教法的使用：

一是选用趣味故事，重在使用有趣的动物故事，增进对城市的认知；

二是调动多种感官，引导幼儿在反复聆听、观察、表达和表演中理解故事；

三是开展多人合作，鼓励三个以上幼儿为一组讨论、编讲故事情节；

四是丰富编讲形式，引导合作讨论或者绘画等多形式助推故事编讲环节。

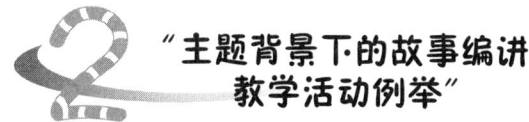

"主题背景下的故事编讲教学活动例举"

集体活动例一

活动名称：我也要搭车

活动目标：

1. 理解故事内容，能根据动物的特征，合理展开想象，并尝试和同伴合作续编搭车的故事情节。

2. 了解乘车规则，知道要做一名文明的小乘客。

活动准备：

PPT、头饰、公共汽车。

活动过程：

一、谈话导入，引发兴趣——通过谈话引发幼儿讨论，回忆乘车的已有经验

1. 你们坐过公共汽车吗？

2. 坐公共汽车时应该注意些什么？

小结：原来为了大家的安全，乘公共汽车时我们要遵守各种文明的乘车规则。

过渡：今天，老师带来一个关于乘坐公共汽车的故事。我们一起来听听吧。

二、倾听故事，理解内容——倾听故事配音，熟悉兔子和狮子搭车时的对话

1. 倾听狮子和小兔搭车时的对话

1）故事中谁要搭车，它是怎么说的？

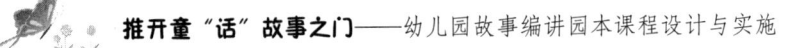

2）狮子爷爷是怎么说的？为什么？

小结：原来为了安全，小兔搭狮子爷爷的公共汽车时不能在车上蹦蹦跳跳的。

2. 幼儿合作演狮子和小兔搭车的情节。

小结：小兔子遵守了乘车规则，安全地搭到了车，是一位文明的小乘客。

三、根据动物特征，尝试续编故事——和同伴合作续编搭车的故事情节，知道要做一名文明乘客

1. 集体讨论小动物的乘车要求

森林里还有其他小动物也想搭狮子爷爷的车，你觉得它们坐车的时候需要注意些什么？

2. 分组讨论和表演

小结：你们刚才演得都很棒，小动物因为遵守了各种乘车规则，所以都安全地搭到了狮子爷爷的车，看来大家都愿意成为文明的小乘客。

四、活动延伸

语言区中准备原版绘本，让幼儿自己翻阅。讨论可能还会有哪些动物也来坐车，它们之间又会进行怎样的约定。

附 故 事

我也要搭车

森林里有一位特别能干的狮子爷爷，它什么都会做，小动物们可喜欢它了，最近狮子爷爷做了一辆公共汽车，它开着自己做的公共汽车高高兴兴地上路了。公共汽车咕噜咕噜地来到车站边，一只小兔子想要搭车。

小兔子：停车，停车，狮子爷爷请让我搭车吧！

狮子爷爷说：好吧，可是在车里不能蹦蹦跳跳跳哦！

小兔子：为什么不能在车上跳来跳去呢？

狮子说：汽车在开，如果遇到急刹车，你会摔下来受伤的！

小兔子：好的，我会遵守规则的。

狮子爷爷：好，请上车吧！

集体活动例二

活动名称：大恐龙进城

活动目标：

1. 观察相关情节图片，能较完整地讲述大恐龙进城后发生的事情。
2. 能与同伴合作编讲和表演故事情节，感受合作表现的快乐。

活动准备：

大图书一本、幼儿收集的上海风景图人手一张。

活动过程：

一、图书引入，引起兴趣——通过认识大图书上的主要人物，引发幼儿活动的兴趣

1. 提问：

——"今天老师带来一本有趣的书，看看这是谁？"

"这个故事的主角就是这只大恐龙，看看它长什么样？"

2. 幼儿猜测讲述

小结：恐龙是曾经生活在地球上的体积最大的动物。

过渡：这只大恐龙和小白兔是好朋友，它总是想帮助小白兔，可是居然越帮越忙，帮了个倒忙！究竟发生什么事情了，我们一起去看看吧！

二、阅读图书——分段阅读，了解故事的内容

1. 出示图一：

1）大恐龙想去哪里？马路上的交通怎么样？

2）师：是呀，城市里的大马路又宽又平，马路上车来车往，大家都自觉遵守交通规则。

2. 出示图二：

1）大恐龙来到大马路上发生什么事啦？

2）幼儿观察画面。

3）讲述交流：哎！大恐龙第一次进城就闯了这么多祸，看看它的心情怎么样？

小结：大恐龙明明是好心想要帮助小白兔的，结果却帮了倒忙，害得城市里一团糟，也害得小白兔再也不敢进城卖胡萝卜了。

三、合作编讲——通过与同伴合作编讲和表演故事情节，感受合作表现的快乐

1. 出示图片，提问：

——"刚刚大恐龙还哭得那么伤心,为什么现在却笑嘻嘻的?这些问号可能代表什么意思?"

"大恐龙想到了什么好办法让自己赢得城市里人们的喜爱?"

2. 提出要求:

三个人一组合作绘画大恐龙想到的解决办法,编讲故事情节后分组表演。

3. 幼儿绘画与编讲。

4. 分组表演故事情节。

总结:小朋友帮助大恐龙想出了各种各样的好办法,让大恐龙留在了城市里,得到了大家的喜爱。你们还有不一样的办法吗?老师把这本大图书留在区角里,你们可以把好办法画下来,编出更好听的故事,好吗?

附故事

大恐龙进城

大恐龙是一只好心肠的大恐龙,小白兔是好心肠的小白兔,大恐龙睡了很久很久,醒了以后觉得肚子很饿很饿。小白兔就对大恐龙说:"恐龙大哥,我种了几亩萝卜,这一筐萝卜就给你解解饿吧。"这以后,小白兔每天给大恐龙送去一筐萝卜,大恐龙很感激小白兔,总想报答它,为它做点什么。有一天,小白兔从城里回来哭得很伤心,一问才知道,原来小白兔进城卖萝卜,因为城里交通阻塞,大家欺负小白兔弱小,故意不让它过马路,还把它的萝卜筐也踢翻了。

"别难过,明天我陪你进城,看谁敢欺负你。"大恐龙安慰小白兔。

第二天,大恐龙特地起个大早,要陪着小白兔进城卖萝卜,可是问题来了:小白兔是开着汽车进城的,大恐龙这么大的个子,说什么也坐不下小白兔的汽车啊!大恐龙想了想说:"你还是坐在你的汽车里吧,我嘛,干脆就背着你的汽车进城,我有的是力气!"于是,小白兔就坐在汽车里,汽车里装着一筐一筐的萝卜,大恐龙就背着汽车呼哧呼哧进城啦。

城里的人们从没有见过大恐龙,更没有见过背着汽车,汽车里坐着小白兔装着萝卜的大恐龙,人们以为大妖怪降临来啦!……

第八章 分级段的童"话"故事编讲活动课例与材料

"主题背景下的故事编讲材料例举"

主题名称：我们的城市			
材料名称	材料提供	观察要点	玩法提示
城市老鼠和乡下老鼠	角色：城市老鼠、乡下老鼠 道具：桌子、食物若干、城市背景、乡下背景 替代物：手工纸、扭扭棒、记号笔、橡皮泥、吸管等	1. 观察幼儿的独白语言和描述性语言是否丰富。 2. 观察幼儿语句中修饰词、关联词等的使用，同伴间合作是否愉快。	1. 单人活动：在熟悉故事的基础上幼儿边摆弄材料边复述故事内容。鼓励幼儿利用其他辅助材料增加故事外角色，启发幼儿根据已有经验创编内容，丰富角色人物间的对话以及故事情节。 2. 同伴活动：在熟悉故事的基础上，自由分配角色复述故事。第二次活动形式同单人活动。活动后在集体中分享。
母鸡萝丝去散步	角色：狐狸、母鸡、青蛙 道具：马蜂窝、草堆、树 替代物：扭扭棒、木块、手工纸、纸芯、剪刀等	1. 观察幼儿角色间对话，以及角色的心理描述。 2. 观察幼儿是否会轮流合作编讲。	1. 单人游戏：集体阅读不完整的绘本故事《母鸡萝丝去散步》，只呈现故事的开头，根据已有经验摆弄故事板材料，创编故事情节和内容。 2. 同伴活动：方法同上，以合作编讲为主，也可轮流编讲。

三、主题名称：有用的植物

【写在前面的话】

在我们的周围，到处都是植物。虽然幼儿天天接触这些东西，但也许未必引起孩子的注意。通过《有用的植物》主题活动，让孩子们共同来关心身边的一些东西，共同探索奇妙的植物世界，在主题开展中，通过多种形式、多种途径的学习方法，让幼儿了解更多的植物知识，去结识更多的植物朋友，让孩子真正喜欢植物，喜欢大自然，知道我们的生活和植物有着密切的依存关系。

第一，教材中提供了许多素材点，绝大多数是涉及科学、艺术、社会等领域，有趣的植物故事还需要进一步挖掘补充。

第二，教材中提供的教学活动实例比较成熟，便于教师选用，建议可以再补充一些基于植物相关故事的教学活动实例供教师选用。

第三，教材关注使用各种素材点来引导幼儿了解植物、蔬菜等的品种和种植方法等偏向于认知的知识，偏向爱护植物情感方面的素材建议进一步补充。

第四，建议可以补充一些幼儿喜欢操作的形象直观的故事材料，满足大班孩子喜欢表达、讲述故事的愿望，进一步培养幼儿对植物的喜爱之情。

"主题核心·经验"

主题内容与要求：

1. 关心周围与我们一起生活的花草树木，感受我们的生活离不开植物，要爱护植物，愿做小小护绿员。

2. 区别蔬菜的不同品种，积累有关蔬菜品种的经验，了解一些种植蔬菜的新方法。

3. 关注新技术在蔬菜培植中的运用；了解有些植物具有保健、治病的作用。

核心经验：

情感与态度： 兴趣（探索植物、兴趣种植）；

环保（爱护绿化、体验植树）。

认知与能力： 特征（植物的种类、植物的特性）；

关系（蔬菜有营养、植物能保健）。

动作与技能： 种植（照料植物角、养护种植园）。

内容的选择：

结合本主题的内容与要求，我们选择了以下两则故事进行了编讲活动设计，目的在于结合大班幼儿的年龄特点，借助情节丰富的故事素材，引导幼儿在看看、听听、编编、讲讲、演演的教学活动中，帮助幼儿感受植物在成长中坚韧不拔的精神，激发幼儿对植物的喜爱之情，引导幼儿知道人类保护树木的重要性以及了解一些具体保护树木的方法。

教法的使用：
一是分段解读故事，引导幼儿层层递进，逐步理解故事内容；
二是精心预设提问，重在通过提问充分激发幼儿的思维；
三是深层理解故事，引导幼儿充分理解故事中认知和情感的内容；
四是合作编演故事，鼓励幼儿在大胆猜想编讲中进一步感知故事的内涵。

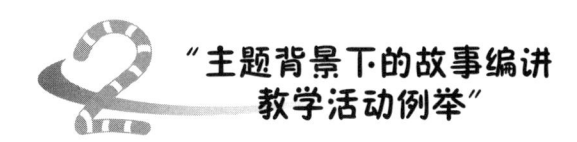

"主题背景下的故事编讲教学活动例举"

集体活动例一

活动名称：爱心树

活动目标：
1. 模仿故事中语言，创编故事结尾，创编人类保护树木的方法。
2. 体会帮助别人的快乐，并尝试学着感恩。

活动准备：
1.《爱心树》PPT；
2. 大树背景板。

活动过程：
一、欣赏故事，爱心树——观察讨论男孩的变化
（一）出示PPT 1—9，欣赏故事第一段
1. 男孩亨利和以前有什么不一样？（长高了）
2. 大树会怎么帮助男孩亨利？（把苹果给孩子换钱）
3. 苹果没有了，为什么大树很快乐？
小结：大树爱亨利，大树把所有的苹果给了亨利换钱，就可以买好玩的东西，孩子快乐了，大树也就快乐了。

（二）出示PPT 10—13，欣赏故事第二段
1. 现在亨利有什么变化？（更高了，胖了）
2. 亨利需要房子，大树会怎么做？（把树枝给孩子造房子）
3. 树枝没有了，大树为什么还那么快乐？

小结：大树爱亨利，大树把树枝给了亨利造房子，亨利有了房子，亨利快乐了，大树也就快乐了。

（三）出示PPT 13—15，欣赏故事第三段

1. 亨利哪里又有变化了？（老了，矮了，驼背了）
2. 亨利需要船，猜猜大树会怎么做？（把树干给亨利造船）
3. 树干没有了，大树怎么还这么快乐？

小结：大树爱亨利，大树把树干给了亨利做船，亨利可以远行了，亨利快乐，大树也就快乐了。

二、情感体验——体验大树和孩子的爱

1. 在亨利成长过程中，大树是怎么帮助他的呢？（少年：给孩子苹果换钱买好玩的东西。青年：给树枝造房子让亨利有个家。老年：给树干造船让亨利远行。晚年：让亨利坐在树墩上休息。）
2. 大树为什么愿意为亨利做那么多的事情呢？（因为爱亨利，它帮助了亨利，亨利快乐了，自己也就快乐了）

小结：当帮助别人的时候，自己也会很快乐。

3. 亨利喜欢大树吗？（爱）他有没有为大树做什么事情？（没有）
4. 亨利和大树你更喜欢谁？

三、模拟情景，尝试表演——教师请幼儿扮演亨利尝试保护树木，并且学会感恩

提问：如果你是亨利你会为大树做些什么事情？（浇水、施肥等）

小结：如果亨利能为大树做这些事情的话，大树会更加的快乐！其实当我们在接受别人爱的时候要懂得回报他人。在你们从小到大的过程中，有没有一位像大树一样的人在关心爱护你？有没有试着尽自己的能力回报他人的爱？

附 故 事

爱心树

从前有一棵大树，它喜欢上一个男孩儿。男孩儿每天会跑到树下，给自己做王冠，想象自己就是森林之王。他也常常爬上树干，在树枝上荡秋千，吃树上结的苹果，同大树捉迷藏。累了的时候，就在树荫里睡觉。

小男孩儿爱这棵树，非常非常爱它，大树很快乐。

但是时光流逝，孩子逐渐长大，大树常常感到孤寂。

有一天孩子来看大树,大树说:"来吧,孩子,爬到我身上来,在树枝上荡秋千,吃几个苹果,再到阴凉里玩一会儿。你会很快活的!"

"我已经大了,不爱爬树玩儿了,"孩子说,"我想买些好玩儿的东西。我需要些钱,你能给我一点儿钱吗?"

"很抱歉,"大树说,"我没有钱,我只有树叶和苹果。把我的苹果拿去吧,孩子,把它们拿到城里卖掉,你就会有钱,就会快活了。"

于是孩子爬上大树,摘下树上的苹果,把它们拿走了。

大树很快乐。

很久很久,孩子没有再来看望大树。大树很难过。

后来有一天,孩子又来了。大树高兴地摇晃着肢体,对孩子说:"来吧,孩子,爬到我的树干上,在树枝上荡秋千,你会很快活的!"

"我有很多事要做,没有时间爬树了。"孩子说,"我需要一幢房子保暖。"他接着说,"我要娶个妻子,还要生好多孩子,所以我需要一幢房子。你能给我一幢房子吗?"

"我没有房子,"大树说,"森林就是我的房子。但是你可以把我的树枝砍下来,拿去盖房。你就会快活了。"于是那个男孩儿把大树的树枝都砍下来,把它们拿走,盖了一幢房子。

大树很快乐。

孩子又有很长时间没有来看望大树了。

当他终于又回来的时候,大树非常高兴,高兴得几乎说不出话来。"来吧,孩子,"它声音喑哑地说,"来和我玩玩吧!"

"我年纪已经大了,心情也不好,不愿意玩儿了。"孩子说,"我需要一条船,驾着它到远方去,离开这个地方。你能给我一条船吗?"

"把我的树干砍断,用它做船吧。"大树说,"这样你就可以航行到远处去,你就会快活了。"于是孩子把树干砍断,做了一条船,驶走了。

大树很快乐,但是心坎里却有些……

又过了很久,那孩子又来了。"非常抱歉,孩子,"大树说,"我没有什么可以给你的了。我没有苹果了。"

"我的牙齿已经老化,吃不动苹果了。"孩子说。

"我没有枝条了,"大树说,"你没法儿在上面荡秋千了——"

"我太老了，不能再荡秋千了。"孩子说。

"我也没有树干，"大树说，"不能让你爬上去玩了——"

"我很疲倦，爬也爬不动了。"孩子说。

"真是抱歉，"大树叹了口气，"我希望还能给你点儿什么东西……但是我什么都没有了。我现在只是个老树墩，真是抱歉……"

"我现在需要的实在不多，"孩子说，"只想找个安静的地方坐坐，好好休息。我太累了。"

"那好吧。"大树说，它尽量把身子挺高，"你看，我这个老树墩，正好叫你坐在上面休息。来吧，孩子，坐下吧，坐在我身上休息吧。"于是孩子坐下了。

大树很快乐。

集体活动例二

活动名称：小种子

活动目标：

1. 仔细观察画面，大胆讲述，能运用已有的认知经验进行表达。
2. 从故事中体验种子生根发芽的不容易，从而感悟永不放弃精神的可贵。

活动准备：

1.《小种子》PPT；
2. 秋叶若干、颜料、毛笔、背景画轴。

活动过程：

一、欣赏画面，导入活动——通过图片的欣赏，引发幼儿大胆猜想

出示小种子图片，提问：

——"你们知道这是什么季节？"

小结：这是秋天，秋天真是一个多姿多彩的季节，草仍然绿着，树却慢慢地变黄。

二、欣赏故事，理解故事——理解故事主要情节，了解小种子成长中克服了重重困难

故事讲述，体验小种子的不容易

1. 你觉得小种子能跟得上其他的种子吗？

第八章 分级段的童"话"故事编讲活动课例与材料

2. 在雪山上的种子还能发芽吗？掉进沙漠里的种子还能发芽吗？

师：种子发芽需要很多条件，水分、阳光、温度、空气，缺一不可。

3. 看看这几张图片，你觉得它们是同一个季节吗？

师：原来种子发芽，要经过好几个季节。

4. 现在还剩几株小树苗？你觉得这个时候的小种子会想什么？

过渡：其实种子的生长很不容易，除了自然的磨难，它们还会遇到其他的磨难呢！

5. 你觉得小种子最后能活下来吗？看到同伴的失败，它会退缩吗？为什么？

6. 还记得小种子为了长成巨型花，它经历了哪些磨难？

小结：小种子经历了春、夏、秋、冬，经历了飞翔、落地、发芽、开花，经历了很多很多的磨难，真是不容易！虽然困难重重，但是它很坚强，从没有放弃。

三、联系生活，说说身边的"小种子"——在编讲中感悟永不放弃精神的可贵

师：其实在生活中，我发现我们的身边也有一颗小种子哦！当他遇到困难的时候，他也像小种子一样，没有放弃，最后成功了。

1. 提问：

——"在生活中，我是小种子，你也是小种子，一定也发生了很多像小种子一样的事情。能说出来和我们分享一下吗？"

2. 幼儿分享编讲身边的"小种子"小故事

总结：我们的生活总是会遇到很多的困难，只要你不放弃，总有成功的一天。

附 故 事

小种子

秋天来了，大风吹来，把花种子们高高地扬起来，带到远方。在这些种子中间，有一粒特别细小，比别的所有种子都小。这小种子能不能跟上别的种子呢？这些种子又会去哪里呢？

一粒种子飞得特别高，越飞越高。它飞得太高了，炽热的阳光把它烧着了。我们的小种子同别的种子一起继续旅行。

另一粒种子停在高高的冰山上。山上的冰终年不化，种子不能生长。

剩下的种子继续飞,但我们的小种子没有别的种子飞得那么快。

现在,种子们正飞越大海。一粒种子掉到海里,淹没了。别的种子随风飘着,但我们的小种子没有别的种子飞得高。

一粒种子飘落到沙漠里。大沙漠又热又干,种子不能生长。现在,我们的小种子已经飞得很低了,不过,借着风力它还能跟上别的种子。

风终于停了,种子们慢悠悠地落到地上。一只小鸟走过,把一粒种子吃了。我们的小种子没被吃掉,它太小了,小鸟都看不见。

种子们经过长途旅行固定到各自的位子。看起来,它们要在地里过冬了。下雪了,给种子们盖上了柔软的白被子。一只住在地里的饥饿的老鼠把一粒种子当午饭吃了。我们的小种子躺在地上一动不动,老鼠没看见它。

几个月过去了,冬雪化了,春天来了!小鸟飞来了,太阳出来了,春雨落下来了。种子们开始长大了,它们变得又圆又鼓,有些都开始裂开来了。现在,它们不再是种子了,它们是植物了。首先,它们把根须往下伸到地里去;然后,它们长出小小的茎叶,朝向空气和阳光。有一株植物原来是一粒又胖又大的种子,它长得比别的新植物都快。它抢走了所有的阳光和雨露,以至于在它边上的一株小植物死掉了。

我们的小种子还没有发芽呢。快呀,要来不及了!终于,小种子也长成植物了。

久违了的阳光和春天温暖的气候把孩子们也带到了野外来游戏。啊!有一个孩子没有注意到春天的植物们,在奔跑中他把一株植物踩断了。这下,这株植物就不能再生长了。

我们的小种子长成的小植物飞快地生长着,但它的邻居长得更快。小植物才三片叶子的时候,邻居已经有七片了!看!花蕾!哦,花都开了!怎么啦?一阵脚步声以后,一片阴影盖过来,接着,一只手伸过来,摘走了花!

原来是一个男孩把花送给了女朋友。

小种子长成的植物孤独地生长着,它长啊,长啊,一刻不停。阳光照耀着它,雨水滋润着它。它有很多叶子了,它越长越高。比人高了!比树高了!比房子都高了!现在,它也长出了一朵花。附近的人们,甚至远处的人们都来看这朵花。这是他们看到过的最高的花,简直是巨

第八章 分级段的童"话"故事编讲活动课例与材料

形花!

整个夏天,小鸟,蜜蜂,蝴蝶们不停地来拜访,它们也从没有看到过那么巨大,那么好看的花!

又一个秋天。

日子越来越短了,夜晚越来越长了。风把黄的红的叶子吹起来,几瓣花瓣从巨大的花上落下来,同那些彩色的叶子一起飘落到地上。

风更紧了。巨大的花几乎失去了它所有的花瓣。它在风中摇晃着,低下了头。又一阵风吹来,这回,果荚打开了,无数小种子从里面飞出来,随风飘去。

"主题背景下的故事编讲材料例举"

主题名称:有用的植物				
材料名称	材料提供	观察要点	玩法提示
有用的植物	角色:兔子、小狗、唐老鸭 道具:大树、池塘等 替代物:故事提示卡	1. 观察幼儿是否会根据已有的材料复述故事以及角色间对话。 2. 观察幼儿是否会根据故事主要内容创编故事结尾。	1. 单人游戏:在熟悉故事的基础上幼儿边摆弄材料边复述故事内容。关注角色间的对话。第二次活动老师鼓励幼儿利用其他道具增加故事内容,启发幼儿想象创编小动物们还能种植哪些植物。 2. 同伴活动:同伴协商自由选择道具故事板材料,合作编讲故事。老师可提出要求,这些植物有什么用处,小动物们为什么要种植这些植物,在故事里幼儿可自制一些道具,但要求能围绕主题编讲故事。

(续表)

材料名称	材料提供	观察要点	玩 法 提 示
树真好	角色：小鸟、小猫、小朋友、爸爸、妈妈 道具：家、草地、花、小草、鸟窝、野餐垫、秋千、树叶	观察幼儿是否会灵活地使用道具和角色编讲散文诗。	同伴活动：事先在集体活动中共同欣赏过散文诗，对于诗歌的主要内容基本了解和熟悉。游戏中幼儿根据诗歌内容自己选择材料，边操作材料边轮流讲述诗歌中的内容。第二次活动时鼓励幼儿可以根据教师提供的道具和场景创编诗歌内容。活动后教师组织集体分享。

四、主题名称：有趣的水

【写在前面的话】

《有趣的水》主题的设置依据了大班幼儿的认知水平，从兴趣入手，由浅入深、循序渐进地引发幼儿动手动脑，积极主动地去发现"水"的秘密。编制过程中旨在引导幼儿从日常生活中学会节约用水，保护、爱护我们生活的环境，通过一系列的活动，初步认识水的特征及对人类的作用，激发幼儿对熟悉环境中的各种事物和现象的探索欲望。但在教材使用过程中，我们也发现了一些应当弥补的缺憾：

第一，教材内的活动内容领域偏科，若长期照搬会使幼儿发展不均衡；

第二，部分素材提供了教学活动范例，但活动设计与故事编讲这一园本研究重点之间存在落差，教师在活动实施中，有语言领域的目标追求，但对课程创生帮助不大。

第三，低结构材料设置只给予了名称或提示，但具体呈现缺乏直观性，对新手型教师而言设计难度较大。

"主题核心经验"

主题内容与要求：

1. 观察大自然中的水，探究和发现水的不同来源和特征；
2. 乐于动手动脑探究水的变化，了解它的主要特征，获得有关经验；
3. 体会人们生活离不开水，乐意关心周围的水环境，爱护水资源，节约用水。

核心经验：

情感与态度：环保意识（关心水环境、爱护水资源），生活习惯（节约用水）。

认知与能力：特性（水的三态、沉浮、溶解等），关系（水与人、水与动植物）。

动作与技能：动手动脑（水的小实验），安全卫生（自我保护技巧）。

内容的选择：

结合幼儿故事编讲的目标培养内容，我们在本主题实施过程中选择了以下两则故事进行了活动设计，目的在于结合大班幼儿的生活经验，让幼儿在与"水"的主动交往活动中萌发热爱自然，保护自然的积极情感，并初步培养他们有爱惜水的行为和习惯；激发幼儿对事物的探究兴趣，使他们学会观察、学会发现、学会提问，从而使各方面能力都得到提高，为素质教育打下启蒙阶段的奠基基础。

教法的使用：

一是整体性观赏，重在引导大班幼儿观察发现多幅画面中的重点部分；
二是过程性推理，重在激发大班幼儿推理故事过程性的发展；
三是预设性提问，重在以教师提问激活思维帮助幼儿理解讲述；
四是多样性讲述，重在形式不拘的故事讲述方式。

"主题背景下的故事编讲教学活动例举"

集体活动例一

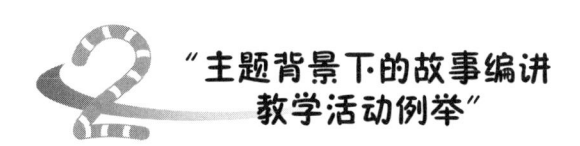

活动名称：大鲸鱼在海边

活动目标：

1. 理解故事内容，合理展开想象，并尝试和同伴合作续编如何营救大鲸鱼的情节。

2. 乐意在集体面前大胆讲述，体验编讲故事的乐趣。

活动准备：

课件、动物头饰、背景音乐、辅助材料（绳子、圆木棍、推车、木桶等）。

活动过程：

一、图片导入，引起兴趣——观看大海的图片，引出活动的主题

师：你们看，这是哪里呢？

小结：是呀，这是一片一望无际的大海，这里还住着一位可爱的动物，瞧，他游来了。

二、观看动画开始部分情节——观看课件，了解故事发生的背景

播放课件，提问：

1. 你听到大鲸鱼讲了些什么？

2. 大鲸鱼会不会真的游到沙滩上去玩耍呢？为什么呢？

小结：和你们猜的一样，大鲸鱼真的游到沙滩上去玩耍了，太阳烤着沙滩太热了，没过一会儿的时间，海蟹、海龟、海贝都要回家了。看见大鲸鱼躺在沙滩边，貌似睡着了。

3. 海蟹、海龟、海贝对大鲸鱼说了什么？

4. 大鲸鱼是怎么回答他们的？

小结：原来，大鲸鱼在沙滩上玩耍了一会儿，身体就出现了缺水的状态，加上太阳烤得太热了，非常不舒服，他对海蟹海龟海贝喊着"快来救救我，我快要死掉了"。海蟹、海龟、海贝决定去找好朋友来帮助大鲸鱼。

三、幼儿分组合作，编讲如何营救大鲸鱼的故事情节——展开想象，并尝试和同伴合作续编如何营救大鲸鱼的情节

1. 提出编讲要求：

（1）三人一组，根据提供的动物头饰编讲营救大鲸鱼的故事（可以根据需要利用辅助材料编讲故事）。

（2）音乐声里各组进行编讲，音乐停止之后每组到集体面前编讲故事情节。

2. 幼儿合作尝试编讲与表演，教师巡回观察指导。

3. 幼儿分组表演编讲的营救大鲸鱼的故事情节。

小结：哇，你们真是太厉害了，想到了这么多好办法来营救大鲸鱼。太感谢

你们了。沙滩边的动物们有了你们的提醒，也想到了好办法来营救大鲸鱼。

四、观看故事结尾情节——了解故事的结局

播放并讲述动画结尾部分，提问：

1. 为什么大鲸鱼在沙滩边不能贪玩很久呢？

2. 我们有什么好方法来保护大鲸鱼不被搁浅吗？

总结：原来，只要我们注意保护大海，保护我们生活的环境，大鲸鱼就不会遇到困难和危险。

活动延伸：

引导孩子们继续编讲大鲸鱼第二次来沙滩边玩耍的故事情节。

附 故 事

大鲸鱼在海边

海边可真热闹呀！有大钳子海蟹、慢吞吞海龟、小扇子海贝，他们在爬来爬去捉迷藏，笑呀唱呀，可快乐了。一条生活在深海里的大鲸鱼听到笑声，想："等到海水涨高的时候，我也要去玩一玩。"海边从来没有来过大鲸鱼，小动物们有些害怕，一下子全躲了起来。大鲸鱼又想："他们是在和我捉迷藏，我去找他们。"是的，他看到海蟹藏在礁石后面，只露出毛茸茸的后腿；海龟把自己埋在沙里，只留一对眼睛在沙地上。大鲸鱼向沙滩游去，像一条大船稳稳地靠了岸。这时候，海水落潮了。大鲸鱼就这样留在了沙滩上。

太阳火辣辣地烤着沙滩，大钳子海蟹、慢吞吞海龟、小扇子海贝都要回家去了，他们说："大鲸鱼好像睡着了，我们从他身边绕过去。"当他们走过大鲸鱼身边的时候，听到一个微弱的声音："快救救我，我快要死了。"啊，大鲸鱼闭着眼睛真的快要死了。大钳子海蟹说："大鲸鱼是为了来找我们玩才到沙滩上来的，我们应该救他。"小扇子海贝说："可是，他那么大，我有些怕。"慢吞吞海龟说："大鲸鱼已经没有力气了，我觉得他一点也不可怕。"

于是，大家决定动手抢救鲸鱼。慢吞吞海龟请来许多海龟兄弟，他们从大海里背来一桶桶水，浇在大鲸鱼的身上、嘴里，大钳子海蟹和小扇子海贝找来许多海蟹、海贝，像蚂蚁搬豆一样，搬大鲸鱼的身体。可是不行，大鲸鱼实在是太重了，大家费了好大的劲，大鲸鱼还在原地。大家只好学海龟不断往大鲸鱼身上浇水。太阳还在火辣辣地烤，海龟也快撑不住了。"我们得找别人来帮忙。"慢吞吞海龟提议。大钳子海蟹马上说："我认识小猴子，就住在附近，我找他帮忙。"小猴子来了，看着搁浅的大鲸鱼说："光凭我们拼力气搬是不行的，我们可以用绳子拉。"于是小猴子找来绳子，大家用绳子系住大鲸鱼的身体，小猴子喊："一、二、三！"大家就开始拉，可还是不行。

　　小猴子想了想又请来大象，让大象帮忙一起拉，还是拉不动。大象说："光凭我们用力拉是不行的，我们还可以在大鲸鱼的身体底下垫圆圆的木棍，然后再拉。"大象找老虎帮忙，老虎和大象一起搬来许多木棍，他们把木棍塞进鲸鱼身体底下松软的沙里。老虎说："别光拉呀，有时候，推要比拉更省力。"于是，大伙有的拉，有的推。大鲸鱼的身体真的开始动了，就这样，大家把大鲸鱼运到了海里。大鲸鱼到了海里，就醒过来了，他感谢大家说："真没想到，我到了一次海边，能认识这么多热情又聪明的好朋友。"大伙都说："欢迎你到海边玩，只是别太贪玩忘了回家。"大鲸鱼就要回家了，他游到大海中间，喷了一个大水柱，他是在向大家告别呢！

集体活动例二

活动名称：美丽的小溪

活动目标：

1. 理解故事内容，合理想象，创造性地续编故事。
2. 大胆参与表演故事，体验自编自导合作表演的乐趣。

活动准备：

1. 利用玩具围合小溪情境；
2. 故事PPT《美丽的小溪》；
3. 提供各色彩纸、笔、表演用的塑料袋、包装盒、方便面盒、故事录音。

活动过程：

一、欣赏故事，了解故事内容——播放PPT了解故事发生的背景

师：森林里有一条晶亮的小溪，小溪里有五颜六色的鹅卵石，小溪两旁长着

绿绿的青草，开着美丽的鲜花，在美丽的小溪边，来了谁？发生了什么事？请小朋友来听一听。(欣赏故事PPT)

提问：

(1)故事的题目是什么？故事中有谁？

(2)野鸭、灰兔、黑猫和小朋友们看见这么美丽的小溪，他们做了什么？

(3)他们玩过之后，小溪变得怎么样了？为什么？

二、续编故事——合理想象，创造性地续编故事

师：小朋友们看到小溪变脏了，心里怎样？他们会说些什么？会怎样做？幼儿互相讨论，自由续编故事。

三、表演故事——大胆参与表演故事，体验自编自导合作表演的乐趣

1. 制作人物标志，准备表演。

自由分组，协商分配角色，并利用彩纸制作胸饰。

2. 分组，分角色表演故事。

3. 对同伴的故事表演进行评价。

总结：发生在小溪身边的故事，你们每一组编得都很有意思，不但有很多的角色人物，还发生了很多的问题。经过大家的努力，小溪身边的很多问题得到了解决，你们的故事表演也很棒哦！

附 故 事

美丽的小溪

森林里有一条晶亮的小溪，小溪里有五颜六色的鹅卵石，小溪两旁长着绿绿的青草，开着美丽的鲜花。

一只野鸭走过来说："啊，这小溪真美啊！"于是，他在小溪边搭了一间草房，住了下来。

一只灰兔走过来说："啊，这小溪的水真清啊！"于是，他在小溪边挖了个洞，住了下来。

一只黑猫走过来说："啊，这小溪的水真清啊！"于是，他在小溪边挖了个洞，住了下来。

小朋友们听说野鸭、灰兔、黑猫搬了新家，都赶来看望，他们都称赞野鸭、灰兔、黑猫有眼光，找了一个这么美丽的好地方。小朋友们在小溪

里游泳、捉鱼、打水战，一直玩到太阳下山才离去。

过了不久，朋友们又来到小溪边。美丽的小溪不见了，溪水变黑了，变臭了，水面上还漂浮着许多白色的塑料袋和红红绿绿的包装盒。原来，野鸭吃完了方便面，就把塑料袋扔进了小溪；黑猫吃完了烤鱼，就把鱼刺扔进了小溪；灰兔呢，把自己吃剩下的剩草剩菜都倒进了小溪。

小朋友都叫起来："溪水好臭啊！"野鸭也叫起来："天啊，这是谁干的？"

"主题背景下的故事编讲材料例举"

主题名称：有趣的水			
材料名称	材料提供	观察要点	玩法提示
海洋音乐会	角色：对虾、河豚、蓝鲸、小青鱼 道具：太阳、话筒	观察幼儿是否会自由合作，和同伴一起根据任务卡编讲故事。	1. 单人活动：幼儿进入区域后，自己选择喜欢的故事角色编讲故事。 2. 同伴合作：幼儿自由合作，在任务卡的提示下，自主观看多媒体视频后，复述故事，并结合自己的生活经验，创编故事内容。
小猪变形记	角色：小猪、小猴子、小松鼠等 道具：池塘、树 替代物：乐高积木、小木棍、橡皮泥等 辅助物：图书、录音本	观察幼儿能否根据录音本所给的提示一边翻阅图书一边讲述故事。	同伴合作：幼儿共同阅读故事绘本，倾听录音本的提示，尝试想象创编角色对话，并利用替代物布置场景，丰富故事内容。

五、主题名称：我自己

【写在前面的话】

《我自己》主题的设置依据了大班幼儿的认知水平，通过一系列的活动让幼儿学会一些测量、比重的技能，同时又让孩子们体会自己的身体真有用，并懂得自我保护的一些能力和形成初步的安全意识。编制过程注重寻求"领域"和"主题"的联系和结合，注重激发幼儿对事物的探究兴趣，使他们学会观察、学会发现、学会提问，从而使各方面能力都得到提高，为素质教育打下启蒙阶段的奠基基础。

但在教材使用过程中，我们也发现了一些应当弥补的缺憾：

第一，选择主题活动内容时随意性强，在主题活动内容的选择上很多教师依据自己的喜好，要么拿来主义，照搬照抄，要么率性而为，自己喜欢或者擅长的领域活动内容就多选；

第二，部分素材提供了教学活动范例，但活动设计与故事编讲这一园本研究重点之间存在落差，教师在活动实施中，有语言领域的目标追求，但对课程创生帮助不大。

第三，低结构材料设置只给予了名称或提示，但具体呈现缺乏直观性，对新手型教师而言设计难度较大。

"主题核心·经验"

主题内容与要求：
1. 了解身体各个部位都会活动。
2. 会欣赏和保护自己的身体，懂得活动能使我们的身体更灵活。
3. 对身体的影子及其变化感到好奇。
4. 在比较中感知和探索影子的基本特征。
5. 知道我是人群中的一个，体验和大家做朋友的快乐。
6. 尝试用不同的方式表达自己的情绪，学习根据他人的情绪、表情调节自己的行为。

核心经验：
情感与态度： 欣赏自己，调节情绪（理解、表达、控制等），交往合作。

认知与能力：特征（探索身体：会动部位、对称部位、内部器官等）；
　　　　　　　了解自己：外貌、性格、爱好等变化（身体的变化、影子的变化）；
　　　　　　　差异（男孩与女孩、自己与他人）。
动作与技能：自我保护（保护身体、主动饮水、不吃垃圾食品等），喜欢运动。
内容的选择：
结合幼儿故事编讲的目标培养内容，我们在本主题实施过程中选择了以下两则故事进行了活动设计，目的在于通过活动，让幼儿不仅感受到自己身体结构的特征，而且了解到每个人的心理角色、喜好、能力上都会有所不同，从只关注自己到会关注他人，学会互相欣赏，从而促进其社会性和情感的发展。

教法的使用：
一是整体性观赏，重在引导大班幼儿观察发现多幅画面中的重点部分；
二是过程性推理，重在激发大班幼儿推理故事过程性的发展；
三是预设性提问，重在以教师提问激活思维帮助幼儿理解讲述；
四是多样性讲述，重在形式不拘的故事讲述方式。

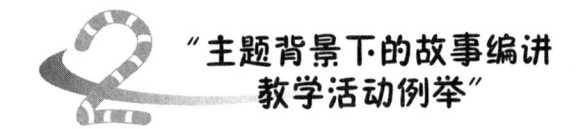

"主题背景下的故事编讲教学活动例举"

集体活动例一

活动名称：谁是蛀牙的朋友
活动目标：
1. 在看看讲讲中，了解蛀虫产生的原因，感受保护牙齿的重要性。
2. 愿意与同伴合作编讲保护牙齿的方法，并将其设计成海报。
活动准备：
1. 课件PPT；
2. 宣传海报背景四幅、手工纸、记号笔若干；
3. 展示架四个。
活动过程：
一、出示图片，引出牙齿蛀虫——观看图片，引出讨论的话题
1. 这是谁？

2. 有了蛀虫，我们的牙齿会变得怎样？

过渡：蛀虫到底是怎么破坏牙齿的，让我们听听蛀虫大哥说吧！

3. 蛀牙会给我们带来什么麻烦？

小结：就像你们说的那样，一旦牙齿里有了蛀虫，我们就会有很多的麻烦。

二、观察图片，探究发现原因——在看看讲讲中，了解蛀虫产生的原因，感受保护牙齿的重要性

（一）蛀虫的新家

1. 这一次，蛀虫又会搬到谁的嘴巴里？（冬冬）

2. 想一想有什么原因让蛀虫这么喜欢冬冬，要把家搬到冬冬的嘴巴里？（幼儿自主阅读图片）

3. 幼儿交流阅读感受（PPT呈现）

小结：原来冬冬刷牙不认真；喜欢吃甜食，连餐后都不漱口；甚至临睡前喜欢吃许多的零食，还不刷牙。因为有这么多的坏习惯，蛀虫才会找上他，要和他做朋友。

（二）蛀虫的快乐

过渡：看，蛀虫搬到冬冬的嘴巴里，生活过得可滋润了。到处流淌着甜甜的汁水，还有吃不完的饭渣菜渣……每天都让蛀虫们吃得饱饱的。就这样，日子久了；看，蛀虫们的数量从一个变成了两个，两个变成了四个，四个变成了八个，队伍变得越来越庞大。这都怪冬冬给蛀虫们提供了源源不断的食物。

（三）冬冬的痛苦

过渡：终于有一天，最可怕的事情发生了。冬冬哭得特别伤心。

1. 为什么哭得这么伤心？

2. 看看冬冬的牙齿被蛀虫破坏成什么样子了？

小结：蛀虫们把冬冬的牙齿从外面到里面都破坏掉了，连牙神经都伤到了，这实在是太痛了，疼起来真是要人命呀。

3. 这该怎么办？

小结：还好有牙医的帮忙，才帮助冬冬摆脱了蛀虫。不过牙医告诉冬冬，这一回是我拯救了你，但是下一回你可没这么幸运了，一定要好好保护牙齿才行。

三、制作海报，理解护牙知识——与同伴合作编讲保护牙齿的方法，并将其设计成海报

1. 你们有谁能告诉冬冬怎么样才能保护好牙齿呢？

过渡：我知道你们的办法有许多，那请你们用保护牙齿的小知识设计一张护牙

小海报，在帮助冬冬的同时也能帮助更多像冬冬这样的小朋友保护牙齿，远离蛀虫。

2. 提出要求：

（1）三个朋友一组合作设计海报；

（2）每组请一位代表上来介绍护牙方法。

3. 幼儿合作设计海报。

4. 幼儿分享交流护牙知识。

总结：你们合作设计的护牙小海报真棒，有这么多保护牙齿的好办法。那请你们拿着设计好的护牙小海报，到各个班级去宣传吧！

附 故 事

谁是蛀牙的朋友

大家好，我叫作蛀虫，我就住在冰冰的嘴巴里，我的工作是专门破坏人家的牙齿，所以啊，我最喜欢看冰冰牙痛时的哭脸了。我们是蛀虫，每天都很勤奋地工作。我的家呀就在冰冰的嘴巴里，我有许多伙伴，他们跟我一起生活。我们的工作就是努力把冰冰牙齿弄坏，变成蛀牙，不过牙齿实在很硬，所以我们必须下一番功夫才能使牙齿变黑，渐渐蛀成一个大洞。到那个时候，我和我的伙伴就高兴啦。

你看，冰冰又在刷牙，唉！就是因为冰冰每天刷牙，所以我们才不容易蛀掉他的牙齿啊。不好啦，兵器来啦，弟兄们注意啦，快找地方躲起来，因为我们都藏在牙齿中间，或者牙龈的缝隙里，所以很可惜，冰冰刷牙后，大家辛苦建立的成绩被破坏了。但是冰冰很大方，他每天都免费让我吃好的，巧克力、饼干，实在太棒啦。吃饱喝足后，就有法力啦，一下子我们由一个变成两个，伙伴渐渐增多后，工作效率提高了。哼哧哼哧，拼命凿总算大功告成，我们终于把牙齿蛀坏啦，我最喜欢看冰冰哭脸，哈哈哈，这下牙齿可有的痛啦！

集体活动例二

活动名称：我做哥哥了

活动目标：

1. 尝试在故事创编中理解故事，感受野田的心理变化。

第八章　分级段的童"话"故事编讲活动课例与材料

2. 愿意帮助弟弟妹妹，体验做哥哥姐姐的自豪感！

活动准备：

1. 课件；

2. 故事编讲的图片六份。

活动过程：

一、谈话导入，引起兴趣——结合生活经验，引发讨论的兴趣

提问：做哥哥姐姐应该是怎么样的？你们感觉开心吗？

小结：原来做哥哥姐姐是一件值得自豪的事情！

二、观察创编，理解情节——尝试在故事创编中理解故事，感受野田的心理变化

（一）感受野田因为受冷落不开心

1. 猫妈妈又生了五只小猫咪，小猫野田做哥哥啦！可是你觉得野田开心吗？

2. 仔细观察画面，说说野田不开心的理由。

小结：原来自从有了弟弟妹妹，妈妈忙着照顾弟弟妹妹，来不及照顾野田，野田不高兴了！

（二）尝试创编故事情节，帮助野田营救弟弟妹妹

1. 创编故事情节一：野田带领弟弟妹妹玩爬树游戏

（出示弟弟妹妹们爬树并发生危险的图片。）

（1）提问：发生什么事情了？弟弟妹妹们会怎么说？哥哥会怎么说？怎么做？

（2）幼儿尝试根据图片创编野田营救弟弟妹妹的故事，教师完整讲述故事情节。

2. 创编故事情节二：野田帮助弟弟妹妹解决路上的各种困难。

（1）听音乐，说说谁可能要来了？野田带着弟弟妹妹们拔腿就跑，可这一路上不是那么一帆风顺啊！野田和弟弟妹妹们遇到了各种各样的困难，你们愿意帮助野田吗？

（2）介绍操作材料。

（3）幼儿两两合作操作并创编故事，鼓励幼儿在集体面前编讲故事，教师及时小结点评！

（三）观察讲述，体会野田变开心啦

野田终于带着弟弟妹妹克服了重重困难，将老狼甩在了身后，他带着弟弟妹妹们回到了家！

1. 出示PPT，说说弟弟妹妹们会对妈妈怎么说？妈妈又会对野田怎么说？

2. 提问：你觉得野田现在开心吗？为什么？

小结：原来野田觉得自己做哥哥以后，可以帮助妈妈照顾保护弟弟妹妹们，

它觉得很自豪,很开心!

三、联系生活,大胆讲述——联系生活,体验做哥哥姐姐的自豪感

1. 引导幼儿说说生活中自己做过的帮助弟弟妹妹的事情!
2. 活动延伸:去小班为弟弟妹妹做各种力所能及的事情!

附 故 事

我做哥哥了

猫妈妈生了五只小猫咪,小猫野田做了哥哥。妈妈总是忙着照顾弟弟妹妹,野田觉得妈妈好像不如从前那样喜欢自己了。野田心想,真没劲,要是没有他们多好呀!

弟弟妹妹一天一天长大了,妈妈要野田带他们出去玩。野田很不情愿地一步一跨朝外走,弟弟妹妹摇摇晃晃地跟在后头。讨厌的弟弟妹妹!对了,把他们扔掉,这样妈妈就会喜欢我了。前面有好高的树,野田"嗖"的一声蹿上了树。"哥哥,我也要爬树,我们也要爬树!"小猫们一边叫一边爬上了树。可是不对呀,好高啊,真可怕,快要掉下去了。"哥哥,救命啊!"不得了,树枝快断了,弟弟妹妹掉下去会受伤的,野田还是一个一个把他们背下树。

他们继续往前走,前面有只大狼,对了,把他们送给大狼。大狼说:"我要,我要,我正好肚子饿。""什么,你要吃掉他们,不行,不行,他们太可怜了。"野田带着弟弟妹妹飞快地逃走了。

他们经过一座独木桥,桥下水好深啊。野田走得可快了,可是胆小的弟弟妹妹望着桥下的水,吓得又哭又叫:"哥哥,我们害怕,你快来呀!"野田心想,要是弟弟妹妹掉下去淹死了,我这个哥哥就太没用了。他让弟弟妹妹紧紧抓住自己,一步一步走过了独木桥。这时眼前出现了一片美丽的大草坪。这真是个好地方,野田想把他们扔在这里。他悄悄地绕过草丛,飞快地往前跑。

"喵喵……"身后传来他们的呼喊声。野田不管,他继续往前跑,咦,喊声没有了,他们一定找不到我了,找不到亲人了,太可怜了。"好吧,谁叫我是哥哥呢,来,我们一起回家去。"野田把他们都带回了家。瞧,妈妈正在门口焦急地等着他们。"妈妈,哥哥真能干。跟哥哥散步真有趣

第八章 分级段的童"话"故事编讲活动课例与材料

呀。"弟弟妹妹们忍不住夸起了哥哥。"野田，你真是妈妈的好孩子，弟弟妹妹的好哥哥。"妈妈在野田额头上亲了三下，野田心里乐滋滋的：做哥哥虽然烦恼，可也很有趣啊！

"主题背景下的故事编讲材料例举"

主题名称：我自己			
材料名称	材料提供	观察要点	玩法提示
我做哥哥了	角色：猫妈妈、大灰狼、小猫 道具：床、台灯、桌椅等 替代物：扭扭棒、积木、油泥等	1. 观察幼儿是否会根据提供的材料编讲故事。 2. 观察幼儿使用材料的情况。	1. 单人活动：在熟悉故事的基础上，幼儿进行故事编讲活动，结合相关道具和场景自由编讲活动，还可添加替代物丰富情节。 2. 同伴活动：幼儿自由合作，进行角色分配，也可一人担任多种角色，将两人的生活经验和故事经验放入故事编讲中，丰富故事内容，多添加形容词使故事更为生动有趣。
食物的旅行	道具：垃圾食品（薯条、巧克力、泡面等）、健康食品（蔬菜、水果、奶制品等）、汽车、红绿灯等 替代物：扭扭棒、积木、油泥等	1. 观察幼儿的语言是否完整，故事情节是否连贯。 2. 观察幼儿是否有角色之间的对话，同伴合作是否愉快，编讲内容是否符合故事基调。	1. 单人活动：孩子在熟悉人体构造的基础上，一边自由摆放道具材料，一边完整地创编故事。 2. 同伴活动：幼儿可以结伴一边摆弄材料一边编讲故事。

433

六、主题名称：春夏和秋冬

【写在前面的话】

《春夏和秋冬》主题围绕幼儿日常生活中易于接触到的自然现象，结合大班幼儿的认知水平和发展特点设计目标要求、提供内容材料，促使大班幼儿有兴趣观察风、雨、云、雷等自然现象，注意它们的不同变化，感受天气的变化，了解天气与人们生活的关系。生活化的主题设置使幼儿可以根据自己的兴趣、爱好和能力特点自主学习，使幼儿在学习方式及学习内容上有更多的选择，注重促进幼儿的实际操作，也为大班幼儿的"生成"提供帮助。

本主题活动能够充分调动大班幼儿的多种感官，并形成多种体验方式，但实施中也发现有改进余地：

第一，主题内容丰富程度充裕，但幼儿主体参与不足；

第二，主题分解合理性有待进一步提升，需要关注大班幼儿活动中的生成；

第三，主题实施过程中可以适当增加家长的参与度。

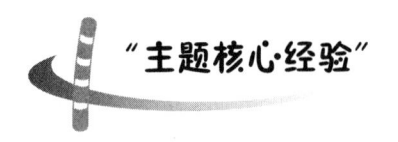

"主题核心·经验"

主题内容与要求：

1. 有兴趣观察风、雨、云、雷等自然现象，注意它们的不同变化。

2. 感受天气的变化，了解天气与人们生活的关系。

3. 比较四季的明显不同，初步了解四季轮换的顺序；感受季节的不断渐变以及它对人们生活的影响。

4. 了解四季中常见的树木花草和它们的变化，乐于参加照顾树木花草的活动，体会爱护它们的意义。

核心经验：

情感与态度： 感受乐趣（探索自然现象的乐趣、照顾植物的乐趣、适应并参与四季活动的乐趣）

体验美丽（体验季节交替的美、不同季节自然风景的美、喜欢某季节的理由与情感）

认知与能力： 发现变化（四季的渐变与轮换、常见植物的生长与变化、风雨雷电等自然现象的变化、天气的变化）；

了解关系（天气与人们生活的关系、季节与人们生活的关系、季节轮换的顺序）；

关注特征（四季的明显特征、风雨雷电的明显特征）。

表达与表现：欣赏作品、表现设计。

内容的选择：我们将主题内的故事《花婆婆》和《魔法奶奶的电话》与原有的教学实例进行了调整，淡化了原有活动目标中对于一些花卉名称及四季特征等知识内容的过度强调，结合幼儿故事编讲园本课程中对大班幼儿学习品质方面等的培养要求，重新设计教学目标和活动环节，更加注重大班幼儿情绪、情感、态度、习惯的体验与养成。

教法的使用：

一是"认知发展贴近法"，注重幼儿认知水平和发展需要，引导他们积极反馈、大胆呈现生活经验；

二是"兴趣经验分享法"，注重幼儿兴趣激发和经验分享，从幼幼互动中帮助幼儿拓展认知层面；

三是"家园配合协同法"，注重幼儿收集信息和家长辅助，从信息渠道延展中引发幼儿尝试发现。

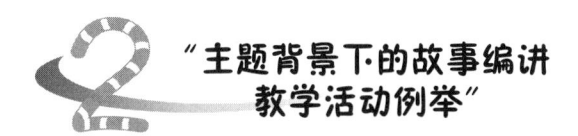

"主题背景下的故事编讲教学活动例举"

集体活动例一

活动名称：花婆婆

活动目标：

1. 欣赏故事，理解"做一件让世界变得更美的事"的含义。
2. 乐意设想自己为世界添彩的好办法，并能在集体面前大胆编讲画面内容。

活动准备：

《花婆婆》PPT、背景音乐、画纸、画笔。

活动过程：

一、欣赏、理解故事——欣赏故事，理解"做一件让世界变得更美的事"的含义

1. 讲述《花婆婆》的故事开始部分——"做一件让世界变得更美的事"

2. 讨论：

（1）故事中的小女孩有哪三个愿望？

（2）她的愿望都实现了吗？她想怎样实现自己的第三个愿望？

小结：每个人都会有愿望，拥有愿望会让自己感到生活的希望和乐趣。

二、幼儿绘编——合作编讲自己为世界添彩的好办法

1. 提问：你们有什么好办法让世界变得更加美好？

2. 提出要求：两个人一组合作，把各自的好办法画在纸上，然后两个人把画面编成一段故事，在大家面前讲述出来。

3. 幼儿合作，绘编故事。

4. 幼儿分组讲述故事情节。

小结：其实让世界变得更美丽的事有很多。只要我们有这个愿望，努力去做，就一定能实现。

三、倾听故事结局——欣赏故事结局，感受花婆婆的伟大

1. 听故事第三部分。

2. 讨论：每个季节里，住在小镇上的人们可以看见哪里鲜花开放？

小结：孩子们，你们已经知道了做一件让世界变得更美好的事情。请你们记住这件事情，努力去做这件事情。世界因为有你们，会变得更美好！

附故事

花婆婆

花婆婆的名字叫艾莉丝，当她还是一个小女孩儿的时候，和爷爷住在一个靠海的小镇上。

到了晚上，艾莉丝常常坐在爷爷的大腿上，听他说一些很远的地方发生的事情。

每次爷爷说完故事，艾莉丝就接着说："爷爷，我长大以后。要像你一样去很远的地方旅行。当我老了，也要像你一样住在海边。"

"很好。"爷爷微笑着说，"但是你一定要记得做第三件事。"

"什么事？"艾莉丝问道。

"做一件让世界变得更美丽的事。"

"好哇！"艾莉丝答应得又快又大声。但是，她还不知道将来会做什么

事。她每天起床、洗脸、吃早餐、上学、放学、做功课、玩耍,这就是她的生活。

很快地,艾莉丝长大了。她决定去做答应爷爷的三件事。

她离开家乡,每经过一个地方,她都交了一些难忘的好朋友。

最后,她来到东方的一个小国家,住在面向大海的房子里,一直在想着答应爷爷的第三件事情。

她回家写信订购了一大包鲁冰花种子。整个夏天,她的口袋里装满了种子,她一面散步,一面撒种子,只要她经过的地方,她就不停地撒种子。

她的背部一点儿也不疼了,每天都高兴地出去撒种子,大家都叫她"又老又疯的怪婆婆"。

第二年春天,那些种子几乎都开花了!它们沿着公路和乡间小路盛开着,明亮地点缀在教室和教堂后面。她终于完成了第三件事,也是最困难的一件事!

小朋友们经常站在"怪婆婆"的篱笆外面,看她种花,但孩子们已经改称她"花婆婆"了。偶尔,花婆婆会请小孩子们进到屋里,说一些远方的故事。说完后,有一个小孩儿跟她说:"我长大以后,也要像你一样去很远的地方旅行。当我老了,也要像你一样住在海边。"花婆婆笑着说:"很好,但是你一定要记得做第三件事,一件让世界变得更美丽的事。"

"好哇!"孩子答得又快又大声。但是,那个孩子也不知道将来会做什么事。

集体活动例二

活动名称:魔法奶奶的电话

活动目标:

1. 理解故事内容,发现四季的特征并体会四季与人们生活的关系。
2. 尝试和同伴合作续编四季的故事。

活动准备:

1.《魔法奶奶的电话》PPT;
2.《魔法奶奶的电话》Flash动画。

活动过程：

一、播放课件，导入活动——激发幼儿对故事的兴趣

1. 请幼儿欣赏Flash动画，并找魔法奶奶的电话中奇特之处。

2. 请幼儿说说电话上的号码键其中的含义。

3. 谈论各自喜欢的季节和不喜欢的季节，并说出理由。

小结：原来每个季节都有着让我们喜欢的地方。

二、欣赏故事，理解故事——理解故事主要情节

1. 教师根据PPT图片讲述故事

请幼儿说一说故事中对四个季节的想法。

2. 播放课件中的"第一段"请幼儿看着画面说说魔法奶奶的电话能打给谁？幼儿讨论后播放"喇叭"欣赏第一段。

3. 分别播放课件中的"第二段""第三段""第四段""第五段""第六段""第七段"，请幼儿讨论：

① 为什么卓子说春天好？

② 汤豆为什么说夏天好？

③ 小添要给谁打电话？为什么？

④ 卓子为什么不服气？

⑤ 魔法奶奶说四季像什么？为什么？

⑥ 春姐姐来电话说什么？

小结：原来在我们的四个季节里，都有很多能带给我们美好的事情。

三、续编故事，大胆表达——在分组交流中讲述理由，分享对四季的经验认知

过渡语：刚才我们在绘本里找到了那么多四季的秘密，那么现在请小朋友把你喜欢的季节的理由画下来，等一会儿和我们一起分享。

1. 分组讨论：

要求：（1）找到好朋友，一起两两合作。

（2）讨论出好办法，画一画、说一说。

（3）商量好谁来画、谁来说。

（4）音乐结束后拿好画，一起回到座位上。

2. 分享交流：鼓励幼儿大声说出自己喜欢的季节的理由。

小结：刚才小朋友们说了那么多四季中每个季节让我们喜欢的地方，那么回去请你们把找到的四季的秘密分享给你的好朋友吧。

附 故 事

魔法奶奶的电话

魔法奶奶的魔法电话只有四个键,但它能拨通春姐姐、夏大哥、秋姑姑和冬爷爷的电话。

刚吃完汤圆、拿到压岁钱的卓子急忙要求魔法奶奶打电话叫春姐姐马上回来。卓子说:"冬天没有春天好,冬天要穿厚棉袄,春天可以穿漂亮的裙子放风筝。"

汤豆却说:"还是打电话给夏哥哥好,春天的花粉会让人打喷嚏,夏天赤膊游泳多舒服。还有西瓜大又甜,还有莲花、莲蓬和莲藕!"

小添却要给秋姑姑打电话:"夏天的太阳晒得身上疼,还是风凉的秋天好。秋日的蓝天最好看,柿子、枣子、山楂、玉米……好吃的东西数不清。"卓子不服气:"我不要绿叶变黄叶,秋雨还不如冬雪好。过年都在冬天过,过年还有压岁钱,四季里面冬季好!"

魔法奶奶拍手笑:"兜了一个圈又说冬天好,我说四季也像娃娃脸,有时开心有时哭,无论是哭还是笑,每个娃娃我都爱。"

忽然听见电话响,春姐姐打电话来了:"现在刚刚过二月,我正准备出门来,大家耐心等一等,哪个娃娃最乖,我送一朵报春花。"

3 "主题背景下的故事编讲材料例举"

主题名称：春夏和秋冬			
材料名称	材料提供	观察要点	玩法提示
我家门前的苹果树	角色：小男孩、自制小孩、手偶 道具：底板、四季苹果树、房子、沙漏 替代物：小乐高、手工纸、剪刀、记号笔等	1. 观察幼儿是否会根据提供的材料编讲故事。 2. 观察幼儿使用材料的情况。	1. 单人活动：幼儿已在集体教学活动中学习过该故事，对故事内容已非常熟悉，在此基础上，幼儿边摆弄材料边复述故事内容。在第二次故事编讲中，我们提供了一些辅助材料，幼儿可以通过拼搭及创作拓展故事内容。 2. 同伴活动：在熟悉故事的基础上，自由分配角色复述故事。第二次活动形式同单人活动。活动后在集体中分享。
春夏和秋冬	角色：老公公、老婆婆 道具：四个场景、桌椅若干 替代物：手工纸、记号笔、橡皮泥等	1. 观察幼儿是否能通过插片式背景板，根据已有经验讲述故事。 2. 观察幼儿在活动过程中，是否乐意倾听同伴，合作讲述是否愉快。	1. 单人活动：通过插片式背景板讲述故事内容。第二次活动的时候，鼓励幼儿用替代物增加角色，进行讲述。 2. 同伴活动：两人合作，一个可以做旁白，一个可以选择角色，或者两两都选择角色进行创编，促进幼幼互动。在第二次活动的时候，交换角色，进行讲述。

七、主题名称：动物大世界

【写在前面的话】

幼儿喜欢与动物为伍，他们对动物世界充满着兴趣和好奇，由此，源自幼儿生活中感兴趣的认知对象的主题《动物大世界》，也得到幼儿更多的喜爱。主题中内容丰富多彩、体现领域均衡、经验交叉融合，充分引导幼儿了解常见动物不同的特点及其与周围环境的关系，不断激发着他们进一步探索动物生活习性的愿望，对丰富拓展幼儿关于动物的经验有较高的教育引导作用。

但不可否认的是，若从"既适合幼儿的现有水平，又有一定的挑战性；既贴近幼儿的生活来选择幼儿感兴趣的事物和问题，又有助于拓展幼儿的经验和视野"这一原则出发，该主题内容还可进一步完善：

第一，主题中有部分内容与幼儿生活经验脱节，且并非真正建立在幼儿知识经验的基础上，如故事《树和喜鹊》，本地区喜鹊极少见，这类内容的出现需要家长参与信息提供，也需要鼓励幼儿寻找家庭生活、社区生活中的信息源。所以，对局部内容进行调整，能助推幼儿有机会主动调查他们真正关心的问题。

第二，有些故事内容并不能给更多幼儿提供表演或表现的机会，如故事《大恐龙进城》，会让好奇心强、乐于模仿的大班幼儿产生类似"搞破坏也挺有趣"的思维导向，既对培养幼儿良好学习习惯不利，也不能帮助幼儿更好地相互了解。因此这类内容的调整也是大势所趋。

第三，幼儿故事编讲活动作为本园的特色，是幼儿园教育内容有机组成部分之一，经常开展特色活动，不仅有助于彰显办园优势，还能促进幼儿实践操作能力、创造能力和想象能力的发展。因此，本主题中的低结构材料应更好地体现基础与特色的有机整合，从而让幼儿通过观察、思考、实践，获得最佳的教育效果。

"主题核心·经验"

主题内容与要求：

1.了解常见动物不同的特点及其与周围环境的关系，有进一步探索动物生活习性的愿望。

2. 对动物奇特的现象和特殊本领感到好奇，体验探索动物奇特现象的乐趣。

3. 了解人类可以从动物的一些特征中获得启发，进行发明创造；知道动物是人类的朋友，我们应该保护它们。

核心经验：

情感与态度：爱护动物、喜爱探究。

认知与能力：动物习性（特征与环境、生长与变化等）；

奇特现象（动物趣事、奇特动物、特殊本领等）；

依存关系（动物与动物、动物与人的关系）。

表达与表现：动物制作与模仿等。

内容的选择：

为了更好地围绕主题核心经验，并整合本园故事编讲特色教育的培养要求，让幼儿在与环境、材料的交互作用中，通过自身的经验，自主地提出问题、解决问题，从而对动物奇特的现象和特殊本领感到好奇，体验探索动物奇特现象的乐趣，促进幼儿实践操作能力、创造能力和想象能力的发展，我们选用了两则新故事添入，激发幼儿与教师、与同伴、与其他媒介间的互动积极性，不断充实和完善主题内容。

教法的使用：

一是借助"问题讨论法"，围绕幼儿的兴趣经验组织提问设计，在幼儿知识分享中帮助他们体验探索动物奇特现象的乐趣，继而帮助幼儿学习自我评价和互相评价，实现更好的相互了解。

二是利用"情境营造法"，通过材料及环境的创设诱发幼儿对动物奇特现象的探究欲望，在分组合作的表达、创编和表演中助推幼儿能力发展，从而做到既符合幼儿的现实需要，又有利于其长远发展。

三是设置"任务驱动法"，发挥幼儿收集动物信息的热情，提供更多幼儿与同伴合作主动探索的机会，在充分调动幼儿积极性的基础上，推动大班幼儿自主学习。

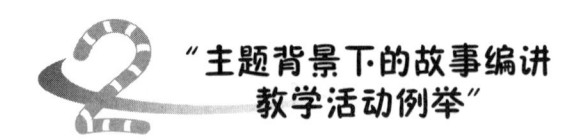

"主题背景下的故事编讲教学活动例举"

集体活动例一

活动名称：神奇糖果店

第八章 分级段的童"话"故事编讲活动课例与材料

活动目标：
1. 了解故事内容，能根据故事线索合理编讲故事情节。
2. 根据绘本内容发挥想象和联想，感受同伴合作的乐趣。

活动准备：
PPT、画板、记号笔。

活动过程：

一、导入故事，引发兴趣——通过谈话，让幼儿回忆生活中常见的普通糖果，从而引发活动兴趣

师：你们都吃过糖果吗？来介绍介绍。

小结：看来你们吃过的糖果种类可真不少！

过渡：森林里新开了一家神奇糖果店，那里卖出的糖果和你们平常吃过的糖果都不一样。到底神奇在哪呢，我们一起去看看。

二、分段阅读，理解故事内容——通过难度递进的阅读方式，了解故事的大概内容

1. 教师讲述：小猪吃黄色糖果

1）小猪吃了那颗神奇的黄色糖果后，发生了什么事？

2）糖果吃完后又怎么了？

2. 幼儿多幅单页阅读小猪吃蓝色、红色、绿色糖果

1）小猪又吃了哪些颜色的神奇糖果，发生了什么事？

2）猜猜这些糖果吃完后会怎么样？

小结：原来不同的糖果会有不同的神奇效果，但是糖果一吃完，这些神奇的效果就会消失！

3. 幼儿单页多幅阅读小猪吃白色糖果

师：小猪到大灰狼镇后发生了什么事？

小结：小猪吃了红色糖果后变成了大灰狼，可是谁知道竟然遇到了真的大灰狼，大灰狼把小猪带到了大灰狼镇，药效消失后大家都发现了小猪是假冒的大灰狼。小猪心想："这下完了！"就在这个危急的时刻他想起浣熊大叔说的话：含上白色糖果，就会发生让人吃惊的事情。

过渡：剩下的一颗白色糖果到底有什么让人吃惊的效果呢？故事的结局又会怎样？请你们两个小朋友为一组，一起合作画一画、说一说。

三、合作绘画，编讲完整故事情节——小组合作绘制，并通过在集体面前讲述的方式编讲完整的故事情节

1. 现在请每一组轮流上来把你们编的故事说给大家听

2. 揭示故事结局

总结：这次的经历真可谓有惊无险，小猪觉得这些神奇糖果棒极了，于是它又跑去买了更多不同颜色的神奇糖果。还会发生什么有趣好玩的冒险故事呢，我们回教室里再去看看吧。

附 故 事

神奇糖果店

瞧，这就是那家神奇的糖果店，货架上摆满了五颜六色的糖果。小猪好奇地问售货员浣熊大叔："浣熊大叔，神奇糖果是什么样的糖果啊？"浣熊大叔神秘地说："这里的糖果，含在嘴里就会发生神奇的事情。来，这颗黄色的糖果，你试试看。"小猪接过黄色糖果，嗖的一下扔进了嘴里，啊呜啊呜地吃起来："嗯，好甜啊。"可是，什么神奇的事儿也没有发生。小猪一边含着糖果，一边说："叔叔，这哪是什么神奇糖果啊，这和我平常吃的糖果没啥两样！"浣熊叔叔微笑着说："这块岩石，你来举举看。""开什么玩笑，这么大的岩石……"小猪一边说，一边去搬。结果，小猪用一根手指就轻轻松松地举了起来。"哇！真……真厉害啊！真的是神奇糖果啊。""没骗你吧？是很神奇吧？这一颗是大力士糖果啊。"可是，小猪吃完糖果，再去搬岩石——"哎哟哟……"小猪脸都憋红了，岩石却纹丝不动。"糖果一吃完，功效就没了。"

小猪觉得很新奇，于是它央求浣熊大叔给它多尝几颗神奇糖果。蓝色的糖果会让它发出像狮子一样的吼声，绿色的糖果会让他隐身，红色的糖果会让小猪变成狼。原来不同的糖果会有不同的神奇效果，但是糖果一吃完，这些神奇的效果就会消失！

小猪吃了红色糖果后变成了大灰狼，可是谁知竟然遇到了真的大灰狼，大灰狼把小猪带到了大灰狼镇，药效消失后大家都发现了小猪是假冒的大灰狼。

小猪心想："这下完了！"就在这个危急的时刻他想起浣熊大叔说的话：含上白色糖果，就会发生让人吃惊的事情。于是他把白色糖果放进嘴里。结果——小猪的身体竟然噌噌噌地变大，最后变成像座山一样大。

"救命啊！"大灰狼们大喊着，从小猪的胯下逃走了。

> 小猪放下心来，说道："这糖果真的很神奇，很厉害……不过，神奇的糖果虽好，但不属于自己的能力终不能持久。"说完，就嘿嘿嘿地笑了起来。

集体活动例二

活动名称：捉迷藏

活动目标：
1. 理解故事内容，能根据观察到的默片合作编讲局部故事情节。
2. 乐意在集体面前大胆讲述，体验编讲故事的乐趣。

活动准备：
课件、故事动画、iPad4个、背景音乐

活动过程：
一、谈话导入，引起兴趣——通过谈话引出活动的主题，引发幼儿的兴趣

提问：
1. 你们玩过捉迷藏的游戏吗？
2. 捉迷藏怎么玩？

小结：原来，捉迷藏的游戏很有趣，大家都很喜欢玩这个游戏。

过渡语：有一群小动物们也在一起玩捉迷藏的游戏，我们一起来看看吧！

二、观看动画开始部分情节——观看开头，理解故事内容

播放动画开头情节：

提问：
1. 谁在玩捉迷藏？发生了什么事情？
2. 小动物们都说了什么？小猴子怎么说？

小结：小猴子觉得捉迷藏太简单了，自己一定能把大家都找出来。

3. 这次谁躲起来了？小猴子找到了吗？小猴子为什么会找不到？

过渡语：原来小动物利用身上的颜色巧妙地躲藏了起来，粗心的小猴子怎么也找不到。其他的小动物也学着小公鸡的样子躲起来了，这次小猴子找得到吗？

三、幼儿分组合作，编讲局部情节——合作编讲局部故事情节，体验编讲故事的乐趣

1. 提出编讲要求：

（1）多人一组，仔细观看iPad中的动画默片，合作编讲故事。（可根据需要使用头饰）

（2）音乐声里各组进行编讲，音乐停止之后每组到集体面前编讲故事情节。

2. 幼儿欣赏动画默片，合作尝试编讲与表演，教师巡回观察指导。

3. 幼儿分组表演编讲的局部情节。

小结：原来动物们这一次很动脑筋，找到了和自己很相似的东西掩护自己，把自己藏得非常好，小猴子粗心大意找了很久，一个动物朋友都没找到！

过渡语：小猴子没有找到小动物们以后又会发生什么故事呢？我们一起看下去吧！

四、观看动画结尾情节——讲述故事的结局，乐意在集体面前大胆讲述

1. 播放并讲述动画结尾部分。

2. 提问：你觉得下一次小猴子能够找到小动物们吗？

五、活动延伸

引导孩子们继续编讲小猴子再次和小动物们玩捉迷藏的游戏故事内容。

附 故 事

捉迷藏

森林里小乌龟、小公鸡、小狗和小猫正在玩捉迷藏的游戏，它们的吵闹声吵醒了树上正在午睡的小猴子，小猴子跳下大树，对小乌龟说："你真笨呀，一只小动物都没有找到，捉迷藏我最厉害，你们都比不上我，不行我们来比比看！"小动物们都对小猴子说："比就比，我们来躲，你来找我们。"

于是小猴子和四只小动物玩起了捉迷藏的游戏，小公鸡躲进了鸡冠花丛中，小猴走进鸡冠花丛中左看看右摸摸，每次摸到的都是鸡冠花，小公鸡躲在鸡冠花丛中一动不动，眼看着小猴找不到自己，小公鸡还调皮地啄了一下小猴，天空中的小鸟看到了都冲着小猴哈哈直笑。

小猴气愤地跑到了一片南瓜地，小狗躲在了一张宽大的南瓜叶下面，橘色的小狗就像一个大南瓜，小猴左翻翻右找找，啥都没有找到，他决定换个地方找找。小狗故意掀开南瓜叶子看看，小猴正生闷气呢。这时候一只小青蛙在南瓜叶上跳来跳去，气得小猴拼命追赶小青蛙，小青蛙没有追

第八章　分级段的童"话"故事编讲活动课例与材料

到，小猴一屁股坐在石块上气喘吁吁，他顺手抓起石头旁边一片大落叶下的"石头"（其实是躲藏着的乌龟），朝小青蛙扔去，小青蛙灵巧地躲开了，假装成石头的小乌龟也被小猴错过了。

小猴心想小猫会爬树，一定会躲在大树上，小猴爬上大树，到处寻找小猫，小猫把身体搁在树枝上，就像一根树枝，难怪小猴根本看不出来，小猴爬上爬下，小猫都着急了，忍不住调皮地呼唤"猴哥猴哥"，小猴听到叫喊声，却找不到小猫，着急得直跺脚。

最后小猴只好认输了，小猴很难为情地挠挠脑袋说："你们都躲在哪里了啊？我怎么找不到？"小动物们纷纷说了刚才捉迷藏的场景，小猴很惭愧，他说："原来是我太粗心了！"小动物们说："没关系，下次我们再来玩捉迷藏的游戏！"

"主题背景下的故事编讲材料例举"

主题名称：动物大世界			
材料名称	材料提供	观察要点	玩法提示
螃蟹的奇遇	角色：螃蟹、蚯蚓、壁虎、变色龙、海星 道具：竹篮 辅助物：任务卡	1. 观察幼儿是否会根据提供的道具等复述故事内容。 2. 观察幼儿是否会利用任务卡完成新的创编内容。	两人合作：幼儿自由合作，在任务卡的提示下，自主观看多媒体视频后，复述故事，并结合自己的生活经验，创编故事内容。

(续表)

材料名称	材料提供	观察要点	玩 法 提 示
举世无双的建筑师	角色：小女孩、啄木鸟、火烈鸟、老鹰 道具：树、柳絮、鸟巢、树枝、太阳、月亮 替代物：橡皮泥、彩纸、笔、胶水等	1. 观察幼儿是否会根据故事情节摆弄材料编讲故事。 2. 观察同伴合作的情况，是否有新的内容出现。	1. 单人活动：根据原有的故事情节边摆弄故事板的操作材料边讲述故事并进行故事的创编活动。还可利用替代物添加故事外角色和对话，丰富故事情节。 2. 同伴活动：幼儿自主合作分配角色，可以一个人讲述，一个人摆弄，也可以两人一起边复述故事边摆弄操作材料。也可以利用替代物来丰富情节，或改编故事内容。

八、主题名称：我要上小学

【写在前面的话】

6月是个分别的季节，孩子们马上就要完成幼儿园的三年生活，进入各自的小学继续学习，与此同时孩子们变得爱学、好问，有强烈的求知欲，规则意识和合作意识逐渐增强，自我评价能力逐步发展，表达与表现的方式也更加多样化。所以在本主题中，我们就要以"消除入学焦虑"为行动线索，以"培养品质"为情感目标，帮助孩子们熟悉、了解如何爱护和正确地使用学习用品，逐步习惯独立整理和保管好自己的用品。初步了解小学生的学习和活动，向往当个小学生，并且和孩子们一起模拟小学生的生活，初步感受小学生的学习活动。体会我们已经长大，并以愉快的心情迎接毕业。

实施过程中我们也会发现以下问题：

第一，本主题注重感情激发以及品质的培养，在教学活动设计和实施上都比较有难度；

第二，主题实践中需要教师站位退后，放手让幼儿成为主题推进的主导者，

第八章 分级段的童"话"故事编讲活动课例与材料

如何在活动中从情感角度激发对于小学生活的渴望以及幼儿品质的培养是整个主题活动的重难点。

"主题核心·经验"

主题内容与要求：

1. 熟悉、了解如何爱护和正确地使用学习用品，逐步习惯独立整理和保管好自己的用品。

2. 初步了解小学生的学习和活动，向往当个小学生。

3. 模拟小学生的生活，初步感受小学生的学习活动；体会我们已经长大了，并以愉快的心情迎接毕业。

核心经验：

情感与态度：激发愿望（向往小学、感受快乐）；
　　　　　　　懂得感恩（感谢师长、留恋同伴）；
　　　　　　　品质养成（任务意识、克服困难）。

认知与能力：了解小学（发现差异、积累经验）；
　　　　　　　适应能力（交往合作、主动学习）；
　　　　　　　时间观念（珍惜时间、合理安排）。

行为与习惯：生活习惯（生活独立、自我计划）；
　　　　　　　学习习惯（好学专注、遵守规则）。

内容的选择：

我要上小学了，小学是什么样的，在小学中会遇到什么样的事什么样的人，我需要准备些什么？这些都是孩子们心里的小问号。《小阿力的大学校》会帮助孩子们了解入学第一天到底是怎么回事，《勇气》会告诉孩子，即使小小的进步也意味着你已经拥有大大的勇气。两个教学活动都从情感的角度出发，以培养品质为目标。《小阿力的大学校》的活动中重在培养孩子们合作编讲的能力，三人之间从组队、角色定位、商量编讲内容到最后上台讲述都需要孩子们发挥合作沟通的能力。

教法的使用：

一是连贯性观赏，重在培养大班幼儿画面多幅连看前后连贯理解的能力；

二是发散式思维，重在激发幼儿大胆想象，发散思维；

三是预设性提问，重在以教师提问激活思维帮助幼儿理解讲述；

四是合作式编讲，重在幼儿以小组之间的合作形式进行故事编讲。

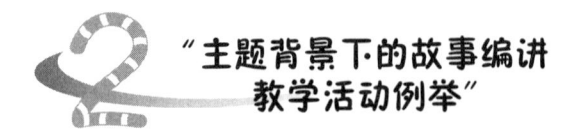

"主题背景下"的故事编讲教学活动例举

集体活动例一

活动名称：小阿力的大学校

活动目标：

1. 理解故事内容，合理展开想象，并尝试和同伴合作续编小阿力第一天上小学的情节。
2. 萌发喜欢上小学的愿望，做好进入小学的心理准备。

活动准备：

绘本《小阿力的大学校》、插图的PPT。

活动过程：

一、欣赏图片，引入主题——通过图片欣赏，引出活动的主题

教师播放PPT，请幼儿欣赏小学的图片。

提问：

——"这些图片里有什么？他们在干什么？"

"你们想去上小学吗？"

师：有一个名字叫阿力的小男孩，和你们一样，也马上要去上小学了。但他心里有一点点不安。

过渡：他担心什么呢？我们一起来看一个有趣的故事《小阿力的大学校》。

二、观看动画，理解故事情节——观看动画，理解故事的内容

1. 播放课件第一段（感受上学前的焦虑）

提问：

（1）星期天的早晨，小阿力和小鸟们诉说哪些心事？他当时的心情怎样？

（2）小阿力在担心的时候，他的妈妈在做些什么？

（3）小阿力做了一个什么梦？为什么会做这样的梦？

小结：原来小阿力心中有很多的担忧，害怕在新学校里迷路，害怕交不到好朋友，也害怕不会系新鞋的鞋带没人愿意帮助他，这些事情让他一整天心事重重。

第八章 分级段的童"话"故事编讲活动课例与材料

2. 播放课件第二段（认识新学校）

提问：

（1）小阿力的老师姓什么，给你什么样的感觉？

（2）开学第一天，贝瑞老师带他们做了些什么？

小结：和蔼的贝瑞老师带着小阿力和他的同学们认识了新环境，告诉他们外套该挂哪，厕所在什么地方，还有图书角在哪里。看来上小学并不像小阿力担心的那样，遇到困难，老师和同学们都会来帮助你，我们并不需要太担心。

三、幼儿分组合作——编讲开学第一天的故事情节

1. 提出编讲要求：

（1）三人一组，根据提供的PPT素材编讲【开学第一天】的故事情节。

（2）音乐开始找到好朋友进行故事创编，音乐停止后回到座位。

2. 幼儿合作尝试编讲与表演，教师巡回观察指导。

3. 幼儿分组表演编讲【开学第一天】的故事情节。

小结：哇，看来小阿力之前的担心都是多余的，上小学是一件非常快乐的事情，不仅可以认识很多的新老师和新朋友，还可以学到很多的知识，将来为我们的祖国做出大贡献。

四、观看故事结尾——进一步体验小阿力从担心上学到喜欢上学的情感变化

播放课件第三段（快乐的一天）

提问：

——小阿力上了一天学后，心情怎样？你们觉得他喜欢上小学吗？

小结：看来上小学并不像小阿力担心的那样，其实是一件很快乐的事。小朋友对上小学，还有一些担忧，但有些事情也许根本不需要担心，只要想想办法，就能获得解决。让我们一起来做好准备，成为一名快乐的小学生吧！

活动延伸：

1. 可将故事绘本放置阅读区域，请幼儿欣赏绘本《小阿力的大学校》。

2. 在晨间、餐前等松散时段，可继续组织相关话题的讨论。

3. 组织幼儿参观幼儿园附近的小学。

附 故 事

小阿力的大学校

小阿力要上学啰！多开心啊！但是小阿力心里还是有一点点不安。

星期天的早晨，小阿力一点儿也不想吃早餐，他只是不停地想着那个超级大的学校和学校里那么多的大哥哥、大姐姐们。于是，小阿力开始希望，要是能一直和妈妈待在家里该有多好。"你就像一只不愿意离开巢的小小鸟啊！"小阿力的妈妈一边说着，一边紧紧地抱住了他。小阿力把吃剩的早餐带到花园，放在喂食台上，等小鸟朋友们来吃。小鸟们都不怕小阿力，因为小阿力不但像它们一样小，还知道怎么一动也不动地站着。小阿力认得各种小鸟。他替每只小鸟画了像，贴在厨房的墙上，他的妈妈还帮他写上小鸟的名字。这个星期天的早晨，小阿力跟小鸟们诉说他的心事。小阿力告诉小鸟们他要上学了。小阿力告诉小鸟们他好担心会在学校里迷路，说不定还会忍不住哭起来。小阿力告诉小鸟，妈妈买给他的新鞋子有好难系的鞋带。"我多么希望自己是一只鸟啊！"小阿力说，"那样，我就再也不用担心上学的事或麻烦的鞋带了。"忽然，小鸟们骚动了起来。小阿力看到地上有一只新来的鸟儿，那是一只好小、好小的麻雀，其他的小鸟正在啄它，想要把它赶走。小麻雀还不太会飞，也还不懂得怎么照顾自己。

这是小阿力见过最小、最脏、最瘦弱，也最灰头土脸的小鸟了。小阿力赶紧叫妈妈出来。小阿力的妈妈跑过来，挥手赶走了其他的小鸟，然后把小麻雀捧进屋里。厨房里很暖和，小麻雀却仍然浑身颤抖。小阿力找来装新鞋的盒子。他用棉花铺了一张床，轻轻地把小麻雀放进去，小阿力感觉到小麻雀的心正怦怦地跳着。然后，小阿力给小麻雀一碗水和一小块面包；但是小麻雀一点儿没吃。于是，小阿力坐下来，轻声地跟小麻雀说话。一整天，小麻雀都待在盒子里，骨碌骨碌转动的大眼睛一直望着小阿力。小阿力的妈妈也在这一天准备好小阿力第二天上学需要的东西。

她把小阿力的名字写在他的衣服上…他的书包上…他的铅笔盒上…还有那双鞋带很难系的新鞋子上。那天晚上，小阿力做了一个很可怕的梦，他梦到自己是一只不会飞的小小鸟，其他的鸟都来欺负他。小阿力醒来，看到妈妈走进房间，给了他一个温暖的拥抱，小阿力觉得心里舒服多了。小阿力一直担心着上学的事。第二天，天还没亮他就爬起来了。小阿力已经把小麻雀的事忘得一干二净。他走进厨房的时候，看见小麻雀已经自己跳出鞋盒，稳稳地站在地板的正中央。"它一定是觉得好多了。"妈妈说，"我想我们该让它走了。"就像小阿力一样，这只小鸟也该飞向广大的世界了。于是，小阿力温柔地捧起小麻雀，打开窗户。小阿力轻声地说："小麻雀，你该飞走了，要像我一样，好好照顾自己。"小麻雀仰头看着小阿力，好像听懂了小阿力说的话，一转身跳上窗台，乘着风飞上了天。吃完早餐，小阿力背起新书包，妈妈帮他系好鞋带。小阿力要去上学了！

小阿力的老师叫贝瑞，很和蔼。贝瑞老师带着小阿力认识环境。告诉他外套该挂在哪里……厕所在什么地方……洗手池……颜料、图画纸……电脑……娃娃家……还有图书角。小阿力找到一本大书，讲的都是小鸟的事呢。有些小朋友也是新生。过了一会儿，一个小男孩过来和小阿力一起看书。于是，小阿力有了第一个新朋友。吃完午饭，贝瑞老师和全班小朋友谈小动物的事，她问大家有谁养宠物。黛萍家有一只狗。凯儿养了一只猫。小杰的宠物是一只沙鼠。小丽养了一条虫。小强和阿珍是一对双胞胎，他们养了一只乌龟。小阿力觉得非常有趣。"你有宠物吗，小阿力？"贝瑞老师问。小阿力想了一会儿，然后慢慢地站了起来。他用很小的声音，告诉班上小朋友他在花园里喂小鸟的事，后来又说到那只可怜的小麻雀，以及他是如何将小麻雀放在鞋盒里，直到它能够飞翔为止。小阿力讲完故事，贝瑞老师为他鼓掌，所有的孩子也都拍起手来。小阿力坐下来的时候，整个脸都红了，但他是全班笑得最开心的。那天晚上，小阿力又做了一个梦。但这次的梦一点儿也不可怕。在梦里小阿力就像小鸟一样飞过屋顶，飞过花园，飞过城市，而且一直飞过小阿力的大学校。小阿力和小鸟们高高地飞在天上，还翻了个跟头，越过了月亮。

几天后，小阿力从学校带着新朋友来家里玩。他们在花园里跑过来、滚过去，全身弄得脏兮兮，可是小阿力的妈妈一点儿都不在意。小阿力和他的朋友还在花园里野餐，他们的肚子好饿。小鸟也都飞来争着吃面包屑。突然，小阿力看到一只几乎和鞋盒里的小麻雀长得一模一样的鸟，但是小阿力不太敢确定，因为这只麻雀看起来比较大、比较勇敢，也比较快乐，而且它还有好多好多的朋友。

就像小阿力一样！

集体活动例二

活动名称：勇气

活动目标：

1. 观察图片，理解"勇气"的含义。

2. 能与同伴合作编讲出迎接挑战的"勇气"，并大胆表达。

活动准备：

1. 教师教具：课件PPT、小图册、背景音乐、展示板；

2. 幼儿学具：纸、笔。

活动过程：

一、谈话导入——观察图片，讨论谁是有勇气的人

导语：（出示PPT"勇气"二字）听说过"勇气"这个词吗？

主要提问：你认为谁最有勇气？为什么？（引导幼儿说说最有勇气的人，适时追问缘由。）

小结：勇气有时就是勇敢，生活中每个人身上都有可能藏着勇气。

二、理解绘本——拓展对勇气的认识

1. 自主阅读（每人提供一份画册，鼓励幼儿仔细观察画面，大胆解读）

观察要点：引导幼儿观察图片，说说自己的发现。

2. 分享交流（借助PPT，点击放大图片，共同讨论）

主要提问：

——你看懂了哪一张图片？这里的勇气是什么呢？

小结：我们发现了许多不一样的勇气，有的需要胆量敢于尝试，有的需要克服困难坚持到底，有的需要忍耐控制住自己。

3. 配乐朗诵：勇气

过渡语：这些画面都来自一本《勇气》的图书，让我们一起聆听欣赏一下吧。

（继续播放PPT课件，幼儿聆听）

三、大胆表达——与同伴合作编讲出迎接挑战的"勇气"

过渡语：刚才我们在绘本里找到了那么多的勇气，老师有个问题，再过三个月，我们就要去上小学了，你有什么担心的或害怕的事情吗？你会用怎样的勇气去解决？

1. 分组讨论：

要求：

（1）找到好朋友，一起合作。

（2）讨论出好办法，画一画、说一说。

（3）商量好谁来画、谁来说。

（4）音乐结束后拿好画，一起回到座位上。

2. 分享交流：鼓励幼儿大声说出自己想拥有的勇气。

小结：刚才朋友们讨论出了那么多好办法，看来你们个个都是有勇气的好孩子，相信你们在不久的将来一定能成为合格的小学生。

四、活动延伸

师：老师要送给大家一件礼物——勇气记录本；当你发现自己有进步了，就用画画或者写字的方式记录下来，做成一本属于自己的《勇气》小图书。

附 故 事

勇气

勇气有很多种，有的令人敬畏、有的平平常常。总之，不管哪一种——勇气就是勇气。

"勇气，是你第一次骑车不用安全轮。"

"勇气，是你有两块糖，却能留下一块到第二天。"

"勇气，是让别人最好离你小弟弟远点。"

"勇气，是吃蔬菜时不做鬼脸，先尝尝再说。"

"勇气，是和别人吵架后你先去讲和。"

"勇气，是你知道个大秘密，却答应对谁也不说。"

"勇气，是改掉坏习惯。"

"勇气，是在别人都特别严肃的时候，你突然想起一个好傻的笑话，却能忍住不傻笑。"

"勇气，是爱它，却不摘它。"

"勇气，是不开灯就上床睡觉。"

"勇气，是努力藏起你小气、嫉妒的一面。"

"勇气，是再来一次。"

"勇气，是知道还有高山，就一定要去征服。"

"勇气，是上探太空——下探深海。"

"勇气，是小草从冰雪下破土而出。"

"勇气，是从头开始。"

"勇气，是坚持自己的梦想。"

"勇气，是立志做一名消防员，或是一名警察。"
"勇气，是必要时说声再见。"
"勇气，是我们相互给予的东西。"

"主题背景下的故事编讲材料例举"

主题名称：我要上小学			
材料名称	材料提供	观察要点	玩法提示
笨狼上学	角色：小鸭子、长颈鹿、小兔子、小男孩 道具：底板、学校、课桌椅等	1. 观察幼儿是否能够根据视频动画复述故事内容。 2. 观察幼儿在已有故事情节的基础上，是否会创编故事情节和一些对话。	1. 单人活动：幼儿熟悉故事内容，并能对故事内容进行复述，并摆弄操作故事中的情境。在第二次故事编讲中，可以提供一些情景提示卡片，幼儿可以自由选择情景，并对该情景发生的事件进行故事编讲。 2. 同伴活动：在熟悉故事的基础上，自由分配角色复述故事。活动后在集体中分享。
勇气	角色：爸爸、妈妈、孩子 替代物：扭扭棒、乐高、手工纸等 辅助物：绘本故事书《勇气》	1. 观察幼儿是否能够和同伴一起合作完成故事内容的复述。 2. 观察幼儿是否会根据已有经验创编故事情节。	1. 单人活动：在完整欣赏过多媒体故事的基础上，幼儿边摆弄故事板材料边自由讲述。（教师支持幼儿自由讲述到完整讲述） 2. 同伴活动：在完整欣赏过多媒体故事的基础上，可自由选择角色，边摆弄边进行故事表演。（教师关注对话语言）

后记

伴随着又一个即将过去的三年,金爵幼儿园又一轮龙头园本课题"幼儿园故事编讲园本课程设计与实施的研究"凝聚着全园领导、教师以及全体课题组成员的期盼与憧憬、智慧与汗水,带着沉甸甸的果实,展现在了每一位读者的面前,展现在了每一位关注、关心、关怀金爵幼儿园兴旺发展的幼儿家长、社区百姓以及教育主管部门、业务指导机构的领导及专家面前。

这一轮的龙头课题是金爵幼儿园上一轮龙头课题的延续,在此之前,金爵幼儿园围绕"幼儿故事编讲活动的实践与研究"的园本龙头课题实践,在幼儿故事编讲方面进行了积极的探索,积累了在这一领域进行园本实践的宝贵经验。

新一轮龙头课题的实践,将金爵幼儿园的童"话"故事编讲活动及课程建设推向了一个新的高度,也取得了新的丰硕成果。

最近的三年来,围绕新一轮龙头课题的实践,金爵幼儿园的全体领导、教师一路披荆斩棘,风雨兼程。课题组成员积极发挥先行学习、实践探索以及专业引领作用,是本课题顺利实施和园本特色课程建构、园本育人特色打造的灵魂所在。

本课题负责人:陈敏,课题组成员包括:缪海燕、赵静、丁静、郑海燕、顾筱兵、沈召瑛、钟慧、唐燕芬、胡宇、张艳。课题顾问:上海市浦东新区教育发展研究院傅敏敏、特级教师应彩云、特级园长林剑萍、上海市虹口区课程管理与指导中心专职副主任汤立宏。

在课题组成员的示范引领下,全园教师自觉投身其中,学习并提升自己的专业技能,这一课改创新实践在全园师生的参与覆盖面达到100%。在此,郑重感谢金爵幼儿园全体教师的积极参与!

为了取得课题实践的实效,为了以课题实践真正带动学校特色课程和办学特色的凝聚，我们在顶层设计的基础上，科学设计了开展童"话"故事编讲活动实践研究的课题目标——关注并落实幼儿在心、智两方面的发展。

基于此，我们从育人育德的高度，将童"话"故事编讲活动置于教育幼儿学习践行社会主义核心价值观、培育幼儿发展核心素养、加强幼儿园五育并举实践、培养幼儿良好道德情操品德意志的宏大背景下，放眼幼儿终身发展，提高和发展幼儿的语言表达、团结合作、创新探索等综合素养。

我们不是简单机械地学习中外教育家的理论研究与实践成果，而是立足于金爵幼儿园童"话"实践，进行深入的理解、消化，进行切合童"话"故事编讲课题实践的深入反思。

我们不是简单机械地在幼儿故事编讲的反复性实践中往复轮回，而是竭力摸索蕴涵其中的规律方法，进而提炼积极有效的策略，努力提高课题实效，促进幼儿的终身发展，推动幼儿园办学及广大教师教学专业的可持续发展，推动幼儿园的特色课程建设与特色办学品牌创建。

在开展本课题实践中，结合家园共育实践，我们的课题实践得到了金爵幼儿园全体幼儿家长的全力支持，亲子共同编讲的有效实践，推动了幼儿家教质量的提高，密切了亲子关系，也使家园联动、家园共育成为金爵幼儿园的又一办学和育人特色。

在搁笔成书之际，谨向为本课题实践做出贡献的各位领导专家、全体师幼及家长致以衷心感谢！

我们在虔诚而勤勉的学习研究中成长，我们在虚心而务实的探索实践中前行！

上海市浦东新区金爵幼儿园园长、课题组负责人

陈　敏

2021年3月28日

图书在版编目(CIP)数据

推开童"话"故事之门:幼儿园故事编讲园本课程设计与实施/陈敏编著.—上海:文汇出版社,2021.9
 ISBN 978-7-5496-3499-6

Ⅰ.①推… Ⅱ.①陈… Ⅲ.①故事课-教学活动-教学设计-学前教育 Ⅳ.①G613.3

中国版本图书馆CIP数据核字(2021)第057134号

推开童"话"故事之门
——幼儿园故事编讲园本课程设计与实施

编　著 / 陈　敏
责任编辑 / 张　涛
封面装帧 / 梁业礼

出 版 人 / 周伯军

出版发行 / 文汇出版社
　　　　　上海市威海路755号　(邮政编码200041)
经　销 / 全国新华书店
排　版 / 南京展望文化发展有限公司
印刷装订 / 上海新文印刷厂有限公司

版　次 / 2021年9月第1版
印　次 / 2021年9月第1次印刷
开　本 / 787×1092　1/16
字　数 / 530千字
印　张 / 29.75

ISBN 978-7-5496-3499-6
定　价 / 100.00元

·版权所有　侵权必究·